| 백영균 · 손혜숙 · 박소영 · 문선영 공저 |

DIGITAL EDUCATION FOR EARLY CHILDHOOD TEACHERS

학지사

머리말

유아교육은 시대의 흐름 속에서 끊임없이 새로운 도전에 직면해 왔습니다. 특히 디지털 기술의 급속한 발전은 교육 현장과 가정에서 유아의 학습과 발달을 지원하는 방식에 근본적인 변화를 가져왔습니다. 이제 유아교육은 단순히 전통적 교수법을 유지하는 것에 머무르지 않고, 디지털 기기와 콘텐츠를 어떻게 발달 단계에 맞게 활용할 수 있는지, 그리고 놀이 중심 교육 철학과 어떻게 조화를 이룰 수 있는지를 진지하게 고민해야 하는 시점에 와 있습니다. 이 책은 이러한 변화의 흐름 속에서 유아교사가 디지털 교육을 이해하고 실천할 수 있도록 돕기 위해 집필되었습니다.

이 책은 유아교육의 본질을 훼손하지 않으면서도 디지털 도구가 유아의 창의성과 호기심을 확장하는 보조적 역할을 수행할 수 있음을 강조합니다. 구성주의, 발달주의, 존재론적 관점 등 다양한 이론적 틀을 바탕으로, 디지털 활용이 유아의 능동적 탐구와 자기주도적 학습을 어떻게 촉진할 수 있는지를 탐구하였습니다. 또한 실제 수업 현장에서 적용 가능한 사례와 전략을 풍부하게 제시하여, 예비교사와 현직 교사가 디지털 교육을 단순한 기술 습득이 아닌 비판적 사고, 윤리적 판단, 정보의 신뢰성 평가, 디지털 시민성을 포함하는 복합적 역량으로 바라볼 수 있도록 구성하였습니다.

집필 과정에서 가장 큰 고민은 '디지털 교육이 유아의 놀이와 발달을 어떻게 확장할 수 있는가'였습니다. 놀이 중심 교육 철학은 유아교육의 핵심이며, 이는 디지털 환경에서도 변함없이 존중되어야 합니다. 따라서 이 책은 놀이와 디지털 경험을 연결하는 다양한 사례를 통해, 유아가 놀이의 본질을 유지하면서도 새로운 형태의 탐구와 표현을 경험할 수 있도록 안내합니다. 동시에 개인정보 보호, 온라인 예절, 문화적 포용성과 같은 디지털 윤리의 문제를 함께 다루어, 교사와 부모가 유아의 안전한 디지털 환경을 마련하는 데 필요한 지침을 제공하고자 하였습니다.

이 책이 출판되기까지 많은 분의 도움과 격려가 있었습니다. 특히 학지사 편집팀의 세심한 지도와 지원은 원고를 다듬고 출판 과정을 원활히 진행하는 데 큰 힘이 되었습니다. 깊은 감사의 마음을 전합니다. 또한 연구와 집필 과정에서 함께 고민하고 의견을 나누어 준 동료 연구자들과 현장의 교사들, 그리고 실제 수업에서 디지털 도구를 활용하며 소중한 경험을 공유해 준 예비교사들에게도 진심으로 감사드립니다.

앞으로 유아교육은 디지털 환경 속에서 더욱 다양한 가능성과 과제를 맞이하게 될 것입니다. 인공지능, 증강현실, 메타버스와 같은 새로운 기술은 교육의 지형을 빠르게 바꾸고 있으며, 교사의 역할 또한 단순한 기술 관리자를 넘어 비판적 설계자, 윤리적 안내자, 문화적 조정자로 확장되고 있습니다. 이 책이 이러한 변화 속에서 교사들에게 작은 길잡이가 되어, 유아들이 놀이와 탐구를 통해 건강하게 성장할 수 있는 교육적 환경을 마련하는 데 기여하기를 바랍니다.

2026년 2월

저자 일동

차례

제4부 디지털 윤리

제 1 부

유아 디지털 환경의 이해

제1장 유아 디지털 환경의 정의

현대 사회에서 유아는 태어나면서부터 디지털 기기와 함께 성장한다. 스마트폰, 태블릿 PC, 스마트 TV, 인공지능이 탑재된 다양한 디지털 기기는 가정과 교육기관, 지역사회 전반에 걸쳐 유아의 생활환경 속에 깊숙이 자리 잡고 있다. 이러한 변화는 유아의 놀이, 학습, 사회적 상호작용 방식에 새로운 가능성을 열어 주는 동시에, 발달 단계에 적합한 사용과 환경 설계의 필요성을 제기한다. 따라서 '유아와 디지털 환경'을 명확히 정의하고 그 범위를 이해하는 것은 디지털 시대 유아교육의 출발점이다.

이 장에서는 디지털 환경의 개념과 구성 요소를 심층적으로 이해하고, 유아가 접하는 다양한 디지털 기기의 특징과 장단점을 분석한다. 또한 유아 발달 특성과 디지털 환경의 상호작용을 연구 결과를 바탕으로 살펴본다. 이를 통해 예비 유아교사가 발달에 적합하고 안전한 디지털 환경을 설계할 수 있는 기초 역량을 기른다.

이 장의 학습목표는 다음과 같다.

학습목표

- 디지털 환경의 개념과 구성 요소를 구체적으로 설명할 수 있다.
- 유아가 접하는 디지털 기기의 종류와 특성을 장단점과 함께 분석할 수 있다.
- 유아 발달 특성에 비추어 디지털 환경의 의미와 영향을 설명할 수 있다.
- 발달에 적합한 디지털 환경 설계의 필요성을 논리적으로 제시할 수 있다.

1. 이해하기

1) 디지털 환경의 개념

디지털 환경(digital environment)은 디지털 기술과 네트워크를 기반으로 정보가 생성 · 저장 · 전달 · 활용되는 물리적 · 가상적 공간을 의미한다(UNESCO, 2019). 이는 단순히 기기 자체를 지칭하는 것이 아니라, 기기를 통해 연결되는 콘텐츠, 플랫폼, 상호작용 방식까지 포함한다. 디지털 환경은 다음과 같은 네 가지의 특징을 가진다.

(1) 상호작용성

상호작용성

상호작용성(Interactivity)은 사용자가 디지털 콘텐츠의 흐름과 결과에 직접 영향을 미치고, 그 결과로부터 즉각적이거나 지연된 피드백을 받아 다음 행동을 조정할 수 있는 구조를 의미한다. 이는 단순히 버튼을 누르거나 화면을 탭하는 물리적 조작을 넘어서, 사용자의 선택, 주의, 감정, 추론이 콘텐츠의 전개 방식과 학습 경험을 동적으로 바꾸는 정도를 포함한다. 상호작용성은 입력 방식(터치, 음성, 몸짓), 피드백의 질(정확성 · 적시성 · 의미성), 사용자의 통제감(선택권 · 탐색 자유도), 대화성(양방향 소통, 시스템 혹은 타 사용자와의 교류), 적응성(개인화된 난이도 · 경로) 등 복합 차원으로 이해할 수 있다.

〈표 1-1〉 상호작용성의 구성 요소와 수준별 특징

핵심 요소	• 사용자 입력 • 시스템 처리 • 의미 있는 피드백 • 반복 가능한 순환 구조
수준 구분	• 낮은 상호작용성(단순 재생/일시정지) → 중간(선택지 기반 분기, 즉각 피드백) → 높은(실시간 시뮬레이션, 개방형 창작, 다자간 협업)
경험의 질	• 피드백이 빠르고 구체적이며 맥락화될수록, 그리고 사용자가 결과를 예측 · 검증 · 수정할 수 있을수록 상호작용 경험은 깊어진다.

유아기는 탐색과 놀이를 통해 개념을 구성하고, 시도-피드백-수정의 순환에서 인지 · 사회 · 정서 역량이 통합적으로 자란다. 상호작용성은 이러한 발달적 메커니즘을 디지털 맥락에서 증폭한다. 유아교육에서 상호작용성이 중요한 이유는 다음과 같다.

- **주의집중과 동기**: 즉각적이고 감각적으로 풍부한 피드백은 주의 유지와 과제 지속성을 높인다.
- **능동적 학습**: 선택과 조작을 통해 유아가 학습의 방향을 스스로 규정하며, 주도성과 자기효능감이 강화된다.
- **개별화 지원**: 유아의 반응 패턴을 바탕으로 난이도, 속도, 표현 방식을 조정하여 최적의 학습 구간을 형성한다.
- **언어 · 사고 확장**: 상호작용적 스토리텔링과 문제해결은 어휘, 인과 추론, 메타인지 언어(왜 그렇게 되었는지 말하기)를 촉진한다.
- **사회적 상호작용**: 또래와의 공동 조작과 역할 분담은 협력 · 의사소통 · 감정 조절을 연습하는 장이 된다.

(2) 멀티모달성

멀티모달성(Multimodality)은 하나의 학습 경험이나 정보 전달 과정에서 텍스트, 이미지, 소리, 영상, 애니메이션, 제스처 등 다양한 형태의 정보 표현 양식이 결합되어 의미를 구성하는 구조를 의미한다. 이는 단일한 정보 채널에 의존하는 것이 아니라, 서로 다른 감각 경로와 표현 방식을 통합하여 학습자의 이해와 몰입을 심화시키는 특징을 가진다. 멀티모달성은 단순히 여러 매체를 나열하는 것이 아니라, 각 모드(mode)가 상호 보완적으로 작용하여 전체 메시지의 의미를 강화하고, 학습자의 인지적 · 정서적 반응을 풍부하게 만드는 데 목적이 있다.

멀티모달성

멀티모달성은 다음과 같은 차원에서 이해할 수 있다.

- **감각 경로의 다양성**: 시각, 청각, 촉각 등 여러 감각을 동시에 자극
- **표현 양식의 상호 보완성**: 텍스트가 설명하는 내용을 이미지나 영상이 구체화하고, 소리

가 정서적 분위기를 형성

- **정보 처리의 중복과 강화**: 동일한 개념을 서로 다른 모드로 반복 · 강화하여 이해를 심화
- **맥락화와 몰입**: 다양한 모드가 결합되어 학습 상황을 실제처럼 느끼게 함

〈표 1-2〉 멀티모달성의 구성 요소와 수준별 특징

핵심 요소	• 시각 자료(사진, 그림, 애니메이션) • 청각 자료(음성, 음악, 효과음) • 언어 자료(텍스트, 자막, 내레이션) • 동적 자료(영상, 시뮬레이션, AR/VR) • 촉각 · 동작 요소(터치스크린, 제스처 인식, 햅틱 피드백)
수준 구분	• **낮은 멀티모달성**: 텍스트와 단일 이미지의 결합 • **중간 멀티모달성**: 텍스트 · 이미지 · 음성이 결합된 프레젠테이션 • **높은 멀티모달성**: 텍스트 · 이미지 · 영상 · 음성 · 상호작용 요소가 통합된 몰입형 학습 환경(예: VR 체험, AR 기반 학습 앱)
경험의 질	• 멀티모달 자료가 단순히 나열되는 것이 아니라, 의미적으로 연결되고 학습목표와 정합성을 가질 때 학습 효과가 극대화된다. 각 모드가 전달하는 정보가 중복되면서도 새로운 관점을 제공하면, 학습자는 더 깊이 이해하고 오래 기억할 수 있다. 반대로, 모드 간 정보가 불일치하거나 과도하게 복잡하면 인지적 과부하가 발생할 수 있다.

유아교육에서 멀티모달성이 중요한 이유는 다음과 같다. 유아기는 감각적 탐색과 구체적 경험을 통해 세상을 이해하는 시기이며, 멀티모달성은 이러한 발달 특성을 반영하여 다양한 감각 채널을 활용함으로써 학습의 질을 높일 수 있기 때문이다.

- **주의집중과 몰입**: 시각 · 청각 · 촉각 자극이 결합되면 유아의 흥미와 몰입도가 상승한다.
- **다양한 학습 양식 지원**: 시각형, 청각형, 운동감각형 등 개별 학습 선호를 모두 포괄할 수 있다.
- **개념 이해 심화**: 동일 개념을 여러 방식으로 제시하면 이해가 깊어지고 기억이 오래 지속된다.
- **언어 발달 촉진**: 그림과 소리를 결합한 스토리텔링은 어휘 습득과 문해력 향상에 효과적이다.
- **문화 · 정서 경험 확장**: 음악, 영상, 이미지가 결합된 자료는 정서적 공감과 문화적 이해를 넓힌다.

(3) 네트워크성

네트워크성(Networked nature)은 디지털 환경이 인터넷과 네트워크 기술을 기반으로 실시간 연결과 정보 공유를 가능하게 하는 구조를 의미한다. 이는 단순히 한 방향으로 정보를 전달하는 것을 넘어, 사용자 간, 혹은 사용자와 시스템 간의 양방향·다방향 소통을 가능하게 하며, 시간과 공간의 제약을 최소화한다. 네트워크성은 연결성(connectivity), 실시간성(real-time), 확장성(scalability), 개방성(openness) 등의 속성을 포함하며, 이를 통해 학습, 놀이, 사회적 상호작용이 물리적 경계를 넘어 확장된다.

〈표 1-3〉 네트워크성의 구성 요소와 수준별 특징

핵심 요소	• 안정적이고 빠른 인터넷 연결 • 실시간 데이터 송수신 기능 • 다자간 연결 및 협업 지원 • 정보 공유와 공동 편집 기능
수준 구분	• **낮은 네트워크성**: 단순 자료 다운로드·업로드 • **중간 네트워크성**: 실시간 채팅·화상통화 • **높은 네트워크성**: 다자간 실시간 협업, 클라우드 기반 공동 창작, 메타버스 환경
경험의 질	• 네트워크성이 높을수록 학습자 간 상호작용의 빈도와 질이 향상되며, 다양한 관점과 자료를 즉시 공유할 수 있다. 그러나 연결 품질이 불안정하거나 정보 과부하가 발생하면 학습 몰입이 저하될 수 있다.

유아가 경험하는 디지털 환경은 물리적 기기뿐 아니라 콘텐츠와 플랫폼을 포함한다. 콘텐츠와 플랫폼은 교육용 애플리케이션, 동영상 학습 자료, 게임, 전자책 등 다양한 형태로 제공되며, 맞춤형 학습 기회를 제공하고 흥미를 유발하는 장점이 있다. 그러나 상업적 콘텐츠의 범람과 연령에 적합하지 않은 자료 노출 위험, 사용 시간 관리의 필요성이라는 한계도 존재한다. 따라서 유아의 발달 단계에 적합한 콘텐츠 선별과 플랫폼 관리가 필수적이다.

한편, 네트워크 기반 상호작용은 온라인 학습 플랫폼, 화상회의 시스템, 소셜 네트워크, 메신저 등을 통해 실시간으로 이루어진다. 이를 통해 교사, 또래, 부모와의 원격 소통이 가능하고 협력적 학습을 촉진하며 글로벌 학습 자원에 접근할 수 있다는 장점이 있다. 동시에

개인정보 보호 문제, 사이버 안전 위험, 대면 상호작용의 감소 가능성이라는 단점도 함께 고려해야 한다. 따라서 유아의 디지털 환경은 단순히 기기의 활용을 넘어, 콘텐츠와 플랫폼의 질적 관리와 네트워크 상호작용의 안전성 확보가 함께 논의되어야 한다.

유아교육에서 네트워크성이 중요한 이유는 다음과 같다. 유아기는 또래와의 상호작용, 다양한 사회적 경험, 그리고 새로운 정보와의 접촉을 통해 사회성과 인지 능력을 확장하는 시기이다. 네트워크성은 이러한 발달 특성을 반영하여, 시간과 공간의 제약을 넘어 실시간으로 사람과 정보를 연결함으로써 학습과 관계 형성의 폭을 넓히기 때문이다.

- **사회성 확장**: 또래 · 교사 · 가족과의 실시간 상호작용을 통해 사회적 관계망을 넓힌다.
- **다문화 경험**: 다른 지역 · 국가의 또래와 교류하며 문화적 다양성을 경험한다.
- **공동 학습**: 온라인 협력 과제를 통해 협동심과 의사소통 능력을 기른다.
- **정보 접근성**: 다양한 자료와 전문가 의견에 즉시 접근 가능하다.

(4) 맞춤형

맞춤형(Personalization)은 사용자의 선호, 행동 데이터, 학습 수준, 관심사 등을 분석하여 개인에게 최적화된 콘텐츠와 경험을 제공하는 구조를 의미한다. 이는 모든 학습자에게 동일한 자료를 제공하는 전통적 방식과 달리, 개별 학습자의 특성과 필요를 반영해 학습 경로, 난이도, 표현 방식 등을 조정한다. 맞춤형은 데이터 기반 분석, 적응형 알고리즘, 사용자 피드백 반영, 지속적 업데이트를 통해 구현된다.

맞춤형

유아교육에서 맞춤형이 중요한 이유는 다음과 같다. 유아기는 발달 속도와 학습 스타일, 흥미 영역이 개인마다 크게 다른 시기이다. 맞춤형은 이러한 개별적 특성을 반영하여, 유아의 선호와 학습 수준, 반응 패턴에 맞춘 콘텐츠와 활동을 제공함으로써 학습의 효율성과 몰입도를 높인다. 이를 통해 모든 유아가 자신의 속도와 방식에 맞춰 성장할 수 있는 환경을 마련한다.

〈표 1-4〉 맞춤형의 구성 요소와 수준별 특징

핵심 요소	• 사용자 프로필 및 학습 이력 분석 • 적응형 콘텐츠 추천 시스템 • 난이도 · 속도 · 형식 조절 기능 • 피드백 기반 학습 경로 수정
수준 구분	• **낮은 맞춤형**: 사용자가 직접 선택한 콘텐츠 제공 • **중간 맞춤형**: 기본 데이터(연령, 수준)에 따른 콘텐츠 추천 • **높은 맞춤형**: 실시간 반응 · 성과 분석을 통한 자동 조정 및 예측형 추천
경험의 질	• 맞춤형 설계는 학습자의 몰입과 성취감을 높이고, 불필요한 반복이나 과도한 난이도로 인한 좌절을 줄인다. 그러나 데이터 수집 · 활용 과정에서 개인정보 보호와 윤리적 고려가 필수적이다.

유아의 디지털 환경은 성인의 환경과 달리 발달 단계에 맞춘 직관적 조작, 시각적 · 청각적 자극, 놀이 중심의 콘텐츠가 주를 이룬다. 따라서 유아교육에서 디지털 환경을 정의할 때는 기술적 측면뿐 아니라 발달적 적합성, 안전성, 교육적 가치가 함께 고려되어야 한다.

2) 유아와 디지털 환경의 범위

유아가 경험하는 디지털 환경은 크게 물리적 기기, 콘텐츠와 플랫폼, 네트워크 기반 상호작용으로 나눌 수 있다. 각 기기의 특징, 장점, 단점을 살펴보면 〈표 1-5〉와 같다.

〈표 1-5〉 디지털 환경의 분류와 특징

기기	특징	장점	단점
스마트폰	• 휴대성과 접근성이 높음 • 다양한 앱 설치 가능	• 언제 어디서나 학습 · 놀이 가능 • 사진 · 영상 기록 용이	• 화면 크기 제한 • 과도한 사용 시 시력 저하 및 주의력 감소
태블릿 PC	• 터치스크린 기반 • 화면 크기 넓음	• 시각 자료 활용 용이 • 교육용 앱 다양	• 장시간 사용 시 신체 활동 부족 • 콘텐츠 관리 필요
스마트 TV	• 대형 화면 • 스트리밍 서비스 연결	• 가족단위 시청 · 참여가능 • 고화질 영상 제공	• 수동적 시청 습관 형성 위험
전자칠판	• 교육기관에서 활용 • 대형 터치 디스플레이	• 집단 학습 · 참여형 수업 가능	• 고가 장비 • 유지보수 필요
AI 스피커	• 음성인식 기반 • 정보 검색 · 음악 재생	• 손쉬운 정보 접근 • 언어 자극 제공	• 개인정보 수집 우려 • 부적절한 응답 가능성

3) 유아 발달과 디지털 환경의 특성

연구에 따르면 디지털 환경은 유아 발달의 여러 영역에 영향을 미친다.

- **인지 발달**: 터치스크린 기반 학습 앱은 유아의 문제해결력과 기억력 향상에 긍정적 영향을 줄 수 있다(Neumann & Neumann, 2014). 그러나 과도한 멀티태스킹은 주의집중력 저하를 유발할 수 있다.
- **언어 발달**: 양질의 디지털 스토리텔링 콘텐츠는 어휘력과 문해력 발달을 촉진한다(Rideout, 2017). 반면, 수동적 시청은 언어 자극의 질을 떨어뜨릴 수 있다.
- **사회 · 정서 발달**: 온라인 협력 놀이와 화상통화는 또래 · 가족과의 관계를 유지 · 강화하는 데 도움을 준다(Plowman, MCPake, & Stephen, 2010). 그러나 대면 상호작용 기회가 줄어들면 사회성 발달에 부정적 영향을 미칠 수 있다.
- **신체 발달**: 일부 디지털 게임은 신체 움직임을 유도하지만, 대부분의 기기는 좌식 활동을 증가시켜 비만 위험을 높인다(WHO, 2019).

이러한 특성은 디지털 환경이 유아 발달에 미치는 영향이 사용 시간, 콘텐츠 질, 상호작용 방식에 따라 달라진다는 점을 시사한다.

2. 심층학습

디지털 환경의 진화는 유아교육의 패러다임을 근본적으로 변화시키고 있다. 과거 유아의 생활과 학습 환경이 주로 책, 장난감, 텔레비전과 같은 아날로그 매체에 의존했다면, 오늘날에는 상호작용성과 맞춤형 기능이 강화된 디지털 환경이 주류를 이루고 있다. 예를 들어, AI 기반 학습 애플리케이션은 유아의 반응 속도와 정답률을 분석해 난이도를 조절함으로써 개별화 학습을 가능하게 한다.

이와 함께 가상현실(Virtual Reality: VR)과 증강현실(Augmented Reality: AR) 기술은 유아에게 몰입형 학습 경험을 제공한다. VR은 헤드셋이나 전용 장비를 통해 사용자를 완전히 가상의 3차원 환경 속으로 몰입시키는 기술로, 실제와 유사하거나 전혀 다른 세계를 체험하게 한다. 예를 들어, 유아가 VR 기기를 착용하고 바닷속을 탐험하며 해양 생물을 관찰하는 활동은 현실에서는 경험하기 어려운 상황을 안전하게 제공한다. 증강현실(AR)은 현실 세계의 영상 위에 가상의 정보나 3D 객체를 덧씌워 보여 주는 기술로, 실제 환경과 디지털 콘텐츠가 동시에 존재한다. 예를 들어, AR 동물도감 애플리케이션은 카메라로 동물 이미지를 비추면 화면 속에 3D 모델과 울음소리가 함께 나타나, 유아가 실물과 디지털 정보를 결합해 다감각적으로 학습할 수 있도록 돕는다. 예를 들어, AR 동물도감 애플리케이션은 카메라로 동물 이미지를 비추면 3D 모델과 소리를 함께 제공하여 유아의 다감각적 학습을 촉진한다. 이러한 기술들은 학습의 흥미와 몰입도를 높이는 동시에, 실제 경험을 확장하는 교육적 잠재력을 지닌다. VR은 '완전한 몰입'을, AR은 '현실과의 결합'을 통해 각각 다른 방식으로 유아의 인지 · 정서 · 감각 발달을 지원하며, 상황과 목표에 따라 적절히 선택 · 활용될 수 있다.

그러나 기술 발전이 곧바로 교육적 효과로 이어지는 것은 아니다. 모든 디지털 환경은 교육적 가치와 안전성에 대한 면밀한 검토가 필요하다. 이를 위해 발달 적합성, 균형성, 안전성, 참여성이라는 네 가지 원칙이 유아를 위한 디지털 환경 설계의 핵심 기준으로 제시된다. 이 네 가지 원칙을 구체적으로 살펴본다([그림 1-1] 참조).

[그림 1-1] 유아를 위한 디지털 환경 설계의 핵심 기준

1) 발달 적합성

발달 적합성(Developmentally Appropriate Practice: DAP)은 유아의 **연령, 개인차, 사회 · 문화적 배경**을 고려하여 교육 환경과 활동을 설계하는 원칙이다. 디지털 환경에서 발달 적합성을 적용한다는 것은, 유아의 인지 · 언어 · 사회 · 정서 · 신체 발달 수준에 맞는 기기, 콘텐츠, 상호작용 방식을 선택하는 것을 의미한다.

- **예시**: 만 3세 유아에게는 복잡한 메뉴 구조 대신 직관적인 아이콘과 짧은 길이의 시각자료를 제공하고, 만 5세 유아에게는 간단한 문제해결형 게임이나 창작 활동 앱을 제공하는 것
- **핵심 포인트**: 발달 단계별로 정보 처리 능력과 주의집중 시간이 다르므로, 콘텐츠 난이도와 상호작용 방식이 이에 맞춰져야 한다.

2) 균형성

균형성(Balance)은 디지털 활동과 비디지털 활동 간의 **시간 · 내용 · 형식의 조화**를 의미한다. 유아의 하루 일과에서 디지털 기기 사용이 놀이, 신체 활동, 대면 상호작용을 대체하지 않도록 하는 것이 중요하다.

- **예시**: 하루 20분의 교육용 앱 활동 후, 관련 주제로 실물 교구를 활용한 놀이를 진행하거나 야외 활동과 연계하는 방식
- **핵심 포인트**: 디지털 환경은 학습과 놀이를 확장하는 도구이지, 전부를 대체하는 수단이 되어서는 안 된다.

3) 안전성

안전성(Safety)은 유아가 디지털 환경에서 **신체적 · 정서적 · 정보적 위험**에 노출되지 않도록 보호하는 원칙이다.

- **신체적 안전**: 장시간 사용으로 인한 시력 저하, 자세 불균형 예방
- **정서적 안전**: 폭력적이고 부적절한 콘텐츠 차단

- **정보 안전**: 개인정보 유출 방지, 광고 · 상업적 유도 차단
- **예시**: 콘텐츠 필터링, 사용 시간 제한, 부모 · 교사 모니터링 기능을 갖춘 앱 사용
- **핵심 포인트**: 기술적 보호 장치와 성인 지도 · 중재가 함께 이루어져야 한다.

4) 참여성

참여성(Participation)은 유아가 디지털 환경에서 **수동적 소비자가 아니라 능동적 창작자 · 참여자**가 되도록 하는 원칙이다.

- **예시**: 단순 시청이 아닌, 그림 그리기 앱에서 직접 그림을 그리고 이를 친구와 공유하거나, 디지털 스토리텔링 도구로 이야기를 만들어 발표하는 활동
- **핵심 포인트**: 유아가 자신의 생각을 표현하고, 또래 · 교사와 상호작용하며, 결과물을 공유하는 과정을 통해 학습 효과와 자기효능감을 높인다.

국제적으로 OECD(2021)는 디지털 환경을 학습 · 놀이 · 사회참여의 핵심 인프라로 규정하며, 유아기부터 디지털 역량을 기르는 것이 평생학습의 기초가 된다고 강조한다. 또한 UNESCO(2019)는 「아시아 · 태평양 지역 보고서」에서 유아의 디지털 환경 경험이 디지털 시민성 형성의 토대가 된다고 분석하였다.

요약 및 결론

유아와 디지털 환경의 정의는 기술 · 콘텐츠 · 상호작용이 결합된 통합적 생활공간을 의미한다. 유아는 이 환경 속에서 놀이하고 배우며, 사회적 관계를 형성한다. 따라서 예비 유아교사는 디지털 환경의 구성 요소와 특성을 이해하고, 발달에 적합하며 안전한 환경을 설계 · 운영할 수 있는 역량을 갖추어야 한다.

토론을 위한 질문

1. 유아가 경험하는 디지털 환경의 긍정적 요소와 부정적 요소를 각각 사례와 함께 제시하시오.

준비사항

- 가정 · 교육기관 · 지역사회에서의 실제 사례 수집
- 긍정적 영향(학습 촉진, 창의성 향상 등)과 부정적 영향(주의력 저하, 신체 활동 감소 등)에 대한 최신 연구 자료
- 사례별 사진 · 영상 · 통계 자료(가능하다면)

요령

- 긍정 · 부정 사례를 균형 있게 제시하고, 각각의 근거를 명확히 설명한다.
- 사례는 구체적이고 신뢰할 수 있는 출처를 기반으로 한다.
- 단순 나열이 아닌, 영향의 원인과 결과를 연결해 설명한다.

2. 발달에 적합한 디지털 환경을 설계하기 위해 고려해야 할 핵심 요소를 논의하시오.

준비사항

- 발달 적합성(DAP) 관련 문헌
- 연령별 발달 특성과 디지털 기기 사용 가이드라인(WHO, AAP 등)
- 실제 교육 현장에서의 디지털 환경 설계 사례

요령

- 연령별 발달 특성과 디지털 환경 요소를 연결하여 설명한다.
- 균형성, 안전성, 참여성, 접근성 등 핵심 설계 원칙을 포함한다.
- 이론적 근거와 실제 적용 사례를 함께 제시한다.

3. 가정과 교육기관에서 유아의 디지털 환경 경험을 조율하는 구체적 방법을 제안하시오.

준비사항

- 가정과 교육기관의 디지털 기기 사용 규칙 사례
- 부모 · 교사 협력 프로그램 또는 가이드라인 자료
- 시간 관리, 콘텐츠 선정, 공동 활동 방법에 관한 연구

요령

- 가정과 교육기관의 역할을 구분하여 설명한다.
- 조율 방법이 실현 가능하고 구체적이어야 한다.
- 부모 · 교사 · 유아 모두의 참여를 유도하는 방안을 포함한다.

4. 디지털 환경이 유아의 사회 · 정서 발달에 미치는 영향을 실제 관찰 사례나 연구 결과를 근거로 분석하시오.

준비사항

- 사회 · 정서 발달 관련 이론(예: Erikson, Vygotsky)
- 디지털 환경이 사회성, 정서 조절, 공감 능력에 미치는 영향에 관한 연구
- 실제 관찰 사례(교실, 가정, 놀이 상황 등)

요령

- 긍정적 · 부정적 영향을 모두 다루되, 연구 근거를 명확히 제시한다.
- 발달 이론과 사례를 연결하여 분석한다.
- 단순한 현상 설명이 아니라, 원인 · 과정 · 결과를 구조적으로 제시한다.

5. 유아교육 현장에서 디지털 기기 사용을 제한하는 것과 적극적으로 활용하는 것 중 어느 쪽이 더 바람직한지 토론하시오.

준비사항

- 두 입장(제한 vs. 적극 활용)에 대한 장단점 정리
- 국내외 교육정책 및 가이드라인 비교 자료
- 실제 현장 교사 · 부모의 의견 사례

요령

- 한쪽 입장을 선택하되, 반대 의견에 대한 반론 근거를 준비한다.
- 장단점을 균형 있게 다루고, 교육적 목표와 발달 적합성을 기준으로 판단한다.
- 결론은 토론 후 도출된 합의점 또는 시사점으로 마무리한다.

참고문헌

배윤진, 임은미, 김교령, 김혜진(2023). 유아를 위한 디지털 교육 지원 방안 마련 기초 연구(CR2308). 육아정책연구소. https://repo.kicce.re.kr/bitstream/2019.oak/5544/4/CR2308.pdf

임수진, 유지영(2024). 유아 디지털 시민성 교육 프로그램 개발. **어린이미디어연구, 23**(3), 299-340. https://www.dbpia.co.kr/journal/articleDetail?nodeId=NODE11934483

American Academy of Pediatrics. (2016). Media and young minds. *Pediatrics, 138*(5), e20162591.

Azuma, R. T. (1997). A survey of augmented reality. *Presence: Teleoperators and Virtual Environments, 6*(4), 355-385.

DQ Institute. (2017). *Child online safety index & digital citizenship framework*. DQ Institute.

Mayer, R. E. (2021). *Multimedia learning* (3rd ed.). Cambridge University Press.

Neumann, M. M., & Neumann, D. L. (2014). Touch screen tablets and emergent literacy. *Early Childhood Education Journal, 42*(4), 231-239. https://doi.org/10.1007/s10643-013-0608-3

OECD. (2021). **21세기 독자: 디지털 세상에서의 문해력 개발 보고서(PISA)**. OECD Publishing. https://www.oecd-ilibrary.org/education/pisa-2022-results-volume-i_53f23881-en

Plowman, L., McPake, J., & Stephen, C. (2010). The technologisation of childhood? Young children and technology in the home. *Children & Society, 24*(1), 63-74. https://doi.org/10.1111/j.1099-0860.2008.00222.x

Rideout, V. (2017). *The Common Sense census: Media use by kids age zero to eight*. Common Sense Media. https://www.commonsensemedia.org/

Slater, M., & Sanchez-Vives, M. V. (2016). Enhancing our lives with immersive virtual reality. *Frontiers in Robotics and AI, 3*, 74.

UNESCO. (2019). *Guidelines on digital literacy for early childhood education*. UNESCO Publishing.

WHO. (2019). *Guidelines on physical activity, sedentary behaviour and sleep for children under 5 years of age*. World Health Organization.

디지털 미디어가 유아 발달에 미치는 영향

오늘날 유아들은 태어나면서부터 디지털 미디어가 일상에 깊숙이 스며든 환경에서 성장하고 있다. 스마트폰, 태블릿 PC, 스마트 TV, 교육용 애플리케이션 등 다양한 형태의 디지털 매체는 놀이, 학습, 의사소통의 주요 도구로 자리 잡았다. 이러한 변화는 유아 발달 전반에 긍정적 · 부정적 영향을 동시에 미치며, 그 양상은 사용 시간, 콘텐츠의 질, 성인의 중재 방식 등에 따라 크게 달라진다. 디지털 미디어는 언어 · 인지 발달을 촉진하고, 사회 · 정서적 경험을 확장하며, 새로운 감각 · 운동 경험을 제공하는 잠재력을 지닌다. 그러나 과도한 사용이나 발달에 부적합한 콘텐츠는 주의집중 저하, 사회적 고립, 신체 건강 문제 등 부정적 결과를 초래할 수 있다. 따라서 유아 발달 특성을 고려한 균형 잡힌 활용과 교육적 설계가 필수적이다. 이 장에서는 디지털 미디어가 유아 발달의 다양한 영역에 미치는 영향을 발달심리학적 관점에서 분석하고, 긍정적 효과를 극대화하며 부정적 영향을 최소화할 수 있는 방향을 모색한다.

유아기는 인지, 사회 · 정서, 신체 발달이 빠르게 이루어지는 시기로, 이 시기의 경험은 평생의 발달 궤도에 중요한 영향을 미친다. 오늘날 유아들은 가정과 교육 현장에서 다양한 형태의 디지털 미디어—스마트폰, 태블릿 PC, 스마트 TV, 교육용 애플리케이션, 온라인 학습 플랫폼—와 일상적으로 접하며 성장한다. 이러한 미디어는 시각 · 청각 · 촉각 등 여러 감각을 자극하고, 새로운 학습 기회를 제공하며, 또래 및 성인과의 상호작용 방식을 변화시킨다.

그러나 디지털 미디어의 영향은 단일하지 않다. 발달에 적합하고 질 높은 콘텐츠와 적절한 사용 시간, 성인의 적극적인 중재가 결합될 경우, 언어 발달 촉진, 창의성 향상, 사회적 관계 확장 등 긍정적 효과를 기대할 수 있다. 반대로, 발달 수준에 맞지 않는 콘텐츠나 과도한 사용은 주의집중 저하, 사회적 고립, 신체 건강 문제 등 부정적 결과를 초래할 수 있다.

따라서 유아 발달에 미치는 디지털 미디어의 영향을 이해하는 것은, 교육자와 보호자가 미디어 활용의 방향과 범위를 설계하는 데 필수적이다. 이 절에서는 발달 영역별로 디지털 미디어의 긍정적 · 부정적 영향을 살펴보고, 이를 균형 있게 활용하기 위한 교육적 시사점을 도출한다.

이 장의 학습목표는 다음과 같다.

학습목표

- 디지털 미디어가 유아의 인지, 사회 · 정서, 신체 발달에 미치는 주요 영향을 설명할 수 있다.
- 발달 영역별 긍정적 · 부정적 영향 사례를 구체적으로 제시할 수 있다.
- 디지털 리터러시와 시민성 형성 측면에서 유아기 미디어 경험의 의미를 분석할 수 있다.
- 미디어 사용 시간, 콘텐츠 질, 성인 중재 등 영향 요인을 구분하고 그 중요성을 평가할 수 있다.
- 긍정적 효과를 강화하고 부정적 영향을 완화하기 위한 교육적 · 환경적 전략을 제안할 수 있다.

1. 이해하기

최근 스마트폰, 태블릿 PC, 스마트 TV, 교육용 애플리케이션 등 디지털 미디어의 급속한 확산은 유아의 일상과 학습 환경을 근본적으로 변화시키고 있다. 0~6세 영유아의 다수가 생후 3세 이전에 스마트 기기를 접하기 시작하며(Lee, Park, & Eom, 2021), 미디어는 놀이 · 학습 · 의사소통의 주요 매개로 자리 잡았다. 이러한 변화 속에서 디지털 미디어가 유아 발달에 미치는 영향을 과학적으로 규명하는 연구의 필요성이 커지고 있다(배윤진 외, 2023).

디지털 미디어의 영향은 양면성을 지닌다. 발달에 적합하고 질 높은 콘텐츠를 적절한 시간 동안 활용하면 언어 · 인지 발달 촉진, 창의성 향상, 사회적 관계 확장 등 긍정적 효과를 기대할 수 있다. 반면, 발달 수준에 맞지 않는 콘텐츠나 과도한 사용은 주의집중 저하, 사회적 고립, 신체 건강 문제, 미디어 의존 등 부정적 결과를 초래할 수 있다. 특히 유아기 오락 목적의 미디어 사용은 장기적으로 학업 성취와 사회적 적응에 부정적 영향을 미치는 반면, 교육 목적의 사용은 긍정적 발달을 지원한다는 연구 결과가 보고되고 있다(이수현, 2023). 따라서 유아 발달 특성을 고려한 균형 잡힌 미디어 활용과 교육적 설계가 필수적이며, 이를 위해 발달심리학적 · 교육학적 관점에서의 심층 연구가 지속적으로 요구된다.

1) 영향 요인과 매개 변수

유아의 디지털 미디어 경험이 발달에 미치는 영향은 단순히 '사용 여부'로만 결정되지 않는다. 사용 시간과 빈도, 콘텐츠의 질과 발달 적합성, 성인(부모 · 교사)의 중재와 지도 방식, 그리고 아동 개인의 발달 특성과 환경 요인이라는 네 가지 핵심 요인이 상호작용하며, 각각이 발달 결과에 중요한 매개 변수로 작용한다.

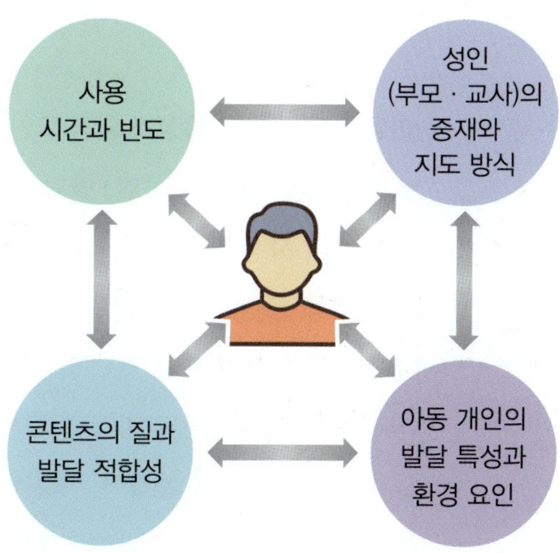

[그림 2-1] 유아의 디지털 미디어 경험에 미치는 영향 요인

[그림 2-1]은 유아의 디지털 미디어 경험에 영향을 미치는 네 요인—사용 시간 · 빈도, 콘텐츠의 질과 발달 적합성, 성인(부모 · 교사) 중재 · 지도, 아동 개인의 발달 특성과 환경 요인—이 어떻

게 상호작용하여 발달 결과를 형성하는지를 한눈에 보여 준다.

① 사용 시간과 빈도

- **부정적 영향**: 권장 시간을 초과하거나 장시간 연속 시청 시 주의력 저하, 수면 질 악화, 신체 활동 감소, 또래와의 상호작용 기회 축소가 발생할 수 있다.
- **주의사항**: 연령별 권장 시청 시간을 준수하고, 짧고 질 높은 사용을 여러 번 나누어 배치하며, 연속 시청을 피한다.

② 콘텐츠의 질과 발달 적합성

- **부정적 영향**: 발달 수준에 맞지 않는 난이도, 과도한 시각 · 청각 자극, 폭력적 · 상업적 요소는 불안감, 혼란, 부정적 모방 행동을 유발할 수 있다.
- **주의사항**: 발달 단계와 흥미에 맞춘 교육적 설계의 콘텐츠를 선택하고, 문화적 · 언어적 포용성을 고려한다.

③ 성인(부모·교사)의 중재와 지도 방식

- **부정적 영향**: 성인의 개입이 부족하거나 단순 제한에 그칠 경우, 유아가 미디어 내용을 비판적으로 해석하지 못하고 수동적으로 소비하게 된다.
- **주의사항**: 시간 · 콘텐츠 제한을 넘어, 공동 참여와 대화 중심의 중재를 통해 유아가 내용을 이해 · 해석 · 확장할 수 있도록 돕는다.

④ 아동 개인의 발달 특성과 환경 요인

- **부정적 영향**: 아동의 기질, 발달 속도, 흥미, 주의집중력 등 개인적 특성을 고려하지 않은 미디어 사용은 과도한 자극이나 부적절한 난이도로 인해 좌절감, 흥미 상실, 또는 부정적 행동 모방을 유발할 수 있다. 또한 가정의 미디어 사용 문화가 수동적 소비 위주이거나 부모의 디지털 리터러시가 낮은 경우, 유아는 비판적 수용 능력 없이 콘텐츠를 받아들이게 되어 발달에 부정적 영향을 받을 가능성이 높다. 또래 집단의 미디어 사용 습관이나 지역사회 환경이 부정적일 경우, 이러한 영향이 강화될 수 있다.
- **주의사항**: 아동의 발달 단계, 기질, 흥미를 세심하게 파악하고 이에 맞춘 콘텐츠와 사용 방식을 설계한다. 가정과 교육 현장에서 긍정적이고 교육적인 미디어 사용 문화를 형

성하며, 부모와 교사의 디지털 리터러시를 향상시켜 아동이 다양한 환경 속에서도 건강한 미디어 습관을 유지할 수 있도록 지원한다. 또한 또래 및 지역사회 차원에서 긍정적 미디어 활용 사례를 공유하고 확산시킨다.

이처럼 네 요인은 서로 독립적으로 작용하지 않고, 상호 보완적으로 유아의 디지털 경험을 형성한다. 한 요소만 관리해도 일정 효과는 있지만, 세 요소가 균형을 이룰 때 긍정적 발달 효과가 극대화된다.

(1) 사용 시간과 빈도

디지털 미디어의 사용 시간과 빈도는 유아 발달에 미치는 영향의 강도와 방향을 결정하는 가장 직관적이면서도 중요한 요인이다. 이는 단순히 '얼마나 오래' 사용하는가를 넘어, 하루에 몇 번, 어떤 간격으로, 어떤 맥락에서 사용하는지가 모두 포함된다.

① 권장 기준과 현실의 차이

세계보건기구(WHO, 2019)는 만 2세 미만 영아의 스크린 노출을 전혀 권장하지 않으며, 만 2~5세 유아의 경우 하루 1시간 이내의 고품질 콘텐츠 시청을 권고한다. 이 권고는 유아기의 뇌 발달이 빠르게 이루어지는 시기에 직접적인 신체 활동, 놀이, 대면 상호작용이 필수적이라는 발달심리학적 근거에 기반한다. 그러나 국내외 조사 결과, 실제 유아의 미디어 사용 시간은 이 권고를 초과하는 경우가 많다. 예를 들어, 안선경 등(2024)의 연구에서는 일부 유아가 하루 3시간 이상 디지털 기기에 노출되는 사례가 보고되었으며, 특히 맞벌이 가정이나 도시 거주 가정에서 평균 사용 시간이 더 길게 나타났다.

② 짧고 질 높은 사용의 효과

연구에 따르면, 제한된 시간 안에 발달 적합한 콘텐츠를 활용할 경우 언어 · 인지 발달에 긍정적인 효과를 줄 수 있다. 예를 들어, 15~20분 동안 상호작용형 동화 앱을 부모와 함께 사용하는 경우, 어휘 습득과 이야기 이해력이 향상되는 경향이 나타난다. 짧은 시간이라도 집중도 높은 활동을 반복하면, 유아의 주의 지속력과 학습 동기가 강화된다.

③ 과도한 사용의 부정적 영향

반대로, 장시간 사용은 다음과 같은 부정적 영향을 유발할 수 있다.

- **주의집중 저하**: 지속적인 시각 · 청각 자극에 노출되면, 비디지털 환경에서의 주의 유지가 어려워질 수 있다.
- **수면 질 저하**: 취침 전 스크린 사용은 블루라이트로 인해 멜라토닌 분비를 억제하여 수면 시작을 지연시키고, 깊은 수면 시간을 줄인다.
- **신체 활동 감소**: 장시간 앉아서 기기를 사용하는 동안 신체 활동 기회가 줄어, 대근육 · 소근육 발달에 부정적 영향을 미친다.
- **사회적 상호작용 기회 축소**: 또래나 가족과의 대면 놀이 시간이 줄어들어 사회성 발달이 지연될 수 있다.

④ 빈도의 영향과 '연속 시청' 문제

사용 빈도 역시 중요한 변수이다.

- **여러 번 짧게 사용**: 하루에 여러 차례 10~15분씩 나누어 사용하는 경우, 각 세션이 새로운 자극과 학습 기회를 제공할 수 있다.
- **한번에 장시간 사용**: 몰입감은 높지만, 인지적 피로와 시각 피로가 누적되며, 이후 활동 전환이 어려워질 수 있다.
- **연속 시청(Binge-watching)**: 특히 영상 콘텐츠를 끊지 않고 이어서 시청하는 경우, 이야기 구조 이해나 감정 몰입은 깊어질 수 있으나, 자기조절력과 시간 감각이 약화될 위험이 있다.

사용 시간과 빈도는 콘텐츠의 질 및 성인 중재 방식과 결합되어 발달 효과를 결정한다. 예를 들어, 하루 1시간을 사용하더라도, 이를 발달 적합한 콘텐츠로 나누어 부모와 함께 활용하면 긍정적 효과가 크다. 반대로, 짧은 시간이라도 부적합한 콘텐츠를 무중재로 소비하면 부정적 영향이 나타날 수 있다.

(2) 콘텐츠의 질과 발달 적합성

디지털 미디어 콘텐츠의 질은 단순히 시청각적 재미나 흥미 유발 요소에 그치지 않고, 명확한 학습목표와 발달 단계에 맞춘 설계 여부로 평가되어야 한다. 발달 적합한 콘텐츠는 유아의 인지 수준에 맞춘 언어 사용, 이해를 돕는 시각 자료, 그리고 능동적 참여를 유도하는 상호작용 요소를 포함한다. 예를 들어, 유아가 화면 속 캐릭터와 대화를 나누거나 문제해결 과제를 수행하는 과정에서 즉각적인 피드백을 받는 구조는 탐구심과 자기주도적 학습 태도를 촉진한다. 또한 이러한 콘텐츠는 단순 정보 전달을 넘어, 유아가 스스로 질문을 만들고 답을 찾아가는 과정을 지원하며, 창의적 표현과 상상력 확장을 돕는다.

반면, 발달 수준에 맞지 않는 난이도의 콘텐츠는 유아에게 좌절감이나 혼란을 줄 수 있으며, 과도한 시각 · 청각 자극은 주의 산만과 감각 과부하를 유발할 수 있다. 또한 폭력적이거나 상업적인 의도가 강한 콘텐츠는 불안감을 조성하거나 부정적 모방 행동을 촉진할 위험이 있다. 특히 광고성 메시지가 반복적으로 노출될 경우, 유아는 비판적 수용 능력이 부족하기 때문에 무비판적으로 수용할 가능성이 높다. 연구에 따르면 동일한 사용 시간이라도 콘텐츠의 질이 높을수록 언어 발달, 사회성 발달, 문제해결력 향상 등 긍정적 효과가 나타나며, 질이 낮을 경우 오히려 부정적 영향이 강화된다(Mayer, 2021). 따라서 교육 현장과 가정에서는 콘텐츠 선정 시 발달 적합성, 교육적 설계, 문화적 포용성을 종합적으로 고려해야 한다.

(3) 성인(부모 · 교사)의 중재와 지도 방식

성인의 중재는 유아의 디지털 미디어 경험을 단순한 수동적 소비에서 능동적이고 의미 있는 학습 경험으로 전환시키는 핵심 매개 변수이다. 부모와 교사는 단순히 사용 시간과 콘텐츠를 제한하는 역할을 넘어, 유아와 함께 시청 · 참여하며 질문을 던지고, 유아의 반응에 맞춘 피드백을 제공하며, 콘텐츠 속 상황과 현실 세계의 차이를 설명하는 등 적극적인 상호작용을 수행해야 한다. 예를 들어, 유아가 동물 다큐멘터리를 시청한 후 실

제 동물원 방문을 계획하거나 관련 그림책을 함께 읽는 활동은 학습 내용을 확장하고 심화하는 효과를 낸다.

연구에 따르면, 다양한 방식의 중재를 병행하는 '복합적 중재' 집단의 아동은 디지털 리터러시 수준이 높고, 과도한 인터넷 사용 위험이 낮았다(오수미, 2024). 이러한 중재 방식에는 제한적 중재(시간 · 콘텐츠 규제), 공동 참여형 중재(함께 시청 · 활동), 설명 · 대화 중심 중재(내용 해석과 비판적 사고 촉진)가 포함된다. 반대로, 성인의 개입이 거의 없는 소극적 중재 환경에서는 유아가 미디어 내용을 비판적으로 해석하지 못하고, 단순 자극에 의존하는 경향이 강화되어 부정적 영향에 더 취약해진다. 따라서 성인의 역할은 '감시자'가 아니라 '학습 촉진자'로서, 유아가 미디어를 통해 얻은 경험을 현실과 연결하고 의미화하도록 돕는 데 초점을 맞춰야 한다.

(4) 아동 개인의 발달 특성과 환경 요인

아동 개인의 기질, 발달 속도, 흥미, 그리고 가정 및 지역사회 환경은 디지털 미디어 경험의 효과를 결정짓는 중요한 변수이다. 예를 들어, 자기조절력이 높은 아동은 동일한 미디어 환경에서도 과도한 사용이나 부적절한 콘텐츠에 덜 영향을 받을 수 있으며, 언어 발달이 빠른 아동은 상호작용형 콘텐츠에서 더 많은 학습 효과를 얻는다. 반대로, 주의집중 시간이 짧거나 충동성이 높은 아동은 짧은 시간에도 부정적 영향을 받을 가능성이 크다.

환경 요인 역시 중요한데, 가정의 미디어 사용 문화와 규칙, 부모의 디지털 리터러시 수준, 또래 집단의 미디어 활용 방식 등이 발달 결과에 직접적으로 작용한다. 예를 들어, 부모가 미디어를 주로 교육적 목적으로 활용하고, 사용 전후에 대화를 나누는 가정에서는 유아의 비판적 사고와 자기조절 능력이 발달할 가능성이 높다. 반면, 미디어가 주로 '시간 때우기'나 '양육 편의'의 수단으로 사용되는 환경에서는 유아가 수동적 소비 습관을 형성할 위험이 크다. 또한 지역사회에서 제공하는

디지털 교육 자원, 도서관 · 박물관 · 체험관 등과의 연계 여부도 유아의 미디어 경험의 질을 좌우한다. 이러한 개인 · 환경 변수를 고려하지 않으면, 동일한 미디어 사용 조건에서도 아동마다 상이한 발달 결과가 나타나는 이유를 충분히 설명하기 어렵다.

2) 인지 발달에 미치는 영향

유아기의 인지 발달은 언어, 사고, 주의집중, 정보 처리 등 다양한 하위 영역이 상호작용하며 이루어지는 복합적 과정이다. 이 시기는 뇌의 가소성이 높아 외부 자극과 경험이 발달 경로에 큰 영향을 미치며, 특히 디지털 미디어 환경은 그 영향력이 점점 확대되고 있다. 최근 연구에 따르면, 디지털 미디어는 단순한 정보 전달 수단을 넘어 유아의 어휘 습득, 문제해결 전략 형성, 창의적 사고 촉진, 주의집중 유지 능력 등 핵심 인지 기능 발달에 직접적으로 작용한다(Christakis et al., 2018; Neumann & Neumann, 2014; Rideout et al., 2022). 그러나 이러한 영향은 항상 긍정적인 방향으로만 나타나는 것이 아니라, 콘텐츠의 질과 발달 적합성, 사용 시간과 빈도, 성인의 중재 방식, 그리고 유아 개인의 기질과 환경 요인에 따라 크게 달라질 수 있다. 따라서 인지 발달에 대한 디지털 미디어의 효과를 논의할 때는 각 하위 영역별 특성과 상호작용을 종합적으로 고려하는 것이 필요하다.

(1) 언어 발달: 어휘 습득, 문해력, 이야기 구성 능력

디지털 미디어는 유아의 언어 발달에 중요한 영향을 미친다. 발달 수준에 적합한 고품질 콘텐츠는 새로운 어휘 습득과 문해력 향상, 이야기 구성 능력 발달을 촉진한다. 예를 들어, 자막이 포함된 교육용 영상이나 상호작용형 동화 앱은 단어와 문장을 시각적 · 청각적으로 동시에 제시하여 이해를 돕는다. 부모나 교사가 함께 시청하며 단어의 의미를 설명하고 질문을 던질 경우, 유아는 문맥

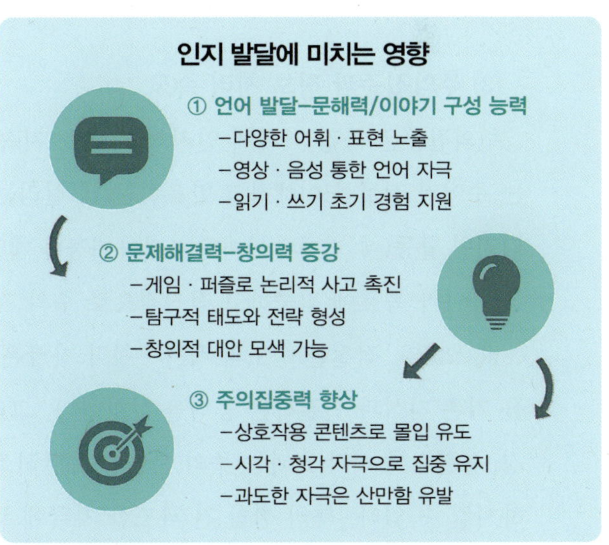

[그림 2-2] 디지털 미디어가 유아의 인지 발달에 미치는 영향

출처: Rideout et al. (2022).

속에서 어휘를 습득하게 된다(Rideout et al., 2022). 이야기 구조가 명확한 콘텐츠를 반복적으로 경험하면 서사 이해력과 예측 능력이 향상되며, 유아가 직접 이야기를 재구성하거나 새로운 결말을 상상하는 활동은 창의적 표현과 언어 조직 능력을 강화한다. 반면, 지나치게 빠른 화면 전환이나 단편적 정보만 제공하는 콘텐츠는 문맥 이해를 방해하고 깊이 있는 언어 학습 기회를 줄어들게 할 수 있다.

(2) 문제해결력과 창의성

문제해결력은 새로운 상황에서 목표를 달성하기 위해 전략을 세우고 실행하는 능력이며, 창의성은 기존 지식을 새로운 방식으로 재구성하거나 독창적인 아이디어를 만들어 내는 능력이다. 디지털 환경에서 제공되는 퍼즐 게임, 시뮬레이션, 탐구형 학습 앱 등은 유아가 다양한 시도를 해 보고 결과를 확인하는 과정을 통해 논리적 사고와 추론 능력을 기를 수 있는 기회를 제공한다(Neumann & Neumann, 2014). 예를 들어, 가상 실험실에서 색을 섞어 새로운 색을 만드는 활동은 과학적 탐구와 실험적 사고를 촉진한다. 또한 그림 그리기 앱, 음악 만들기 프로그램, 스토리텔링 플랫폼 등은 유아가 자신의 생각을 시각·청각적으로 표현하게 하여 창의적 자기표현을 강화한다. 그러나 정답이 하나로 고정된 단순 반복형 콘텐츠나 수동적 시청 위주의 환경은 창의적 사고를 억제하고 문제해결 과정에서의 도전과 탐색 기회를 제한할 수 있다.

(3) 주의집중과 정보 처리 속도

주의집중은 특정 자극에 인지적 자원을 지속적으로 할당하는 능력이며, 정보 처리 속도는 주어진 정보를 이해하고 반응하는 데 걸리는 시간과 효율성을 의미한다. 발달에 적합한 디지털 활동(예: 단계별 난이도 조절이 가능한 게임이나 한번에 하나의 과제를 제시하는 학습 앱)은 유아가 목표에 집중하고 점진적으로 주의 지속 시간을 늘리는 데 도움을 준다(Christakis et al., 2018). 적절한 속도의 시각·청각 자극은 정보 처리 속도를 향상시키고, 새로운 정보를 기존 지식과 연결하는 능력을 강화한다. 그러나 과도하게 빠른 화면 전환, 다중 자극 환경, 불필요한 시각 효과는 주의 분산을 유발하고 비디지털 환경에서의 집중 유지 능력을 저하시킬 수 있다. 특히 취침 전 과도한 자극에 노출되면 뇌의 휴식과 정보 정리가 방해받아 학습 효율이 떨어질 수 있다.

디지털 미디어가 인지 발달에 미치는 영향은 콘텐츠의 질, 사용 시간과 빈도, 성인의 중재 방식, 아동 개인의 특성이 복합적으로 작용하여 결정된다. 동일한 도구라도 어떻게, 무엇을, 누구와 함께 사용하는지에 따라 언어 · 문해력, 문제해결력과 창의성, 주의집중과 정보 처리 속도의 발달 경로가 달라질 수 있다.

3) 사회 · 정서 발달에 미치는 영향

유아기의 사회 · 정서 발달은 또래와의 상호작용, 정서 표현과 공감, 자기조절력과 감정 조절 능력 등 서로 긴밀히 연결된 영역에서 이루어진다. 디지털 미디어 환경은 이러한 발달 과정에 새로운 기회를 제공하는 동시에 잠재적 위험 요인도 내포하고 있다. 발달에 적합한 미디어 경험은 사회성 향상, 정서 이해, 자기조절력 강화에 긍정적으로 작용할 수 있으나, 부적절한 사용이나 성인의 중재 부족은 고립감, 공감 능력 저하, 충동 조절의 어려움 등 부정적 결과를 초래할 수 있다(Rideout et al., 2022; Uhls et al., 2014). 따라서 사회 · 정서 발달에 대한 디지털 미디어의 영향을 논의할 때는 콘텐츠의 질과 상호작용 방식, 사용 맥락을 종합적으로 고려해야 한다.

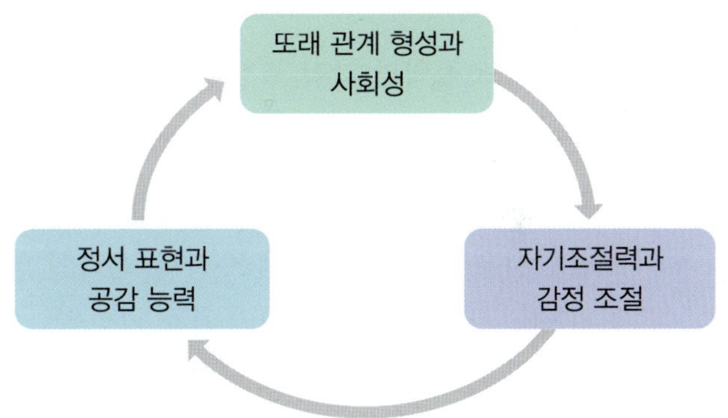

[그림 2-3] 디지털 미디어가 유아의 사회 · 정서 발달에 미치는 영향

(1) 또래 관계 형성과 사회성

디지털 미디어는 또래 관계 형성과 사회성 발달에 긍정적 · 부정적 영향을 모두 미친다. 협동 게임, 온라인 공동 창작 활동, 화상 통화를 통한 또래 간 상호작용은 사회적 유대감을 형성하고 의사소통 기술을 향상시킨다(Subrahmanyam & Šmahel, 2011). 특히 공동 목표를 달성하는 과정에서 역할 분담과 규칙 준수, 갈등 해결 경험이 사회성 발달을 촉진한다. 그러나 대면 상호작용보다 온라인 상호작용에 과도하게 의존할 경우, 비언어적 단서 해석 능력이나 실시간 감정 읽기와 같은 사회적 기술이 충분히 발달하지 못할 수 있다(Uhls et al., 2014).

(2) 정서 표현과 공감 능력

발달에 적합한 디지털 콘텐츠는 다양한 감정 상태와 사회적 상황을 제시하여 유아가 정서를 인식하고 표현하는 법을 배우게 한다. 예를 들어, 등장인물이 서로 다른 감정을 경험하는 이야기를 시청한 후, 성인이 감정의 원인과 결과를 설명하면 유아의 정서 이해와 공감 능력이 향상된다(Baron-Cohen, Wheelwright, & Auyeung, 2013). 반면, 폭력적이거나 과도하게 자극적인 콘텐츠는 공격적 행동을 모방하게 하거나 타인의 감정을 무시하는 태도를 강화할 수 있다.

(3) 자기조절력과 감정 조절

자기조절력은 충동을 억제하고 목표 지향적 행동을 유지하는 능력이며, 감정 조절은 부정적 감정을 적절히 완화하고 긍정적 감정을 유지하는 능력이다. 디지털 환경에서의 자기조절은 사용 시간 관리, 콘텐츠 선택, 온라인 상호작용에서의 규칙 준수 등을 포함한다. 성인의 지도 아래, 유아는 미디어 사용 전·중·후의 감정 변화를 인식하고 이를 언어로 표현하며, 필요할 경우 휴식을 취하는 전략을 배울 수 있다(Rideout et al., 2022). 그러나 무제한적이고 통제되지 않은 미디어 사용은 충동적 행동을 강화하고, 좌절 상황에서의 감정 폭발 가능성을 높인다.

사회·정서 발달은 디지털 미디어의 사용 방식, 성인의 중재, 또래 및 가족 환경에 따라 크게 달라진다. 긍정적 효과를 극대화하고 부정적 영향을 최소화하기 위해서는, 발달에 적합한 콘텐츠 선정과 함께 대화, 공동 활동, 감정 피드백을 포함한 적극적 중재가 필수적이다.

4) 신체 발달에 미치는 영향

대근육·소근육 발달
↓
시각·청각 발달과 감각 통합
↓
장시간 사용에 따른 부정적 영향(자세, 시력 등)

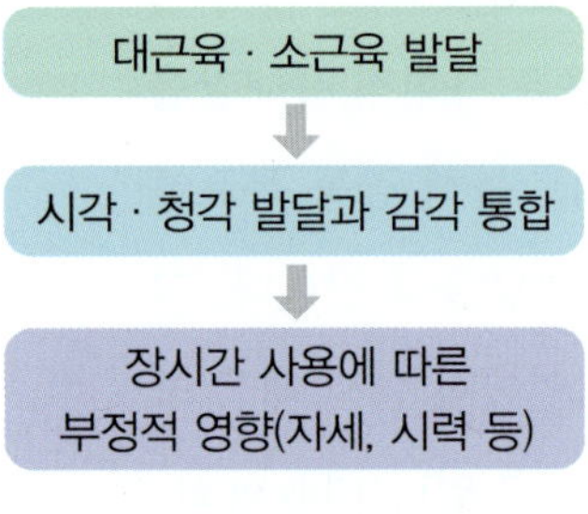

[그림 2-4] 디지털 미디어가 유아의 신체 발달에 미치는 영향

유아기의 신체 발달은 대근육과 소근육의 조화로운 성장, 시각·청각과 같은 감각 기관의 발달, 그리고 감각 정보를 통합하여 움직임과 행동을 조절하는 능력의 향상으로 이루어진다. 디지털 미디어 환경은 이러한 발달 과정에 직·간접적으로 영향을 미친다. 발달에 적합한 미디어 활용은 운동 기술 습득과 감각 발달을 지원할 수 있으나, 장시간의 부적절한 사용은 신체 활동 부족, 시력 저하, 자세 불균형 등 부정적 결과를 초래할 수 있다(Tremblay

et al., 2017; WHO, 2019). 따라서 신체 발달에 대한 디지털 미디어의 영향을 논의할 때는 사용 시간과 빈도, 콘텐츠의 특성, 오프라인 신체 활동과의 균형을 종합적으로 고려해야 한다.

(1) 대근육 · 소근육 발달

대근육 발달은 걷기, 달리기, 점프하기 등 큰 근육을 사용하는 움직임 능력의 향상을 의미하며, 소근육 발달은 손가락과 손목 등 작은 근육을 정교하게 조절하는 능력을 말한다. 일부 디지털 게임이나 인터랙티브 미디어는 신체 움직임을 요구하여 대근육 발달에 긍정적으로 기여할 수 있다(Staiano & Calvert, 2011). 예를 들어, 모션 인식 게임은 점프, 팔 흔들기, 방향 전환 등 전신 활동을 유도한다. 또한 터치스크린 기반 활동은 손가락의 반복적 움직임과 눈-손 협응을 통해 소근육 발달을 촉진할 수 있다(Neumann & Neumann, 2014). 그러나 이러한 활동이 실외 놀이, 자유로운 신체 활동을 대체할 경우, 전반적인 신체 발달 기회가 줄어들 수 있다.

(2) 시각 · 청각 발달과 감각 통합

시각 발달은 색, 형태, 거리, 움직임을 인식하는 능력의 향상과 관련되며, 청각 발달은 소리의 높낮이, 길이, 강도, 방향 등을 구별하는 능력과 관련된다. 발달에 적합한 디지털 콘텐츠는 다양한 색상, 형태, 소리를 제공하여 감각 자극을 풍부하게 할 수 있다. 예를 들어, 음악 · 리듬 게임은 청각 자극과 운동 반응을 결합하여 청각 발달과 감각 통합 능력을 동시에 향상시킨다. 그러나 과도하게 빠른 화면 전환, 지나치게 강한 빛과 소리는 감각 과부하를 유발하고, 시각 · 청각 피로를 증가시킬 수 있다(Laganà et al., 2022).

(3) 장시간 사용에 따른 부정적 영향(자세, 시력 등)

장시간의 디지털 기기 사용은 목과 어깨, 허리에 부담을 주어 거북목, 척추 측만, 근육 긴장 등의 자세 문제를 유발할 수 있다(Straker et al., 2018). 또한 가까운 거리에서 화면을 오래 응시하면 근시 진행 속도가 빨라지고, 안구 건조증과 같은 시각 건강 문제가 발생할 수 있다. 청각 측면에서도 이어폰 · 헤드폰의 장시간 사용은 청력 손실 위험을 높인다. WHO(2019)는 5세 미만 아동의 경우 하루 1시간 이하의 좌식 화면 시간을 권고하며, 신체 활동과 충분한 수면을 병행할 것을 강조한다.

신체 발달은 디지털 미디어 사용의 양과 질, 그리고 오프라인 활동과의 균형에 따라 크게 달라진다. 긍정적 효과를 극대화하기 위해서는 발달에 적합한 콘텐츠를 선택하고, 신체 활동을 포함한 다양한 놀이 경험과 병행하며, 장시간 사용을 피하는 것이 중요하다.

5) 디지털 리터러시와 시민성 형성

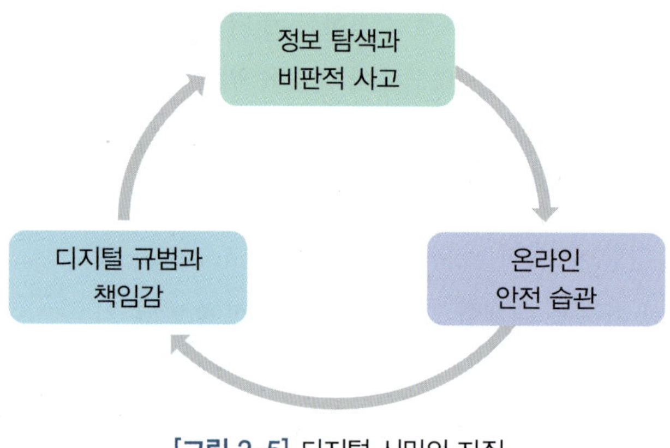

[그림 2-5] 디지털 시민의 자질

디지털 리터러시는 단순히 기기를 다루는 기술적 능력을 넘어, 온라인 환경에서 정보를 탐색·분석·평가하고 이를 바탕으로 책임 있는 의사결정을 내리는 종합적 역량을 의미한다. 유아기부터 이러한 역량을 기르는 것은 장차 디지털 시민으로서의 자질을 형성하는 기초가 된다. 발달에 적합한 디지털 경험은 정보 활용 능력과 비판적 사고를 촉진하고, 안전한 온라인 습관과 디지털 규범 준수를 자연스럽게 학습하게 한다(Livingstone, Mascheroni, & Staksrud, 2017; Ribble, 2015). 따라서 유아교육 현장과 가정에서는 디지털 리터러시 교육을 단편적 기술 습득이 아닌 시민성 함양의 관점에서 접근할 필요가 있다.

(1) 정보 탐색과 비판적 사고

정보 탐색 능력은 필요한 정보를 효율적으로 찾고, 그 출처와 신뢰성을 평가하는 과정에서 발달한다. 유아기는 아직 추상적 비판 능력이 제한적이므로, 성인의 안내와 시범이 필수적이다. 예를 들어, 교사가 함께 검색어를 정하고, 검색 결과 중 어떤 것이 신뢰할 수 있는지 이유를 설명하는 활동은 비판적 사고의 기초를 형성한다(Koltay, 2011). 또한 다양한 관점을 비교하고, 사실과 의견을 구분하는 경험은 디지털 환경에서의 정보 해석 능력을 강화한다.

(2) 온라인 안전 습관

온라인 안전 습관은 개인정보 보호, 안전한 의사소통, 부적절한 콘텐츠 회피 등 디지털 환경에서 자신을 보호하는 행동 양식을 포함한다. 유아기에는 비밀번호 개념, 낯선 사람과의 온라인 대화 위험성, 광고·스팸 식별과 같은 기초적인 안전 규칙을 놀이와 시뮬레이션

을 통해 학습할 수 있다(Livingstone & Helsper, 2007). 성인의 지속적인 피드백과 모니터링은 이러한 습관을 내면화하는 데 중요한 역할을 한다.

(3) 디지털 규범과 책임감

디지털 규범은 온라인에서 지켜야 할 예절과 규칙을 의미하며, 책임감은 자신의 행동이 타인과 공동체에 미치는 영향을 인식하고 이에 대해 책임지는 태도를 말한다. 유아는 또래와의 온라인 상호작용, 공동 프로젝트, 디지털 창작물 공유 과정에서 규범과 책임감을 학습할 수 있다(Ribble, 2015). 예를 들어, 사진 · 영상 공유 전 동의 구하기, 타인의 창작물에 출처 표기하기, 부정확한 정보 전파를 피하는 행동은 디지털 시민성의 핵심 요소이다.

디지털 리터러시와 시민성은 기술적 숙련도, 비판적 사고, 안전 습관, 규범 준수와 책임감이 유기적으로 결합된 역량이다. 유아기부터 이러한 역량을 체계적으로 길러 주는 것은 미래 사회에서의 건강한 디지털 참여와 민주적 시민성 실천의 토대가 된다.

2. 심층학습

1) 인지 발달

디지털 미디어는 언어 습득, 문제해결력, 주의집중력 등 인지 발달의 핵심 기능에 직접적으로 작용한다. 발달 적합한 콘텐츠는 어휘력과 문해력 향상에 긍정적 효과를 주며(Rideout et al., 2022), 상호작용형 동화 앱은 이야기 구성 능력을 촉진한다(Neumann & Neumann, 2014). 그러나 과도한 자극은 문맥 이해를 방해하고 집중력을 저하시킬 수 있다(Christakis et al., 2018).

• 부모의 역할

- 자녀와 함께 교육용 콘텐츠를 시청하며 단어의 의미를 설명하고 질문을 던진다.
- 일상 경험과 디지털 콘텐츠를 연결해 언어 학습을 확장한다.
- 사용 시간을 관리하고, 짧고 질 높은 학습 경험을 반복적으로 제공한다.

• **교사의 역할**

- 전자칠판, 교육용 앱 등을 활용해 집단 학습을 설계한다.
- 유아가 탐구적 사고를 발휘할 수 있도록 문제해결 과제를 제시한다.
- 학습 과정에서 피드백을 제공하고, 비판적 사고를 촉진한다.

2) 사회 · 정서 발달

디지털 환경은 또래 관계, 정서 표현, 공감 능력, 자기조절력 발달에 기회를 제공한다. 협동 게임은 사회성 발달을 촉진하지만(Subrahmanyam & Šmahel, 2011), 폭력적 콘텐츠는 공감 능력을 저하시킬 수 있다(Uhls et al., 2014).

• **부모의 역할**

- 콘텐츠 속 감정을 설명하고 현실 경험과 연결해 정서 이해를 돕는다.
- 자녀와 함께 공동 활동을 하며 규칙 준수와 갈등 해결을 지도한다.

- 미디어 사용 전후 감정 변화를 대화로 확인하고 자기조절을 지원한다.

• **교사의 역할**

- 협력적 학습 활동을 설계해 또래 간 상호작용을 촉진한다.
- 정서 표현과 공감 능력을 강화하는 교육용 콘텐츠를 활용한다.
- 집단 활동에서 규칙 준수와 사회적 기술을 지도한다.

3) 신체 발달

디지털 미디어는 대근육 · 소근육 발달과 감각 자극을 지원할 수 있다. 모션 인식 게임은 대근육 발달에 기여하며(Staiano & Calvert, 2011), 터치스크린 활동은 소근육 발달을 촉진한다(Neumann & Neumann, 2014). 그러나 장시간 사용은 신체 활동 부족과 시력 저하를 초래할 수 있다(WHO, 2019).

• **부모의 역할**

- 자녀의 디지털 활동을 실외 놀이와 균형 있게 조율한다.
- 올바른 자세와 시력 보호 습관을 지도한다.
- 사용 시간을 관리하고 건강한 생활 습관을 형성하도록 돕는다.

• **교사의 역할**

- 교육 현장에서 모션 인식 게임이나 신체 활동을 포함한 디지털 학습을 설계한다.

- 감각 발달을 촉진하는 음악 · 리듬 활동을 수업에 포함한다.
- 신체 활동과 디지털 활동을 병행해 균형 잡힌 발달을 지원한다.

4) 디지털 리터러시와 시민성

유아기의 디지털 경험은 정보 탐색 · 분석 · 평가 능력과 책임 있는 온라인 행동을 학습하는 기회가 된다(Ribble, 2015; Livingstone, Mascheroni, & Staksrud, 2017). 발달 적합한 경험은 비판적 사고와 안전한 온라인 습관을 촉진하며, 글로벌 시민성 형성에도 기여한다.

• **부모의 역할**
- 자녀에게 정보의 출처와 의도를 설명해 비판적 사고를 지원한다.
- 온라인 상호작용에서 존중과 책임을 강조한다.
- 가정에서 안전한 디지털 사용 문화를 형성한다.

• **교사의 역할**
- 디지털 리터러시 교육을 커리큘럼에 포함해 정보 탐색 · 평가 능력을 지도한다.
- 온라인 규범과 시민성 교육을 통해 책임 있는 행동을 강조한다.
- 다문화적 콘텐츠를 활용해 글로벌 관점을 확장한다.

요약 및 결론

이 장에서는 디지털 미디어가 유아 발달 전반에 미치는 영향을 종합적으로 검토한 내용을 바탕으로 핵심 논점을 정리하고, 이를 토대로 교육적 · 실천적 함의를 도출하였다. 앞서 살펴본 바와 같이 디지털 미디어는 발달 단계에 적합하게 활용될 경우 언어 · 인지, 사회 · 정서, 신체, 디지털 리터러시 등 다양한 영역에서 긍정적 변화를 이끌 수 있다. 그러나 과도한 사용이나 부적합한 콘텐츠, 성인 개입 부족은 주의집중 저하, 사회적 고립, 신체 건강 문제 등 부정적 결과를 초래할 수 있다.

1. 디지털 미디어의 양면성

디지털 미디어는 유아 발달에 있어 긍정적 · 부정적 측면을 동시에 지닌다. 긍정적으로는 발달 수준에 적합한 콘텐츠를 적절한 시간 동안 활용하고, 여기에 성인의 적극적인 중재가 결합될 경우 언어와 인지 발달, 창의성, 사회성, 감각 · 운동 발달, 그리고 디지털 리터러시 향상에 기여할 수 있다. 예를 들어, 상호작용형 학습 앱이나 교육용 영상은 어휘 습득과 문제해결력 향상에 도움을 주며, 공동 시청과 대화를 통해 사회적 기술과 비판적 사고를 함께 키울 수 있다. 반면, 과도한 사용이나 발달에 부적합한 콘텐츠 노출, 성인의 개입 부족은 주의집중 저하, 사회적 고립, 신체 건강 문제, 미디어 의존과 같은 부정적 결과를 초래할 수 있다. 특히 장시간의 수동적 시청은 인지적 자극을 제한하고, 신체 활동 부족으로 이어져 전반적인 발달 균형을 해칠 위험이 있다.

2. 발달에 영향을 미치는 4대 요인

유아의 디지털 미디어 경험이 발달에 미치는 영향은 네 가지 핵심 요인에 의해 좌우된다. 첫째, 사용 시간과 빈도는 발달에 적합한 수준으로 조절되어야 하며, 과도한 사용은 부정적 영향을, 적정 사용은 긍정적 효과를 가져온다. 둘째, 콘텐츠의 질과 발달 적합성은 학습 효과와 안전성에 직결되며, 연령과 발달 단계에 맞춘 교육적 · 창의적 콘텐츠가 필요하다. 셋째, 성인(부모 · 교사)의 중재와 지도 방식은 단순한 통제에서 나아가 공동 참여, 설명과 대화를 통한 이해 촉진 등 적극적 상호작용을 포함해야 한다. 넷째, 아동 개인의 발달 특성과 환경 요인은 기질, 발달 속도, 흥미, 가정과 지역사회의 미디어 문화 등으로, 동일한 미디어 환경에서도 아동마다 다른 발달 결과를 낳는 중요한 변수이다.

3. 발달 영역별 영향

디지털 미디어는 여러 발달 영역에 걸쳐 영향을 미친다. 인지 발달 측면에서는 언어 · 문해력, 문제해결력과 창의성, 주의집중과 정보 처리 속도에 변화를 가져올 수 있다. 발달에 적합한 콘텐츠와 성인의 중재는 어휘 확장과 사고력 향상에 긍정적으로 작용하지만, 부적절한 사용은 집중력 저하를 유발할 수 있다. 사회 · 정서 발달에서는 또래 관계 형성과 사회성, 정서 표현과 공감 능력, 자기조절과 감정 조절 능력에 영향을 준다. 공동 활동과 대화 중심의 미디어 사용은 사회적 기술과 공감을 촉진하지만, 고립적 사용은 사회성 발달을 저해할 수 있다. 신체 발달 측면에서는 대 · 소근육 발달, 시각 · 청각 발달과 감각 통합에 긍정적 자극을 줄 수 있으나, 장시간 사용은 자세 불균형, 시력 저하 등 부정적 영향을 초래할 수 있다. 마지막으로, 디지털 리터러시와 시민성은 정보 탐색과 비판적 사고, 온라인 안전 습관, 디지털 규범과 책임감 형성에 직결되며, 이는 유아기부터 체계적으로 길러야 할 중요한 역량이다.

4. 교육적 시사점

유아의 건강한 디지털 미디어 활용을 위해서는 몇 가지 교육적 방향이 필요하다. 먼저, 발달 단계와 개별 특성에 맞춘 콘텐츠를 선정하여 학습 효과와 안전성을 확보해야 한다. 또한 짧고 질 높은 사용을 원칙으로 하며, 성인의 공동 참여를 통해 미디어 경험을 확장 · 심화시킬 필요가 있다. 가정과 교육 현장에서는 긍정적인 미디어 문화를 형성하여 유아가 미디어를 단순 소비가 아닌 학습과 소통의 도구로 인식하도록 해야 한다. 마지막으로, 디지털 리터러시 교육을 통해 정보 활용 능력과 비판적 사고, 온라인 안전, 규범 준수와 책임감을 포함한 시민성을 함양하는 것이 중요하다. 이러한 접근은 유아가 미래 사회에서 건강하고 주체적인 디지털 시민으로 성장하는 기반이 된다.

유아기의 디지털 미디어 경험은 발달 전반에 걸쳐 강력한 영향을 미치며, 그 결과는 사용 조건과 환경 설계에 따라 크게 달라진다. 발달에 적합한 콘텐츠, 적정 시간, 성인의 적극적 중재, 아동 개인 특성 고려가 결합될 때 긍정적 효과가 극대화된다. 반대로, 이 요소들이 결여되면 부정적 영향이 심화된다. 따라서 교육자와 보호자는 디지털 미디어를 단순한 오락 도구가 아닌 학습 · 사회성 · 시민성 발달을 지원하는 매개체로 설계 · 활용해야 하며, 이를 위해 지속적인 연구와 실천적 가이드라인 마련이 필요하다.

토론을 위한 질문

1. 유아기 디지털 미디어 사용의 '적정 시간'은 어떻게 설정해야 하는가?

- 준비사항: WHO에서 제시한 권장 기준과 국내외 평균 사용 시간 통계, 그리고 연령별 발달 특성에 관한 자료를 사전에 준비한다.
- 요령: 논의 시에는 단순히 시간을 제한하는 접근이 아니라, 미디어 사용의 '활동 질'과 '사용 맥락'을 함께 고려하는 관점을 제시하는 것이 바람직하다.

2. 발달에 적합한 콘텐츠를 선정하는 기준은 무엇인가?

- 준비사항: 발달 단계별 언어 · 인지 수준과 교육적 설계 요소(상호작용성, 피드백, 문화적 포용성)를 반영한 사례를 미리 조사 · 준비한다.
- 요령: 토론에서는 긍정적 사례와 부정적 사례를 비교하여, 구체적이고 실질적인 콘텐츠 선정 기준을 제안하는 것이 효과적이다.

3. 성인의 중재 방식 중 '가장 효과적인 접근'은 무엇이며, 그 이유는 무엇인가?

- 준비사항: 제한적 중재, 공동 참여형, 설명 · 대화 중심 중재의 정의와 관련 연구 결과를 정리해 둔다.
- 요령: 실제 현장에서 적용 가능한 구체적 활동 예시를 들어, 제안하는 접근 방식의 설득력을 높이는 것이 좋다.

4. 디지털 리터러시 교육을 유아기에 시작하는 것이 왜 중요한가?

- 준비사항: 정보 탐색과 비판적 사고, 온라인 안전, 디지털 규범의 발달적 필요성을 뒷받침하는 근거 자료를 준비한다.
- 요령: 이러한 교육이 장기적으로 사회성과 시민성 발달로 이어진다는 점을 연결 지어 설명하는 것이 효과적이다.

5. 디지털 미디어의 부정적 영향을 줄이기 위한 가정 · 지역사회 차원의 전략은 무엇인가?

- 준비사항: 가정 내 미디어 규칙 사례, 지역사회 디지털 교육 프로그램, 도서관 · 박물관 연계 활동 등의 자료를 사전에 수집한다.
- 요령: 논의 시에는 가정－학교－지역사회가 연계된 다층적 접근의 필요성을 강조하고, 실행 가능성이 높은 구체적 방안을 제시하는 것이 좋다.

6. 유아의 개인 특성과 환경 요인을 고려한 맞춤형 미디어 교육은 어떻게 설계할 수 있는가?

- 준비사항: 아동의 기질, 발달 속도, 흥미, 주의집중력 차이에 따른 교육 설계 사례를 준비한다.
- 요령: 개별화 교육의 필요성을 강조하고, 실제 적용 시 고려해야 할 변수를 구체적으로 제시하는 것이 바람직하다.

참고문헌

배윤진, 임은미, 김교령, 김혜진(2023). 유아를 위한 디지털 교육 지원 방안 마련 기초 연구(CR2308). 육아정책연구소. https://repo.kicce.re.kr/bitstream/2019.oak/5544/4/CR2308.pdf

안선경, 정익중, 강진아 외(2024). 부모가 인식한 초등학생 자녀의 부정적 미디어 영향에 관한 잠재프로파일분석. **육아정책연구, 18**(3), 3-26.

오수미(2024). 부모의 디지털 미디어 사용 중재 유형이 아동의 디지털 리터러시 및 과도한 인터넷 사용에 미치는 영향. **한국콘텐츠학회논문지, 24**(6), 611-624.

이수현(2023). 유아기 및 학령 초기 미디어 노출이 발달에 미치는 영향: 미디어 이용 목적에 따른 차이. **아동학회지, 44**(2), 145-154. https://doi.org/10.5723/kjcs.2023.44.2.145

조은호, 최지은, 이민지 외(2022). 아동기 부모의 디지털미디어 사용 중재 유형에 따른 청소년기 디지털 리터러시. *Studies on Korean Youth, 33*(3), 5-29.

Baron-Cohen, S., Golan, O., Wheelwright, S., & Hill, J. J. (2013). *Mindreading: The interactive guide to emotions*. Jessica Kingsley Publishers.

Baron-Cohen, S., Wheelwright, S., & Auyeung, B. (2013). The Children's Empathy Quotient and Systemizing Quotient: Sex differences in typical development and in autism spectrum conditions. *Journal of Autism and Developmental Disorders, 39*(12), 1509-1521. https://doi.org/10.1007/s10803-009-0772-x

Christakis, D. A., Ramirez, J. S. B., Ferguson, S. M., Ravinder, S., & Ramirez, J. M. (2018). How early media exposure may affect cognitive function: A review of results from observations in humans and experiments in mice. *Proceedings of the National Academy of Sciences, 115*(40), 9851-9858. https://doi.org/10.1073/pnas.1711548115

Koltay, T. (2011). The media and the literacies: Media literacy, information literacy, digital literacy. *Media, Culture & Society, 33*(2), 211-221. https://doi.org/10.1177/0163443710393382

Laganà, L., et al. (2022). Sensory overload in children: Implications for digital media use. *Journal of Pediatric Health Care, 36*(4), 345-353.

Lee, J., Park, S., & Eom, H. (2021). 스마트 기기 이용 실태 조사. **한국아동패널 보고서**. 한국보건사회연구원.

Livingstone, S., Bulger, M., & Zaborowski, R. (2017). *Media literacy, education & the sustainable development goals*. UNESCO.

Livingstone, S., & Helsper, E. J. (2007). Gradations in digital inclusion: Children, young people and the digital divide. *New Media & Society, 9*(4), 671-696. https://doi.org/10.1177/1461444807080335

Livingstone, S., Mascheroni, G., & Staksrud, E. (2017). European research on children's internet use: Assessing the past and anticipating the future. *New Media & Society, 19*(5), 657-670. https://doi.org/10.1177/1461444816685930

Mayer, R. E. (2021). *Multimedia learning* (3rd ed.). Cambridge University Press.

Neumann, M. M., & Neumann, D. L. (2014). Touch screen tablets and emergent literacy. *Early Childhood Education Journal, 42*, 231-239. https://doi.org/10.1007/s10643-013-0608-3

Ribble, M. (2015). *Digital citizenship in schools: Nine elements all students should know* (3rd ed.). International Society for Technology in Education.

Rideout, M., Peebles, A., Mann, S., & Robb, M. B. (2022). *Common Sense Census: Media use by kids age zero to eight, 2022*. Common Sense Media. Retrieved from https://www.commonsensemedia.org

Staiano, A. E., & Calvert, S. L. (2011). Exergames for physical education courses: Physical, social, and cognitive benefits. *Child Development Perspectives, 5*(2), 93-98.

Straker, L., Harris, C., Joosten, J., & Howie, E. (2018). Mobile technology dominates school children's IT use in an advantaged school community and is associated with musculoskeletal and visual symptoms. *Ergonomics, 61*(5), 658-669. https://doi.org/10.1080/00140139.2017.1401671

Subrahmanyam, K., & Šmahel, D. (2011). *Digital youth: The role of media in development*. Springer Science & Business Media. https://doi.org/10.1007/978-1-4419-6278-2

Tremblay, M. S., et al. (2017). Canadian 24-hour movement guidelines for the early years (0-4 years): An integration of physical activity, sedentary behaviour, and sleep. *BMC Public Health, 17*(Suppl 5), 874. https://doi.org/10.1186/s12889-017-4859-6

Uhls, Y. T., Ellison, N. B., & Subrahmanyam, K. (2014). Benefits and costs of social media in adolescence. *Pediatrics, 133*(5), 958-961. https://doi.org/10.1542/peds.2013-4101

Uhls, Y. T., Michikyan, M., Morris, J., Garcia, D., Small, G. W., Zgourou, E., & Greenfield, P. M. (2014). Five days at outdoor education camp without screens improves preteen skills with nonverbal emotion cues. *Computers in Human Behavior, 39*, 387-392. https://doi.org/10.1016/j.chb.2014.05.036

WHO. (2019). *Guidelines on physical activity, sedentary behaviour and sleep for children under 5 years of age*. World Health Organization.

제 3 장 유아의 디지털 리터러시

이 장에서는 디지털 리터러시의 개념과 중요성, 유아기에 디지털 리터러시를 습득해야 하는 이유, 디지털 리터러시 교육의 필요성과 방법에 대한 사례를 소개한다. 인터넷의 발달과 디지털 기기의 출현 및 다양화 등으로 디지털 기기의 사용 방법뿐만 아니라 정보를 다루고 활용하는 '디지털 리터러시(Digital Literacy, 디지털 문해력)'의 중요성이 강조되고 있다. 디지털 기술을 사용하여 디지털 세계를 배우고, 창조하고, 참여하는 것을 의미한다. 디지털 리터러시와 관련된 필수 기술에는 협력, 의사소통, 비판적 사고 및 창의성이 포함된다. 이러한 기술은 유아들이 교실 환경과 일상생활에서 디지털 기술과 정보를 효과적으로 탐색하고 활용하며 비판적으로 평가하는 것과 관련된다.

디지털 리터러시 교육을 통해 유아들은 책임감 있는 디지털 시민의식, 기술 역량, 사고력, 디지털 콘텐츠 분석과 종합 및 평가를 하는 데 필요한 기술 등의 기초 소양을 갖추게 되어 학습과 일상생활에서 문제를 해결할 수 있다. 또한 디지털 리터러시에는 유아들에게 안전한 온라인 사용 방법 안내, 개인정보 보호, 효과적인 의사소통, 사이버 폭력(괴롭힘)의 위험 이해와 같은 중요한 디지털 시민 기술을 교육하는 것이 포함되며, 예비 유아교사들은 유아들이 책임감 있게 디지털 세상을 탐색할 수 있는 준비를 돕는 역할을 한다.

디지털 기술은 점점 더 삶의 중심이 되고 있으며 놀이와 학습에서 다양하게 활용되고 있어, 디지털 리터러시의 개념과 중요성이 부각되고 있다. 디지털 리터러시는 기초적인 디지털 기술에 적응하고 새로운 기술을 배워 기술 중심의 미래 세계에 대비할 수 있도록 한다. 디지털 리터러시는 유아의 참여와 유아 중심의 학습 환경을 촉진하여 개별 또는 집단 수업에서 디지털 기술을 신중하게 사용하게 돕는다.

이 장의 학습목표는 다음과 같다.

학습목표

- 디지털 리터러시의 개념과 중요성을 설명할 수 있다.
- 유아기 디지털 리터러시 교육의 필요성과 방법에 대한 사례를 소개할 수 있다.

1. 이해하기

1) 디지털 리터러시

디지털 리터러시란 디지털을 이해하고 다룰 줄 아는 디지털 활용 능력뿐 아니라, 디지털 플랫폼을 통해 얻게 되는 정보에 대한 이해, 판단, 평가, 조합, 활용 등의 활동과 능력을 의미한다. 이는 교사가 협력적 학습 플랫폼, 대화형 소프트웨어, 멀티미디어 플랫폼, 웹 및 앱 기반 온라인 도구 등을 활용하여 흥미 있는 수업을 만들어 유아에게 디지털 리터러시를 향상시키는 데 도움이 된다. 디지털 리터러시란 디지털 문해력으로, 디지털 플랫폼의 다양한 미디어를 접하면서 명확한 정보를 찾고, 평가하고, 조합하는 개인의 능력을 기르는 것이며, 유아들이 디지털 정보를 읽고 사용하는 능력을 키우게 하는 것이다.

2) 디지털 리터러시의 기본 개념

인터넷과 매체의 발달로 우리는 디지털 매체를 통해 다양한 정보를 손쉽게 접할 수 있게 되었다. 그러나 수많은 정보 속 과연 어떤 정보를 선택할지, 어떠한 정보를 믿을 수 있는지에 대해 고민이 많다. 교육부 공식 블로그에서는 다음과 같이 디지털 리터러시의 개념을 설명하고 있다(교육부, 2022. 5. 19.).

디지털 리터러시(Digital Literacy)란 Digital+Literacy의 합성어로 디지털 시대에 필수적으로 요구되는 정보 이해 및 표현 능력이다. '읽고 쓸 수 있는 능력'이라는 리터러시(Literacy)가 디지털 플랫폼과 만나 다양한 미디어를 접하면서 명확한 정보를 찾고, 평가하며, 조합할 수 있는 개인의 능력이다.

디지털 리터러시는 인터넷의 발달과 디지털 기기의 출현, SNS의 확장 등에 따라 단순히 기기 사용법만이 아니라 정보를 다루고 활용하는 것까지 범위를 확장하게 되었다. 이처럼 디지털 리터러시는 디지털 콘텐츠에 대한 이해와 활용 능력, 디지털 기술과 미디어를 비판적으로 수용하는 것, 디지털 도구와 기술을 활용, 사이버 보안 인식, 디지털 시민권과 윤리, 적응력과 평생학습 등을 돕는 것 모두를 포함하고 있다. 그러므로 디지털 리터러시는 인터넷이나 다양한 앱을 사용하는 것에 그치는 게 아니고, 인터넷 탐색을 통하여 콘텐츠를 주도적으로 생산하고 공유하는 방법을 배우는 것이다.

3) 유아교육에서 디지털 리터러시의 중요성

유아는 4차 산업혁명 시대를 주도하여 나아갈 미래 인재로서 디지털 리터러시는 급속도로 확산된 디지털 사회화와 전자 매체에 대한 조기 노출 등의 요인으로 보다 이른 시기부터 중요하게 되었다(최이수, 오채선, 2024). 교육부에서도 디지털 매체를 기반으로 하는「디지털 기반의 원격교육 활성화 기본법」(약칭:「원격교육법」)을 2021년 제정하고 2022년 3월 25일부터 시행하였다.「원격교육법」의 목적은 원격교육에 관한 기본적 사항과 원격교육 시 교육기관의 책무 및 이에 대한 국가 등의 지원에 관한 사항을 정함으로써 교육기관에서 양질의 원격교육이 운영될 수 있도록 하며, 원격교육을 활용한 디지털 기반의 교육 혁신을 지원하여 미래교육의 변화를 이끌어 가는 데 기여하는 것을 목적으로 한다. 원격교육 활성화를 위해「유아교육법」제2조 제2호에 따른 유치원에서도 초 · 중등학교와 함께 원격교육 운영 기준, 학교 등의 원격교육 인프라 구축 및 교육과의 연계, 대체학습, 디지털 미디어 문해교육 등의 조항을 포함하고 있다. 특히 제10조(디지털 미디어 문해교육 등)에서 디지털 미디어에 대한 접근과 활용 능력 향상, 디지털 미디어에 대한 이해 및 비판 능력 향상, 디지털 미디어를 통한 사회참여 능력 향상, 디지털 미디어를 통한 민주적 소통 능력 향상을 포함하는 디지털 미디어 문해교육 등을 실시하여야 한다고 되어 있다. 교육부의 이러한 법 제정을 통해 디지털 미디어 문해교육의 실천은 유아가 디지털 미디어 기기를 활용하여 놀이하는 경험을 통해 자연스럽게 디지털 미디어 문해 능력을 기를 수 있게 할 수도 있지만, 유치원에서 경험하는 디지털 미디어에 대해 함께 탐구하고 논의하며 유아들 사이의 디지털 미디어 격차를 줄여 나감으로써 디지털 시민으로 성장할 수 있도록 유아들을 지원하는 것이 중요하다.

4) 유아교육에서 디지털 리터러시 교육의 필요성

최근 디지털 네이티브 세대인 유아기에 디지털 미디어 기기(스마트폰, 태블릿 PC, 노트북, AI 스피커, 반려로봇, AI 로봇, 카메라 등)를 사용하여 디지털 미디어 활동에 참여하고 있어 디지털 미디어 문해교육이 유아기에 필요함을 알 수 있다.

이제는 디지털 미디어 기기의 빈번한 사용 외에 동영상 시청, 학습 콘텐츠 시청, 게임, 메신저 주고받기, 글 읽고 쓰기, 그림 그리기, 웹툰 감상, 정보 검색, 댓글 달기 등의 다양한 디지털 미디어 활동을 할 수 있다. 디지털 리터러시는 소통과 창의성, 비판적 사고와 협력을 이러한 사회적인 변화 속에서 필요한 역량으로 보고 이는 유아의 놀이 특성에도 포함된다고 보았다(김윤희, 2019). 유아의 놀이에서도 디지털 리터러시 발달을 위한 지원으로 디지털 매체를 조작 및 활용하여 필요한 정보를 탐색한 후 또래와의 공유와 협력을 통해 주어진 문제를 해결하도록 할 필요가 있으며, 앞과 같은 유아기 교육의 과정을 통해 미래 사회에 필요한 디지털 역량을 증진시켜 줄 수 있다고 기대한다.

5) 유아를 위한 디지털 리터러시 교육 방법

유아 디지털 리터러시 관련 연구에 제시된 교육 방법은 다음과 같다.

(1) STMPE 단계 활용 놀이지원

STMPE 단계는 스스로 탐색하여 주제와 관련한 내용을 생각하고 질문하는 S(Search), 자신의 의견을 말하고 또래와 나누며 확장하는 T(Talk), 직접 만들며 자신의 생각을 시각적 요소로 정리하는 M(Make), 발표를 통해 자신의 생각을 견고화하는 P(Presentation), 과정을 회상하며 보완할 부분을 생각하는 E(Evaluation)의 앞글자를 합쳐서 만든 교수 방안이다(박일준, 김묘은, 2020). 김창숙과 김은아(2023)의 연구에서 유아 디지털 리터러시 능력을 발달시키기 위해 디지털 도구를 활용한 STMPE 단계에 기초한 놀이지원 모형을 사용하고 웹캠, 스마트폰, 태블릿 PC와 같은 디지털 매체를 활용하여 유아의 놀이를 지원하였다. 교사는 소통하기 위해 디지털 매체의 어떤 기능을 사용할 수 있는지, 놀이를 위해 어떤 기능을 사용할 수 있을지, 디지털 매체를 사용할 때의 감정과 올바른 사용법에 대해 알아볼 수 있도록 하였다. 또한 전자 매체를 활용하여 정보 검색, 영상 제작을 하며 결과물에 대한 공유와 평가의 과정을 거치며 생산과 비판적 사고의 시간을 제공할 수 있도록 하였다. 그 결과, STMPE 단계에 기초한 놀이지원이 유아 디지털 리터러시 발달에 긍정적 영향을 주는 것으로 나타났다.

(2) UCC 제작 활동

UCC는 정보를 활용한 생산자의 역할을 가능하게 하고 자신의 생각, 느낌, 경험을 표현하게 하는 요소로서 유아교육 기관에서도 적극적으로 활용할 수 있다. 만들기 활동에 있어서 UCC 검색을 통해 효율적인 문제해결을 도모할 수 있고, 본인이 제작한 UCC를 가정과 학급 유아와의 공유를 통해 성취감을 느끼도록 할 수 있다. 정봄마지(2012)의 연구에서는 유아의 디지털 리터러시 발달을 살펴보기 위해 UCC 제작 활동을 진행하였다. 유아들이 전자 기기를 활용하여 UCC를 접할 기회가 많기 때문에 교육기관에서는 유아에게 적합한 UCC 활용 교육을 필요로 한다. 또한 UCC 활용은 유아의 학습과 관련된 경험을 확대시켜 줄 수 있고 디지털 리터러시 향상을 위한 매력적인 교육 매체라고 볼 수 있다. 유아 UCC 제작 활동의 종류로는 텍스트 UCC, 이미지 UCC, 오디오 UCC, 동영상 UCC가 있고 게시판 사용, 태

블릿 PC를 사용하여 그림 그리기, 디지털 매체로 소리 녹음, 사진으로 만든 영상 등을 활동의 예로 들 수 있다. 그 결과, UCC 제작 활동이 유아의 디지털 리터러시를 발달시킨 것으로 나타났으며, 스스로 매체를 조작하는 과정에서 성취감, 유능감, 어려움의 극복 등을 경험할 수 있는 것을 통해 UCC 제작 활동이 교육적으로 유의미하였다.

(3) 전자 그림책 제작 활동

전자 그림책은 디지털 그림책, PPT 활용 그림책과 같이 단순 종이 인쇄물로 제작된 그림책의 형태를 벗어나 동영상, 애플리케이션, 증강현실 등 다양한 디지털 기술이 요소로 활용된 형태의 그림책을 말한다(최윤구, 2023). 이러한 전자 그림책은 유아에게 친숙하고 교육적인 요소와 더불어 디지털 기술이 통합된 새로운 교수 매체이다.

장영숙과 정수정(2009)의 연구에서는 멀티미디어를 활용한 그림책 만들기 활동이 유아의 언어 능력과 창의성에 미치는 영향을 다루었다. 유아들이 다양한 디지털 매체를 사용하여 그림책을 제작한 결과, 상상력, 독창성, 융통성 등 창의성 구성 요소들이 증진된 결과를 제시하였다. 이는 필요로 하는 정보를 창의적으로 사고하여 새로운 지식을 창출해 내는 디지털 리터러시 역량의 증진과 맥락을 같이한다고 볼 수 있다.

문주희, 유구종과 김은아(2012)는 유아 스마트그림책 제작과 활용 방안에 대한 연구를 진행하였다. 스마트폰과 태블릿 PC 등 전자 매체를 활용한 그림책을 통해 이야기 꾸미기 활동을 하였을 때 유아의 가상적 내러티브 생성에 효과적이라는 결과를 나타냈다. 유아들이 경험하지 못한 상황을 가상으로 지어내어 자신의 생각과 느낌을 표현하는 가상적 내러티브의 활성화는 디지털 매체를 활용하여 자신이 필요로 하는 문제를 해결하고 구성원과 소통하는 디지털 리터러시의 내용과 그 맥을 같이한다고 볼 수 있다.

유구종과 이하나(2014)는 자유선택 활동에서 그림책 매체 유형에 따른 유아의 몰입 양상을 분석하였는데, 멀티전자책과 스마트전자책 같은 전자 그림책을 제공했을 경우 유아의 주의집중 몰입이 높은 수치로 나타났다고 제시하였다. 이러한 연구 결과는 디지털 매체를 활용하여 수많은 정보 중에 필요로 하는 지식을 선택적으로 판단할 수 있는 능력인 디지털 리터러시의 내용과 유사함을 나타낸다.

Gilmour(2023)는 전자칠판을 활용한 전자책 이야기 완성하기 활동이 유아의 이야기 꾸미기 능력에 미치는 영향을 연구한 결과, 전자칠판을 활용한 전자책 제작 활동이 상상력, 이야기 구조 능력 등의 이야기 꾸미기 능력 향상에 효과가 있음을 보여 주었다. 디지털 매체를 활용하여 새로운 콘텐츠를 창조하고 표현하는 과정에 있어서 디지털 리터러시가 추구하는 내용과 맥락을 같이한다.

또한 최윤구(2023)의 연구에서는 태블릿 PC를 활용한 디지털 그림책 만들기 활동이 유아의 그리기 표상 능력과 사회정서 능력에 미치는 영향을 연구한 결과 전자 그림책 제작 활동을 통해 주제 관련 표상, 창의성 등 그리기 표상 능력과 자아개념, 규범 인식과 같은 사회정서 능력에 긍정적인 영향을 미쳤다. 디지털 매체를 활용하여 창의적으로 문제를 해결하는 부분과 윤리적 요소를 고려하여 비판적으로 사고하는 내용이 디지털 리터러시와 유사하다고 볼 수 있다.

이와 더불어 전자 그림책 제작 활동에 도움을 줄 수 있는 여러 프로그램이 존재한다. 그 중 북크리에이터(Book Creator)는 E북(E-Book) 제작 관련 웹사이트로 구글과 연동한 이미지 검색, 그리기, 글씨 쓰기, 음성 녹음, 영상 첨부, 공유 등의 기능을 가지고 있다. PC와 모바일 모두 연동 및 사용이 가능하지만 교육 현장에서 유아들이 전자 그림책 제작에 활용하기에는 태블릿 PC를 활용하여 진행하는 것이 수월하고 효율적일 것으로 보인다. PC로 전자 그림책을 만들 경우 조작을 마우스로만 해야 하기 때문에 소근육 발달이 완전히 이루어지지 않은 유아들의 경우 조작의 어려움을 겪을 수 있고, 모바일의 경우 화면의 협소함과 세부적인 행동에 있어서 제한점이 있으므로 두 매체의 한계점을 보완할 수 있는 태블릿 PC가 적절한 활용 매체라고 본다. 이러한 여러 교수 방안을 활용함으로써 디지털 매체에 대한 다양한 경험을 유아들에게 줄 수 있고, 실제로 조작 및 활용하는 과정을 거치며 디지털 매체에 대한 올바른 태도까지 형성시켜 줄 수 있다. 또한 전자 그림책 제작과 관련된 여러 연구의 효과들을 통해 디지털 리터러시 발달로 기대할 수 있는 디지털 매체에 대한 흥미 함

양, 조작 능력 향상, 콘텐츠 창작, 소통의 기회를 유아들에게 제공해 줄 수 있다.

(4) 디지털 환경 지원을 통한 유아 디지털 리터러시 발달 지원

유아들이 주도적으로 놀이를 할 수 있도록 디지털 환경을 구축하고 유아들의 놀이 모습을 관찰하였다. 유아들이 유튜브를 보며 색종이 접기를 하고 태블릿 PC를 보며 윷놀이를 하도록 하여 유아가 스스로 정보를 찾도록 지원하였고, ZOOM을 활용하여 각 반을 연결하여 유치원 내 공간을 유아들이 관찰할 수 있도록 하여 공간과 선택을 넓혀 주어 스스로 자유롭게 놀이할 수 있는 환경을 제공하였다. 또한 놀이 영상을 유아들이 직접 촬영하고 제작에 참여하고, 패들렛(Padlet)을 활용하여 학급 간 놀이 연결과 확장을 도와 기록과 공유가 가능한 환경을 제공하였다.

디지털 환경을 제공한 결과, 유아는 자신이 만든 이야기를 녹화하기, 애니메이션 동화 제작 등을 통해 자신을 이해하고 표현하는 유아의 모습을 보였다. 또한 ZOOM을 활용하여 학급 유아들과의 실시간 방송을 회의를 통해 기획 및 선정하여 실행하였고, 다른 학급 및 가정과 공유하며 놀이의 전체적인 흐름 속에서 디지털 크리에이터가 되어 보는 경험을 하기도 하였다. 그 결과, 유아들의 놀이에서 여러 디지털 환경을 제공하여 유아들이 주도적으로 디지털 매체를 조작하고 활용하여 새로운 콘텐츠를 생산해 내는 결과를 볼 수 있었고, 결과물에 대한 공유와 소통을 할 수 있는 경험을 줄 수 있어 보인다. 디지털 환경에서 발견한 이러한 유아들의 유능함은 디지털 시대에 필요한 역량을 기를 수 있는 지원 방법임을 알 수 있다. 즉, 다양한 교수 매체와 교수 방안으로 유아 디지털 리터러시 발달을 지원할 수 있음을 알 수 있다.

2. 심층학습

1) 디지털 리터러시의 실제

디지털 리터러시는 단순한 디지털 기술의 사용을 의미하는 것이 아니며, 일련의 분야에서 얽힌 것을 분류하는 것, 개인이 생활, 학습 및 업무에 적합한 역량, 시간과 맥락을 초월한 실제와 정체성, 활동에 관한 일련의 역량이다(Gilster, 1997; Tang & Chaw, 2016). Spires와 Bartlett(2012)는 디지털 리터러시의 실제가 [그림 3-1]과 같다고 하였다.

- 디지털 콘텐츠의 위치를 파악하고 소비하기
- 디지털 콘텐츠 창작하기
- 디지털 콘텐츠로 소통하기
- 비판적 평가

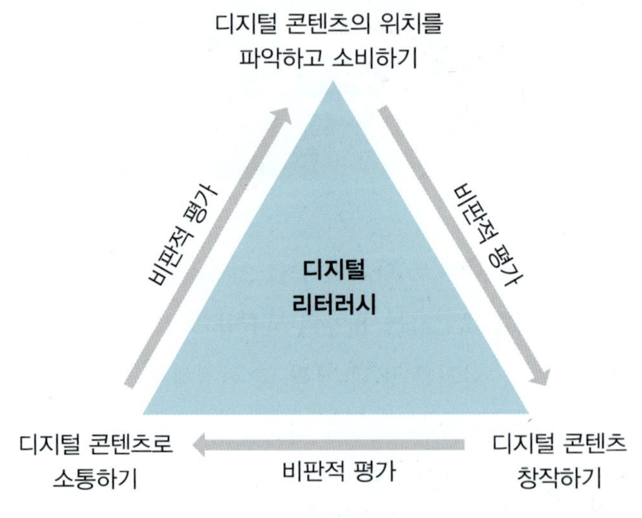

[그림 3-1] 디지털 리터러시의 실제

2) 디지털 리터러시 교육과정 요소

디지털 리터러시는 디지털 사회에 대한 적극적이고 책임감 있는 참여를 촉진하는 데 중요하다. 그러므로 끊임없이 진화하는 디지털 세계를 안전하고 비판적이며 의식적으로 탐색하는 데 필요한 기술을 갖추는 것은 필수적이다. 디지털 리터러시의 실제를 바탕으로 디지털 문해력 교육과정 구성 요소를 확장하여 정의하였다.

Spires와 Bartlett(2012)는 디지털 문해력 분류법을 기반으로 하는 디지털 문해력 교육과정 구성 요소 근거를 다음과 같은 일곱 가지 구성 요소로 제시하였다.

- **기술적 기술**(Technical Skills): 디지털 도구 적용하기
- **시민 기술**(Civic Skills): 디지털 도구를 가장 좋은 방식으로 사용하기
- **의사소통 기술**(Collaborative Skills): 아이디어를 가장 잘 공유하기 위해 디지털 의사소통 프로토콜을 사용하기
- **협력 기술**(Collaborative Skills): 적절한 디지털 플랫폼과 도구를 디지털 콘텐츠 제작, 평가 및 공유에 적용하기
- **컴퓨팅 사고력**(Computational Thinking Skills): 데이터와 정보를 수집하고 분석하기 위해 디지털 도구를 사용하여 비판적 사고력을 적용하기
- **조사 기술**(Investigative Skills): 디지털 리소스 검색, 식별 및 검증하기
- **생산적인 기술**(Productive Skills): 디지털 도구를 사용하여 콘텐츠를 제작하기

[그림 3-2] 디지털 리터러시 교육과정 구성 요소 근거

3) 디지털 리터러시 강화

교육부의 2022년 개정 교육과정에서 '언어 능력' '수리력' '디지털 능력'을 중요 능력으로 강조하고 있으며 2024년부터 단계적으로 시행되고 있다. 2018년 5월, 유럽연합(EU) 이사회는 디지털 역량을 "디지털 기술에 대한 관심과 학습, 작업 및 사회참여를 위한 능숙하고 비판적으로 책임감 있는 사용"을 포함하는 것으로 정의하였다. 여기에는 컴퓨터 및 디지털 리터러시, 의사소통 및 협업, 미디어 리터러시, 디지털 콘텐츠 제작(프로그래밍 포함), 보안(디지털 세계에 익숙해지고 사이버 보안 기술 보유 포함), 지적 재산권 문제, 문제해결 및 비판적 사고가 포함된다. UN에서도 디지털 리터러시와 디지털 기술 접근성은 21세기의 기본권이며, 디지털 리터러시의 핵심 역량으로 유네스코 방콕 사무소에서는 아시아태평양 지역 아동의 디지털 시민성 역량을 연구하였고, 이를 바탕으로 디지털 리터러시를 갖춘 시민의 역량을 디지털 활용, 디지털 참여, 창의와 혁신, 디지털 정서 지능, 그리고 디지털 보안 및 탄력성의 다섯 가지로 나누어 소개하였다(UNESCO DKAP, 2019). 디지털 시민으로서 필요한 정보를 정확하게 선별하고 활용하기 위해 다양한 역량을 갖춰야 한다.

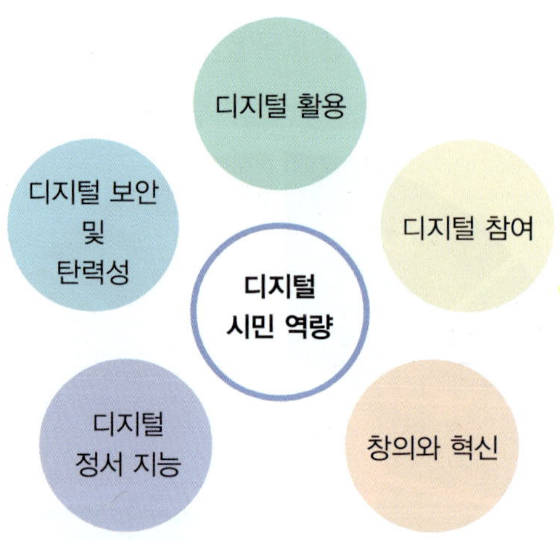

[그림 3-3] 디지털 리터러시의 핵심 역량

출처: UNESCO DKAP(Digital Kids ASIA-Pacific) (2019).

한국 학생들의 디지털 문해력은 경제협력개발기구(OECD) 회원국 중 최하위권 수준을 기록하였다. OECD의 자료에 따르면 한국의 만 15세 학생들은 온라인에서 사실과 의견을 식별하는 능력이 25.6%로 OECD 평균인 47%보다 낮게 나타나, 관련 교육의 필요성이 제기된다. 또한 '정보가 주관적이거나 편향적인지를 식별하는 방법에 대해 교육을 받았는가'에 대한 설문에서 한국은 49%만 교육을 받았다고 응답하여 OECD 회원국 평균인 54%보다 낮았다. 또한 국제학업성취도평가(PISA)의 2018년 읽기 문해력(Reading Literacy) 검사에서 한국 한생들의 평균 점수가 지난 15년간 지속적으로 떨어지는 것으로 나타났다(한국교육과정평가원, 2020). 정보 과부하 시대에 강력한 미디어 리터러시 기술은 유아들이 디지털 세상을 안전하고 사려 깊게 탐색하는 데 필수적이다. 디지털 리터러시 기술을 통해 유아들은 다음을 수행할 수 있다.

- 사실에 입각한 정보와 거짓 정보를 구별
- 미디어가 의견과 인식을 어떻게 형성하는지 이해
- 유아가 온라인에서 소비하는 콘텐츠를 비판적으로 평가

이러한 능력은 잘못된 정보를 피하는 데 도움이 될 뿐만 아니라 주변 세계에 대한 더 깊고 비판적인 이해를 촉진한다.

디지털 기술은 컴퓨터 활용과 같은 하드 스킬, 인공지능을 위한 소프트웨어 개발에 이르는 소프트 스킬로 구성되며, 개인이 새로운 디지털 도구를 효과적으로 활용할 수 있도록 하는 관계 및 행동 역량, 온라인 정보 검색, 디지털 콘텐츠 제작, 개인 데이터 보호와 네티켓 관찰 및 평가 등이 포함된다. 디지털 리터러시 능력은 시간이 지나면서 점점 더 많은 사람이 익히게 되고, 그러면 그 능력은 '기본'으로 여겨지게 된다. 즉, 과거에는 인터넷 검색 능력이 디지털 리터러시 능력이었다면, 지금은 가짜 뉴스와 딥페이크를 구별하고, AI를 활용하여 정보를 분석하는 능력이 더 중요한 시대이다. 그러므로 디지털 리터러시는 단순한 기술 습득이 아니라, 비판적 사고, 윤리적 판단, 정보의 신뢰성 평가, 디지털 시민성까지 포함하는 복합적인 역량이라는 것을 고려하여야 한다. 유럽연합(EU)이 개발한 디지털 역량 프레임워크로, 시민들이 디지털 사회에서 효과적으로 살아가기 위한 5대 역량 영역과 8단계 숙련도로 구성되어 있는 디지털 역량의 주요 구성 요소는 〈표 3-1〉과 같다.

〈표 3-1〉 디지털 역량 EU DigComp(Digital Competence Framework for Citizens)

5대 역량 영역	• 정보 및 데이터 리터러시: 정보 검색, 평가, 관리 능력 • 의사소통 및 협업: 디지털 도구를 활용한 소통, 협업, 디지털 정체성 관리 • 디지털 콘텐츠 제작: 콘텐츠 생성, 편집, 저작권 이해 • 안전: 개인정보 보호, 디지털 웰빙, 사이버 보안 • 문제해결: 기술적 문제해결, 디지털 환경 적응, 창의적 활용
숙련도 수준 (총 8단계)	• 1~2단계(기초): 단순한 작업 수행 • 3~4단계(중급): 일상적 상황에서 능숙하게 활용 • 5~6단계(고급): 복잡한 문제해결 및 응용 • 7~8단계(전문가): 새로운 해결책 제시, 타인 지도 가능

종합적으로, 디지털 리터러시의 이해와 사용이 유아들에게 주는 혜택은 접근성 및 맞춤형 학습을 돕는 지평 확장, 디지털 세상에서 연결이 구축되는 소통과 협력, 학습용 디지털 콘텐츠를 만들고 공유하는 것, 그리고 효과를 평가하는 것이다. 디지털 리터러시는 디지털 콘텐츠에 대한 이해와 활용 능력, 디지털 기술과 미디어를 비판적으로 수용하는 능력, 디지털 도구와 기술을 활용하는 능력을 모두 포함하므로 올바른 정보의 선별, 변화된 소통 방식의 적응, 디지털 도구의 활용이라는 측면에서 유아들에게 적절한 디지털 리터러시 교육을 실행한다.

3. 디지털 리터러시 실천 사례

유아 디지털 리터러시 교육을 위해서는 연령과 발달에 적합한 교수 매체를 선정하는 것이 우선적으로 이루어져야 한다. 유아가 조작하기 지나치게 어려운 교수 매체를 선정할 경우, 유아는 매체를 경험하는 과정에서 흥미를 잃고 다음 단계로 나아가기 어려워진다. 유아들이 주도적으로 디지털 매체를 조작하여 새로운 콘텐츠를 생산하고 구성원과 소통을 하기 위해서는 유아 자신에게 충분히 매체를 통제할 수 있는 기회와 권한을 제공해 주어야 한다. 이를 위해서는 적절한 디지털 매체 제공과 적합한 교사의 지원이 필요한데 다음의 사례로부터 유아 디지털 리터러시 교육을 위한 교수 매체를 선정해 볼 수 있다.

사례 1 인터넷을 활용한 카메라

우리 동네 자연 이야기 프로젝트의 과정에서 유아들이 디지털 매체를 활용하는 연구(이병호 외, 2022)에서 연구자는 산책 활동에서 유아들이 본 것들을 기록하기 위해 카메라를 매체로 선정하여 사진 및 동영상 촬영을 실시하였다. 유아들은 산책 활동에서 촬영한 동식물을 탐색하며 주도적으로 종의 비교 및 분류를 하는 모습들을 보였다. 나아가 교사의 구글맵 소개를 통해 위치별로 관찰했던 동식물 사진을 유아들이 등록하는 과정에서 스스로 자신이 올린 사진을 보는 방법을 습득하는 모습을 살펴볼 수 있었다. 디지털 매체를 활용하는 과정에서 경험의 폭이 넓어지고 주도성이 함양됨을 볼 수 있다.

사례 2 태블릿 PC

디지털 환경에서 유아의 유능함을 발견하고자 하는 연구(최현정, 정효진, 2022)에서 디지털 매체를 활용하는 사례를 살펴볼 수 있다. 유아들이 주도적으로 문제를 해결하는 기회를 제공하기 위해 교실에 태블릿 PC를 비치하였다. 유아들은 색종이 접는 방법과 같은 놀이 상황에서 호기심이 일어나는 부분에 대해 태블릿 PC의 음성 인식 기능을 활용하여 정보를 탐색하고 스스로 해결하고자 하는 모습을 볼 수 있었다. 또한 뮤지컬 놀이를 하는 가정에서 유아들이 직접 태블릿 PC로 음악을 녹음하고 이를 공연 놀이에 활용하는 모습도 나타나 디지털 매체를 조작하여 주체적으로 문제를 해결하고 즐거움을 느끼는 것을 살펴볼 수 있었다.

사례 3 패들렛

식물의 성장 관찰을 통한 가정연계를 주제로 하여 유아들이 디지털 매체를 활용하는 연구(이병호 외, 2022)에서 살펴볼 수 있다. 콩나물 기르기 재료를 가정으로 보내고 기르는 과정을 패들렛(Padlet)이라는 온라인 공유 플랫폼을 활용하여 가정과 연계하였다. 유아들이 식물을 키우는 과정에서 다양한 문제 상황에 대해 가정의 부모와 함께 정보를 탐색하며 해결하게 되고, 나아가 패들렛을 통한 공유 과정으로 교사와 또래들과 소통하는 경험을 통해 적극적으로 참여하게 되어 디지털 매체를 활용할 수 있는 역량을 나타낸다고 볼 수 있다.

사례 4 Book Creator 프로그램

Book Creator는 전자 그림책 제작 관련 프로그램으로 영국 소재 Tools for Schools에서 교육 현장에서 콘텐츠를 생산하는 목적을 갖고 학생들의 학습 기회에서 적극적으로 참여할 수 있는 권한을 부여하는 것을 목적으로 한다. Book Creator에서 제시한 주요 기능으로는 창의성 기능, 공유 기능, 도서관 기능, 접근성 기능이 있다. 창의성 기능으로는 장치 또는 클라우드에서 사진과 영상 업로드, 펜 도구를 사용하여 그리기, 도형과 이모티콘 추가, 음성 녹음 등이 있다. 공유 기능으로는 제작한 전자 그림책을 PDF로 변환하여 인쇄, 제작한 책을 비디오로 변환, 온라인으로 책을 출판하여 구성원과의 공유 등을 할 수 있다. 도서관 기능으로는 제작한 개별 전자 그림책 결합, 책에 대한 실시간 공동 작업 등이 있다. 마지막으로, 접근성 기능으로는 여러 언어 사용, 음성 기능으로 텍스트 변환, 스크린 터치와 키보드 지원 등이 존재한다. 또한 Book Creator는 유 · 초 · 중 · 고등학교로 학년을 나누어 수준에 맞는 활동이 가능하다. 특히 유아기를 대상으로 하여 만 3세 이상에게 적합하다고 제시하며 조작하기 쉬운 인터페이스를 통해 유아들이 전자 그림책을 만들 수 있도록 지원할 수 있다.

4. 제안하는 디지털 리터러시 활동

유아들은 자신이 알고 싶은 정보에 접근하고 선택하는 과정을 통하여 자신의 지식을 확장하고 이를 자신의 생활에 활용하는 디지털 미디어 문해 능력을 발휘할 수 있다. 유아들이 직접 참여하는 활동을 통해 디지털 미디어에 대한 접근 및 활용 능력, 디지털 미디어에 대한 이해 및 비판 능력을 함께 기를 수 있기 때문이다. 실제 활동을 통해 유아들은 디지털 매체(TV, 컴퓨터, 태블릿 PC), 디지털 환경(인터넷, Wifi) 등을 이해하고 놀이의 흐름을 통해 궁금한 것, 해결하고 싶은 것에 대한 구체적인 방법을 찾아 나가며 배울 수 있다. 교육부(2022b)에서는 유아 디지털 미디어 문해교육 운영지원자료(유아 · 교사용)인 '디지털 미디어로 소통하고 삶을 펼치다!'를 개발하여 보급하였다. 다음의 활동은 교육부(2022b)의 유아 디지털 미디어 문해교육 운영지원자료에서 인용하여 제안하였다. 디지털 리터러시 활동들은 유아들이 놀이, 일상생활, 활동이 일어나는 일과 안에서 제공되는 디지털 미디어 문해 경험과 디지털 기반의 원격교육 방법을 이해하는 데 중점을 두고 있다. 이러한 디지털 미디어 문해 활동들을 통해 유아들은 디지털 미디어 리터러시에 대한 이해와 활용 방법이 향상될 것이다.

활동 1 어떤 옷이 진짜 소방관 옷일까?

유아들이 소방관 놀이를 하던 어느 날 교사가 새로운 소방관 옷을 준비해 주었다. 유아들은 새로운 소방관 옷과 가지고 있던 소방관 옷 중 어떤 것이 진짜인지 궁금해하였다. 디지털 미디어에 대한 접근 및 활용 능력을 기르기 위해 첫 번째로 유아들이 궁금해하는 것을 교사와 함께 '소방관 옷' 키워드를 넣어 검색해 본다. 소방관 옷 관련 이미지를 검색한 결과, 소방관 옷이 여러 종류가 있다는 것을 이해한다. 두 번째로 소방관 옷에 그치지 않고 소방관의 평소 생활과 환경에도 관심을 갖게 되어 '소방관이 출동을 안 할 때는 무엇을 하는지', 소방차의 모양이 다른 것 등에 대해서 궁금해한다. 유아가 스스로 검색할 방법을 찾도록 돕기 위해 교사는 태블릿 PC를 제공하여 음성 검색 방법을 알려 주었지만, 원하는 것이 검색되지 않을 때 유아들은 교사에게 검색을 해 달라고 요청한다. 교사는 정리된 검색어로 탐험(explore)할 수 있도록 지원할 수 있다. 이때 검색 결과에 따라 유아들이 "이것도 눌러 봐요."라고 요구하면 필요한 결과를 잘 선택하고 있는지에 대해 고민을 하게 되므로 교사나 성인이 함께 검색하며 신뢰할 수 없는 사이트인지 생각해 볼 수 있도록 이야기를 나누는 시간이 필요하다. 이를 통해 디지털 미디어에 대한 이해 및 비판 능력을 기를 수 있다. 세 번째로 정확하게 검색하기 '도전! 골든벨'을 하여 "소방관이 불을 끌 때 입는 옷에 대해 알고 싶으면 검색창에 뭐라고 입력하면 좋을까요?"라고 물어 검색어에 대해 생각해 보고, 음성 검색과 스마트 렌즈를 통한 검색 방법에 대해 더 알아볼 수 있다.

활동 2 내가 듣고 싶은 음악을 들어요

디지털 미디어에 대한 접근 및 활용 능력과 디지털 미디어에 대한 이해 및 비판 능력을 함께 기르기 위해 첫 번째로 디지털 미디어로 듣고 싶은 노래 듣기를 위해 유치원에서 홈 콘서트 감상 후 유아들이 매일 〈브레멘 음악대〉에 나왔던 노래를 계속 틀어 달라고 요청하였다. 교사는 유아들이 음악을 직접 신청할 수 있도록 신청곡 게시판을 만들고, 그곳에 신청한 음악을 모아 '우리 반 플레이리스트'를 만들었다. 그리고 신청한 노래는 점심시간에 나온다고 알려 주었다. 두 번째로 직접 검색하여 듣고 싶은 노래를 듣기 위해 유아들은 유튜브에서 〈문어의 꿈〉을 음성으로 검색하여 틀었다. 친구들이 노래를 듣고 따라 부르기 시작하여 결국 다 함께 큰 소리로 따라 불렀다. 그날 이후로 유아들은 태블릿 PC로 자유롭게 듣고 싶은 노래를 검색하고 찾아볼 수 있게 되었다. 세 번째로 노랫말에 대해 생각해 보기는, 유아들이 가요를 틀어 달라는 요구를 자주 하는데 교사로서 고민이 되기 때문이다. 교사는 안 좋은 말이 노래로 나오면 나와 다른 사람에게 불편함을 줄 수 있다는 것을 알도록 동화 『나쁜 말이 불쑥』을 들려주었고, 유아들은 "저는 그 말을 안 듣고 싶어도 저절로 들려요."라고 말하는 사례를 통해 가사를 읽어 보고 유해하지 않은 경우 함께 듣기로 유아들과 약속하였다. 네 번째로 음악을 활용하여 놀이하기에서 유아들이 낚시 놀이를 하면서 파도 소리가 필요하다는 의견이 나오자 유아 한 명이 구글 홈 스마트 스피커에 대고 "헤이 구글, 파도 소리 들려줘."라고 요청하여 유아들은 파도 소리를 들으며 낚시를 즐긴다.

활동 3 내가 만들고 싶은 것을 만들어요

디지털 미디어에 대한 접근 및 활용 능력을 기르기 위해 첫 번째로 디지털 미디어를 이용하여 자신이 만들고 싶은 것을 검색하거나 자기가 좋아하는 캐릭터로 굿즈를 만들어 보았다. 디즈니에 나오는 성을 만들고 싶어 교사에게 검색을 요청하였고, 찾은 영상을 보며 친구들과 블록으로 성을 쌓다가 '워터파크'를 음성으로 검색하여 성 안에 워터파크도 추가로 만든다. 두 번째로 유아가 좋아하는 캐릭터를 활용하여 단순하게 그림을 따라 그리는 것뿐 아니라 캐릭터를 변화시키고, 만들었던 캐릭터를 모아서 교환하거나 나누면서 유아들과의 관계가 돈독해지기도 한다. 교사는 유아들의 캐릭터에 대한 홍미와 과도한 소비 욕구를 부추기거나 유아들이 캐릭터의 단순한 소비자가 될 것을 우려하였지만 유아들은 캐릭터를 그리고 만들면서 창작자가 되어 가고 있었고, 단순히 콘텐츠를 받아들이는 것뿐 아니라 배움을 찾아갈 수 있도록 지원해 줄 수 있었다.

요약 및 결론

AI 디지털 대전환이 가속화됨에 따라 디지털 리터러시 능력은 유아들의 놀이 흐름 속에서 의미 있는 교육적 경험으로 확장되는 과정에 필요한 능력이다. 유아들은 디지털 네이티브(Digital Native)로서 유아들의 생활세계 안에서 자연스럽게 디지털 미디어를 경험하며 성장하고 있다. 유아들에게 디지털 미디어는 학습 매체가 아니라 태어나서 접한 환경과 삶의 일부이다. 유아들은 주도적으로 세상과 소통하는 친숙한 매체를 통해 디지털 미디어를 선택하고 해석하는 잠재력을 가지고 있다. 그러므로 유아들이 경험하는 디지털 미디어에 대해 함께 탐구하고 논의하며 유아 간 디지털 미디어 격차를 줄여 나가는 것이 필요하다. 유아들은 디지털 기술을 활용할 뿐만 아니라 자신이 알고 있는 정보와 지식, 문화적인 맥락 안에서 적극적으로 상호작용하며 자신만의 방법으로 디지털 미디어에 대한 의미를 만들어 간다. 유아들이 경험하는 일상적인 디지털 미디어 경험이 교실 놀이 속 의미 있는 교육적 경험으로 확장될 수 있도록 예비 유아교사는 디지털 미디어 문해력의 향상을 위해 디지털 미디어에 대한 접근 및 활용 능력, 디지털 미디어에 대한 이해 및 비판 능력, 디지털 미디어를 통한 사회 참여 능력, 디지털 미디어를 통한 민주적 소통 능력을 길러 줄 수 있는 교육 방안을 이해하고 적용해야 한다. 이때 디지털 문해력을 기르기 위해서 교사도 유아들과 함께 배우고 가르치는 경험을 해야 한다.

토론을 위한 질문

1. 유아들의 디지털 리터러시 교육에 있어 가장 중요한 가치와 원칙은 무엇인가?

- 준비사항: 디지털 리터러시 교육의 개념과 중요성을 이해하고 이를 설명할 수 있는 자료를 준비하고, 실제 교육 사례와 자료를 수집한다.
- 요령: 일과 안에서 유아가 디지털 리터러시 능력을 발휘한 상황을 떠올리며 구체적 놀이, 일상생활, 활동 안에서 적용된 교육 목표와 방법의 예를 설명한다.

2. 유아의 디지털 미디어 리터러시 경험을 교육적으로 확장하기 위한 효과적인 놀이와 활동은 무엇인가?

- 준비사항: 디지털 미디어를 활용한 놀이와 활동 사례를 조사하고, 놀이 중심 교육과의 연계 방안을 찾아본다.
- 요령: 놀이의 흐름을 끊지 않으면서 디지털 리터러시를 자연스럽게 녹여 낼 수 있는 방법을 토론한다.

3. 유아들이 디지털 미디어 리터러시를 비판적으로 이해하도록 돕기 위한 교육 방법은 무엇인가?

- 준비사항: 유아 수준에서 가능한 미디어 리터러시 사용에 대한 비판적 교육 사례를 찾아본다.
- 요령: 비판적 사고를 유도할 수 있는 질문이나 활동을 중심으로 한 계획을 마련한다.

4. 유아의 디지털 리터러시 표현 능력을 키우기 위한 창의적 활동은 무엇인가?

- 준비사항: 디지털 도구를 활용한 유아의 창작 활동(디지털 그림, 스토리텔링 등)을 조사한다.
- 요령: 디지털 리터러시 표현의 다양성과 창의성을 존중하는 교육 환경 조성 방안을 논의한다.

5. 유아의 디지털 리터러시 교육에서 가정과의 협력은 어떻게 이루어져야 하는가?

- 준비사항: 가정과 연계한 디지털 리터러시 교육 사례 및 부모교육 프로그램을 조사한다.
- 요령: 가정과의 소통 방식, 정보 공유 방법 등을 중심으로 협력 방안을 제안한다.

6. 예비 유아교사로서 디지털 미디어 문해 능력을 향상시키기 위한 자기개발 전략은 무엇인가?

- 준비사항: 예비 유아교사를 위한 디지털 리터러시 교육 프로그램, 온라인 강의, 워크숍 등을 조사한다.
- 요령: 예비 유아교사로서 자기주도적 학습 계획을 세우고, 실제 적용 가능한 학습 방법을 공유한다.

이러한 토론 질문을 통해 예비 유아교사들은 디지털 리터러시 교육의 중요성을 다시 한번 상기하고, 유아들에게 효과적인 디지털 리터러시 교육을 제공할 수 있는 방법을 탐구할 수 있다. 토론을 준비할 때는 각 주제에 대한 심도 있는 자료 조사와 실질적인 사례 분석이 중요하며, 토론 중에는 구체적이고 실행 가능한 방법을 중심으로 논의하는 것이 효과적이다. 이를 통해 예비 유아교사들은 유아들이 책임감 있고 윤리적인 디지털 시민으로 성장할 수 있도록 교육하는 데 필요한 지식과 전략을 확립할 수 있을 것이다.

참고문헌

과학기술정보통신부(2016). 지능정보화 기본법(법률 제14076호).

교육부(2020). 디지털 기반의 원격교육 활성화 기본법(법률 제17466호).

교육부(2021). [블로그 포스트] 우리 모두 디지털 미디어 문해력 주인공!. Naver 블로그. https://blog.naver.com/moeblog/222957573993 (2022년 12월 18일 인출).

교육부(2022a). 2022 개정 교육과정. 교육부.

교육부(2022b). 디지털 미디어로 소통하고 삶을 펼치다: 유아 디지털 미디어 문해교육 운영지원자료. 교육부.

교육부(2022. 5. 19.). [블로그 포스트] 디지털 리터러시, 정보를 읽는 능력을 키워라. 교육부 공식 블로그. https://if-blog.tistory.com/13288

김윤희(2019). 디지털 미디어 활용 교육의 방향과 과제. **한국교육학연구, 35**(2), 45-67.

김창숙, 김은아(2023). 디지털 미디어 문해력 향상을 위한 유아교육 프로그램 개발. **유아교육현장연구, 15**(1), 33-56.

문주희, 유구종, 김은아(2012). 디지털 미디어 환경에서의 유아 문해력 교육 사례 분석. **유아교육학논집, 16**(2), 55-74.

박일준, 김묘은(2020). 유아의 디지털 문해력 향상을 위한 교육적 접근. **유아교육연구, 40**(1), 89-110.

유구종, 이하나(2014). 디지털 리터러시 교육의 방향과 과제. **교육정보연구, 30**(1), 21-40.

유네스코한국위원회(2024). 디지털 시대의 세계시민교육: 교사 지침서(Global citizenship education in a digital age: teacher guidelines). https://unesco.or.kr/디지털-시대의-세계시민교육-교사-지침서-global-citizenship-education-in-a-digita/

이병호, 김선희, 송한민, 김연수(2022). 도시생태교육을 통한 유아의 디지털 크리에이터 되어가기. **한국열린유아교육학회 학술대회 논문집**, 101-116.

장영숙, 정수정(2009). 멀티미디어를 활용한 그림책 만들기 활동이 유아의 언어 능력과 창의성에 미치는 영향. **미래유아교육학회지, 16**(4), 73-97.

정봄마지(2012). 디지털 시대의 문해력 개념 재정립. **교육정보연구, 28**(3), 77-95.

최윤구(2023). 디지털 시민성을 위한 교육과정 설계 방안. **교육과정연구, 41**(2), 101-123.

최이수, 오채선(2024). 디지털 역량 탐색을 통한 유아교육에서의 디지털 리터러시 교육 고찰. **유아교육학논집, 28**(4), 61-85. https://doi.org/10.32349/ECERR.2024.8.28.4.61

최현정, 정효진(2022). 디지털 환경에서 유아의 유능함 발견하기. **한국열린유아교육학회 학술대회 논문집**, 83-100.

한국교육과정평가원(2020). 디지털 미디어 문해력 향상을 위한 교육과정 분석 보고서. 한국교육과정평가원.

European Commission (2022). *DigComp 2.2: The Digital Competence Framework for Citizens*. Joint Research Centre. https://joint-research-centre.ec.europa.eu/projects-and-activities/education-and-training/digital-transformation-education/digital-competence-framework-citizens-digcomp_en

Gilmour, T. L. (2023, July 15-19). *Critical thinking and media literacy in an age of misinformation* [Conforence presentation]. International Political Science Association Meeting, Buenos Aires, Argentina.

Gilster, P. (1997). *Digital literacy*. Wiley.

OECD. (2021). 21세기 독자: 디지털 세상에서의 문해력 개발 보고서(PISA). OECD Publishing. https://www.oecd-ilibrary.org/education/pisa-2022-results-volume-i_53f23881-en

Spires, H. A., & Bartlett, M. E. (2012). Digital literacies and learning: Designing a path forward. *North Carolina State University Friday Institute White Paper Series*, 1-15.

Tang, Y., & Chaw, L. Y. (2016). Digital literacy: A prerequisite for effective learning in a blended learning environment? *The Electronic Journal of e-Learning, 14*(1), 54-65.

UNESCO DKAP (2019). *Digital Kids Asia-Pacific(DKAP) Framework*. UNESCO Bangkok.

제4장 부모와 교사의 역할

유아기의 디지털 미디어 경험은 단순한 개인적 선택이 아니라, 부모와 교사의 의도적 설계와 중재에 의해 질과 방향이 결정된다. 특히 유아교사는 교육 현장에서 디지털 미디어를 학습 · 사회성 · 시민성 발달을 지원하는 도구로 활용할 수 있는 전문성을 갖추어야 하며, 부모와의 협력 관계를 통해 가정과 교육기관이 일관된 방향성을 유지하도록 조율하는 역할을 수행해야 한다. 이 장에서는 부모와 교사가 각각, 그리고 함께 수행해야 할 구체적 역할을 살펴보고, 예비 유아교사로서 이를 어떻게 실천할 수 있을지에 대한 시사점을 제시한다.

이 장은 디지털 미디어가 유아 발달에 미치는 영향을 다각도로 이해하고, 이를 토대로 교육 현장에서의 적절한 활용 방안을 모색하는 것을 목적으로 한다. 특히 예비 유아교사로서, 발달 단계별 특성과 교육적 필요를 고려하여 디지털 미디어를 설계 · 중재 · 평가하는 역량을 기르는 데 중점을 둔다. 학습자는 긍정적 · 부정적 영향을 균형 있게 분석하고, 부모와 협력하여 유아의 건강한 디지털 환경을 조성하는 전문성을 함양하게 될 것이다.

이 장의 학습목표는 다음과 같다.

학습목표

- 디지털 미디어의 양면성을 설명하고, 발달에 미치는 긍정적 · 부정적 영향을 구체적 사례와 함께 제시할 수 있다.
- 발달에 영향을 미치는 주요 요인(사용 시간 · 빈도, 콘텐츠 질, 성인 중재, 아동 특성)을 분석하고, 교육 현장에서 이를 조절 · 설계하는 방법을 제안할 수 있다.
- 발달 영역별 영향(인지, 사회 · 정서, 신체, 디지털 리터러시 · 시민성)을 구분하여 설명하고, 각 영역에 적합한 미디어 활용 전략을 수립할 수 있다.
- 부모와 교사의 역할을 비교 · 분석하고, 예비 유아교사로서 현장에서 실천 가능한 지도 · 중재 방안을 구체적으로 설계할 수 있다.
- 교육적 시사점을 토대로, 가정과 교육기관이 협력하여 유아의 건강한 디지털 미디어 문화를 형성하는 실행 계획을 수립할 수 있다.

1. 이해하기

유아기의 디지털 미디어 경험은 단순한 기술 습득을 넘어, 언어 · 인지 · 사회 · 정서 발달과 디지털 시민성 형성에까지 영향을 미친다. 이러한 경험이 긍정적인 발달로 이어지기 위해서는 부모와 교사가 각자의 위치에서 주도적이고 의도적인 역할을 수행해야 한다. 부모는 가정에서 유아의 첫 번째 디지털 안내자이자 사용 환경 설계자로서, 안전하고 발달에 적합한 미디어 환경을 마련하고 올바른 사용 습관을 길러 주는 책임이 있다. 교사는 교육 현장에서 전문성을 바탕으로 디지털 미디어를 교육적으로 설계 · 활용하며, 가정과 긴밀히 연계해 유아의 전인적 성장을 지원하는 핵심 주체이다. 나아가 부모와 교사가 상호 보완적 관계를 형성하고 협력할 때, 유아는 일관된 가치와 규범 속에서 건강한 디지털 문화를 경험할 수 있다. 예비 유아교사들은 이러한 역할의 의미와 중요성을 깊이 이해하고, 실제 현장에서 적용할 수 있는 구체적 전략과 실행력을 갖추는 것이 필요하다.

1) 부모의 역할

부모는 유아의 첫 번째 디지털 미디어 안내자이자 사용 환경 설계자로서, 가정에서의 미디어 경험이 유아 발달에 미치는 영향은 매우 크다. 사용 환경 조성은 단순한 규칙 설정을 넘어, 유아가 자기조절 능력을 기르고 예측 가능한 일과 속에서 안정감을 느끼도록 돕는 중요한 과정이다. 예를 들어, 5세 민지는 저녁 식사 후 20분 동안만 태블릿 PC를 사용한다. 부모는 미리 '오늘 볼 콘텐츠 목록'을 함께 정하

[그림 4-1] 부모의 역할

1) 예측 가능한 일과와 규칙 속에서 안정감을 주는 디지털 사용 습관으로 시간 관리, 자기조절, 규칙적 사용을 강조한다.
2) 부모 · 교사가 함께 참여하며 질문과 대화를 통해 학습을 확장하는 방식으로 비판적 사고, 언어 능력, 존중받는 경험을 촉진한다.
3) 성인이 직접 보여 주는 모범적 행동을 통해 유아가 습관을 내면화하는 과정으로 말보다 강력한 교육 효과, 생활 속 자연스러운 학습을 지향한다.
4) 개인정보 보호, 콘텐츠 선택, 온라인 예절 등 자기보호 능력을 길러 주는 지도를 한다.

고, 시청이 끝난 뒤에는 “어떤 장면이 가장 기억에 남았니?”와 같은 질문을 던지며 대화를 나눈다. 이 과정에서 민지는 시간 관리와 언어 표현 능력을 동시에 발달시킨다. 반대로, 규칙 없이 무제한 시청을 허용하면 수면 패턴이 깨지고, 주의집중력이 저하될 수 있다.

공동 참여와 대화는 미디어를 단순 소비에서 학습 경험으로 전환시키는 핵심이다. 부모가 유아와 함께 콘텐츠를 시청하며 등장인물의 행동 이유를 묻거나, 상황을 자신의 경험과 연결해 설명하게 하면, 아이는 비판적 사고와 언어 능력을 동시에 키울 수 있다. 예를 들어, 동화 애니메이션을 본 뒤 “주인공이 왜 그렇게 행동했을까?”라고 묻고, 아이의 답변을 경청하며 확장 질문을 던지면, 아이는 자신의 생각이 존중받는 경험을 하게 된다.

모델링은 부모가 직접 보여 주는 행동을 통해 유아가 배우는 과정이다. 부모가 식사 시간에는 휴대폰을 치우고 가족과 대화에 집중하는 모습을 보이면, 아이는 자연스럽게 식사 시간에는 기기를 멀리하는 습관을 형성한다. 이는 단순한 말보다 훨씬 강력한 교육 효과를 가진다.

마지막으로, 안전 지도는 디지털 환경에서의 자기보호 능력을 길러 준다. 개인정보 보호, 부적절한 콘텐츠 회피, 온라인 예절 등은 유아기부터 습관화되어야 한다. 예를 들어, 역할놀이를 통해 ‘낯선 사람이 온라인에서 말을 걸면 어떻게 해야 하는지’를 연습하게 하면, 실제 상황에서 올바른 대처를 할 가능성이 높아진다. 이러한 안전 지도는 교사가 학교에서 진행하는 디지털 시민성 교육과도 연결되어, 가정과 기관이 함께 유아의 안전망을 강화하는 효과를 낸다.

2) 교사의 역할

교사는 교육 현장에서 디지털 미디어를 발달에 적합하게 설계·활용하고, 가정과 연계하여 유아의 전인적 성장을 지원하는 핵심 주체이다. 교육적 설계자로서 교사는 발달 단계와 학습목표에 맞춘 디지털 콘텐츠를 선별·제작하고, 이를 놀이·탐구·표현 활동과 통합하여 수업을 구성해야 한다. 예를 들어, ‘봄꽃 관찰’ 수업에서 아이들이 직접 찍은 꽃 사진을 전자앨범으로 만들어 발표하게 하는 것은 디지털 기술과 탐구 활동을 결합한 좋은 사례이다.

중재자로서 교사는 유아가 미디어를 수동적으로 소비하지 않도록 질문, 토론, 확장 활동을 통해 능동적 참여를 유도해야 한다. 동물 다큐를 본 뒤 아이들이 가장 흥미로웠던 동물

을 그림으로 표현하고 친구들에게 설명하게 하는 활동은 관찰력과 표현력을 동시에 키운다.

관찰자 · 평가자로서 교사는 미디어 활동 중 유아의 반응, 이해 수준, 사회적 상호작용을 세심하게 관찰하고 이를 토대로 개별화된 피드백과 후속 활동을 계획해야 한다. 예를 들어, 한 아동이 영상 속 단어를 반복하며 흥미를 보이면, 다음 활동에서 그 단어를 활용한 언어 놀이를 제안할 수 있다.

가정과의 연결자로서 교사는 부모와 정기적으로 소통하여 가정 내 미디어 사용 현황을 공유하고, 일관된 지도 방안을 협의해야 한다. 가정통신문에 '이번 주 추천 교육용 앱'과 '활용 팁'을 제공하는 것도 좋은 방법이다.

[그림 4-2] 교사의 역할

마지막은 디지털 시민성 교육자로서, 정보 탐색, 비판적 사고, 온라인 안전, 규범과 책임감 등 디지털 리터러시 교육을 발달 수준에 맞게 지도해야 한다. 예를 들어, '사진 공유 전 동의 구하기' 활동을 통해 타인의 권리를 존중하는 습관을 기르게 할 수 있다.

3) 부모-교사 협력의 중요성

유아의 디지털 미디어 경험이 긍정적 발달로 이어지기 위해서는 가정과 교육기관이 상호보완적 역할을 수행해야 한다. 교사는 부모에게 발달에 적합한 콘텐츠와 지도 방법을 안내하고, 부모는 가정에서 이를 실천하며 피드백을 제공하는 구조가 필요하다. 이러한 협력은 단순한 정보 전달을 넘어, 가정과 기관이 동일한 미디어 사용 규칙과 가치관을 공유하여 유아가 혼란 없이 일관된 지도를 받을 수 있도록 한다.

예를 들어, 교사가 제안한 '가족 인터뷰 영상 만들기' 과제를 가정에서 수행하고, 유치원에서 상영하며 친구들과 나누는 활동은 가정과 기관이 함께 참여하는 순환적 협력 구조의 좋은 사례이다. 이를 통해 유아는 가정에서의 경험을 교육 현장에서 확장하고, 교육 현장에서 배운 내용을 가정에서 심화할 수 있다. 예비 유아교사들은 이러한 협력의 중요성을 이해하고, 실제 현장에서 부모와의 신뢰 관계를 구축하며 공동 목표를 설정하는 역량을 길러야 한다.

2. 심층학습

부모와 교사의 역할, 그리고 협력의 중요성은 실제 상황 속에서 구체적으로 드러난다. 예비 유아교사들은 이러한 상황을 미리 접하고 분석함으로써, 현장에서의 판단력과 문제해결 능력을 키울 수 있다. 다음의 심층학습 자료는 실습 대신 사례 · 대화문 · 계획서 · 교육안 · 관찰일지 예시를 읽고 분석하는 방식으로 구성되어 있다. 이를 통해 학습자는 다양한 상황을 간접 경험하고, 비판적 사고와 적용 능력을 심화할 수 있다.

1) 사례

부모-교사 협력의 실제 또는 가상의 사례를 읽고, 긍정적 요소와 개선점을 분석한다.

예시

6세 지훈이는 최근 유튜브에서 폭력적인 게임 영상을 자주 시청하였다. 이를 알게 된 담임교사는 부모에게 상황을 알리고, 가정에서 시청 기록을 함께 확인하도록 제안하였다. 부모는 지훈이와 함께 '시청 목록'을 점검하며 부적절한 영상을 삭제했고, 교사는 유치원에서 '건강한 영상 고르기' 활동을 진행하였다. 2주 후, 지훈은 스스로 영상을 선택할 때 '이건 괜찮을까?'라고 묻는 습관이 생겼다.

사례 속 핵심 찾기

- 이 사례에서 부모와 교사가 잘한 점은 무엇인가?
- 개선이 필요한 부분은 무엇이며, 그 이유는 무엇인가?
- 내가 교사라면 어떤 대안을 제시할 수 있을까?

2) 대화문(역할극 대체)

'아동이 부적절한 영상을 시청한 상황'에 대한 부모-교사 간 대화 예시를 읽고, 효과적인 대화 전략을 파악한다.

예시

교사: "최근 수업 시간에 민지가 영상 속 장면을 따라 하는 모습을 봤습니다. 혹시 집에서 어떤 영상을 보는지 알고 계신가요?"

부모: "아…… 잘 몰랐네요. 혼자 보는 시간이 많았어요."

교사: "혹시 이번 주말에 시청 기록을 함께 확인해 주실 수 있을까요? 그리고 제가 추천 드리는 교육용 채널 목록을 공유 드리겠습니다."

부모: "좋아요. 집에서 확인하고, 다음 주에 결과를 알려 드릴게요."

대화 전략 살펴보기

- 대화에서 효과적이었던 표현이나 접근 방식은 무엇인가?
- 갈등을 줄이고 협력을 강화하는 데 도움이 된 대화 전략은 무엇인가?
- 다른 상황(예: 과도한 게임 사용)에서는 어떻게 변형할 수 있을까?

3) 가정-기관 연계 계획서

특정 발달 목표에 맞춘 미디어 활용 계획서 예시를 읽고, 가정과 기관의 역할 분담을 분석한다.

가정-기관 연계 미디어 활용 계획서(예시)

목표

- 유아의 **언어 발달 촉진**
- 어휘력 확장과 문장 구성 능력 향상
- 이야기 재구성과 표현력 강화

기관 역할

- 매주 화 · 목요일 오전 활동 시간에 '**그림책 읽기+관련 영상 시청**'을 진행한다.
- 그림책은 주제별(계절, 동물, 직업 등)로 선정하며, 시청하는 영상은 그림책 내용과 연계된 교육용 자료를 사용한다.
- 활동 후, 교사는 유아와 함께 이야기 나누기 시간을 갖고, 등장인물 · 사건 · 느낀 점을 질문

하여 발화를 유도한다.

- 유아가 말한 주요 어휘와 문장을 간단히 기록하여, 가정에 전달한다.

가정 역할

- 주말에 기관에서 다룬 것과 같은 **주제의 그림책**을 부모와 함께 읽는다.
- 읽기 후, 아이가 이야기한 내용을 **스마트폰 녹음 기능**으로 간단히 녹음한다.
- 녹음 파일은 월요일 아침 등원 시 교사에게 전달하거나, 기관 지정 채널(예: 클래스 앱)에 업로드한다.
- 가정에서는 아이가 이야기할 때 **중간에 끊지 않고 끝까지 경청**하며, 필요한 경우 확장 질문을 던진다.

평가 방법

- 4주간의 활동 후, 교사는 초기와 비교하여 **어휘 사용 빈도**와 **문장 길이**를 분석한다.
- 분석 결과를 부모와 공유하고, 다음 단계의 언어 발달 목표를 함께 설정한다.
- 필요시, 어휘 확장을 위한 추가 자료(그림카드, 주제별 단어 목록)를 가정에 제공한다.

연계 포인트 점검하기

- 계획서에서 가정과 기관의 역할이 어떻게 구분·연계되어 있는가?
- 목표 달성을 위해 어떤 요소가 특히 중요해 보이는가?
- 내가 교사라면 어떤 부분을 수정·보완할까?

4) 디지털 시민성 교육안

유아 수준에 맞춘 온라인 안전·규범 교육 활동안 예시를 읽고, 발달적 적합성을 분석한다.

디지털 시민성 교육안 예시

활동명

- 사진 공유 전 물어보기

목표

- 타인의 초상권과 사생활을 존중하는 습관 형성
- 온라인에서의 안전한 행동 규범 이해

준비물

- 인물 사진 카드(친구 · 가족 · 모르는 사람 등 다양한 상황)
- '허락' · '거절' 표지판
- 빔프로젝터 또는 대형 화면(선택 사항)

활동 단계

1. **도입**: 교사가 "사진을 찍었을 때, 다른 사람에게 보내기 전에 무엇을 해야 할까요?"라는 질문으로 시작한다.
2. **전개**: 사진 카드를 한 장씩 보여 주며 "이 사진을 친구에게 보내도 될까요?"라고 묻는다.
   - 아이들은 '허락' 또는 '거절' 표지판을 들어 의견을 표시한다.
   - 선택 이유를 말하게 하고, 교사는 긍정 · 부정 사례를 정리한다.
3. **정리**: '사진 공유 전 반드시 허락을 받는다.'라는 규칙을 함께 말로 정리하고, 교실 게시판에 붙인다.

평가 및 후속

- 활동 후, 아이들이 실제 사진 촬영 상황에서 허락을 구하는 행동을 보이는지 관찰한다.
- 가정통신문을 통해 부모에게도 '사진 공유 전 허락받기' 규칙을 안내하여 가정과 연계한다.

활동 설계 포인트 살펴보기

- 활동 안에서 유아의 발달 수준을 고려한 부분은 무엇인가?
- 온라인 안전과 규범 교육을 생활 속에서 어떻게 확장할 수 있을까?
- 다른 주제(예: 정보 탐색, 저작권 이해)로 변형한다면 어떤 구성이 필요할까?

5) 관찰 일지

미디어 활동 중 유아의 반응을 기록한 관찰 일지 예시를 읽고, 관찰 포인트와 후속 활동 제안을 분석한다.

관찰 일지 예시

관찰 상황

- '우리 동네 탐험' 주제의 디지털 지도 활동 중, 태블릿 PC 화면에서 공원 사진을 본 수아(6세)가 "여기 우리 집 근처야!"라고 말하며 친구들에게 자신의 집 위치를 알려 주려 한다.

아동 반응

- 수아는 자신의 집 위치를 화면에 표시하려고 손가락으로 지도를 확대한다.
- 친구들이 "나도 우리 집 보여 줄래!"라고 반응한다.

교사 대응

- 교사는 즉시 "집 주소나 위치는 인터넷에서 다른 사람에게 알려 주면 안 돼."라고 설명하며, 대신 '우리 동네에서 좋아하는 장소'를 표시하도록 안내한다.
- 안전하게 공유할 수 있는 정보와 그렇지 않은 정보를 구분하는 간단한 예시를 제시한다.

후속 활동 제안

- '안전하게 공유할 수 있는 정보'와 '공유하면 안 되는 정보'를 분류하는 카드 게임을 진행한다.
- 가정에 '온라인에서 지켜야 할 안전 규칙' 안내문을 발송한다.

관찰 후 점검 질문

- 관찰자가 주목한 발달적 신호는 무엇인가?
- 후속 활동 제안이 아동의 반응과 어떻게 연결되는가?
- 내가 같은 상황을 관찰했다면 어떤 점을 추가로 기록했을까?

요약 및 결론

유아기의 디지털 미디어 경험은 단순한 기술 습득을 넘어 언어 · 인지 · 사회 · 정서 발달과 디지털 시민성 형성에까지 영향을 미친다. 이를 긍정적인 발달로 연결하기 위해서는 **부모와 교사가 각자의 위치에서 주도적이고 의도적인 역할**을 수행해야 한다.

- **부모**는 가정에서의 첫 번째 디지털 안내자이자 환경 설계자로서, 사용 규칙 설정과 공동 참여, 대화, 건강한 모델링, 안전 지도를 통해 유아의 자기조절 능력과 비판적 사고, 안전 습관을 길러 준다.
- **교사**는 교육 현장에서 발달에 적합한 미디어를 설계 · 활용하고, 질문과 토론으로 능동적 참여를 유도하며, 관찰과 평가를 통해 개별화된 피드백을 제공한다. 또한 가정과의 긴밀한 소통과 디지털 시민성 교육을 통해 유아의 전인적 성장을 지원한다.
- **부모 – 교사 협력**은 일관된 가치와 규범 속에서 유아가 미디어를 경험하도록 돕는 핵심 요소로, 정보 공유 · 목표 일치 · 순환적 협력 구조를 통해 가정과 기관이 상호 보완적인 역할을 수행한다.
- **심층학습 자료**는 사례, 대화문, 계획서, 교육안, 관찰일지 예시를 통해 예비 유아교사가 실제 상황을 간접 경험하고 분석 · 적용 능력을 기를 수 있도록 구성된다.

유아의 디지털 미디어 경험은 가정과 교육기관이 함께 설계하고 지도할 때 비로소 건강하고 의미 있는 발달로 이어진다. 부모는 일상 속에서 안전하고 발달에 적합한 환경을 마련하고, 교사는 전문성을 바탕으로 교육적 경험을 확장하며, 양측이 긴밀히 협력할 때 유아는 일관된 가치와 규범 속에서 디지털 세상을 탐험할 수 있다. 예비 유아교사는 이러한 역할과 협력 구조를 깊이 이해하고, 실제 현장에서 적용할 수 있는 구체적 전략과 실행력을 갖추어야 한다. 이를 위해 다양한 사례와 자료를 분석하며, 발달적 관점에서 미디어 활용의 방향성을 지속적으로 성찰하는 태도가 필요하다.

토론을 위한 질문

1. 부모의 역할

질문	준비사항	요령
가정에서 미디어 사용 규칙을 정할 때, 시간제한과 콘텐츠 선택 중 어느 쪽이 더 중요하다고 생각하는가? 그 이유는 무엇인가?	• 두 요소의 장단점 정리 • 발달 단계별 권장 기준 조사 • 실제 사례 준비	• 상호 보완성 인정 후 우선 이유 제시 • 발달 · 안전 근거 제시 • 예시로 설득
부모가 모델링을 잘하지 못했을 때, 아이에게 미치는 영향은 무엇인가? 그리고 그 보완 방법에는 무엇이 있는가?	• 모델링 개념, 관찰학습 정리 • 부정적 사례 조사 • 보완 전략 목록화	• 부정적 영향 구체적으로 설명 • 실행 가능한 보완책 제시 • 자기성찰 강조
디지털 안전 교육을 유아기부터 시작해야 하는 이유 또는 시기 적절성은 무엇이라고 생각하는가?	• 유아기 디지털 노출 현황, 위험 사례 • 발달별 이해 범위 • 장점 · 우려점 정리	• 필요성과 시기 균형 논의 • 놀이형 접근 제안 • 반론 대비

2. 교사의 역할

질문	준비사항	요령
교사가 미디어 활동을 설계할 때, 발달 단계와 학습목표 중 어느 요소를 우선해야 하는가?	• 발달 단계 특징, 목표 설정 원칙 • 충돌 사례 · 해결 방법	• 우선순위 제시+조화 필요성 언급 • 수업 예시 활용 • 흥미 · 참여도와 효과 연결
미디어 활동 중 교사의 중재가 부족하면 어떤 문제가 발생할 수 있는가?	• 중재 정의 · 역할 정리 • 부정적 사례 조사	• 발달 · 학습 · 안전 측면별 설명 • 구체적 중재 방법 · 효과 제시
디지털 시민성 교육을 유아 수준에 맞게 전달하기 위한 효과적인 전략은 무엇인가?	• 핵심 요소(안전 · 규범 · 책임) 정리 • 발달 수준별 교육 방법 조사	• 활동 예시 포함 • 가정 연계 방법 제시

3. 부모-교사 협력

질문	준비사항	요령
부모와 교사가 미디어 지도 방안에서 의견이 다를 때, 바람직한 조율 방법은 무엇인가?	• 불일치 사례 · 결과 조사 • 조율 방법 정리	• 존중 · 신뢰 기반 대화 제안 • 유아의 최선의 이익 중심 논리
가정과 기관이 동일한 미디어 규칙을 공유하지 않을 경우 유아에게 생길 혼란은 어떤 것이 있는가?	• 영향 조사 • 일관성의 필요성 근거 준비	• 혼란 예시 제시 • 일관성 확보 방안 제안
협력 구조 강화를 위해 교사가 먼저 할 수 있는 실천으로는 어떤 것이 있는가?	• 협력 활동 목록화 • 성공 사례 조사	• 구체적이고 실행 가능한 방안 제시 • 장기적 관계 형성 강조

참고문헌

Donohue, C. (Ed.). (2015). *Technology and digital media in the early years: Tools for teaching and learning*. Routledge.

Plowman, L., McPake, J., & Stephen, C. (2010). The technologisation of childhood? Young children and technology in the home. *Children & Society, 24*(1), 63-74. https://doi.org/10.1111/j.1099-0860.2008.00222.x

Rideout, M., Peebles, A., Mann, S., & Robb, M. B. (2022). *Common Sense Census: Media use by kids age zero to eight, 2020*. Common Sense Media.

Stephen, C., & Edwards, S. (2018). *Young children playing and learning in a digital age: A cultural and critical perspective*. Routledge.

제 2 부

디지털 활용 유아교육

제5장 유아교육의 이론적 배경

이 장에서는 디지털 기기와 콘텐츠를 활용한 유아교육의 이론적 배경, 유아의 발달과 연계된 이론을 소개한다. 유아교육은 유아가 놀이를 통해 자연스럽게 배우고 성장할 수 있도록 지원하는 데 초점을 둔다. 놀이 중심 교육 철학을 바탕으로 디지털 도구가 유아의 창의성과 호기심을 자극하고, 2019 개정 누리과정의 기본 원칙 안에서 디지털 활용은 유아의 발달을 돕는 보조적 역할로 활용되어야 함을 강조하고 있다.

디지털 기술 활용의 근거는 아이들의 발달 단계에 맞는 적절한 자극과 경험 제공이라는 핵심 원칙에서 출발한다. 이에 따라 발달주의 이론에서는 유아가 단순히 정보를 수용하는 것이 아니라, 스스로 탐색하고 경험하며 지식을 능동적으로 구성하는 존재임을 강조한다. 구성주의 이론은 유아가 스스로 지식을 구성하고 탐구하는 주체임을 강조하며, 디지털 환경이 이러한 탐구 활동을 풍부하게 하고 개별 맞춤형 학습을 가능하게 한다고 본다. 존재론적 관점에서 유아교육에서의 디지털 기술은 아이의 고유한 존재를 드러내고, 실존적 경험을 확장하는 도구가 될 수 있다.

유아에게 놀이는 매우 중요한 활동이며, 놀이를 통해 유아는 자신과 주변을 이해하고 의사소통하며 사회화된다. 디지털 도구와 콘텐츠는 유아의 놀이를 확장하고 풍부하게 만드는 수단이 될 수 있으므로 예비 유아교사들은 유아들이 놀이의 본질을 해치지 않으면서 새로운 형태의 놀이를 가능하게 하는 역할을 한다.

이 장의 학습목표는 다음과 같다.

학습목표

- 유아교육의 이론적 배경에 근거한 디지털 활용 교육의 장점을 설명할 수 있다.
- 발달주의 이론, 구성주의 이론, 존재론과의 관계를 이해하고 교육과정과의 연계성을 설명할 수 있다.

1. 이해하기

1) 디지털 활용 교육과 인터랙티브 미디어

유아 디지털 교육은 디지털 시대의 흐름 속에서 유아들이 디지털 기기를 활용하여 학습하고 성장할 수 있도록 돕는 교육 분야이다. 이는 유아들이 디지털 기기를 안전하고 효과적으로 사용하는 방법을 배우고, 디지털 리터러시를 발달시키며, 창의성과 문제해결 능력을 증진시키는 것을 목표로 한다.

유아를 위한 디지털 교육은 태블릿 PC, 인터랙티브 소프트웨어, 디지털 미디어 등 연령에 적합한 기술을 활용하여 놀이와 학습을 향상시키고, 기초적인 기술 역량을 개발하며, 창의력을 키우는 데 도움을 준다. 주요 요소로는 고품질 교육 앱 활용, 디지털 스토리텔링, 코딩 및 문제해결에 대한 초기 노출 등이 포함된다. 이러한 접근 방식은 신체 활동 및 사회적 활동을 보완해야 하며, 화면 보는 시간을 보다 상호작용적이고 의미 있게 만들기 위해 부모와 교사의 참여가 중요하다. 또한 책임감 있는 기술 사용과 화면 보는 시간과 실제 경험 간의 균형을 강조하는 것이 핵심이다.

취학 전 유아들은 주변 세계와 학습에 대해 호기심이 많고, 주도성과 창의성을 발달시켜 나간다. 다양한 매체(크레파스, 펠트펜, 마커, 물감 등의 미술 재료, 블록, 극놀이 재료, 미니어처 인물 등)를 사용하여 창의적인 움직임, 노래, 춤, 그리고 자신의 몸을 사용하여 아이디어와 경험을 표현하는 능력을 탐색한다. 이때 디지털 기술은 유아들의 창의성과 학습을 보여 줄 수 있는 또 하나의 출구를 제공한다. 대화형 미디어는 소프트웨어 프로그램, 애플리케이션(앱), 방송 및 스트리밍 미디어, 일부 어린이용 TV 프로그램, 전자책, 인터넷 및 기타 형태의 콘텐츠를 포함한 디지털 및 아날로그 자료를 말하며, 이러한 콘텐츠는 유아의 적극적이고 창의적인 사용을 촉진하고 유아 및 성인과의 사회적 참여를 장려하도록 설계되어 있다.

2) 유아교육의 주요 이론적 배경에 근거한 디지털 활용 교육의 장점

(1) 발달주의 이론 기반 디지털 활용 교육의 장점

유아의 디지털 역량을 인지적 · 사회적 · 정서적 발달과 연계하여 설명할 수 있으며, 발달주의 관점에서 디지털 교육의 필요성을 강조하고 있다(배윤진 외, 2023). 디지털 활용 교육은 유아의 발달을 지원하고 확장하는 매개체가 될 수 있으나 균형 있는 활용과 성인과의 상호작용이 반드시 병행되어야 한다. 다음은 발달주의 이론에서 본 디지털 활용 유아교육의 장점이다.

① Piaget의 인지 발달 이론

전조작기에는 상징적 사고가 가능해지지만, 액체와 수량의 동일성 등의 보존 개념을 이해하지 못하는 등 논리적 사고가 제한적이며 자기중심적 태도를 보인다. 전조작기(만 2~7세)의 아이들은 직접적인 조작과 시각적 자극을 통해 개념을 이해한다. 디지털 도구는 시각적 · 청각적 피드백, 즉각적인 반응, 탐색 기반의 학습을 제공하여 아이들의 인지적 탐색을 촉진한다(예: 인터랙티브 앱을 통해 수 개념이나 공간 인식을 놀이처럼 학습한다).

② Vygotsky의 사회문화적 이론

학습은 사회적 상호작용과 근접발달 영역(Zone of Proximal Development: ZPD) 내에서 이루어져야 한다고 본다. 디지털 매체는 교사와 부모 같은 조력자 역할을 강화할 수 있으며, 아이들이 혼자서 해결하기 어려운 과제를 성취하도록 돕는 스캐폴딩(비계)의 기능을 수행한다(예: 디지털 스토리텔링 활동에서 부모와 함께 이야기 구성 → 언어 발달과 창의력 향상).

③ Erikson의 심리사회적 발달 이론

유아기는 자율성 대 수치심, 주도성 대 죄책감의 단계를 거친다. 디지털 도구를 통해 아이들이 자기선택, 자기표현, 창작 활동을 경험함으로써 자율성과 주도성을 키울 수 있다[예: Book Creator로 나만의 이야기책(바코드) 만들기 → 성취감과 자존감 향상].

(2) 구성주의 이론 기반 디지털 활용 교육의 장점

구성주의(Constructivism) 이론에서는 유아가 단순히 정보를 수용하는 것이 아니라, 스스로 탐색하고 경험하며 지식을 능동적으로 구성하는 존재라는 것을 강조한다. 그러므로 디지털 기기는 유아가 스스로 호기심을 가지고 탐구하고, 새로운 방식으로 배우며 자신만의 지식을 만들어 가는 데 도움을 줄 수 있다. 놀이 중심 교육(Play-Based Learning)에서 놀이는 경험이자 학습이며, 놀이를 통해 유아는 자신과 주변을 이해하고 의사소통하며 사회화되는 배움의 과정을 거친다. 구성주의는 유아교육에서 자기주도적 학습과 의미 구성을 강

조하며, 디지털 매체가 이를 실현하는 데 효과적이라고 본다. 다음은 구성주의 이론에서 본 디지털 활용 유아교육의 장점이다.

① 학습자 중심의 탐색 활동

디지털 도구는 유아가 자신의 속도와 방식으로 탐색할 수 있게 해 준다(예: 터치 기반 앱이나 AR 콘텐츠를 통해 유아가 직접 조작하며 개념을 구성한다).

② 문제해결 중심의 학습

구성주의는 실제적인 문제 상황을 통해 학습이 이루어진다고 본다. 디지털 환경은 아이에게 가상 시나리오, 시뮬레이션, 게임 기반 문제해결을 제공하여 사고력과 창의력을 자극한다(예: 실감형 3D 체험 놀이 환경에서 공룡의 알을 부화할 수 있는 방법을 찾는다).

③ 사회적 상호작용과 협력

Vygotsky의 사회문화적 구성주의에 따르면, 또래 및 성인과의 상호작용은 지식 구성에 필수적이다. 디지털 플랫폼은 유아들이 협력적 프로젝트, 디지털 스토리텔링, 공동 창작 활동을 통해 서로의 생각을 나누고 확장할 수 있게 한다(예: 봄 놀이를 하다 모든 유아가 함께 '봄 동화책'을 구성하여 동화 장면마다 자신이 할 수 있는 배역을 선택하고, 연기하는 영상을 찍어 영화를 제작함, 이후 유치원 구성원을 초대해 강당에서 영화 상영 시사회를 개최함).

④ 맥락 속에서의 의미 구성

구성주의는 학습이 실제 맥락 속에서 이루어져야 한다고 강조한다. 디지털 기술은 아이들이 현실과 연결된 콘텐츠를 경험하게 하여, 학습의 의미를 더 깊게 구성할 수 있도록 돕는다(예: 자연 관찰 앱을 통해 계절 변화나 생태계에 대한 이해를 실제 경험과 연결한다).

(3) 존재론적 관점 기반 디지털 활용 교육의 장점

Heidegger의 존재론은 우리가 존재를 잘 알고 있다는 생각을 버리고 '스스로를 드러내는 존재'로, 존재의 고유한 실존의 소리에 귀 기울일 것을 주장한다. 어린이가 존재하고 있다는 사건은 자신의 고유함을 있는 그대로 드러내는 존재 현상으로, 자신의 고유성이 드러나는 사건이다(이연선, 2024). 디지털 기술은 존재론적 유아교육에서 유아의 존재를 드러내고, 실존적 경험을 확장하며, 타자와의 관계 속에서 자기를 인식하는 매개체가 될 수 있다. 즉, 유아가 철학하는 존재로서 세계를 탐색하고 의미를 구성하는 주체임을 강조하며, 디지털 기술이 그 탐색을 확장하는 도구가 될 수 있다고 설명한다. 다음은 존재론적 관점에서 본 디지털 활용 유아교육의 장점이다.

① 유아의 '존재 방식'을 드러내는 매개체로서의 기술

Heidegger는 존재자가 아닌 '존재 그 자체'에 주목하라고 한다. 유아는 자신의 고유한 방식으로 세계와 관계 맺으며 존재를 드러낸다. 디지털 기술은 아이가 자신의 생각, 감정, 경험을 자율적으로 표현할 수 있는 수단이 되어, 존재의 고유성을 드러내는 데 기여한다(예: 아이가 직접 만든 디지털 스토리북은 단순한 과제가 아니라, 아이의 내면 세계가 드러나는 '존재의 사건'이다).

② 유아의 '지금-여기'의 실존적 경험을 존중하는 교육

존재론적 교육은 아이를 미리 정해진 목표에 맞춰 이끌고 가는 것이 아니라, 아이의 삶 속에서 드러나는 의미와 경험을 존중한다. 지금 이순간의 실존적 경험으로 유아의 삶을 바라보고, 교육은 그 순간을 존중하고, 유아가 세계와 관계 맺는 방식을 지지한다. 디지털 매체는 아이가 자신의 리듬과 관심에 따라 자기주도적으로 탐색하고 표현할 수 있게 해 준다(예: 유아가 직접 사진을 찍고 음성을 녹음해 디지털 편지를 만드는 활동은 삶의 순간을 의미 있게 구성하는 실존적 행위이다. 놀이 기반 디지털 활동에서 아이는 자신의 세계를 구성하고, 그 안에서 실존을 경험한다).

③ 타자와의 관계 속에서 자신의 존재를 인식

존재론은 유아가 타자와의 관계 속에서 존재를 드러내며, 자신을 인식하고 성장한다고 본다. 디지털 기술은 협력적 활동, 공동 놀이, 상호작용 기반 콘텐츠를 통해 타자와 연결되고, 그 속에서 자신의 존재를 인식하게 한다(예: 유아들이 공동 디지털 프로젝트에서 함께 작업하며, 서로의 생각을 나누는 과정은 관계 속에서 존재의 상호 드러남을 가능하게 하고, 자신을 발견하게 한다).

3) 이론적 배경과의 관계 이해와 디지털 활용 교육 및 교육과정 연계성

(1) 주요 이론적 배경과의 관계 이해

① 발달주의와 구성주의 이론의 관계

발달주의는 유아의 '발달 단계'를 중시하고, 구성주의는 발달 단계에 맞는 유아의 '능동적인 지식 구성'을 강조한다.

② 발달주의에 기반한 구성주의 이론

구성주의 교육은 유아의 타고난 발달 가능성을 바탕으로 이루어지며, 유아 스스로 지식을 구성해 나가는 과정 그 자체가 발달의 핵심이다.

③ 존재론적 관점의 전환

존재론은 '아동은 어떤 존재인가'에 대한 근본적인 물음에서 시작하여, 유아의 발달 과정을 어떻게 이해할 것인지(발달주의)와 지식을 어떻게 구성할 것인지(구성주의)에 대한 철학적 기반을 제공한다.

(2) 디지털 활용 교육 및 교육과정과의 연계성

디지털 기기와 콘텐츠는 2019 개정 누리과정과 같은 교육과정의 기본 틀 안에서 활용되어야 한다. 교사는 디지털 기반 놀이 환경을 이해하고, 유아의 발달 수준과 인지부하를 고려하여 적절한 콘텐츠와 기기 활용 방법을 안내하는 역할을 해야 한다. 디지털 활용 교육의 장점을 살리되, 과도한 노출을 피하고 유아의 전인적인 발달을 위한 균형 잡힌 접근이 필요하다. 다음은 주요 디지털 활용 교육 방법이다.

- **교육용 앱과 게임**: 인터랙티브 앱과 디지털 게임을 통해 글자, 숫자 등 기초 개념을 재미있게 배울 수 있다.
- **디지털 스토리텔링**: 사진, 오디오, 텍스트를 활용해 아이들이 디지털 책을 만들며 학습 내용을 기록하고 문해력을 향상시킬 수 있다.
- **코딩 및 STEM**: 연령에 맞는 장난감과 디지털 활동을 통해 기초적인 코딩 및 STEM 개념

을 소개함으로써 미래의 기술 이해력을 준비시킬 수 있다.

- **가상 체험**: 디지털 미디어를 활용한 가상 견학과 인터랙티브 탐험을 통해 아이들의 세계에 대한 이해를 넓힐 수 있다.

이를 통해 유아들에게 미치는 영향은 다음과 같다.

- **학습 향상**: 디지털 도구는 학습을 보다 상호작용적이고 흥미롭게 만들어 시각, 소리, 애니메이션을 통해 아이들이 정보를 더 잘 기억할 수 있도록 도와준다.
- **기초 기술 습득**: 어린 시절부터 디지털 리터러시, 소근육 운동 능력, 기술 개념에 대한 이해를 키울 수 있다.
- **학습 확장**: 온라인 플랫폼과 디지털 자료를 통해 전통적인 교실에서는 접하기 어려운 새로운 개념과 아이디어를 경험할 수 있다.
- **창의성과 자기표현**: 디지털 도구를 활용해 아이들이 자신만의 디지털 이야기와 예술 작품을 만들며 자기표현 능력을 키울 수 있다.

2. 심층학습

1) 디지털 활용 교육의 실제

디지털 기술의 급속한 발전은 교육 환경에도 큰 변화를 가져왔다. 유아기부터 디지털 기기를 접하는 것은 이제 흔한 일이 되었으며, 이러한 변화는 유아교육의 방향성을 재정립할 필요성을 제기한다. 디지털 도구와 콘텐츠는 유아의 놀이를 확장하고 풍부하게 만드는 수단이 될 수 있으며, 놀이의 본질을 해치지 않으면서 새로운 형태의 놀이를 가능하게 한다. 또한 디지털 기반 환경은 유아의 흥미와 수준에 맞는 교육 콘텐츠를 제공하여 유아가 스스로 선택하고 탐구하며 성장할 수 있도록 돕는다. 유아 중심, 놀이 중심의 2019 개정 누리과정 실행에 있어 놀이를 확장하고 심화시키는 매개 수단으로 교사의 디지털 리터러시 역량과 유아 놀이의 이해와 놀이 환경 지원에 핵심이 되는 유아교사의 놀이교수효능감과 교수창의성은 유의미한 상관관계가 있었으므로(윤혜연, 최지영, 2023) 교사의 디지털 리터러시

를 증진시키기 위해 코딩 놀이 프로젝트, 디지털 기반 자연 탐구, 개인 및 자기주도 학습, 가정-기관 소통, 원격교육 등의 다양한 프로그램 개발이 이루어질 필요가 있다.

영유아는 직접적인 경험을 통해 세상을 배우나 디지털 기기를 활용한 교육은 아이들의 움직임을 제한하고, 신체적 · 감각적 성장을 저해할 가능성이 크므로 뇌 발달과 관련하여 영유아기는 균형 잡힌 교육이 필요하다(김병만, 2025). 다음은 놀이 중심 교육과정 운영 시 적용할 수 있는 디지털 활용 교육의 실제이다.

(1) 코딩 놀이 프로젝트

유아가 놀이를 통해 코딩 개념을 익히고 디지털 리터러시를 높이는 프로젝트이다.

- 엠타이니 로봇을 원하는 장소까지 가기 위한 길 만들기
- Canva AI를 활용해 유아들이 하고 싶은 게임 만들기(어떻게 명령어를 입력하면 우리가 할 수 있는 게임을 만들 수 있는지 토의, 코딩언어 관찰)

(2) 디지털 기반 자연 탐구

디지털 환경에서 유아가 자연을 배우고 탐구하는 새로운 방식을 경험하도록 돕는다.

- 바깥놀이에서 만난 자연 사진 촬영하기, 디지털 현미경으로 나무 관찰하기

(3) 개인 학습

스마트 기기를 활용하여 유아가 시간과 장소에 구애받지 않고 스스로 학습할 수 있으며, 이는 학습 효율성을 높인다.

- 스케치스로 그림 그리기, 북트랩스로 그림판 기능을 활용하여 그림책 만들기
- 크롬 뮤직랩으로 그림을 그리고, 그림을 음악으로 표현하며 자신의 기분을 음악으로 표현하기

(4) 자기주도 학습

디지털 기기는 유아가 스스로 호기심을 가지고 탐구하고, 새로운 방식으로 배우며 자신

만의 지식을 만들어 가는 데 도움을 줄 수 있다.

- 바깥놀이 나가기 전, 체험학습 전에 미세먼지 앱에서 미세먼지 농도를 확인하기

(5) 가정-기관 소통

유아교육 기관과 학부모 간의 소통을 위해 교육용 SNS와 같은 디지털 매체를 활용한다.

- 키즈노트, 학교종이 앱, 스페이셜 등을 활용하여 소통하기
- 패들렛으로 유아의 작품, 놀이 사진, 주제에 대한 생각 등을 웹상에서 함께 공유하고, 가정과 연계하여 필요한 자료를 수집하기

(6) 원격교육

팬데믹과 같은 감염병 출현으로 인해 유아교육 현장에서 디지털 매체를 통한 원격 수업이 가능해졌다.

- 줌으로 수업을 하면서 동그라미, 네모, 세모 모양의 물건 찾기 놀이, 배경 물건 맞추기 놀이

2) 유아를 위한 기술 도구 및 인터랙티브 미디어 활용 교육 방안

- 교사는 잘 설계되고 성공감을 높이는 발달에 적합한 다양한 미디어 경험이 탑재된 터치스크린을 유아들이 자유롭게 탐색할 수 있도록 한다.
- 유아들이 마우스 및 키보드 컴퓨터를 사용하여 웹사이트를 사용하거나 검색 엔진으로 답을 찾기 위해 다양한 방법으로 탐색을 시작하게 하고, 편안하게 느낄 수 있는 기회를 갖도록 환경을 조성한다.
- 블록으로 만든 건물이나 예술작품의 사진을 찍어 유아들을 위해 재생할 수 있는 영상을 제작하고 동극과 역할극에 활용한다.
- 디지털 프로젝터나 교실 웹사이트에 표시되는 디지털 미디어로 유아들의 경험과 성취를 축하해 준다.

- 특별한 교육적 요구가 있거나 발달이 지연된 유아들에게 적합한 보조기술을 통합하여 적용한다.
- 그림이나 놀이에 대한 유아들의 이야기를 기록하여 디지털 오디오 또는 비디오 파일을 만들어 진행 상황을 문서화한다.
- 유아들과 함께 디지털 스토리텔링을 탐험하기 위해 유아들의 놀이나 작업 사진으로 디지털 책을 공동 제작하고, 유아들을 내레이터로 하는 디지털 오디오 파일도 첨부한다.

3) 유아를 위한 디지털 기기와 콘텐츠 활용 교육 방법

유아부터 초등학생까지의 발달 단계에 따라 디지털 기술과 인터랙티브 미디어를 어떻게 효과적으로 교육에 활용할 수 있는지를 구체적인 사례 중심으로 제시하고 있다. 다음은 출생부터 8세까지의 아동을 대상으로 하는 유아 프로그램의 도구로서 기술 및 인터랙티브 미디어에 대해 미국유아교육협회(National Association for the Education of Young Children)와 세인트 빈센트 칼리지(Saint Vincent College)의 프레드 로저스 조기 학습 및 아동 미디어 센터(Fred Rogers Center for Early Learning and Children's Media)가 공동으로 발표한 입장문 내용이다.

(1) 영아기 및 유아기(Infants and Toddlers)

① 특징

- 사람과의 상호작용이 중심이며, 기술은 보조적 수단으로 사용된다.
- 탐색과 조작을 통해 환경을 이해하려는 시기이다.

② 디지털 활용 예시

- 성인과 함께 디지털 자료를 탐색하며 언어 자극 제공
- 수동적인 화면 시청은 지양, 상호작용 중심의 사용 권장
- 가족사진, 동물 이미지 등 친숙한 시각 자료 제공
- 발달 지연 아동을 위한 보조공학 도구 활용
- 아이의 성장 과정을 오디오/비디오로 기록

(2) 유아기 및 유치원기(Preschoolers and Kindergartners)

① 특징

- 창의성과 표현 욕구가 강한 시기이다.
- 다양한 매체를 통해 세계를 탐색하고 표현한다.

② 디지털 활용 예시

- 터치스크린을 통한 상호작용적 학습 경험 제공
- 마우스와 키보드 사용에 익숙해지도록 지원
- 유아의 작품이나 놀이를 사진 · 영상으로 기록 및 공유
- 디지털 스토리텔링: 유아와 함께 사진과 음성으로 책 제작
- 디지털 현미경, 과학 도구 등을 활용한 탐구 활동
- 화상통화를 통한 가족 및 외부 세계와의 연결
- 기술의 원리에 대해 놀이를 통해 탐색

3. 디지털 활용 유아교육의 실천 사례

1) 효과적인 실행을 위한 모범 사례

- **능동적 참여**: 화면 시간 동안 어른들이 아이들과 함께 콘텐츠를 이야기하며 경험을 더욱 상호작용적으로 만들어야 한다.
- **화면 시간 균형 유지**: 하루 1시간 이내의 고품질 콘텐츠로 제한하고, 신체적 · 사회적 활동을 대체하지 않고 보완하는 방식으로 활용해야 한다.
- **양질의 콘텐츠 선택**: 유아의 발달 단계에 적합하고 능동적 학습을 유도하는 교육용 앱과 영상을 선택해야 한다.
- **교육 목표와의 통합**: 디지털 도구는 기존 교육 목표를 지원하고 학습 과정에 통합되어야 하며, 단독 활동으로 분리되어서는 안 된다.

2) 유아 중심의 디지털 활용 교육

- **발달에 적합한 내용 제공**: 유아의 발달 단계에 맞춘 교육 내용을 제공하여 학습의 효율성을 높인다.
- **놀이 기반 학습**: 디지털 교육도 놀이를 통한 학습을 강조하여 유아들이 재미있게 학습할 수 있도록 한다.
- **균형 잡힌 접근**: 디지털 기기 사용 시간과 놀이 및 활동 간의 균형을 유지하여 전인적 발달을 도모한다.
- **디지털 리터러시 함양**: 유아들이 디지털 기기를 이해하고 사용할 수 있는 기본적인 능력을 키우는 것을 목표로 한다.
- **창의적 사고 및 문제해결 능력 증진**: 디지털 도구를 활용하여 창의적으로 사고하고 문제를 해결하는 능력을 기른다.
- **안전한 디지털 환경 조성**: 유아들이 디지털 기기를 안전하게 사용할 수 있도록 지도한다.
- **사회적 상호작용 증진**: 디지털 교육을 통해 협력하고 소통하는 방법을 배운다.

3) 디지털 도구 활용과 교사 및 부모의 역할

(1) 디지털 도구 활용

- **교육용 앱**: 유아들이 상호작용할 수 있는 교육용 애플리케이션을 활용한다.
  - 예: 글자 익히기, 숫자 세기, 색깔 구분 등 기초 개념 학습 앱, AAC 앱
- **인터넷 자원**: 온라인 동화책, 교육 비디오 등 다양한 인터넷 자원을 활용한다.
  - 예: 유튜브 키즈, 네이버 동화책, 국립과학관 온라인 체험
- **인터랙티브 게임**: 학습목표에 맞춘 인터랙티브 게임을 통해 학습 효과를 높인다.
  - 예: 단어 맞추기, 수학 퍼즐, 감정 표현 게임
- **교육용 자료**: 코딩 기초를 배우거나 문제해결력을 키우는 유아용 로봇, VR 콘텐츠
  - 예: 비봇(Beebot), 큐보(Qobo), 코딩마우스, AR, VR 등

(2) 교사 및 부모의 역할

- **지도 및 감독**: 교사와 부모는 유아들이 디지털 기기를 올바르게 사용할 수 있도록 지도

하고 감독한다.

- **모델링**: 교사와 부모는 디지털 기기의 올바른 사용 방법을 시범 보인다.
- **피드백 제공**: 유아들의 디지털 학습 활동에 대해 지속적으로 피드백을 제공하여 학습을 지원한다.

4) 유아 디지털 교육의 효과와 도전 과제

(1) 긍정적 효과

- **인지 발달**: 디지털 도구를 통해 유아의 인지 능력이 발달한다.
- **사회성 향상**: 협동 학습 및 소셜 미디어를 통한 상호작용이 사회성을 증진시킨다.
- **창의성 개발**: 다양한 디지털 콘텐츠를 활용한 학습이 창의성을 촉진시킨다.

(2) 도전 과제

- **디지털 격차**: 경제적 차이에 따른 디지털 기기 접근성 문제가 발생할 우려가 있다.
- **과도한 사용**: 디지털 기기의 과도한 사용으로 인한 부작용이 있을 수 있다.
- **콘텐츠의 질**: 적절하고 유익한 콘텐츠 선별의 어려움이 있을 수 있다.

4. 제안하는 디지털 기기와 콘텐츠 활용

유아들은 다양한 놀이와 탐색 활동, 사회적 상호작용을 통한 협력, 다양한 표현 방식 사용, 자기주도적 학습을 통한 자율성과 책임감 갖기, 선호 및 흥미 기반의 놀이로 동기를 높이고 몰입을 유도할 수 있으며, 실생활 맥락에서 문제해결 능력을 기를 수 있다. 그러나 유아들의 불안감을 줄이기 위해 놀이 중심 디지털 활동부터 시작하고, 학부모와 신뢰 형성을 위해 디지털 활동이나 놀이 사진과 영상을 공유하거나 일상생활 지도를 위해 디지털 도구를 활용하여 자기 자리 찾기, 이름 녹음하기 등의 활동을 실행해 볼 수 있다.

활동 1 엠타이니 로봇

효주는 편식이 심한 유아이다. 밥 먹을 때가 되면 먹기도 전부터 슬픈 눈을 하고 있다. 교사는 어떻게 하면 효주가 급식 시간을 즐길 수 있을지 고민을 하였다. '효주가 엠타이니 로봇을 좋아하니, 이 친구를 활용하면 되겠다!'고 생각한 교사가 급식 시간 효주 책상 위에 엠타이니 로봇을 올려 두었다. 엠타이니 컨트롤러를 감정 카드 위에 가져다 대면 엠타이니 로봇이 표정과 목소리까지 나타내는데 교사는 이를 활용하기로 생각하였다. 컨트롤러를 움직여 효주의 식판 근처로 갔다. "난 효주가 나물 반찬을 먹으면 기분이 너무 좋을 것 같아! 하지만 지금은 효주가 밥을 먹고 있지 않아서 너무 슬퍼."라고 말하며 컨트롤러를 슬픈 감정 카드에 가져다 댔다. 엠타이니 로봇 얼굴 화면에 우는 표정이 나오며 "흑흑흑……" 하는 소리가 흘러나온다. 엠타이니 로봇을 사랑하는 효주는 로봇을 울리고 싶지 않았는지 평상시라면 손도 대지 않았을 나물에 포크를 가져갔다. 그러곤 나물을 먹었다. 교사가 엠타이니 로봇이 되어 말하였다. "어머! 효주가 나물을 먹다니 정말 기뻐. 멋지다 효주야." 하고는 컨트롤러를 웃는 카드에 가져다 댔다. 엠타이니 로봇의 꺄르르 소리에 효주의 얼굴에는 웃음꽃이 폈다. 효주를 시작으로 학급에 있는 다른 친구들의 급식판 근처에도 엠타이니 로봇을 움직여 다가갔다. 엠타이니 로봇의 웃는 소리를 듣고 싶어서 학급의 친구들도 열심히 급식을 먹었고, 유아들은 모두 나물을 잘 먹게 되었다. 3주 정도 급식시간에 엠타이니 로봇이 아이들을 찾아왔었는데, 그 이후에는 엠타이니 로봇이 오지 않아도 효주는 급식을 잘 먹게 되었다.

• 우리 학급에는 엠타이니 로봇이 두 대가 있다. 아이들이 직접 컨트롤러를 사용하여 친구들이 놀이하는 곳 구경을 가기도 하고, 엠타이니 로봇에 놀잇감을 테이프로 붙여서 놀잇감을 옮기기도 한다. 어떤 때에는 두 대의 엠타이니 로봇을 출발선에 세워서 목적지까지 먼저 도착하는 게임을 하기도 한다.

활동 2 전자칠판

기존에 설치되어 있는 TV를 전자칠판으로 바꾸기에는 비용적인 측면에서 큰 부담이 될 수밖에 없다. 그래서 찾아보던 중 사용하던 TV를 판서가 가능한 스마트 전자칠판으로 사용할 수 있는 제품이 있었다. 바로 브이보드(V-BOARD)라는 제품인데, 저렴한 비용으로 사용하던 TV를 즉시 스마트 전자칠판으로 바꿀 수 있었다. 동봉되어 있는 스마트펜을 활용하여 TV 위에 판서를 할 수 있으며, 판서를 녹화하거나 저장할 수 있는 기능도 있어서 아이들이 판서한 내용을 나중에 함께 보기에도 좋다.

활동 3 비봇 로봇

비봇(BEE-BOT)이란 꿀벌 모양의 바닥을 기어 다니는 로봇이다. 등에 있는 방향을 제어하는 버튼을 통해 움직이며 유아들도 쉽게 사용할 수 있다. 비봇은 버튼으로 방향을 설정하면 격자무늬 칸을 옮겨 다닌다. 비봇을 목적지까지 이동하는 게임을 하자는 의견이 나왔

다. 전기 테이프를 가지고 미로 찾기를 만들어 주었다. 목적지에 도착하면 꿀을 얻을 수 있다는 이야기와 함께 시작하려는 찰나에, 숫자를 좋아하는 친구가 미로를 조금씩 통과할 때마다 점수를 줬으면 좋겠다고 하였다. 그 친구의 의견을 받아 통과할 때마다 점수를 매겨 목적지에 도착하면 몇 점인지 알아보기도 하였다.

활동 4 구글 네스트 허브

스마트홈 중심 인공지능(AI) 스피커로 불리는 구글 네스트 허브는 아이들과 함께 참 잘 사용했던 디지털 기기 중 하나이다.

- 수연이는 디폼 블록으로 기타를 만든 뒤 교사에게 가지고 왔다. "선생님, 나 이거 만들었어요." 교사는 "우와, 멋진 기타다."라고 넘기고 싶지 않았다. 그래서 교실에 있는 네스트 허브를 이용하였다. "헤이 구글, 기타 음악 소리 들려줘." "네에~ 기타 음악 말씀이신 거죠? 유튜브에서 기타 연주 들려 드릴게요."라는 말과 함께 기타 연주가 흘러 나왔다. 수연이는 기타 음악에 맞춰 디폼 블록으로 만든 기타를 연주하였다. 그러고는 교사 의자를 가지고 와서 앉더니 "얘들아, 내가 기타 치는 거 들어 봐~"라고 이야기하였다.
- 아이들은 궁금한 것이 생기면 네스트 허브에게 물어보며 스스로 해결한 것에 만족감을 느끼기도 하였다. 때로는 좋아하는 교통기관의 소리를 물어보기도 하고, 좋아하는 동요를 들려 달라고 요청하기도 하였다.
- 대집단으로 아침 인사를 할 때, 교사가 날짜와 요일, 날씨를 말할 수도 있겠지만, "헤이 구글, 오늘 날씨 알려 줘."라고 하면 더 정확한 날씨에 대해서 아이들과 듣고 알 수 있었다.

• 아이들이 자유놀이를 하거나, 간식을 먹을 때 상황에 맞는 배경음악을 틀어 주었는데 훨씬 더 몰입과 편안함을 줄 수 있었다.

활동 5 스마트폰 스마트 뷰, 화면 미러링

스마트폰으로 촬영한 영상이나 사진을 교실에 있는 TV와 연결하여 빠른 시간 내에 유아들과 함께 볼 수 있다. 크리스마스에는 아이들이 하원한 후 텅텅 빈 교실에서 산타로 변신한 뒤 선물을 숨겨 두는 영상을 촬영하여 보여 주기도 하고, 두 교사가 읽어 주는 동화책을 사진으로 찍어서 TV 화면으로 띄운 뒤 동화를 들려주기도 하였다.

활동 6 보완대체의사소통기기(Augmentative and Alternative Communication: AAC)[1)]

말과 언어 표현 및 이해에 어려움이 있는 사람들에게 의사소통을 할 수 있는 기회를 주고 의사소통 능력을 향상시키도록 말을 보완하거나 대체적인 방법을 사용하는 기기이다.

- **집게토커**: 미술관으로 현장체험학습을 다녀온 유아들이 미술 활동에 관심을 가지며 유치원을 '봄 미술관'으로 꾸몄다. 미술관을 완성한 뒤 부모님을 초대해 큐레이터가 되었다. 말을 하기 어려운 친구를 위해 유아들이 직접 집게토커에 작품 설명을 녹음해 이야기를 들려주었다.
- **토킹앨범**: 유아들이 직접 태블릿 PC, 카메라를 활용해 바깥놀이에서 봄 사진을 찍었다. 사진을 직접 골라 인화해 사진에 대한 이야기를 짧게 녹음하였다. 한 단어를 말할 수 있는 유아는 친구들과 찍은 사진을 골라 "좋아!"라고 녹음하였다. 유아들은 버튼을 누르며 서로의 이야기를 공유하였다.

유아들은 바깥놀이에서 보았던 풍경과 곤충을 직접 물감과 다양한 색칠도구로 만들었다. 자신의 모습을 영상과 사진으로 찍는 것을 좋아하는 자폐성장애 유아를 위해 교사가 작품이 하나씩 등장하는 동영상을 제작한 뒤, 줌 가상화면 영상 기능을 활용해 자신을 보며 함께 만든 봄 풍경에서 나비처럼 나는 시늉을 하며 놀이하였다.

1) AAC는 Augmentative and Alternative Communication의 약자로, 보완·대체 의사소통을 의미한다. 쉽게 말해, 말로 의사소통하기 어려운 사람(예: 언어 장애가 있는 유아)이 그림, 기호, 문자, 음성 출력 기기 등을 활용해 의사소통할 수 있도록 돕는 방법이나 도구를 말한다.

요약 및 결론

유아 디지털 교육은 현대 사회에서 유아들의 건강한 발달을 위해 필수적인 요소로 자리 잡고 있다. 디지털 활용 유아교육의 장점과 발달 이론, 구성주의 이론, 존재론과의 관계를 이해하고 교육과정과의 연계 및 도전 과제 등을 종합적으로 개관하였다. 디지털 기술은 개별화된 학습, 즉각적인 피드백, 다양한 표현 방식을 제공함으로써 발달 단계에 맞춘 교육을 가능하게 한다. 또한 유아가 자신의 배경지식과 경험을 바탕으로 새로운 정보를 해석하고, 디지털 도구는 이를 촉진하는 매개체가 될 수 있다. 유아가 능동적으로 지식을 구성해 나간다고 보는 관점에서 유아들은 단순히 정보를 받아들이는 존재가 아니라, 자신의 경험과 상호작용을 통해 의미를 만들어 가는 학습자이다. 디지털 활용 교육은 유아의 사고를 확장하고, 의미 있는 학습 경험을 설계하는 데 매우 유용한 도구가 될 수 있다. 디지털 활용 교육을 통해 유아들은 디지털 기술을 올바르게 이해하고 사용할 수 있으며, 창의적이고 문제해결 능력이 뛰어난 인재로 성장할 수 있다. 하지만 디지털 교육의 부작용을 최소화하고 효과를 극대화하기 위해서는 균형 잡힌 교육이 필요하다.

토론을 위한 질문

1. 유아의 디지털 미디어 사용에서 안전과 윤리를 어떻게 교육할 수 있는가?

- 준비사항: 디지털 안전(개인정보 보호, 사이버 불링 등)과 윤리적 사용에 대한 사례를 조사한다.
- 요령: 유아 눈높이에 맞춘 안전 교육 콘텐츠와 접근 방식을 토론한다.

2. 디지털 미디어를 활용한 유아의 다문화 감수성 교육은 어떻게 이루어질 수 있는가?

- 준비사항: 다문화 콘텐츠를 활용한 디지털 교육 사례를 조사한다.
- 요령: 유아가 다양한 문화와 관점을 존중할 수 있도록 돕는 디지털 활동을 설계한다.

3. 놀이의 흐름 속에서 유아의 디지털 미디어 사용을 어떻게 교육할 수 있는가?

- 준비사항: 놀이가 전개될 때 디지털 기기를 활용한 사례를 조사한다.
- 요령: 유아 선호와 흥미에 적합한 기기나 콘텐츠와 접근 방식을 토론한다.

4. 유아 간 디지털 격차를 해소하기 위한 교사의 역할은 무엇인가?

- 준비사항: 디지털 접근성, 가정환경, 지역적 차이에 따른 격차 사례를 조사한다.
- 요령: 교사의 중재 및 지원 전략을 중심으로 실천 가능한 방안을 제안한다.

이러한 토론 질문을 통해 예비 유아교사들은 디지털 활용 유아교육의 장점과 도전 과제를 유념하여, 유아들에게 효과적인 디지털 활용 교육 방안을 마련할 수 있다. 토론을 준비할 때는 각 주제에 대한 심도 있는 자료 수집과 실질적인 다양한 사례 공유가 필요하다. 토론은 구체적이고 실행 가능한 사례 중심으로 논의하는 것이 효과적이다. 이를 통해 예비 유아교사들은 유아들이 디지털 활용을 통해 놀이의 흐름을 확장하고 맥락을 만들어 가며 성장하는 자신을 이해할 수 있도록 교육할 수 있을 것이다.

참고문헌

김병만(2025). 영유아 디지털 교육, 조화로운 배움이 가능한가? 교육을 바꾸는 사람들-교육 칼럼. https://21erick.org/columns/page/9/

김종욱(2020). 불교로 이해하는 현대철학 21: 하이데거 철학과 불교 존재의 두 방식 [YouTube]. https://www.youtube.com

배윤진, 임은미, 김교령, 김혜진(2023). 유아를 위한 디지털 교육 지원 방안 마련 기초 연구(CR2308). 교육부, 육아정책연구소. https://repo.kicce.re.kr/bitstream/2019.oak/5544/4/CR2308.pdf

윤혜연, 최지영(2023). 유아교사의 디지털 리터러시가 놀이교수효능감과 교수창의성에 미치는 영향. **한국지식정보기술학회 논문지, 18**(3), 625-635.

이연선(2024). 철학하며, 나의 교육현장 변화시키기. 2024 현장교원 소모임 1차 강의자료(7. 18.). 한국영유아교육과정학회.

National Association for the Education of Young Children, & Fred Rogers Center for Early Learning and Children's Media at Saint Vincent College. (2012). *Technology and interactive media as tools in early childhood programs serving children from birth through age 8: A joint position statement*. https://www.naeyc.org/resources/topics/technology-and-media.

제6장 디지털 기기 활용 방법

이 장에서는 디지털 기기 활용 방법과 적용 사례를 소개한다. 디지털 기기에는 개인용 컴퓨터, 태블릿 PC, 스마트폰, 스마트워치, 디지털 미디어 플레이어 등이 있다. 디지털 기기는 하드웨어 구조와 기능, 디지털 기기의 정보 입력 · 출력 장치가 있으며 컴퓨터나 마이크로컨트롤러를 포함하여 스마트폰, 태블릿 PC, 스마트워치 등 정보를 디지털 형태로 변환하여 손쉽게 입력, 저장, 검색, 전송할 수 있는 다양한 전자 장비를 말한다. 디지털 기기는 음성, 영상 등 아날로그 정보를 숫자로 변환하여 다루므로 정보의 입력, 이동, 저장, 검색, 출력 등이 용이하다. 또한 디지털 기기는 검색, 소통, 그림 그리기, 작업을 위한 조작 등의 다양한 기능을 수행할 수 있고 휴대하기 편리하며 인터넷, 와이파이, 블루투스 등 네트워크를 통해 다른 기기와 연결하여 정보를 주고받을 수 있다.

유아들은 디지털 미디어 기기를 통해 좋아하는 콘텐츠를 선택하고, 정보 접근의 편리성과 속도, 오류 감소 및 정확성 증대 등의 장점에 의해 디지털 기기를 활용하면서 풍부한 경험을 할 수 있다. 그러므로 교사는 디지털 기기를 스스로 사용할 수 있도록 맞춤형 콘텐츠 및 기기 접근성을 지원해야 한다. 특히 유아들이 디지털 기기 사용 시 과의존하지 않고 시간을 조절해 사용할 수 있도록 또래와 교사 및 부모 등이 함께 사용하는 방법을 안내하고 공유한다. 디지털 기기 사용 방법에 대해 예비 유아교사들은 용이한 자료의 접근성 제공, 유아 간의 상호작용 증가, 차이화된 맞춤형 놀이를 이끌 수 있도록 지원한다.

유아 발달 특성에 적합한 디지털 기기의 종류와 기능을 이해하고, 디지털 기기가 유아의 놀이, 활동, 일상생활에 어떻게 도움이 되는지 설명할 수 있다면 놀이 중심 수업 운영 시 유아의 흥미와 자발성을 고려하여 디지털 기기를 선별하여 적용할 수 있다. 예비 유아교사는 디지털 기기가 자극하는 발달 영역과 효과를 이해하고, 유아의 발달 수준을 고려하여 안전한 디지털 환경에서 유아와의 상호작용을 강화하는 디지털 기기 활용 방법을 효율적으로 적용한다.

이 장의 학습목표는 다음과 같다.

학습목표

- 교육 현장에서 디지털 기기를 활용하는 구체적인 방법을 설명할 수 있다.
- 디지털 기기 활용 방법을 실제 수업에 적용한 사례를 소개할 수 있다.

1. 이해하기

1) 디지털 기기의 교육적 활용 방법

디지털 기기는 개인 맞춤형 학습, 학습 참여도 향상, 창의력 및 문제해결 능력 증진, 그리고 융합적 사고력 강화 등에 효과적으로 활용될 수 있다. AI 디지털 교과서는 AI 튜터 기능을 통해 학생 개개인의 학습 속도와 수준에 맞는 학습 콘텐츠를 제공하며, 흥미로운 상호작용을 통해 학습 이해도를 높이도록 설계되어 있다. 디지털 기기는 학생별 수준에 맞는 학습을 돕고, 온라인 플랫폼은 언제 어디서든 놀이와 학습을 이어 갈 수 있는 환경을 제공하며, 멀티미디어 자료에 쉽게 접근하여 교육용 콘텐츠를 더욱 풍부하고 생동감 있게 배울 수 있게 하여 유아들 간의 협업과 소통 능력을 향상시키고 궁극적으로 미래 역량 개발에 기여한다.

유치원에서 사용하는 디지털 기기는 코딩 로봇, 드론, VR/AR 기기 등이 있으며 유아의 공간 인식, 문제해결력, 협업 능력, 몰입, 감정 공유, 학습 흥미 유발, 상호작용 경험 제공, 창의성을 자극하는 데 효과적이며, 디지털 현미경, 3D 펜, 스마트 보드, 태블릿 PC 등은 인지발달, 과학적 사고, 논리적 사고, 소근육 발달, 언어 표현력 및 사회성 발달, 자기주도성 향상에 도움이 된다.

유아교육에서 디지털 기기 활용 시 주의할 점은 유치원 교육과정이 놀이 중심 교육과정이므로 놀면서 배우는 유아의 특성을 이해하여, 화면에 노출되는 시간을 짧게 하고 집중을 위한 시간으로 활용해야 하며, 디지털 기기 사용 시 교사와 부모의 안내와 지도가 필요하고 디지털 기기 사용 시 안전한 사용 환경을 조성해야 한다.

2) 디지털 기기의 교육적 활용 사례

디지털 기기의 교육적 활용을 위해서는 디지털 기기의 활용이 유아의 발달에 어떠한 영향을 미치는지 이해해야 한다. 디지털 기기는 유아의 발달과 관련하여 다음과 같은 영향을 준다. 첫째, 감각 중심 활동은 터치, 소리, 색깔 등 오감을 자극하는 콘텐츠를 제공한다. 둘째, 자기표현 기회 확대로 그림, 사진, 음성 등 다양한 방식을 이용해 생각을 표현하게 하는 기회를 제공한다. 셋째, 사회성 발달 지원으로 또래와 함께 놀이를 하면서 협력과 소통 능력이 향상된다. 넷째, 자기주도적 탐색으로 유아가 직접 디지털 기기를 선택하고 활동을 주도하는 경험을 제공한다. 다음은 유치원 디지털 환경 구축을 위한 실제적 지원 내용(배윤진 외, 2023)을 참고하여 디지털 기기의 명칭, 교육적 활용 아이디어, 그리고 자극되는 발달 영역을 제시한 것으로 수업 설계, 교사 연수, 환경 구축에 도움을 제공한다.

디지털 기기	교육적 활용 사례	발달 영역 자극
인터넷망과 무선 AP	교실 전체에 안정적 연결망을 제공하여 실시간 영상 통화와 온라인 놀이 콘텐츠 활용이 가능하도록 함	학습 환경 구축
태블릿 PC	그림 그리기, 사진 촬영, 소리 녹음 등 다양한 창작 활동에 활용되며, 교사는 관찰 및 놀이 분석에도 사용할 수 있음	표현력, 자기주도성, 소근육 발달
전자칠판	동화책 읽기, 게임형 활동, 손터치 색상 맞추기 등 상호작용 중심의 수업 진행	언어 능력, 사회성 증진
교사용 노트북	수업 자료 제작, 유아 평가, 학부모와의 소통 등 교사의 디지털 역량 강화	교사 전문성 향상
디지털카메라 (패드)	놀이 장면 기록, 포트폴리오 제작, 활동을 되돌아보는 데 활용	자기인식, 회상력 강화
디지털 현미경	자연물 관찰 및 탐색 활동	인지 발달, 과학적 사고력 증진
코딩 로봇	간단한 명령어로 로봇을 조작하며 놀이를 통해 코딩의 기초를 경험	논리적 사고, 문제해결력 향상
3D 펜	입체적 표현 및 창의적 조형물 제작 활동	창의력, 소근육 발달
스마트보드	터치 기반 놀이, 동화 활동, 학습 안내 등 다양한 수업 진행	언어 능력, 사회성 증진
오조봇	색상 인식 경로를 따라 이동하며 로봇과 함께 놀이	논리적 사고, 공간 인식력 강화
드론	공중 촬영, 실시간 영상 전송, 장애물 코스를 비행하며 다양한 체험 제공	공간 인식, 창의적 사고 증진
마인크래프트	가상공간에서 창의적 활동 및 협업 건축 경험	문제해결력, 협력 능력 강화
AI 스피커	음성 명령 놀이, 질문과 답변, 정보 탐색을 통해 놀이를 확장	언어 표현력, 탐색 능력 개발
3D 프린터	유아의 그림을 입체적으로 출력하여 실물 제작 경험 제공	창의력, 조형 능력 증진
VR 기기	가상 동물원 체험 및 몰입형 학습 제공	공간 인식, 감정 공유 능력 향상
AR 기기	동화책 캐릭터와 상호작용, 실감형 콘텐츠 제공으로 흥미 유발	학습 흥미, 상호작용 경험 강화

5세 디지털 교육 활동 운영 사례

유치원 디지털 놀이 운영의 교육적 가치

- **교육 주제**: 디지털로 맘껏 놀이
- **운영 목표**: 유아주도, 놀이 중심 교육과정을 실현하기 위해 유아가 놀이 속에서 주도적으로 디지털 기기를 활용하여 자신의 생각을 표현하고, 사고를 확장하여 의미 있는 배움을 지원한다.
- **핵심 가치**: 놀이 중심, 유아의 주도성, 창의적 표현, 디지털 리터러시, 협력적 문제해결, 협력과 소통

월별 디지털 놀이 활동

주제	주요 내용	교육적 의의 및 활용된 디지털 기술
처음 만나는 디지털 세상	• AI 스피커, AI 로봇, 블루투스 스피커와 마이크 등 기기를 탐색 및 조작하기 - 디지털 기기의 사용 방법(전원 켜기, 끄기, 충전 방법 등)을 알아본다. - AI 스피커로 날짜, 날씨, 궁금한 것을 질문하고, 노래, 동화, 끝말잇기 등을 하며 놀이한다. - AI 로봇에게 우리 반 친구들을 소개하고, 로봇 이름을 투표를 통해 지어 준다. - 블루투스 스피커와 마이크를 활용해 음악 장기자랑을 한다. • 캔바, 미리캔버스를 사용해 창작하기 - 유아는 교사가 만든 설명서를 읽고 캔바, 미리캔버스를 활용해 좋아하는 캐릭터 등을 제작한다. - 인쇄 방법 순서도를 보며 내가 만든 작품을 인쇄한다. • 디지털 기기 사용 시 조절력을 기르기 - 디지털 기기(컴퓨터, 태블릿 PC 등)는 유아가 직접 10분 타이머를 맞춘 뒤 10분 동안만 사용한다. - 사용한 디지털 기기는 유아가 직접 끈다. • 그림책 활용 디지털 리터러시 - 그림책을 활용해 인터넷에서 진실과 거짓을 구분해 정보를 올바르게 수용하기, 문제를 해결할 때는 모두 방법이 다름을 이해하기, 이야기를 전달하기 위해 변화한 방법, 인공지능이 학습하는 방법, 새로운 세상에서 만난 나의 모습 등 다양한 디지털 리터러시를 경험한다.	• 다양한 디지털 기기를 직접 탐색하고 조작해 보며 기초적 조작 능력과 감수성 증진 • 창의적 표현 활동 및 책임 있는 디지털 사용 습관 기르기

주제	주요 내용	교육적 의의 및 활용된 디지털 기술
봄을 담은 디지털 미술관	• 사진기, 태블릿 PC 등을 활용해 봄 느끼기 -사진기로 유아가 만난 봄 사진을 찍는다. -카메라로 친구 사진을 찍을 때 에티켓을 알아본다. -스마트 렌즈로 봄꽃을 검색해 탐구한다. • 옵스봇 카메라와 줌 가상화면으로 봄 풍경 즐기기 -봄 풍경에 대해 이야기를 나눈 뒤 협력하여 미술 작품을 만들고, 작품 속 나무와 곤충 등이 움직이도록 영상을 편집해 가상 배경을 완성한 후, 줌과 옵스봇을 연결해 봄 가상 배경 속에서 상상놀이를 즐긴다. • 패들렛과 AI 로봇으로 미술 작품 창작하기 -패들렛과 AI 로봇에 봄과 관련된 핵심 단어를 입력해 미술 작품을 창작한다. • 애니메이티드 드로잉(Animated Drawings)으로 '날 따라 해 봐요' 놀이하기 -유아에게 자신의 얼굴과 비어 있는 옷 그림을 제공해 봄옷을 꾸며 본 뒤, 애니메이티드 드로잉을 활용해 그림이 움직이도록 만들고, 친구들의 영상을 모아 '날 따라 해 봐요' 놀이를 진행한다. • 토킹 버튼(AAC)으로 상호작용하기 -직접 말로 작품을 설명하기 어려운 유아는 토킹 버튼(AAC)을 활용해 녹음된 작품 설명을 들어 본다. • 네이버 QR코드로 전시 설명하기 -작품에 대한 설명을 영상으로 제작한 뒤 QR코드로 변환해 전시한다.	• 다양한 디지털 도구를 활용해 봄의 모습을 관찰하고 표현하기 • 사진, 영상, 애니메이션, AI 미술, 음성 녹음 등 미디어 매체를 통해 자기표현력과 창의성, 디지털 문해력 및 미디어 활용 역량 기르기
디지털로 전하는 나의 마음 이야기	• 토킹앨범으로 나의 감정 표현하기 -포토프린터로 인화한 나의 감정 표정 사진을 토킹앨범(AAC)에 담고 표정과 관련한 생각을 직접 녹음하여 서로의 경험을 나눈다. • 다중지능로봇(엠타이니)으로 여러 가지 감정 이야기 나누기 • 스크루블리(Scroobly), 삼성 이모티콘 만들기 -스크루블리, 삼성 이모티콘 만들기로 나만의 캐릭터를 제작해 나의 동작과 마음을 표현한다. • 스마트 팔레트로 나의 마음 표현하기 -태블릿 PC와 스마트 팔레트를 연결해 나의 마음을 다양한 색으로 표현한다. • 디지털 예절 알아보기 -메타버스의 화상채팅에 참여해 새로운 유치원의 친구와 만난다. -화상채팅과 채팅 시 예절과 약속을 정한다.	• 디지털 도구를 활용해 감정과 생각을 시각적·음성적 방법으로 표현하고, 나와 타인의 마음을 이해하며 디지털 시민성의 기초 형성하기

주제	주요 내용	교육적 의의 및 활용된 디지털 기술
디지털 발자국을 따라간 우리 동네	• 이모지 블록과 엠타이니로 우리 동네 부루마블 보드게임 하기 - 복도 바닥에 엠타이니 맵 퍼즐로 칸을 만들어 '우리 동네 부루마블' 보드게임을 하고, 말은 이모지를 붙인 유니트 블록과 엠타이니를 사용해 놀이한다. • 유치원 근처의 새로운 놀이터를 찾기 위해 우리 동네 로드뷰(네이버지도)로 검색한 뒤 직접 탐험하기 • 지도 앱을 통해 지하철역, 다른 도시에 계신 할머니댁, 우리 동네의 옛 모습 등 탐색하기	• 디지털 기술을 활용해 공간과 장소를 탐색하고, 정보 검색과 문제해결을 통해 주변 환경에 대한 인식을 확장하기
디지털 비행기 타고! 지구 한 바퀴	• 구글지도, 구글어스를 통해 세계 여러 도시를 탐색하기 • 구글 아트앤컬처를 활용해 세계 여러 나라의 문화를 탐색하기 • OBS Studio, 줌을 활용해 세계 여행 놀이하기 - OBS Studio, 줌을 옵스봇과 연결한 뒤 세계 여러 나라 영상을 배경화면으로 틀어 크로마키 천 앞에서 상상놀이를 한다. • CABVA AI를 활용해 세계 여러 나라 사진 퀴즈를 만들어 게임하기	• 다양한 디지털 도구를 활용해 세계 여러 나라와 문화를 탐색하고, 상상력을 확장하며, 정보 활용 능력을 키우기
디지털 바닷속으로 풍덩!	• 『바다가 좋아』 동화를 읽은 뒤 등장한 바다생물로 인터랙티브를 활용해 디지털 메모리 게임하기 • 바다 AR 카드와 태블릿 PC를 활용해 우리 교실에 바다생물 초대하기 • 유아들과 배를 만든 뒤 블루투스 스피커로 파도 소리, 바닷속 소리를 틀고, TV 화면에 바다 영상을 틀어 상상놀이하기 • 해양 오염에 대한 뉴스 및 영상을 본 뒤 ai for ocean(AI를 학습시키는 프로그램)을 체험하며 바다 보호 놀이하기 • 태블릿 PC와 스마트 TV 미러링, 블루투스 마이크와 스피커를 활용해 여름 음악 축제 놀이하기 • Chrome Music Lab으로 여름에 즐길 수 있는 음악 창작하기	• 다양한 디지털 매체를 활용해 바다 생물과 환경을 탐색하고, 생태감수성과 창의적 표현력을 증진하기
나의 꿈 이야기	• 크로마키 천과 역할 의상을 활용해 〈내 꿈이 몇 개야〉 뮤직비디오 제작 놀이하기 - 유아별로 파트를 나누어 춤과 연기를 연습한 뒤 크로마키 앞에서 촬영하고, 교사가 VLLO 앱으로 편집한 영상을 유치원 내 TV 방송으로 상영한다. • 유치원 방송시설을 활용해 라디오 DJ, 아나운서 놀이하기 - 모든 유아에게 신청곡을 받은 뒤 유치원 방송시설을 활용해 점심시간 음악 라디오와 뉴스 놀이를 한다. 말을 하기 어려운 유아의 경우 TV 방송 송출을 통해 보이는 라디오 놀이를 한다.	• 디지털 매체를 활용해 나의 꿈을 다양한 방식으로 표현하고, 창작 활동을 통해 자신감과 진로에 대한 관심을 키우기

주제	주요 내용	교육적 의의 및 활용된 디지털 기술
가을빛을 담아요	• 휴대용 디지털 현미경과 태블릿 PC를 연결해 가을이 되어 변한 나무, 나뭇잎, 곤충 등을 관찰하기 • 디지털 현미경으로 관찰한 자연물을 캡처해 '가을 1,000배율 사진전' 놀이하기 • 3D 펜으로 가을 곤충 입체작품 만들기 • 유아들과 '○○ 가을 나들이' 동화를 창작한 뒤 영화 제작하기 - 유아들과 함께 동화를 창작한 뒤 역할을 나누어 영상을 촬영하고, 교사가 VLLO 앱으로 편집해 영화를 제작한 후 유치원 유아들을 대상으로 시사회를 열어 영화관 놀이를 하며 함께 감상한다.	• 디지털 도구를 활용해 자연의 변화를 관찰하고 기록하며, 계절에 대한 감수성과 표현력을 키우기
별빛 따라 디지털 여행	• 라이트 테이블을 활용해 나만의 별자리 꾸미기 • 형광 물감으로 꾸민 은하계 작품을 상자로 만든 밤하늘 속(암실)에 전시해 블랙 라이트 조명으로 비추며 작품 감상하기 • VR 카드보드로 우주 탐험하기 • 책상 밑에 별빛 돔 무드등과 우주인 목소리가 나오는 블루투스 스피커를 설치해 우주인 놀이하기	• 디지털 매체를 활용해 우주와 별의 세계를 감각적으로 탐색하고, 미디어 아트와 음향 표현을 통해 상상력과 과학적 호기심을 확장하기
나도 곧 초등학교 1학년!	• insta 360 카메라로 찍은 초등학교 둘러보며 공간 탐험하기 • 줌으로 초등학교 형님을 만나 궁금한 이야기 나누기 • 전자칠판을 활용해 판서하는 선생님과 학생 놀이하기 • 메타버스에서 초등학교 가상공간 꾸미기	• 디지털 기기를 활용해 초등학교 환경과 일상을 미리 경험하고, 미래의 기대감과 적응력을 높이기

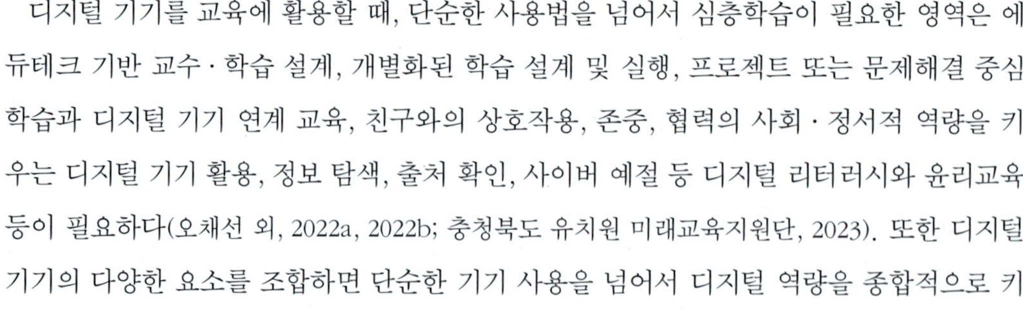

2. 심층학습

디지털 기기를 교육에 활용할 때, 단순한 사용법을 넘어서 심층학습이 필요한 영역은 에듀테크 기반 교수·학습 설계, 개별화된 학습 설계 및 실행, 프로젝트 또는 문제해결 중심 학습과 디지털 기기 연계 교육, 친구와의 상호작용, 존중, 협력의 사회·정서적 역량을 키우는 디지털 기기 활용, 정보 탐색, 출처 확인, 사이버 예절 등 디지털 리터러시와 윤리교육 등이 필요하다(오채선 외, 2022a, 2022b; 충청북도 유치원 미래교육지원단, 2023). 또한 디지털 기기의 다양한 요소를 조합하면 단순한 기기 사용을 넘어서 디지털 역량을 종합적으로 키우는 심층학습이 가능해진다. 심층학습에 적합한 디지털 기기 활용 내용은 다음과 같다.

디지털 기기와 협업 기반 도구 활용	• 온라인 토론 플랫폼: Padlet, GroupMe 등으로 의견 공유 및 피드백 • 실시간 투표 및 설문: Mentimeter, Kahoot, Pingpong을 활용한 참여 유도 • 공동 문서 작성: Google Docs, Notion을 활용한 협업 프로젝트
디지털 기기와 창작 활동	• AI 이미지 생성 체험: Canva, DALL · E 등으로 창의적 시각 자료 제작 • 디지털 스토리텔링: Book Creator, StoryJumper로 나만의 이야기 만들기 • 영상 제작 및 편집: Clipchamp, CapCut을 활용한 미디어 콘텐츠 제작 • E-Book 만들기: Book Creator로 디지털 책 무료 제작
디지털 시민성 및 윤리교육	• 디지털 발자국과 개인정보 보호: 사진 찍기 전 동의 구하기, 유아들과 함께하는 초상권 동의서, 집 비밀번호, 주소 등 말하지 않기 • 소문놀이: 유아들이 소문을 만든 뒤, 진짜인지 아닌지 확인해 보는 게임 • 화상회의 예절: 화상회의(줌)에서는 순서를 지켜 이야기하기 • 온라인 커뮤니케이션 예절: 좋은 댓글 달기
자기주도 학습 강화	• 디지털 포트폴리오 구축: Seesaw, Wedorang 등으로 학습 기록 정리 • 시간 관리 타이머 앱 활용: Forest, Todoist 등으로 학습 습관 형성 • 디지털 인증 챌린지: 미션 기반 학습으로 동기 부여 및 성취감 제공
에듀테크 기반 실습	• 가상현실(VR)/증강현실(AR) 체험: AR 카드(태블릿 PC로 카드를 스캔하면 동물이 나오는 카드), CoSpaces, Merge Cube 등으로 몰입형 학습 • 코딩 및 알고리즘 학습: Canva AI, Scratch, 로봇(비봇, 엠타이니) 등으로 디지털 사고력 강화 • 시뮬레이션 기반 학습: PhET, Tinkercad 등으로 과학 · 기술 개념 체험

유아의 인지 발달, 사회성, 창의성 등을 동시에 자극하면서 디지털 기기를 긍정적으로 활용하는 기반을 마련해 주어야 한다. 유아 대상 디지털 기기 활용 심층학습 내용을 구성하면 다음과 같다.

디지털 표현 활동	디지털 그림 그리기	• 태블릿 PC 앱(예: Kids Doodle, Drawing for Kids), 스마트 팔레트를 활용해 자유롭게 그림 그리기 • 손가락으로 색칠하며 색감과 형태 인지
	스티커 놀이 앱	• 다양한 캐릭터와 배경을 조합해 나만의 이야기 만들기 • 창의력과 상상력 자극
디지털 스토리텔링	디지털 그림책 읽기	• 음성 지원되는 그림책 앱으로 이야기 듣고 따라 말하기 • 이야기 순서 맞추기 활동으로 논리력 키우기
	나만의 이야기 만들기	• 사진 찍고 간단한 문장을 녹음하여 디지털 포트폴리오 구성 • Seesaw나 Book Creator 활용 가능

디지털 탐색 놀이	AR 동물/사물 탐험	• AR 앱으로 동물이나 사물 관찰하며 이름과 특징 익히기 (예: Merge Cube, Quiver)
	디지털 확대경 놀이	• 태블릿 PC 카메라로 주변 사물을 확대해 관찰하기 • '무엇일까?' 퀴즈 놀이로 호기심 자극
디지털 협력 활동	패들렛(Padlet) 유아 버전 활용	• 친구들과 사진 공유, 좋아요 누르기, 간단한 댓글 남기기 • 디지털 소통의 기초 경험
	디지털 인증 챌린지	• '오늘의 미션' 수행 후 사진이나 음성으로 기록(예: '빨간색 물건 찾기' '친구에게 인사하기' 등)
디지털 시민성 기초	기기 사용 규칙 배우기	• '기기 사용 시간은 10분!' '끝나면 정리하기' 등 놀이로 규칙 익히기
	좋은 디지털 행동 익히기	• '친구 사진은 허락 받고 찍어요' 등 역할극 놀이 • 디지털 예절의 기초 형성

유아들을 위한 디지털 기기 활용 심층학습을 위한 계절 주제 활동 구성의 사례는 다음과 같다.

활동명	내용	활용 디지털 기기/앱	기대 효과
계절 사진 탐험대	유아가 직접 사진 찍기 (예: 낙엽, 꽃, 눈)	태블릿 PC 카메라	관찰력, 계절 인식
디지털 계절 그림책 만들기	계절별 사진+간단한 설명 녹음	Seesaw, Book Creator	표현력, 언어 발달
AR 계절 사물 찾기	AR 앱으로 계절 관련 사물 탐색(예: 눈송이, 꽃)	Quiver, Merge Cube	호기심, 탐색 능력
계절 소리 맞히기 게임	비 오는 소리, 바람 소리 등 듣고 계절 맞히기	음성 녹음 앱, Padlet	청각 자극, 계절 감각
계절 챌린지 미션	'가을 색깔 물건 찾기' → 사진 찍어 인증	디지털 인증 챌린지	자기주도성, 계절 감각

3. 디지털 기기와 콘텐츠 활용 방법 실천 사례

놀이의 흐름에 따른 디지털 기기와 콘텐츠 활용 방법의 실천 사례는 다음과 같다.

생활주제는 '여름'이었고, 여름과 관련된 동화책(예: 『수박 수영장』 『할머니의 여름휴가』 『노란 우산』)을 읽었다. 이후 유아들이 우리 반에도 수박 수영장이 있으면 좋겠다고 이야기하였다. 유아들은 『수박 수영장』을 읽고 통합학급을 수박 수영장으로 꾸미겠다고 하였다. 유아들은 『할머니의 여름휴가』를 읽고 특수학급을 그림책 내용에 맞게 꾸몄다. 또한 『노란 우산』을 읽고 복도를 꾸몄다.

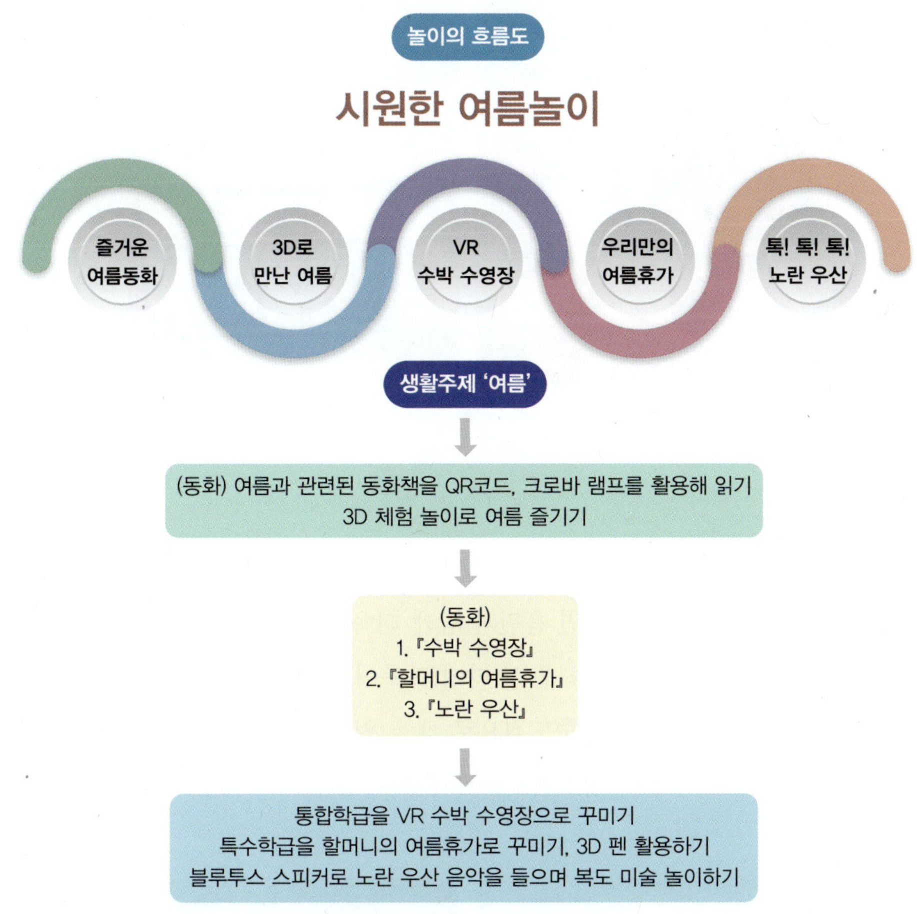

1) 태블릿 PC

도서 영역 벽에 부착된 QR코드를 태블릿 PC로 스캔해서 QR코드에 어떤 내용의 그림책이 담겨 있는지 아이들과 알아봤다. 생활주제가 '여름'이었기에 여름과 관련된 그림책을 담아 두었다. 유아들은 QR코드로 그림책을 읽고, 태블릿 PC에 있는 '나의 AAC' 앱으로 감정 표현을 사용하고 있다.

2) 클로바 램프

눈 보호 인증을 받은 태양광에 가까운 조명 아래에서 글자나 그림책을 읽어 준다. 클로바 램프와 제휴되어 있는 도서를 펼치면 음원과 함께 더욱 생동감 있게 책을 읽어 주는데, 글자를 읽기 어려운 친구들도 "띵동" 하는 소리에 맞추어 다음 장으로 스스로 넘길 수 있다. 클로바 램프가 생기고 나서는 자기주도적으로 책을 읽는 친구들이 많아졌다. 생활주제와 관련된 그림책을 꺼내 와서 유아들이 친구들과 함께 책을 읽기도 하였다.

3) 실감형 3D 체험 놀이 환경

적외선 센서를 통해 유아의 동작을 인식하고 유아가 직접 벽면을 터치함으로써 다중감각을 활용할 수 있는 놀이 환경이다. 누리과정과 연계한 영역 체험뿐 아니라 다양한 학사 일정에 맞게 테마 체험도 할 수 있게 구성되어 있다. 3면의 벽면으로 구성되어 있어서 아이들의 집중도가 높았다. 생활주제 여름에 맞추어 계곡에 간 영상을 틀어 놓으면 아이들이 그 계곡 안에 발을 넣고는 "아, 시원하다~."라고 말하며 더위를 날렸다.

4) 가상현실(VR) 기기

아이들과 이야기를 나누어 통합학급에 수박 수영장을 꾸며 주기로 하였다. 커다란 풀장에 바람을 넣고 꾸며 준 뒤에 빨간색 한지를 아이들과 찢어서 넣고, 수박 모양 튜브, 빨간색 보충재로 수박 수영장을 채운다. 그림책 내용처럼 놀이기구가 있으면 좋겠다는 아이들의 말에 강당에 함께 올라가 놀이기구로 쓸 만한 교구를 찾아왔다. 수박 수영장 안에 반달 모양의 체육 교구를 넣었고, 더 높은 생동감을 위해 교실에 비치되어 있던 VR 기기를 가지고 왔다. 워터파크에서 물놀이 기구를 타고 있는 VR 영상을 튼 뒤, 아이들이 가상현실(VR) 기기를 착용하고 교구 위에 앉으면 교사가 교구를 앞뒤로 흔들어 준다. 처음에만 교사가 흔들어 주고, 그 이후에는 아이들끼리 서로 교구를 흔들어 주며 친구의 반응에 즐거워하는 모습을 볼 수 있다. 교실에 비치된 블루투스 스피커에 휴대폰을 연동하면 소리까지 더해져 높은 흥미를 유발할 수 있다.

5) 증강현실(AR)

특수학급을 『할머니의 여름휴가』 그림책의 내용처럼 바다로 꾸몄다. 그림책에서 할머니가 소라 안에 들어가니 바다가 나왔기에, 특수학급 문에 아이들과 함께 만들고 색칠한 소라를 설치하였다. 문 대신 소라를 통과하면 바다 교실로 갈 수 있는데 그곳에는 낚시할 수 있는 곳, 파라솔 아래에서 쉴 수 있는 곳, 모래놀이 할 수 있는 곳이 있다. 낚시하는 곳과 모래놀이하는 곳에 QR코드를 숨겨 두었다. 아이들이 찾은 뒤 태블릿 PC를 이용하여 QR코드를 인식하면 자신이 찾은 바닷속 생물이 무엇인지 알 수 있다. "얘들아, 나 이번에 고래상어 찾았어!" 하며 화면에 나오는 고래상어 특징을 친구들과 함께 보기도 한다. 아이들은 바닷속 물고기에 관심이 많다. 이러한 물고기를 이용하여 증강현실(AR)을 경험해 볼 수 있다. AR 애플리케이션을 활용하여 유아들이 색칠한 물고기를 태블릿 PC로 인식을 하면 연결되어 있는 TV 화면에 내가 색칠한 물고기가 뜬다. 그 모습을 유아용 디지털 카메라에 담기도 한다.

6) 3D 펜

이미 만들어져 있는 플라스틱 놀잇감이 아닌, 나만의 바다 생물을 만들겠다는 아이들의 말에 아이들이 만들고 있는 것을 한참 들여다보았다. 3D 펜을 활용하여 나의 상상 속에 있는 바다 생물을 만들기도 하고, 기존에 내가 알고 있는, 내가 본 바다 생물을 만들기도 하였다. 불가사리, 상어, 해마 등 여러 가지를 만들어서 바닷속에 넣어 주었다.

7) 블루투스 스피커

『노란 우산』 그림책을 보고 "복도에 비 오는 날을 나타내 보면 어떨까?" 하는 이야기를 아이들과 나누었다. 비 오는 날을 책상에 도화지를 깔고 그릴 수도 있겠지만, 비 오는 날을 아이들이 흠뻑 느꼈으면 했기에 두 교사가 두 팔을 걷었다. 복도에 있는 창문을 검정색 종이로 다 막았다. 그 이후에 복도 벽면에 도화지를 붙였다. 그러곤 복도로 책상을 몇 개 꺼내서 야광 물감을 스프레이 안에 넣어 비치해 두었다. 물론 붓도 함께 꺼내 두었다. 그 이후에 『노란 우산』 그림책의 배경음악으로 나오는 음원을 블루투스 스피커를 활용하여 틀어 주었다. 아이들은 벽에 스프레이를 뿌리자 바닥까지 흘러내리는 모습을 보며 "우와!!!!! 진짜 비가 내리고 있어!!" 하며 여름비를 뿌렸다.

요약 및 결론

디지털 기기 활용 방법과 교육적 적용을 위해 디지털 기기의 개념과 특징, 교육적 활용 방법, 교육적 활용 사례, 심층학습 방향을 구체적으로 안내하였다. 디지털 기기는 유아의 놀이와 학습을 풍부하게 만들 수 있는 유용한 도구이다. 그러나 단순한 기술 활용을 넘어서, 유아의 발달 수준과 놀이 중심 교육철학에 맞춘 의미 있는 적용이 필요하다. 교사는 유아의 흥미와 자발성을 존중하면서도, 안전하고 균형 잡힌 디지털 환경을 조성해야 하며, 유아의 감각 자극, 자기표현, 사회성 발달, 자기주도적 탐색을 이끌며 디지털 기기를 통해 유아의 창의성, 협업 능력, 자기주도성을 키울 수 있도록 적극적으로 지원해야 한다. 이러한 접근은 단순한

기기 사용을 넘어, 협력과 창작, 에듀테크 수업 등 미래 역량을 키우는 디지털 시민으로의 성장을 돕는 교육적 실천이 될 것이다.

토론을 위한 질문

1. 유아의 발달 특성에 맞는 디지털 기기 활용 방법은 무엇이며, 놀이 중심 교육과정과 어떻게 연결될 수 있는가?

- 준비사항: 유아의 발달 단계별 특징과 놀이 중심 교육과정의 핵심 개념을 정리하고, 디지털 기기별 활용 사례를 조사한다.
- 요령: 유아의 흥미, 자발성, 상호작용을 고려한 디지털 기기 활용 사례를 중심으로 이야기하며, 놀이와 연결된 수업 흐름을 설명한다.

2. 디지털 기기 사용 시 유아의 과의존을 예방하기 위한 교사의 역할은 무엇인가?

- 준비사항: 디지털 기기 과의존의 개념과 유아에게 미치는 영향을 조사하고, 예방을 위한 지도 방법을 정리한다.
- 요령: 시간 조절, 공동 사용, 부모와의 협력 등 실제 지도 방법을 중심으로 토론하며, 유아의 자기조절 능력 향상을 위한 전략을 공유한다.

3. 유아의 창의성과 문제해결 능력을 증진시키는 디지털 기기 활용 활동에는 어떤 것이 있는가?

- 준비사항: 창의성 및 문제해결력과 관련된 디지털 기기(예: 코딩 로봇, 3D 펜, VR/AR 등)의 기능과 활용 사례를 조사한다.
- 요령: 실제 수업에서 활용된 창의적 활동을 소개하고, 유아의 반응과 발달적 효과를 중심으로 토론한다.

4. 디지털 시민성 교육은 유아에게 어떻게 적용될 수 있으며, 어떤 윤리적 가치들을 중심으로 지도해야 하는가?

- 준비사항: 디지털 시민성의 개념과 유아 수준에서 적용 가능한 윤리교육 내용을 정리한다. 관련 활동 자료나 사례를 수집한다.
- 요령: 사이버 예절, 개인정보 보호, 온라인 소통의 책임감 등 유아 수준에 맞춘 접근 방법을

논의하고, 놀이 속에서 자연스럽게 녹여 낼 수 있는 방법을 공유한다.

이러한 토론 질문을 통해 예비 유아교사들은 디지털 기기 활용 방법과 교육적 적용 시 유의할 점을 이해하고 놀이 중심 교육과정에 맞추어 디지털 기기를 선별적으로 적용하는 방안을 마련할 수 있다. 토론을 준비할 때는 각 주제와 관련 있는 실질적인 교육 적용 사례 공유가 필요하며 교육의 지향점과 방향성을 중심으로 토론하는 것이 효과적이다. 이를 통해 예비 유아교사들은 유아들의 놀이의 흐름을 확장하도록 지원할 수 있으며 디지털 시민으로 성장할 수 있도록 교육하는 데 필요한 지식과 전략을 확립할 수 있다.

참고문헌

배윤진, 임은미, 김교령, 김혜진(2023). 유아를 위한 디지털 교육 지원 방안 마련 기초 연구(CR2308). 육아정책연구소. https://repo.kicce.re.kr/bitstream/2019.oak/5544/4/CR2308.pdf

충청북도 유치원 미래교육지원단(2023). 유아 디지털 미디어 문해교육 지원 자료-'유아 놀이, 디지털을 더하다'. 충청북도교육청.

오채선 외(2022a). 유아 디지털 미디어 문해 교육 운영지원자료-'디지털 미디어로 소통하고 삶을 펼치다!'. 교육부.

오채선 외(2022b). 유아 디지털 미디어 문해 교육 운영지원자료-'디지털 미디어로 미래형 교육과정 실천하기'. 교육부.

제7장 디지털 콘텐츠의 활용과 평가

이 장에서는 교육 현장에서 적용하고 있는 디지털 콘텐츠의 활용 방법과 디지털 학습 콘텐츠의 활용이 유아에게 얼마나 효과적인지 평가하는 사례를 소개한다. 디지털 기기와 콘텐츠는 활용 목적과 활용 방법, 평가 방법으로 구분할 수 있다. 디지털 콘텐츠의 활용과 평가는 디지털 기기와 콘텐츠 활용의 원칙, 디지털 기기와 콘텐츠 활용 평가 기준을 이해하고, 유아를 위한 디지털 기기와 콘텐츠 활용 및 평가를 통해 유아의 발달을 도우며 디지털 격차와 역기능을 방지하는 것과 관련된다.

디지털 네이티브(Digital Natives) 세대라 불리는 학습자들은 디지털 기술이 보편화된 환경에서 자란 세대로 디지털 기기와 기술에 대한 숙련도가 높고, 온라인 커뮤니케이션과 소셜 미디어를 적극적으로 활용하여 실시간으로 다른 사람과 연결하고 소통할 수 있으며, 대량의 정보를 효과적으로 검색하고 필터링하는 능력이 뛰어나서 정보의 신뢰성과 유용성을 판단하는 능력을 갖추고 있다(김성림, 권준희, 2023). 콘텐츠의 평가지표로는 콘텐츠 품질, 기술 가치, 서비스 속성 등을 중심으로 평가하며, 특히 OAIS(Open Archival Information System) 참조모형, 계층분석과정(AHP) 평가, 디지털 콘텐츠 기술 가치 평가 프레임워크 등의 방법을 활용하여 체계적인 평가를 수행하고 있다. 그러므로 예비 유아교사는 다양한 디지털 콘텐츠 및 관련 플랫폼의 질적 · 양적 증가와 발전에 따른 이용자의 접근성과 활용성을 강화하고, 디지털 콘텐츠의 신뢰성과 유용성 등을 평가하여 유아 맞춤교육과 교육 환경을 개선해야 한다.

디지털 콘텐츠의 활용은 시간과 공간의 제약을 벗어나 언제 어디서나 접근이 가능하고, 유아의 발달과 특성을 고려한 놀이와 적응형 학습과 개별화된 학습을 지원하며, 가상현실(VR)과 증강현실(AR) 등을 활용하여 놀이와 활동의 몰입을 높이고 상호작용을 강화한다. 예비 유아교사는 유아들이 활용하는 디지털 콘텐츠의 평가를 통해 유아들의 놀이, 활동, 일상생활과 같은 일과 안에서 유익한 디지털 콘텐츠를 활용하도록 돕는 역할을 해야 한다.

이 장의 학습목표는 다음과 같다.

학습목표

- 유아에 적합한 디지털 콘텐츠 활용 및 평가 방법을 설명할 수 있다.
- 디지털 콘텐츠 활용의 원칙과 평가 기준을 제시할 수 있다.

1. 이해하기

1) 디지털 기기와 콘텐츠 활용 및 평가 방법

에듀테크는 정보통신기술과 빅데이터 시대에 교육의 경쟁력을 높일 유용한 도구이므로 학교 차원에서 다양한 디지털 기기와 소프트웨어를 활용할 수 있도록 지원할 필요가 있다(김성림, 권준희, 2023). 교사와 학생을 위한 디지털 기기와 콘텐츠 활용 및 평가 방법의 활용 목적, 활용 방법, 평가 방법, 교사 역할 및 유의 사항은 다음과 같다(곽내영, 김진숙, 배윤진, 2025; 신승기 외, 2022)

(1) 활용 목적

- **학습자 중심 수업**: 자기주도적 학습, 협업, 창의력 증진
- **맞춤형 학습**: 수준별 콘텐츠 제공으로 개별화 학습 가능
- **실감형 콘텐츠**: VR, AR 등으로 몰입도 높은 학습 환경 조성

(2) 활용 방법

- **교사 수업 자료로 활용**: 사진, 영상, 애니메이션 등 멀티미디어 자료를 통해 개념 이해 지원
- **학생 활동 중심 수업**: 디지털 상황판, 협업 앱(Padlet, Mentimeter 등)을 활용한 토의 · 토론 · 프로젝트 수업
- **가정 연계 학습**: 디지털 교과서나 앱을 통해 예습 · 복습 가능, 학부모와의 소통 강화

(3) 평가 방법

평가 영역	방법 및 도구 예시
학습 효과성	사전 · 사후 평가, 학습 포트폴리오, 퀴즈 앱 활용 등
참여도	활동 로그 분석, 협업 도구 사용 빈도 및 질적 피드백
디지털 리터러시	정보 검색 및 평가 능력, 콘텐츠 제작 역량, 온라인 소통 능력

(4) 교사의 역할

- **디지털 콘텐츠 선별자**: 교육적 가치와 안전성 검토

- **학습 설계자**: 수업 목표에 맞는 디지털 도구 선정 및 활동 구성
- **조력자**: 유아의 디지털 소양 함양을 위한 지속적 피드백 제공

(5) 유의사항

- **디지털 격차 해소**: 기기 접근성 및 사용법 교육 필요
- **역기능 예방**: 사이버 불링, 과도한 사용 방지를 위한 교육 병행

2) 디지털 기기와 콘텐츠 활용의 원칙

NAEYC(미국유아교육협회)와 Fred Rogers Center는 2012년에 영유아(출생~8세)를 위한 교육 환경에서 디지털 기기와 콘텐츠를 적절히 활용하기 위한 원칙과 권고사항을 발표하였다. 주요 내용은 다음과 같다.

(1) 기본 입장

- 디지털 기기와 콘텐츠는 의도적이고 발달에 적합한 방식으로 사용할 때, 영유아의 학습과 발달을 돕는 유용한 도구가 될 수 있다.
- 디지털 기기와 콘텐츠는 놀이, 탐색, 사회적 상호작용을 대신해서는 안 되며, 이를 보완하고 확장하는 방식으로 활용해야 한다.

(2) 핵심 원칙

- **해롭지 않아야 한다**: 기술은 아동의 건강한 발달을 방해하거나 손상시켜서는 안 된다.
- **발달에 적합해야 한다**: 아동의 연령, 발달 수준, 문화적·언어적 배경을 고려해 사용해야 한다.
- **전문적 판단이 필요하다**: 교사는 기술 사용 여부와 방식에 대해 숙고하고 계획해야 한다.
- **놀이 중심이어야 한다**: 기술은 창의적 놀이, 상상, 신체 활동을 지원하는 방식으로 사용되어야 한다.

(3) 연령별 고려사항

- **2세 미만**: 화면 기반 미디어는 극도로 제한되어야 하며, 성인과의 상호작용을 강화하는 방식으로만 사용 가능하다.
- **2~5세**: 수동적 시청은 지양하고, 상호작용적이고 교육적인 콘텐츠 중심으로 제한된 시간만 허용한다.
- **6~8세**: 기술을 활용한 표현, 탐색, 협력 학습이 가능하며, 교사의 중재가 중요하다.

(4) 기술의 교육적 활용 예시

- **디지털 포트폴리오**: 사진, 영상, 음성 기록을 통해 아동의 발달을 문서화하고 부모와 공유한다.
- **가정과의 연결**: 이메일, 앱, SNS, 패들렛 등을 통해 부모와 소통하고 교육 활동을 연계한다.
- **이중 · 삼중 언어 유아 지원**: 모국어 콘텐츠 제공, 번역 기능 활용 등으로 언어 발달을 지원한다.

(5) 우려와 주의사항

- 과도한 시청 시간은 비만, 수면장애, 사회성 저하 등의 위험을 초래할 수 있다.
- 기술의 상업적 유혹이나 발달에 적합하지 않은 콘텐츠에 대한 경계가 필요하다.
- 접근성의 격차로 인한 취약계층 유아의 기술 접근 기회 부족 문제를 교사가 인식하고 해결해야 한다.

(6) 교사 역량과 전문성

- 교사는 디지털 리터러시를 갖추고, 기술을 의도적 · 반성적으로 활용해야 한다.
- 교사의 콘텐츠 활용 및 평가 전문성 개발을 위한 연수, 실습, 사례 공유가 필수적이다.

3) 디지털 기기와 콘텐츠 활용 평가 기준

NAEYC(미국유아교육협회)와 Fred Rogers Center가 공동으로 발표한 2012년 입장문으로, 영유아(출생~8세)를 위한 교육 환경에서 디지털 기술과 인터랙티브 미디어의 적절한 활용에 대한 원칙과 권고사항, 그리고 OECD 국가 사례분석을 통한 유아교육에서의 디지털 기술 활용 방안(문무경, 정호연, 2021)에 포함된 디지털 기기와 콘텐츠 활용 평가 기준은 다음과 같다.

(1) 발달의 적합성

- 아동의 연령, 운동 · 인지 · 정서 · 사회적 발달 수준에 맞는 콘텐츠인지 확인
- 시각적 · 청각적 자극이 과도하지 않고, 탐색과 놀이를 유도하는지 평가

(2) 교육적 효과성

- 학습목표와 연계되어 있는지 확인
- 상호작용, 창의적 사고, 문제해결 능력을 촉진하는지 검토
- 반복 학습, 피드백 기능, 개별화된 학습 경로 제공 여부

(3) 사용의 용이성

- 아동이 스스로 조작할 수 있는 직관적 인터페이스인지 점검
- 오류 발생 시 교사가 쉽게 중재할 수 있는 구조인지 확인

(4) 윤리적 안전성

- 개인정보 수집 동의 여부 및 보호 조치
- 광고와 상업적 요소, 부적절한 콘텐츠 포함 여부 확인
- 시청 시간 제한 기능 및 보호자 통제 기능 점검

(5) 문화적 · 언어적 적합성

- 아동의 문화적 배경과 언어를 존중하고 반영하는 콘텐츠인지 확인
- 최근 문화 다양성으로 인한 이중언어 유아만이 아니라 부모의 국적도 다르고 한국 유치원을 다니는 삼중언어 유아가 있으므로 문화적 · 언어적 적합성을 확인 및 고려

4) 유아를 위한 디지털 기기와 콘텐츠 활용 및 평가 기준

(1) 일반유아와 특수교육대상유아를 위한 앱

① 리틀러너(Little Learner)

평가 기준	분석 내용
발달 적합성	• 3~6세 아동을 대상으로 구성되어 있으며, 시각적 자극이 적절하고 조작이 직관적임
교육적 효과성	• 숫자, 색깔, 모양 인식 등 기초 개념 학습에 효과적이며, 반복 학습 기능 포함
사용의 용이성	• 터치 기반 인터페이스로 아동 스스로 탐색 가능하며, 오류 발생 시 간단한 안내 제공 있음
윤리적 안전성	• 광고 없음, 개인정보 수집 없음 • 부모 통제 기능이 포함되어 있음
문화적 · 언어적 적합성	• 한국어 지원 및 다양한 인종 캐릭터 포함 • 문화적 편향 없음

② 나의 AAC 일반 앱 평가(유아교육 관점)

평가 기준	분석 내용
발달 적합성	• 연령별로 조정 가능한 상황판과 상징 이미지 제공 • 유아의 인지 수준에 맞춘 시각적 구성이 가능함
교육적 효과성	• 표현력 향상, 자기표현 기회 확대, 언어 발달 지원 • 이야기 만들기 기능으로 문해력과 정서 표현도 가능함
사용의 용이성	• 직관적인 인터페이스와 AI 음성 기능 탑재 • 보호자 · 교사가 상황판을 커스터마이징이 가능함
윤리적 안전성	• 광고 없음, 개인정보 보호 정책이 명확함 • 상황판 공유 기능은 보호자 중심으로 제한되어 안전함
문화적 · 언어적 적합성	• 한국형 AAC 상징과 맞춤형 커스터마이징 기능으로 다양한 문화적 · 언어적 배경 반영이 가능함

나의 AAC 일반 앱 활용 시 참고사항

- 특수교육 대상 아동뿐 아니라, 언어 발달이 느린 아동에게도 활용 가능하다.
- 가정과 연계하여 부모가 동일한 상황판을 활용할 수 있어 일관된 의사소통 환경을 제

공한다.

- 자기표현 활동으로 확장이 가능하여 유아가 직접 상황을 선택하고 이야기를 구성하여 자존감이 향상된다.

김호현과 전가일(2014)의 스마트기기 기반 유아용 AAC 앱의 사용성 평가에 관한 질적 연구에서 한국형 유아용 AAC 도구를 제작할 때 고려할 사항은 '실생활에서 얼마나 유용한지 이해하기' '각 수준이 무엇을 의미하는지 알기' '장애유아 부모의 마음 이해하기'였다. 또한 기존 연구에서 부모들의 '오해'라고 지적하는 사항 'AAC를 사용하는 것이 아이의 발화를 포기하는 것'은 부모의 관점에서는 오해가 아닌 가치관이자 믿음이고 태도였다. 따라서 AAC 개발과 중재 시에는 AAC 사용의 당위성에 대한 인식을 높이려고 하기 전에 기계음보다는 자녀의 목소리를 듣고자 하는 장애아 부모들의 마음을 먼저 이해하고, 사용자들의 관점에서 AAC 개발과 중재를 바라봐야 한다고 하였다.

2. 심층학습

1) 자주 활용되는 유아 콘텐츠 유형

(1) 한글 · 수 개념 학습 콘텐츠

- **핑크퐁 한글놀이**: 자음 · 모음 인식, 단어 학습, 동요 애플리케이션
- **대교 노리Q**: 전문가 자문을 거친 수학 · 탐색 중심 콘텐츠
- **토도한글**: 한글 학습에 어려움을 겪는 다문화 배경 학생, 한글 배우는 속도가 또래보다 느린 학생 등 모든 학생의 한글 문해력 학습을 돕는 애플리케이션

핑크퐁 한글놀이

대교 노리Q

토도한글

(2) 디지털 스토리텔링 및 표현 활동

- **북크리에이터(Book Creator)**: 아이들이 직접 사진과 음성을 넣어 디지털책 제작
- **애니메이티드 드로잉**: 그림을 움직이게 만들어 이야기 구성 가능
- **크롬뮤직랩**: 그림 그리기, 색 등을 통해 소리와 음악 만들기 활용

북크리에이터

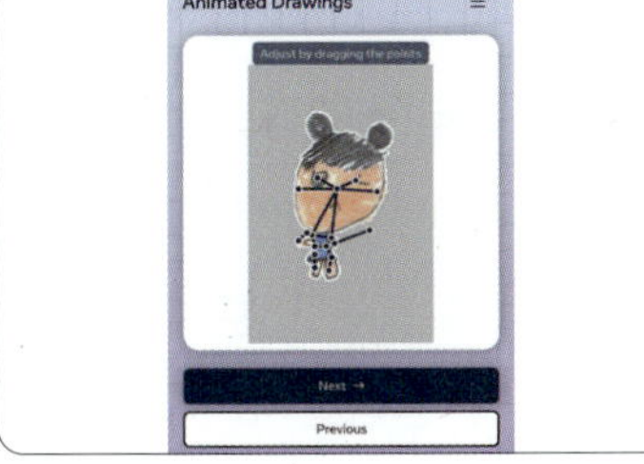

애니메이티드 드로잉

크롬뮤직랩

(3) 신체 · 동작 활동 콘텐츠

- **스톱모션 스튜디오**: 아이들이 직접 움직임을 촬영해 동화 만들기
- **타임랩스 · 슬로우모션**: 움직임을 느리게 · 빠르게 관찰하며 신체 인식 강화

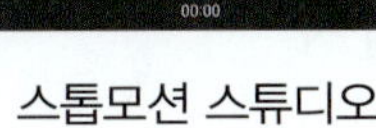

스톱모션 스튜디오

슬로우모션

(4) 탐색 · 과학 · 환경 콘텐츠

- **구글어스(Google Earth)**: 지구 탐험, 공간 인식 활동
- **유튜브 360 VR 콘텐츠**: 바닷속, 우주 등 가상 체험을 통한 탐색 활동
- **구글 실험실**: 소리, 빛, 움직임 등 과학적 개념을 놀이로 탐색

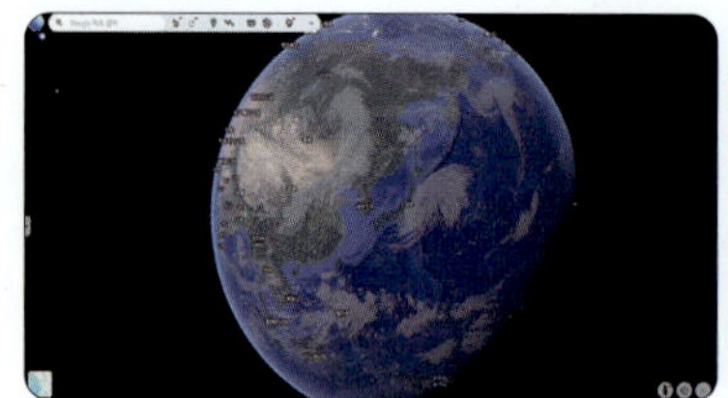
구글어스

유튜브 360 VR 콘텐츠

구글 실험실

2) 유아를 위한 디지털 기기와 콘텐츠 활용 및 평가의 방향

유아를 위한 디지털 기기와 콘텐츠 활용은 단순한 기술 도입을 넘어서, 발달 적합성, 놀이 중심성, 그리고 디지털 시민성을 고려한 방향으로 나아가야 한다는 점이 강조되고 있다. 최근 연구(김정숙, 김진숙, 배윤진, 2025; 김진숙, 배윤진, 김정숙, 2023; 배윤진 외, 2023; Kontkanen, Kupiainen, & Sintonen, 2023; UNESCO, 2019)와 교육 현장의 흐름을 바탕으로 지향해야 할 디지털 콘텐츠 활용과 평가의 방향은 다음과 같다.

(1) 유아 디지털 콘텐츠 활용의 지향점

① 발달 적합성과 놀이 중심성

- 유아의 인지 · 정서 · 신체 발달 수준에 맞는 콘텐츠 선정
- 디지털 기기를 놀이의 도구로 활용하여 자발적 탐색 유도
- 정답 중심이 아닌 과정 중심의 학습 강조

② 균형 있는 경험 제공

- 디지털 활동과 실제 놀이 및 사회적 상호작용의 균형 유지
- 감각적 · 신체적 활동을 보완하는 도구로서의 디지털 기기 활용
- 화면 중심 학습이 아닌 다중 감각 자극을 고려한 콘텐츠 설계

③ 디지털 시민성 및 윤리교육

- 개인정보 보호, 저작권 인식 등 기초 디지털 윤리교육 포함
- 유아 수준에 맞는 디지털 안전 교육 콘텐츠 개발 필요
- 교사와 부모의 모델링 역할 강조

(2) 디지털 콘텐츠 활용 평가 방향

- **과정 중심 평가**: 유아의 참여도, 탐색 행동, 표현 방식 등을 관찰
- **포트폴리오 활용**: 디지털 작업물, 사진, 음성 등을 기록하여 성장 추적
- **교사 · 부모 협력 평가**: 가정과 연계한 디지털 활동에 대한 피드백 공유

(3) 유아 디지털 콘텐츠 평가 기준

평가 요소	설명
발달 적합성	연령별 인지 · 정서 · 신체 발달에 맞는 내용인지 확인
상호작용성	유아가 능동적으로 참여하고 반응할 수 있는 구조인지 검토
안전성	개인정보 보호, 유해 콘텐츠 차단 기능 포함 여부
교육 적합성	놀이, 활동, 탐색, 표현, 협력 등이 교육과정과 연계되는지 확인
접근성(기술적 완성도)	다양한 배경의 유아가 쉽게 접근할 수 있는지 확인

3. 디지털 기기와 콘텐츠 활용 및 평가의 실천 사례

1) 한글놀이

- **대상 연령**: 만 4~5세
- **수업 시간**: 40분
- **주제**: '가나다' 자음 · 모음 익히기
- **활용 콘텐츠**: 핑크퐁 한글 배우기 유튜브 시리즈
- **학습목표**
  - 지식(이해): 자음 'ㄱ' 'ㄴ' 'ㄷ'의 소리와 모양을 인식한다.
  - 기능(과정): 관련 단어를 통해 자음 · 모음의 조합 원리를 이해한다.
  - 태도(가치): 노래와 신체 활동을 통해 한글에 대한 흥미를 높인다.

〈표 7-1〉 한글놀이 교수 · 학습과정안 약안 예시

단계		시간	활동 내용	교사 역할
도입		5분	인사 및 오늘의 주제 소개('가나다' 노래 짧게 듣기)	유아의 반응 유도, 주제 흥미 끌기
전개	활동 1	10분	핑크퐁 영상 시청: 'ㄱ'으로 시작하는 단어 알아보기(예: 가위, 거북이)	영상 멈춰 가며 단어 따라 말하기 유도
	활동 2	10분	'ㄱ' 단어 몸으로 표현하기(예: 가위✂)	동작 시범, 유아 개별 참여 격려
	활동 3	10분	한글 자음 카드놀이: 'ㄱ' 'ㄴ' 'ㄷ' 찾기 게임	유아 수준에 맞게 힌트 제공
정리		5분	가나다 송 부르며 복습, 오늘 배운 글자 정리	칭찬과 피드백, 다음 수업 예고

- **활동 자료**: 핑크퐁 한글 영상(유튜브 링크 활용), 자음 · 모음 카드, 단어 그림 자료(가위, 나비, 다람쥐 등), 동요 가사 프린트물
- **확장 활동 제안**
  - 가정 연계: '오늘 배운 글자 찾기' 미션(집에서 'ㄱ'으로 시작하는 물건 찾기)
  - 미술 활동: '내가 만든 가나다 그림책' 만들기

2) 신체놀이

신체놀이 활동의 디지털 콘텐츠 평가를 위해 동작교육의 교육적 목적과 효과를 중심으로 평가 기준을 설정한다. 첫째, 발달 적합성은 신체 · 인지 · 정서 등의 발달에 맞춘 신체놀이 활동의 적합성을 분석한다. 둘째, 유아가 능동적으로 참여하고 반응할 수 있는 상호작용성을 검토한다. 셋째, 안정성은 콘텐츠의 물리적 · 심리적 안전성, 윤리적 표현 기준 등을 참고한다. 넷째, 교육 적합성은 신체놀이 활동과 유치원 교육과정과의 연계성을 확인한다. 다섯째, 접근성은 기술적 완성도로 콘텐츠의 매체 품질, 인터페이스 안정성, 사용자 접근성 등을 평가하는 기준이다. 유아교육에서 디지털 콘텐츠를 활용할 때, 기술적 완성도는 수업의 몰입도와 안전성에 직접적인 영향을 준다. 그러므로 디지털 콘텐츠 활용 시 교사 · 부모 · 기관에서의 실제 적용 가능성과 확장성을 참고하여야 한다. 〈표 7-2〉는 유아 신체놀이 활동 콘텐츠 평가 체크리스트 예시이다.

〈표 7-2〉 유아 신체놀이 활동 콘텐츠 평가 체크리스트 예시

평가 영역	세부 항목	1	2	3	4	5
1. 발달 적합성	연령별 운동, 인지 등의 발달 수준을 고려한 콘텐츠인가?					
	시각 · 청각 자극이 과도하지 않고 집중을 유도하는가?					
	유아의 흥미를 유발할 수 있는 친숙한 캐릭터나 이야기 구조를 포함하고 있는가?					
2. 상호작용성	교사와 유아 간의 상호작용이 포함되어 있는가?					
	유아와 유아 간의 상호작용이 포함되어 있는가?					
	창의적 표현, 감정 표현, 사회적 상호작용을 유도하는 활동이 포함되어 있는가?					
3. 안정성	광고, 유해 콘텐츠, 개인정보 수집 요소가 없는가?					
	과도한 화면 노출이나 반복 시청을 유도하지 않는가?					
	성별 · 문화적 편견 없이 다양성을 존중하는 표현이 사용되었는가?					
4. 교육 적합성	수업 목표와 연계된 동작 요소(기본 움직임, 협응력 등)를 포함하고 있는가?					
	유아의 신체 발달 수준에 맞고 유치원 교육과정과 연계하여 구성되어 있는가?					
	활동 후 피드백이나 확장 활동을 제안하는 구성 요소가 있는가?					
5. 접근성	콘텐츠 실행 시 오류 없이 안정적으로 작동하는가?					
	교사가 수업 전 · 중 · 후에 자유롭게 편집하거나 조절할 수 있는가?					
	음향 · 영상 품질이 수업 환경에서 적절하게 활용 가능한 수준인가?					
	가정과 연계하여 부모가 함께 활용할 수 있는 기능이나 안내가 포함되어 있는가?					

※기준: 1점-매우 그렇지 않다/2점-그렇지 않다/3점-보통이다/4점-그렇다/5점-매우 그렇다

3) 동화 듣기

동화 듣기는 '듣기 → 감정이입 → 표현 → 확장'의 흐름으로 설계되어 있으며, 유아의 언어 · 사회 · 정서 등의 발달을 자연스럽게 이끌어 낼 수 있다.

- **콘텐츠 활용 사례**: 동화책 기반 활동
- **동화 제목**: 『누가 내 머리에 똥 쌌어?』
- **활동 주제**: 관찰하고, 추리하고, 표현해요!
- **학습 자료**: 동화책, 등장 동물 그림 카드, 감정 스티커, 동화 듣기 워크숍 활동지

동화책(책 표지)

〈표 7-3〉 한글놀이 교수 · 학습과정안 세안 예시

단계	활동 내용
1. 도입: 이야기 속으로 들어가기	• **학습목표**: 동화의 주제와 등장인물에 관심 갖기 • **발문**: "표지에 있는 두더지가 어떤 표정을 하고 있나요?" "두더지 머리에 있는 건 뭐라고 생각해요?"
2. 전개: 동화 듣기 & 감정 나누기	• **학습목표**: 동화를 집중해서 듣고, 두더지의 감정과 행동을 이해하기 • **발문**: "두더지는 왜 화가 났을까요?" "두더지가 만난 동물들은 어떤 대답을 했나요?" • 감정 표현 활동 - 두더지의 감정을 스티커로 표현하기(😩😟😮😊) - '내가 두더지라면 어떤 기분이었을까?'를 말로 표현하기
3. 확장 활동: 표현하기	• **학습목표**: 동화 내용을 창의적으로 재구성하고 표현하기 • 선택 활동 - 역할극: 두더지와 동물 역할을 나눠서 짧은 장면 연기하기 - 말풍선 만들기: "두더지가 동물에게 하고 싶은 말을 적어 보아요(그려 보아요)." - 그림 그리기: '내가 상상한 똥의 모양은?'(유머와 창의력 자극)
4. 정리: 생각 나누기	• **학습목표**: 동화를 통해 느낀 점과 배운 점을 나누기 • **발문**: "두더지는 어떻게 문제를 해결했나요?" "우리도 억울한 일이 생기면 어떻게 해야 할까요?"

유아의 반응을 관찰하며 언어 표현력, 감정 공감 능력, 사회적 문제해결력을 평가할 수 있다. 유머가 있는 동화이므로 유아의 자연스러운 웃음과 반응을 존중하며 활동을 유도하면 더욱 효과적일 수 있다.

4) 동화 영상 시청하기

〈누가 내 머리에 똥 쌌어?〉의 영상은 원작의 흐름을 따라가며 두더지의 감정 변화와 동물들의 반응을 생생하게 전달한다.

- **콘텐츠 활용 사례**: 동화 영상 기반 활동

단계	활동 내용
동화 영상 시청 및 감정이입 활동	• **활용 방법**: 유아들이 두더지의 표정과 말투를 관찰하며 감정을 추측 • **발문**: "두더지는 왜 화가 났을까?" "이 동물은 어떤 대답을 했지?" 등의 질문을 통해 사고 확장
음악 융합 표현 활동	• **영상**: [#26 누가 내 머리에 똥 쌌어?-제미스(JEMIS) 음악 버전] - 우리아이 음악교육 음악과 리듬을 활용해 동화를 듣는 활동으로, 유아의 청각적 집중력과 표현력을 높인다. • **활용 방법**: 등장 동물의 똥 모양을 리듬에 맞춰 표현하기, "똥이 뚝! 뚝!" 같은 의성어 · 의태어를 따라 하며 언어 표현 자극하기
창의적 구연 및 역할극 활동	• **영상**: [한글쌤의 동화책 읽어 주기 버전 창작동화]『누가 내 머리에 똥 쌌어?』 - 교사의 생동감 있는 구연을 통해 유아들이 이야기 속으로 몰입하게 된다. • **활용 방법** - 유아들이 두더지와 동물 역할을 나눠서 짧은 장면을 연극한다. - 말풍선 만들기: "두더지가 하고 싶은 말을 적어 보아요."
시각적 관찰 및 추리 놀이	• **영상**: [동화] 〈누가 내 머리에 똥 쌌어?〉(베르너 홀츠바르트, 볼프 에를브루흐) - 유아교육과 학생들이 직접 제작한 영상으로, 동물들의 똥 모양을 관찰하고 비교하는 활동에 적합하다. • **활용 방법** - 찰흙이나 클레이로 동물의 똥 모양 만들기 - '이건 누구의 똥일까?' 추리게임 진행
정서적 공감 및 사회적 규범 학습	• **영상**: 〈누가 내 머리에 똥 쌌어?〉/동화 구연/브라보와 도레미-배변 훈련 중인 유아에게 추천되는 영상으로, 부끄러움 · 화남 같은 감정을 자연스럽게 표현하게 도와줄 수 있다. • **활용 방법** - "나도 이런 기분이었어." 감정 공유 활동 - 배변 예절과 타인 존중에 대한 이야기 나누기

• **콘텐츠 평가 사례**

유치원 부모교육에서 유아 독서 프로그램 활동으로 부모님과 동화 영상 시청 후 찰흙으로 똥 모양을 만드는 놀이를 하며 유아의 관찰력과 창의력을 평가할 수 있다.

-평가 기준: 참여도, 표현력, 감정 이해, 협력 행동

-결과: 유아들이 함께 웃으며 몰입했고, 부모와의 상호작용도 활발했음

이처럼 『누가 내 머리에 똥 쌌어?』는 유아의 언어 · 정서 · 사회성 · 창의성을 통합적으로 자극할 수 있는 콘텐츠이다.

요약 및 결론

디지털 콘텐츠 활용을 위해서는 유아의 발달 수준에 맞는 놀이 중심 콘텐츠를 선정해야 하며, 디지털 기기는 탐색과 표현을 확장하는 도구로 활용되어야 한다. 다양한 디지털 콘텐츠의 균형 있는 경험이 중요하며, 디지털 활동은 실제 놀이 및 사회적 상호작용과 조화를 이루어야 한다. 교사는 디지털 시민성 교육을 통해 유아가 안전하고 윤리적으로 디지털 환경을 경험할 수 있도록 지도해야 한다.

콘텐츠 평가 기준에는 발달 적합성, 상호작용성, 안전성, 교육 적합성, 접근성이 포함된다. 디지털 콘텐츠를 평가하기 위해서 과정 중심 평가를 통해 유아의 참여도, 탐색 행동, 표현 방식 등을 관찰하고 기록한다. 포트폴리오 및 교사-부모 협력 평가를 통해 유아의 디지털 활동을 다각도로 분석하고 피드백을 제공해야 한다.

토론을 위한 질문

1. 디지털 콘텐츠가 유아의 놀이와 탐색에 어떻게 긍정적으로 작용할 수 있는가?

- 준비사항: 놀이 중심 교육과 디지털 콘텐츠의 연계 사례를 조사한다. 유아의 자발적 탐색을 유도한 콘텐츠 예시를 준비한다.
- 요령: 놀이 상황에서 디지털 기기가 어떻게 활용되었는지, 유아의 반응과 탐색 행동을 중심으로 설명한다.

2. 디지털 콘텐츠 활용 시 유아의 발달 수준을 어떻게 고려해야 하는가?

- 준비사항: 연령별 발달 특성과 관련된 콘텐츠 예시를 수집한다. 발달 적합성 기준에 대한 자료를 준비한다.
- 요령: 특정 콘텐츠가 어떤 발달 영역(인지, 정서, 신체 등)에 적합했는지를 사례 중심으로 설명하고, 부적절한 콘텐츠의 위험성도 함께 논의한다.

3. 유아 디지털 콘텐츠 평가에서 관찰과 기록 및 과정 중심 평가가 왜 중요한가?

- 준비사항: 과정 중심 평가의 개념과 실제 적용 사례를 조사한다. 포트폴리오나 관찰 기록 예시를 준비한다.
- 요령: 결과 중심 평가와 비교하여 과정 중심 평가가 유아의 성장과 학습을 어떻게 더 잘 반영하는지를 설명한다.

최근 유아교육 현장에서는 디지털 기기의 보급과 함께 디지털 콘텐츠의 교육적 활용이 활발히 이루어지고 있다. 유 · 초 연계 교육에 의해 교육부(2022) 초 · 중학교 교육과정 총론과 특수교육 교육과정 총론(유치원, 초등학교, 중등학교)의 개정 교육과정은 인공지능 기술 발전에 따른 디지털 전환을 준비하기 위해 디지털 기초 소양 함양을 강조하며, 유아기부터 기술 친화적 학습 환경을 조성할 필요성을 강조한다. 이에 따라 다양한 연구가 유아의 발달 특성과 교육적 요구에 맞춘 디지털 콘텐츠의 적합성, 안전성, 활용성, 기술적 완성도를 평가하고 있다. 김호현과 전가일(2014)은 스마트 기기 기반 유아용 AAC 앱의 사용성을 질적으로 분석하며, 콘텐츠의 접근성과 인터페이스 안정성의 중요성을 제시하였다. 곽내영 등(2025)은 교사와 학생의 디지털 기기 활용 방향성을 분석하며, 현장의 요구에 기반한 콘텐츠 개발의 필요성을 강조한다. 또한 문무경과 정호연(2021)은 OECD 국가 사례를 통해 유아교육에서 디지털 기술의 활용 방안을 탐색하며, 정책적 시사점을 도출하였다. 국제적으로는 DigComp 2.2(EU), DQ Framework, NAEYC와 Fred Rogers Center(2012), UNESCO(2019) 등의 기준이 유아기 디지털 학습의 윤리적 · 기술적 · 발달적 적합성을 제시하며, 국내 연구와의 연계 가능성을 보여 준다. 이러한 선행연구들은 유아교육에서 디지털 콘텐츠를 평가할 때 발달 적합성, 상호작용성, 안정성, 교육 적합성, 접근성이라는 다섯 가지 핵심 기준이 필요함을 시사하며, 향후 콘텐츠 개발과 실천 및 정책 수립에 중요한 기초 자료로 활용될 수 있다.

참고문헌

공진희, 김은정, 김영옥(2014). 유아 신체활동 환경에 대한 실태 조사. **한국유아교육학회지**, 18(4), 89-110.

곽내영, 김진숙, 배윤진(2025). 교사와 학생의 디지털 기기 활용 방향성에 대한 요구 분석. **컴퓨터교육학회논문지**, 28(1), 23-34.

교육부(2022a). 초 · 중학교 교육과정 총론 [별책 1]. 교육부 고시 제2022-33호. 교육부.

교육부(2022b). 특수교육 교육과정 총론 [별책 1]. 교육부 고시 제2022-34호. 교육부.

교육인적자원부(2007). 유아 건강교육 지침서. 교육인적자원부.

김두범, 김영옥, 이은희(2020). **유아를 위한 창의적 동작교육**. 창지사.

김성림, 권준희(2023). 효과적인 수업 운영을 위한 디지털 학습 도구 적용 사례 연구. **디지털산업정보학회논문지**, 19(2), 1-10.

김영옥, 이은희(1999). **유아 동작활동의 교수 전략**. 양서원.

김정숙, 김진숙, 배윤진(2025). **디지털교육**. 한국방송통신대학교출판문화원.

김진숙, 배윤진, 김정숙(2023). 유아의 디지털 역량 요소 분석. **한국유아교육학회지**, 27(3), 45-67.

김호현, 전가일(2014). 스마트기기 기반 유아용 AAC 앱의 사용성 평가에 관한 질적 연구. **아동과권리**, 18(2), 223-255.

문무경, 정호연(2021). OECD 국가 사례분석을 통한 유아교육에서의 디지털 기술 활용 방안. 육아정책연구소.

민가혜(2021). 상상 · 유추와 연계한 통합적 유아 동작교육 프로그램 개발 및 효과. 중앙대학교 대학원 미간행 박사학위논문.

방은영(2015). **누리과정에 기초한 유아동작교육**. 도서출판 공동체.

방은영(2020). **누리과정에 기초한 유아 동작교육**. 도서출판 공동체.

배윤진, 임은미, 김교령, 김혜진(2023). 유아를 위한 디지털 교육 지원 방안 마련 기초 연구(CR2308). 육아정책연구소. https://repo.kicce.re.kr/bitstream/2019.oak/5544/4/CR2308.pdf

신승기, 김진숙, 김정숙, 배윤진(2022). 2022년 초중등학교 디지털 기기 활용 현황 분석 및 시사점 연구. 한국교육학술정보원.

심성경, 김영옥, 김은(2015). **유아를 위한 동작교육의 이론과 실제**. 학지사.

윤은영(2005). 유아의 운동능력과 자기존중감의 관계. **한국유아교육학회지**, 9(1), 115-132.

최순덕(2018). 유아교사양성과정에서의 유아동작교육 교과 운영을 위한 실행연구. 중앙대학교 대학원 미간행 박사학위논문.

DQ Institute. (2017). Digital citizenship framework. https://www.dqinstitute.org/digital-citizenship-framework/

Gallahue, D. L., & Donnelly, F. C. (2002). *Developmental physical education for all children* (4th ed.). Human Kinetics.

Gallahue, D. L., & Ozmun, W. A. (2009). *Understanding motor development* (6th ed.). McGraw-Hill.

Kontkanen, S., Kupiainen, R., & Sintonen, S. (2023). Young children's digital competence: A multidimensional perspective. *Scandinavian Journal of Educational Research, 67*(2), 215-230. https://doi.org/10.1080/00313831.2022.2095884

National Association for the Education of Young Children, & Fred Rogers Center for Early Learning and Children's Media at Saint Vincent College. (2012). *Technology and interactive media as tools in early childhood programs serving children from birth through age 8: A joint position statement*. https://www.naeyc.org/resources/topics/technology-and-media

Pica, R. (2004). *Physical education for young children: Movement foundations*. Delmar Learning.

UNESCO. (2019). *Guidelines on digital learning for early childhood*. https://unesdoc.unesco.org/ark:/48223/pf0000370300

Vuorikari, R., Kluzer, S., & Punie, Y. (2022). *DigComp 2.2: The Digital Competence Framework for Citizens-With new examples of knowledge, skills and attitudes*. Publications Office of the European Union. https://joint-research-centre.ec.europa.eu/digcomp_en

제 8 장 상호작용적 학습 도구

현대 사회에서 유아는 태어나면서부터 디지털 기기와 함께 성장하는 세대이다. 스마트폰, 태블릿 PC, 스마트 TV, 인공지능 스피커 등 다양한 디지털 기기는 가정과 교육기관, 지역사회 전반에 걸쳐 유아의 생활환경 속에 깊숙이 자리 잡고 있다. 이러한 변화는 유아의 놀이, 학습, 사회적 상호작용 방식에 새로운 가능성을 열어 주는 동시에, 발달 단계에 적합한 사용과 환경 설계의 필요성을 제기한다. 따라서 '유아와 디지털 환경'을 명확히 정의하고 그 범위를 이해하는 것은 디지털 시대 유아교육의 출발점이다.

이 장에서는 디지털 환경의 개념과 구성 요소를 심층적으로 이해하고, 유아가 접하는 다양한 디지털 기기의 특징과 장단점을 분석한다. 또한 유아의 발달 특성과 디지털 환경의 상호작용을 연구 결과를 바탕으로 살펴본다. 이를 통해 예비 유아교사가 발달에 적합하고 안전한 디지털 환경을 설계할 수 있는 기초 역량을 기른다.

이 장의 학습목표는 다음과 같다.

학습목표

- 상호작용적 학습 도구의 개념과 주요 특징을 설명할 수 있다.
- 유아 발달 단계에 적합한 상호작용적 학습 도구의 교육적 가치를 분석할 수 있다.
- 언어, 수학 · 과학, 예술, 사회 · 정서 발달 등 다양한 영역에서의 활용 사례를 구체적으로 제시할 수 있다.
- 교사의 중재와 아날로그 활동 병행 등 교육적 고려사항을 비판적으로 논의할 수 있다.
- 상호작용적 학습 도구의 효과를 평가하고 향후 발전 방향을 전망할 수 있다.

1. 이해하기

1) 상호작용적 학습 도구의 정의 및 특성

상호작용적 학습 도구(Interactive Learning Tools)란 학습자와 매체 간의 즉각적이고 양방향적인 상호작용을 기반으로 학습 참여를 촉진하는 디지털 도구를 의미한다. 기존의 일방향적 시청각 자료와 달리, 이러한 도구는 학습자가 직접 조작하거나 반응을 제공하면 도구가 즉각적으로 반응하는 과정을 통해 학습 경험을 심화시킨다.

유아교육 맥락에서 상호작용적 학습 도구의 특징은 다음과 같다. 첫째, 조작의 직관성이다. 유아는 손가락으로 화면을 터치하거나, 몸의 움직임을 인식하는 제스처, 혹은 간단한 음성 명령을 통해 학습 활동에 참여할 수 있다. 둘째, 즉각적인 피드백이 제공된다. 유아가 선택하거나 행동한 결과가 실시간으로 화면이나 소리로 나타남으로써 학습 동기와 몰입을 높여 준다. 셋째, 놀이성과 학습의 결합이다. 유아는 놀이와 같은 자연스러운 참여 과정을 통해 학습 내용을 경험하고, 이를 일상생활 속 지식과 연결할 수 있다.

조작의 직관성

즉각적인 피드백

놀이성과 학습의 결합

[그림 8-1] 상호작용적 학습 도구의 특징

실제로 현장에서 활용되는 상호작용적 학습 도구의 예로는 스마트보드, 증강현실(AR) · 가상현실(VR) 기반 애플리케이션, 터치 기반 학습 앱, 교육용 로봇 교구 등을 들 수 있다. 이러한 도구들은 유아가 단순히 정보를 받아들이는 수동적 학습자가 아니라, 능동적으로 탐구하고 반응하는 학습자가 되도록 돕는 데 중요한 역할을 한다.

2) 상호작용적 학습 도구의 교육적 가치

오늘날 유아교육 현장은 디지털 기술의 발전과 함께 새로운 도전에 직면하고 있다. 단순히 전자기기를 활용해 학습 자료를 제시하던 초기 단계에서 벗어나, 이제는 유아가 직접 매체와 상호작용하며 학습 경험을 구성하는 방식이 강조되고 있다. 특히 상호작용적 학습 도구는 유아의 발달 특성과 놀이 중심 학습의 원리를 결합하여, 유아가 학습의 수동적 수혜자가 아닌 능동적 탐구자이자 창조적 참여자로 자리매김할 수 있도록 돕는다.

Piaget의 구성주의 이론이나 Vygotsky의 사회적 상호작용 이론은 모두 학습자의 적극적 참여와 상호작용의 중요성을 강조한다. 상호작용적 학습 도구는 이러한 이론적 배경을 실천적으로 구현할 수 있는 강력한 매체이다. 유아는 터치, 제스처, 음성 명령 등을 통해 도구를 직접 조작하며, 즉각적인 반응과 피드백을 통해 자기 행동의 결과를 인식한다. 이 과정에서 호기심이 강화되고, 학습 내용은 놀이적 경험과 연결되어 장기 기억으로 전이되기 쉬워진다.

이러한 맥락에서 상호작용적 학습 도구는 크게 네 가지 교육적 가치를 지닌다. 즉, 능동적 참여, 몰입과 동기, 개별화 학습 지원, 사회적 상호작용 촉진이 그것이다. 다음에서는 각각의 가치를 보다 구체적이고 심화된 방식으로 살펴보고자 한다.

(1) 능동적 참여

상호작용적 학습 도구의 가장 두드러진 특징은 유아를 학습 과정의 적극적인 행위자로 만든다는 점이다. 유아는 손끝으로 화면을 터치하거나 로봇을 움직이며 자신의 행동이 즉시 결과로 이어지는 경험을 한다. 이는 단순한 입력 행위가 아니라, 탐구와 실험의 과정으로 이어진다.

예를 들어, 색깔 맞추기 앱에서 유아가 파란색을 선택하면 캐릭터가 파란 모자를 쓰는 장면이 즉각적으로 나타난다. 유아는 자신이 한 행동이 결과를 어떻게 바꾸는지 확인하면서 인과 관계를 스스로 탐색하게 된다. 이는 관찰과 수동적 청취에 의존하는 학습과 달리 유아가 학습의 주체로 자리 잡게 하는 경험이다.

또한 능동적 참여는 자기주도 학습 능력과 학습 태도를 기르는 데 중요한 기반이 된다. 유아는 학습 과정에서 '내가 했다.'라는 성취감을 경험하며, 이는 자기효능감으로 이어져 이후의 학습 활동에 긍정적인 영향을 미친다.

(2) 몰입과 동기

상호작용적 학습 도구는 즉각적인 피드백을 제공하여 유아의 몰입도를 극대화한다. 예를 들어, 정답을 맞히면 환호하는 소리가 나오거나 캐릭터가 춤을 추는 애니메이션이 나타나는 활동은 학습 과정을 놀이처럼 즐겁게 만든다. 이 과정에서 학습자는 학습 활동을 '해야 하는 것'이 아니라 '하고 싶은 것'으로 인식하게 된다.

몰입(flow) 개념을 제시한 Csikszentmihalyi는 학습자가 적절한 난이도의 도전에 직면하고 즉각적인 피드백을 경험할 때 몰입 상태에 도달한다고 설명한다. 상호작용적 학습 도구는 바로 이러한 조건을 충족시키는 매체이다. 놀이적 요소와 디지털 효과는 유아의 주의를 집중시키고, 과제 해결 과정에서 성취감을 경험하도록 한다.

실제 현장 사례를 보면, 증강현실(AR) 동화책을 읽는 유아는 페이지를 넘길 때마다 등장인물이 살아 움직이는 듯한 반응을 경험하며 긴 시간 집중할 수 있다. 이처럼 몰입과 동기는 단순한 흥미 유발을 넘어 학습 지속성과 깊이 있는 이해로 이어지는 중요한 교육적 가치이다.

(3) 개별화 학습 지원

유아는 발달 속도와 흥미 영역이 다양하기 때문에 동일한 교육 방법이 모든 유아에게 적합하지는 않다. 상호작용적 학습 도구는 이러한 차이를 보완하는 개별화 학습 환경을 제공한다.

예를 들어, 언어 학습 앱은 유아의 발음 정확도에 따라 다른 피드백을 제공하고, 필요할 경우 반복 연습 기회를 제시한다. 수학 프로그램은 아동이 문제

해결 속도와 정확도에 따라 자동으로 난이도를 조정한다. 이러한 맞춤형 접근은 유아의 학습 좌절감을 줄이고, 각자의 발달 수준에 맞는 최적의 학습 경로를 제공한다.

특히 개별화 학습은 유아의 자기주도성을 강화한다. 유아는 자신에게 필요한 활동을 스스로 선택하고, 즉각적인 피드백을 바탕으로 학습을 조절할 수 있다. 이는 단순히 현재의 학습 효과에 그치지 않고, 장기적으로 자기주도적 학습자로 성장하는 데 중요한 기반이 된다.

(4) 사회적 상호작용 촉진

상호작용적 학습 도구는 또래와 함께 사용하는 경우 협력적 학습의 장을 제공한다. 유아들이 함께 스마트보드를 이용해 퍼즐을 맞추거나, 로봇을 조종해 미션을 수행하는 활동은 자연스럽게 역할 분담과 의사소통을 요구한다.

이 과정에서 유아는 서로의 의견을 듣고 조율하는 방법을 배우며, 사회적 기술과 문제해결 능력을 동시에 기른다. Vygotsky의 근접발달영역(ZPD) 개념에 따르면, 유아는 또래 또는 교사의 도움을 받으며 자신의 능력을 확장한다. 상호작용적 학습 도구는 이러한 협력적 맥락을 강화하는 실질적 매개체 역할을 한다.

예컨대, 디지털 협동 게임에서 아이들은 "네가 버튼을 누르면 내가 블록을 옮길게."라는 식으로 역할을 나누며 목표를 달성한다. 이 과정에서 유아는 협력의 즐거움과 공동 성취의 만족을 경험한다. 이는 학습 성과뿐 아니라 정서 발달과 사회성 발달에도 중요한 기여를 한다.

상호작용적 학습 도구는 단순히 기술을 활용하는 매체가 아니라, 유아교육에서 학습 경험의 질적 전환을 이끄는 핵심 자원이다. 능동적 참여, 몰입과 동기, 개별화 학습 지원, 사회적 상호작용 촉진이라는 네 가지 가치는 유아가 지식뿐만 아니라 태도, 기술, 정서적 역량을 균형 있게 발달시키도록 돕는다. 이는 상호작용적 학습 도구가 오늘날 유아교육에서 왜 중요한지 설명하는 이론적 · 실천적 근거를 제공한다.

3) 활용 사례

상호작용적 학습 도구는 유아의 발달 특성에 맞추어 다양한 교육 영역에 적용될 수 있다. 언어, 수 · 과학, 예술 · 창의성, 사회 · 정서 발달은 특히 상호작용적 도구가 효과적으로 작동하는 영역으로, 교사는 각 도구의 특성을 이해하고 수업 맥락에 적절히 적용해야 한다. 다음에서는 대표적인 영역별 활용 사례를 소개하고, 그 구체적 방법과 교육적 의의를 설명한다.

(1) 언어 발달 사례

언어 발달을 지원하기 위한 대표적 도구는 상호작용적 동화책 앱(예: SoundTouch Interactive Stories[1], 요나 이야기 AR[2], MeeGenius[3])이다. 유아는 태블릿 PC 화면 속 등장인물을 터치하거나 선택하여 이야기를 원하는 방향으로 전개할 수 있다. 예를 들어, "토끼가 숲으로 갈까, 강가로 갈까?"라는 선택지가 나오면 아동은 직접 경로를 선택하고 그 결과를 실시간으로 확인한다. 교사는 아동에게 "네가 고른 길에서 어떤 일이 생겼니?"라는 발문을 던지며 인과 관계 이해를 유도할 수 있다. 이처럼 상호작용적 동화책은 단순한 읽기 경험을 넘어 이야기 구조 이해, 어휘 확장, 인과적 사고 발달에 도움을 준다.

또 다른 예로 발화 반응형 언어 앱(예: Lingokids[4])은 음성 인식 기능을 활용하여 유아가 단어와 문장을 발화하면 프로그램이 이를 평가하고 즉각적인 피드백을 제공한다. 아동이 "사자"라고 말하면 화면 속 사자가 울음소리를 내거나 움직이며 반응한다. 정답이 부정확할 경우 앱은 "다시 말해 보세요."라는 안내와 함께 올바른 발음을 제시한다. 이러한 과정은 아동의 발화를 자연스럽게 유도하며, 반복적인 언어 산출 경험을 제공한다. 교사는 아동의 산출 수준에 맞추어 문장을 확장하거나 접속사를 사용하도록 발문함으로써 언어 발달을 한 단계 심화시킬 수 있다.

---

1) https://www.soundtouchapps.com/
2) Google Play, App Store에서 다운받을 수 있음
3) App Store에서 다운받을 수 있음
4) https://lingokids.com/podcasts

사례 1 상호작용적 동화책: 『손가락 따라가는 이야기』

- **목표**: 이야기의 인과 · 순서 이해, 주요 어휘 확장, 이야기 참여 의욕 증진
- **준비물**: 태블릿 PC/스마트보드, 터치형 상호작용적 동화 앱(페이지 터치 시 효과/분기), 스티커(등장인물/배경)
- **수업 흐름(35~40분)**

  ① 도입(5분): 표지/등장인물 예측-"누가 나올까요?"

  ② 전개(15분)

    - 아동이 손가락으로 인물/사물을 터치 → 소리/움직임 제공
    - 분기형 화면에서 "다리로 갈까? 숲으로 갈까?" 선택 활동
    - 정교화(10분): 이야기 순서 카드(그림) 배열 & 앱으로 정답 확인

  ③ 공유(5분): '내가 골라 바뀐 장면 소개하기'

  ④ 정리(3~5분): 오늘 새로 배운 핵심 어휘 3개 말해 보기
- **교사 발문 예시**
  - "네가 고른 길 때문에 어떤 일이 생겼니?"(인과)
  - "처음-가운데-끝 중 어느 장면이야?"(순서)
  - "그림 속 '숨죽이다'는 어떤 느낌일까? 몸으로 표현해 볼까?"(어휘 · 표현)
- **차별화**
  - 발달이 느린 유아: 한 장면씩 정지, 교사가 어휘 재진술 후 선택, 2지선다 제공
  - 발달이 빠른 유아: 대체 결말 만들기(스티커 · 음성녹음)
- **평가 포인트(관찰 체크)**
  - ☐ 이야기 순서를 3단계 이상 말할 수 있는가
  - ☐ 선택 이유를 말로 설명하는가
  - ☐ 새 어휘를 상황에 맞게 사용하는가
- **가정 연계**: 같은 앱의 가정 모드로 재연, 보호자는 "왜 그 길을 골랐어?"처럼 근거 묻기
- **유의점**: 과도한 분기 선택은 인지 부담이 높아짐 → 분기당 2~3회로 제한

사례 2 발화 반응형 앱: '말해요, 친구!'

- **목표**: 발화 유도, 산출 어휘 · 문장 길이 확장, 음운 인식 강화
- **준비물**: 음성 인식형 언어 앱(그림 제시 → 발화 반응), 저소음 마이크
- **수업 흐름(30~35분)**
  ① 도입(5분): 그림 카드로 주제 예열(동물/탈것 등)
  ② 전개(18분)
    - 앱 화면에 사자 등장 → "이름 말해 볼까?"(단어 산출)
    - "사자는 어떻게 울지?"(의성어) → 정확도 피드백 표시
    - "사자가 뭐 먹을까?"(두어 절 문장)
  ③ 정교화(7분): 내가 고른 두 그림으로 짧은 문장 2개 만들기
  ④ 정리(3~5분): 오늘 가장 재미있던 말풍선 저장
- **교사 발문**: "조금 더 길게 말해 볼까?" "~때문에/그래서를 넣어 보자."
- **차별화**
  - 언어 지연 아동: 제시어-빈칸 채우기("사자는 ____을/를 먹어요.")
  - 상위 아동: 연결어(그리고/하지만)로 문장 2개 이어 말하기
- **평가 포인트**
  - ☐ 발화 시도 횟수, 문장 길이 증가
  - ☐ 앱 피드백 후 수정 시도 여부
- **가정 연계**: 가정에서 친구 · 가족 사진을 앱에 넣어 말하기 놀이
- **유의점**: 소음 환경 개선(마이크, 반 소그룹 운영)으로 오인식 최소화

사례 3 상호작용적 스토리빌더(순서 · 담화 구성)

- **목표**: 사건 배열 · 담화 구성, 접속사 사용
- **준비물**: 순서 드래그, 스티커, 녹음 지원 앱
- **핵심 활동**: '어제-오늘-내일' 시제 타임라인에 내 이야기를 스티커+음성으로 기록 → 친구와 교차 듣기 후 질문 1개씩
- **평가 포인트**: '처음-중간-끝' 구조가 있는가, 접속사 사용 증가

(2) 수 · 과학 개념 사례

수 · 과학 영역에서는 증강현실(AR) 기반 과학 앱(예: Quiver Vision[5], Merge Explorer[6])이 널리 활용된다. 예컨대, 애벌레에서 나비로 변하는 과정을 AR로 구현하면, 아동은 스마트 기기를 통해 3차원으로 표현된 생애 주기를 관찰할 수 있다. 알, 애벌레, 번데기, 성충 단계가 손바닥 위에서 움직이는 것처럼 나타나며, 유아는 이를 확대 · 회전하여 세부 특징을 탐색한다. 교사는 "번데기 안에서는 무슨 일이 일어날까?"와 같은 질문을 통해 아동의 추론과 토론을 이끌어 낼 수 있다. 이는 단순 관찰을 넘어 탐구적 사고를 촉진하며, 아동이 자연 현상을 시각적으로 명확하게 이해하도록 돕는다.

물리 개념 학습에서는 AR 시뮬레이션 앱(예: PhET Simulations[7]의 초등 저학년 버전, Tinkercad Circuits[8])이 유용하다. 가령 '뜨고 가라앉기' 활동에서는 아동이 다양한 물체를 수조에 드래그해 넣으면 물체가 물 위에 뜨거나 가라앉는 모습을 실시간으로 확인할 수 있다. 아동은 "이 블록은 왜 떴을까?"라는 질문을 통해 밀도와 부력의 개념을 직관적으로 경험하게 된다. 이후 실제 물통에 같은 물체를 넣어 결과를 비교하면, 디지털과 실제 경험을 연결하는 통합적 학습이 이루어진다.

사례 4 AR 생명과학: '애벌레에서 나비까지'

- **목표**: 생애 주기(알-애벌레-번데기-성충) 이해, 관찰 언어 사용
- **준비물**: AR 카드/마커, 태블릿 PC(AR 앱), 관찰 기록지(그림+단어)
- **수업 흐름(35~40분)**

  ① 도입(5분): 실제 사진/모형 제시, '먼저-나중에' 토의

  ② 전개(20분)

  - AR 마커 위에 각 단계 3D 모델 등장, **확대/회전** 기능
  - 각 단계 특징 **음성 내레이션** 청취

  ③ 정교화(10분): **순서 카드**와 AR을 **매칭**해 보고 관찰 언어 기록

  ④ 정리(5분): "가장 놀라웠던 변화는?" 공유

5) https://quivervision.com/
6) Google Play, App Store에서 다운받을 수 있음
7) https://phet.colorado.edu/
8) https://www.tinkercad.com/circuits

- **교사 발문**: "번데기 안에서는 무슨 일이?"(추론), "알-애벌레 사이 공통점/차이점?"
- **차별화**
  - 기초: **2단계**만 먼저 배열 → 4단계 확장
  - 심화: **환경 변화**(온도/먹이) 가정하고 결과 예상하기
- **평가 포인트**
  - ☐ 4단계 순서를 **정확하게 배치**
  - ☐ 단계별 **핵심 특징** 1개 이상 말하기
- **가정 연계**: 집 베란다/정원에서 곤충 **사진 관찰 일지**
- 유의점: 사실과 상상 구분 지도(AR은 모형/시뮬레이션임을 명확화)

사례 5 AR 물리: '무엇이 뜨고 가라앉을까?'

- **목표**: **밀도/부력** 기초 개념 경험, 예측-실험-확인 순환
- **준비물**: AR 수조 시뮬레이터, 실제 물통 · 사물(나무 블록, 클립 등)
- **핵심 활동**
  - 예측: AR에서 사물 선택 → "뜰까/가라앉을까?" 터치 투표
  - 실험: 실제 물통에 넣어 **결과 비교**
  - 정리: 공통 성질 찾기(무게만이 아니라 **재질/부피**도 말해 보기)
  - 평가: 예측 근거 설명 → 결과 비교 후 **생각 수정 여부**

사례 6 로봇과 경사: '속도는 어떻게 달라질까?'

- **목표**: 경사도와 **속도 변화 관계** 탐색, **측정 언어 사용**(빠르다/느리다, 먼저/나중에)
- **준비물**: 초급 프로그래밍 로봇, 경사 보드, 거리 표시 테이프, 간단 타이머 앱
- **수업 흐름(30~35분)**
  - 경사 1칸/2칸/3칸에서 로봇 출발 → **타이머 측정**
  - 결과를 **그림 막대**(아이콘)로 기록
- **발문**: "경사가 커질수록 시간이 어떻게 바뀌었니?"
- **차별화**: 수 개념 미숙 아동은 **이모티콘 스티커**로 비교/상위 아동은 **예측 그래프** 스케치
- **평가**: **경향** 말하기("경사가 커지면 더 빨라져요.")

(3) 예술 · 창의성 사례

예술과 창의성 영역에서는 디지털 드로잉 툴(예: Procreate[9], Tayasui Sketches[10])이 활용된다. 아동은 손가락이나 스타일러스를 사용해 다양한 선, 색, 도형을 그려 보면서 표현의 폭을 넓힌다. 교사는 "따뜻한 색과 차가운 색을 함께 써 보면 어떤 느낌이 들까?"와 같은 발문으로 시각적 상징성을 탐색하게 한다. 특히 디지털 드로잉은 수정과 저장이 용이하여 반복적 시도를 통해 창의적 표현 능력을 기를 수 있다.

음악 영역에서는 교육용 로봇과 음악 앱(예: 로보이드 론처[11], Makey Makey Piano[12])을 활용할 수 있다. 아동은 로봇의 속도나 경로를 조절하면서, 해당 움직임이 음악적 요소(템포, 박, 강약)로 변환되는 것을 경험한다. 예를 들어, 로봇이 빠르게 움직이면 템포가 빨라지고, 회전할 때 특정 리듬이 생성된다. 아이들은 이러한 변화를 몸악기나 합주로 재현하며 협동적으로 음악적 패턴을 만들어 낸다. 이는 단순한 음악 감상에서 벗어나 창의적 작곡과 협력 활동으로 확장된다.

사례 7 디지털 드로잉: '색·선·형 실험실'

- **목표**: 시각 요소(색/선/형) 탐색, 상징적 표현(자기표현)
- **준비물**: 드로잉 앱(레이어/브러시 굵기/도형 도장), 스타일러스
- **수업 흐름(35~40분)**
  - ① 도입(5분): 실제 작품 이미지 **관찰 포인트** 제시(선의 방향, 색 대비)
  - ② 전개(20분)
    - 브러시 굵기 바꿔 **느린 선 vs. 빠른 선** 그리기
    - 도형 도장으로 **반복 · 패턴** 만들기
  - ③ 정교화(10분): **내 감정 색 팔레트** 선택해 배경 채색
  - ④ 공유(5분): 감정과 작품 연결 설명
- **발문**: "빠른 선은 기분이 어때 보여?" "따뜻한 색/차가운 색 느낌은?"

---

9) https://procreate.com/
10) https://www.tayasui.com/sketches/
11) Google Play, App Store에서 다운받을 수 있음
12) https://makeymakey.com/

- **차별화**
  - 기초: 색-선 한 가지씩만 선택하여 시범 따라 하기
  - 심화: 레이어 겹치기로 깊이감 표현
- **평가**: 시각 요소의 명시적 사용('빨간색+굵은 선으로 화남 표현')
- **가정 연계**: 가족에게 작품 설명하며 감정 단어 사용하기

사례 8 음악 로봇: '비트 메이커'

- **목표**: 박/템포/세기 체험, 협동 작곡
- **준비물**: 간단 로봇(직진/회전 속도 조절), 바닥 그리드 매트, 소리 매핑 앱(속도 → 템포, 회전 → 리듬)
- **수업 흐름**(35~40분)
  - 팀별로 경로 카드(직진-직진-회전-직진) 배치 → 로봇 주행 → 앱이 리듬/템포로 변환
  - 결과 리듬을 몸악기로 연주
- **발문**: "속도를 올리면 템포는?" "강약을 어떻게 넣을까?"
- **차별화**: 시작팀은 2~3카드, 심화팀은 반복/대조 구조(AB/ABA) 도입
- **평가**: 반복/대조를 인식하고 설명하는가, 팀 협동
- **가정 연계**: 집 바닥에 테이프 경로 만들고 손뼉 박수로 리듬 연주

사례 9 스톱모션 애니메이션(역할극 확장)

- **목표**: 이야기 구성, 장면 전환 이해
- **준비물**: 스톱모션 앱, 인형/블록, 간단 조명
- **핵심 활동**: 3장면(시작-문제-해결) 촬영 → 내레이션 녹음 → 상영회
- **평가**: 장면 순서와 해결 전략 설명 가능 여부
- **유의점**: 촬영 대기 시간 많음 → 역할 분담(감독/배우/촬영/소리)

(4) 사회 · 정서 발달 사례

사회 · 정서 발달 영역에서는 협동형 디지털 게임(예: Osmo Coding Awbie[13]), Kahoot!

13) Google Play, App Store에서 다운받을 수 있음

Kids[14])이 효과적이다. 아동은 공동 목표를 달성하기 위해 차례를 지키고 서로 협력해야 한다. 스마트보드 퍼즐 게임에서는 아동이 차례로 조각을 맞추며 팀 전체가 목표 그림을 완성하는 경험을 하게 된다. 이 과정에서 "누구의 아이디어로 이 조각이 맞았지?"라는 교사의 질문은 경청과 존중의 태도를 기르는 데 기여한다.

또한 디지털 역할극 앱(예: Toontastic 3D[15], Puppet Pals HD[16])은 아동이 캐릭터를 움직이고 대사를 녹음하면서 감정을 표현하는 활동을 가능하게 한다. 예를 들어, '장난감이 부서졌을 때'라는 상황을 설정하고 아동이 캐릭터를 조작하여 감정을 표현하면, 친구들은 이를 시청하며 "나였으면 이렇게 했을 거야."라는 식으로 공감과 대안을 제시한다. 이는 감정 이해와 표현, 나아가 사회적 문제해결 능력을 촉진한다.

사례 10 협동 퍼즐 게임(스마트보드)

- **목표**: 의사소통/차례 지키기/공동 문제 해결
- **준비물**: 다인 터치 퍼즐 앱, 역할 카드(리더/타이머/퍼즐러)
- **수업 흐름**(25~30분)
  - 팀별로 차례대로 한 조각씩 끼우기(중복 터치 제한 기능 활용)
  - 타이머 90초 동안 말로 설명만 가능(손 대지 않기 규칙 라운드)
- **발문**: "누구의 아이디어로 조각이 맞았지?" "다음 차례를 어떻게 정할까?"
- **차별화**: 언어 어려움이 있는 아동은 제스처/카드로 의사 표시, 상위 아동은 전략 요약 발표
- **평가**
  - ☐ 차례 지키기
  - ☐ 경청 후 반응("~가 말했어요. 그래서…….")
  - ☐ 갈등 시 언어적 해결 시도
- **가정 연계**: 가족 퍼즐 놀이 시 차례 · 역할 정하고 진행

---

14) https://kahoot.com/home/kahoot-kids/
15) App Store, Google Play에서 다운받을 수 있음
16) App Store, Google Play에서 다운받을 수 있음

사례 11 디지털 역할극: '감정 탐험대'

- **목표**: 감정 인식-표현-조절, 공감 능력
- **준비물**: 역할극 앱(표정 스티커, 음성 변조), 감정 카드(기쁨/화남/슬픔/놀람 등)
- **수업 흐름(30~35분)**
  - 카드 뽑아 **상황 카드**와 매칭("장난감이 부서졌어요.")
  - 앱으로 **표정 스티커** 붙여 장면 꾸미고 **대사 녹음**
  - 서로의 장면을 보고 "그때 나는 ……했을 거야." **공감 발화**
- **발문**: "이 감정은 몸에서 어떻게 느껴져?" "다른 선택이 있었다면?"
- **차별화**: 감정 어휘가 어려운 아동은 **감정 아이콘** 선택 → 교사가 언어화
- **평가**: 상황-감정-대응을 **연결**해 말하는가
- **가정 연계**: **감정 일지 앱**으로 하루 한 장면 기록

사례 12 공감 보드(디지털 스티커 월)

- **목표**: 또래 인식, **칭찬/격려 표현**
- **준비물**: 공동 화이트보드 앱, 이모지 스티커
- **핵심 활동**: 친구 작품/행동에 **칭찬 스티커** 붙이고 **짧은 코멘트** 남기기("너의 색 고르기가 멋졌어!")
- **평가**: **구체적 칭찬 문장** 사용 여부("좋아요." → "색 대비가 좋아요.")
- **유의점**: 공개 피드백의 **공정성 · 존중 규칙** 사전 약속

4) 상호작용적 학습 도구 선정 및 활용의 고려사항

상호작용적 학습 도구는 그 자체만으로 유용한 매체이지만, 모든 상황에서 긍정적인 효과를 보장하는 것은 아니다. 유아교육 현장에서 이러한 도구를 도입하고 활용할 때에는 반드시 발달적 적합성과 교육적 맥락을 고려해야 한다. 교사의 적절한 중재와 균형 있는 접근, 그리고 안전 · 윤리적 측면의 세심한 관리가 함께 이루어질 때 비로소 도구의 교육적 가치가 극대화될 수 있다.

첫째, **발달 수준에 맞는 설계**가 중요하다. 유아는 연령과 개인차에 따라 인지적 · 정서적

처리 능력이 크게 다르므로, 지나치게 복잡한 인터페이스나 과도한 시각 · 청각 자극은 오히려 혼란과 피로를 초래할 수 있다. 따라서 도구를 선정할 때에는 단순하고 직관적인 조작, 단계적으로 난이도를 조정할 수 있는 기능이 포함되어 있는지 검토해야 한다.

둘째, **교사의 중재 역할**은 필수적이다. 상호작용적 학습 도구는 단순히 버튼을 누르거나 화면을 터치하는 활동으로 그칠 위험이 있다. 교사는 아동의 선택과 반응을 학습목표와 연결시키고, 추가 질문이나 확장 활동을 통해 단순 조작 경험이 심화된 학습 경험으로 전환되도록 안내해야 한다. 예를 들어, 아동이 AR로 관찰한 곤충의 변화를 단순히 보는 것에 그치지 않고, '이 변화는 왜 일어날까?'라는 탐구적 질문으로 이어지도록 중재하는 것이 바람직하다.

셋째, **균형적 접근**이 필요하다. 상호작용적 도구의 장점이 크더라도 전통적인 아날로그 활동을 완전히 대체해서는 안 된다. 디지털 경험과 더불어 손으로 그리기, 실제 사물을 만져 보기, 또래와의 직접적 상호작용을 병행함으로써 유아의 전인적 발달을 보장할 수 있다. 아날로그와 디지털 활동이 상호 보완적으로 작용할 때 학습 효과는 더욱 극대화된다.

넷째, **안전성과 윤리성**을 확보해야 한다. 디지털 도구를 활용하는 과정에서 개인정보가 수집되거나 온라인 환경에 노출될 수 있으므로, 보안이 강화된 프로그램을 사용하고 교사의 관리하에 이루어져야 한다. 또한 유아가 특정 앱이나 기기에 과도하게 몰입하는 것은 발달상 부정적 영향을 줄 수 있다. 따라서 시간제한을 두고, 적절한 휴식과 신체 활동을 병행하는 것이 필요하다.

결론적으로, 상호작용적 학습 도구는 그 자체의 기능보다 **어떻게 선정하고 어떻게 활용하느냐**에 따라 교육적 효과가 달라진다. 발달 적합성, 교사의 중재, 아날로그 활동과의 균형, 안전과 윤리라는 네 가지 관점을 균형 있게 고려하는 것이 현장에서의 성공적 활용을 보장한다.

2. 심층학습

1) 교육적 맥락 속 비판적 활용

상호작용적 학습 도구는 단순히 기술적 흥미를 유발하는 매체가 아니라, 발달 단계와 놀

이 중심 교육 철학, 그리고 국가 수준 교육과정과 정합성을 유지해야 한다. 그러나 첨단 기술이 실제 놀이 경험을 대체할 경우, 유아의 신체적·사회적 발달 기회가 축소될 위험이 존재한다(Piaget, 1972; Vygotsky, 1978). 예를 들어, AR·VR 활동이 지나치게 강조되면 유아는 실제 사물을 만지고 또래와 상호작용하는 경험을 잃을 수 있다. 이러한 문제를 해결하기 위해서는 디지털 경험을 아날로그 활동과 병행하여 설계하는 균형적 접근이 필요하다. 즉, 교사는 디지털 도구를 놀이의 확장 수단으로 활용하되, 놀이의 본질을 훼손하지 않도록 발달 적합성 기준을 적용해야 한다.

2) 교사의 전문성 확장

교사는 상호작용적 도구의 단순한 사용자(user)가 아니라 학습 경험 설계자(designer)로서 역할을 수행해야 한다. 문제는 많은 경우 교사가 도구가 제공하는 자동 피드백을 그대로 수용하면서 교육적 맥락을 충분히 반영하지 못한다는 점이다. 예를 들어, 언어 학습 앱에서 아동의 발화에 대한 기계적 피드백만 제공될 경우, 학습은 표면적 수준에 머물 수 있다(Neumann & Neumann, 2014). 이를 해결하기 위해 교사는 발문 전략을 활용하여 아동의 사고를 확장하고, 데이터 기반 피드백을 교육적 목표에 맞게 재구성해야 한다. 이러한 과정은 유아의 자기주도 학습을 촉진하고, 교사가 단순한 기술 관리자에서 비판적 실천가로 성장하는 기반을 마련한다.

3) 윤리·안전·문화적 고려

상호작용적 도구 활용은 개인정보 보호, 아동 권리 존중, 과도한 몰입 예방 등 윤리적·안전적 문제를 동반한다. 문제는 디지털 환경에서 아동의 데이터가 수집·분석되는 과정에서 보호자의 동의와 안전한 관리가 충분히 이루어지지 않는 경우가 많다는 점이다(Livingstone, Mascheroni, & Staksrud, 2017). 또한 특정 문화·언어에 편향된 콘텐츠는 유아의 정체성 발달에 부정적 영향을 줄 수 있다. 이를 해결하기 위해 교사는 다양한 문화적 배경을 존중하는 콘텐츠를 선별하고, 포용적 학습 환경을 조성해야 한다. 더 나아가 시간제한과 신체 활동 병행을 통해 몰입을 관리하고, 디지털 시민성 교육을 통해 아동이 안전하고 존중받는 학습 경험을 할 수 있도록 안내해야 한다(Ribble, 2015).

4) 미래 전망과 교사 역할 재구성

AI · 빅데이터 · 메타버스 기반 학습 도구의 발전은 교사의 역할을 변화시키고 있다. 문제는 AI가 제공하는 맞춤형 학습 경로가 교사의 전문성을 대체할 수 있는가, 아니면 보완하는가 하는 점이다. AI는 학습자의 반응을 분석하여 맞춤형 피드백을 제공할 수 있으며, 메타버스 환경은 놀이와 학습을 확장하는 새로운 가능성을 제시한다(Csikszentmihalyi, 1990). 그러나 이러한 기술이 교사의 전문성을 완전히 대체할 수는 없다. 해결의 실마리는 교사가 기술을 비판적으로 활용하고, 윤리적 기준을 제시하며, 학습 경험을 교육적 맥락에 맞게 재구성하는 안내자로서 역할을 강화하는 데 있다. 미래의 교사는 단순한 기술 관리자에서 벗어나, 비판적 설계자 · 윤리적 안내자 · 문화적 조정자로 자리매김해야 한다.

요약 및 결론

상호작용적 학습 도구는 유아가 능동적으로 학습 과정에 참여하도록 돕는 핵심 매체로서, 기존의 일방향적 교수 자료와는 다른 교육적 가치를 지닌다. 이 장에서는 먼저 이러한 도구의 정의와 특성을 살펴보았다. 터치, 제스처, 음성 인식, 즉각적 피드백과 같은 상호작용적 기능은 유아의 발달 수준에 적합하며, 놀이적 참여를 통해 학습 경험을 심화시킨다.

이어 교육적 가치로는 유아의 주체성을 강화하는 능동적 참여, 즉각적 피드백과 놀이적 요소를 통한 몰입과 학습 동기 증진, 난이도 조절과 맞춤형 피드백을 통한 개별화 학습 지원, 협동 활동을 통한 사회적 상호작용 촉진을 제시하였다. 이는 단순한 지식 습득을 넘어, 인지적 · 정서적 · 사회적 발달을 고르게 지원하는 기반이 된다.

또한 활용 사례에서는 언어 발달(상호작용적 동화책, 발화 반응형 앱), 수 · 과학 개념 학습(AR 실험 시뮬레이션, 로봇 실험), 예술 · 창의성 영역(디지털 드로잉 툴, 음악 로봇), 사회 · 정서 발달(협동 게임, 디지털 역할극) 등 다양한 실제 프로그램과 도구를 소개하였다. 각 사례는 교사의 발문, 활동 구조, 가정 연계까지 포함하여 현장 적용 가능성을 구체적으로 보여 준다.

종합하면, 상호작용적 학습 도구는 유아교육 현장에 새로운 가능성을 제시하는 동시에, 교사의 교육적 의도와 중재에 따라 학습 효과가 크게 달라질 수 있다. 따라서 교사는 도구 자체의 기능에만 의존하기보다, 발달 단계와 교육 목표를 고려하여 아날로그 활동과 병행하고, 안전성과 윤리성을 확보하는 균형 잡힌 접근이 필요하다. 앞으로는 인공지능, 메타버스, 생체

신호 인식과 같은 기술이 더해지며 학습 경험의 질이 한층 확장될 것으로 기대된다. 이러한 변화 속에서 상호작용적 학습 도구는 유아가 즐겁고 의미 있게 배우는 환경을 마련하는 중요한 교육 자원으로 자리매김할 것이다.

토론을 위한 질문

1. 언어 발달

질문	준비사항	요령
상호작용적 동화책이 전통적 책 읽기 활동과 비교했을 때 가지는 장점과 단점은 무엇이라고 생각하는가?	• 동화책과 상호작용적 앱의 차이점 정리 • 유아 발달 단계에서의 필요성 조사 • 실제 수업 경험 사례 준비	• 장단점을 균형 있게 제시 • 단점 보완책도 제안 • 실제 수업 경험 인용
발화 반응형 앱을 활용할 때, 유아의 언어 산출을 촉진하기 위한 교사의 중재는 어떤 방식이 효과적인가?	• 발화 촉진 전략 조사 (모델링, 재진술 등) • 언어 지연 아동 사례 수집	• 구체적 발문 예시 제시 • 중재 시 균형(도움 vs. 과잉 개입) 설명

2. 수 · 과학 개념

질문	준비사항	요령
AR 기반 과학 학습은 실제 경험을 대체할 수 있는가, 아니면 보완적이어야 하는가?	• AR 활용 장점 · 한계 정리 • 실제 관찰과 실험 사례 비교	• 대체 불가성과 보완성 균형 있게 논의 • 구체적 활동 예시 제시
로봇을 활용한 실험 활동이 전통적인 과학 실험과 비교해 가지는 교육적 의의는 무엇인가?	• 로봇 활용의 장점(측정, 시각화 등) 조사 • 전통 실험과의 차이 정리	• 실험 신뢰성, 몰입도, 협동성 측면에서 비교 • 발달 단계 적합성 강조

3. 예술 · 창의성

질문	준비사항	요령
디지털 드로잉 툴이 유아의 창의적 표현을 확장하는 데 기여할 수 있는 방식은 무엇인가?	• 전통 미술 활동과 비교 • 디지털 도구의 기능(색, 레이어 등) 정리	• 창의성 개념(다양성, 독창성) 연결 • 아동 작품 사례 활용
음악 로봇을 통한 학습은 음악적 이해와 협동성 발달에 어떤 영향을 줄 수 있는가?	• 로봇 활용 음악 활동 조사 • 협동적 연주 사례 준비	• 음악 개념과 협력 경험을 함께 강조 • 놀이성과 학습의 균형 논의

4. 사회 · 정서 발달

질문	준비사항	요령
디지털 역할극 활동은 아동의 감정 이해와 사회적 기술 발달에 실제로 어떤 도움을 줄 수 있는가?	• 감정 표현과 공감 관련 이론 조사 • 디지털 역할극 앱 사례 수집	• 긍정적 효과와 한계 모두 언급 • 교사의 중재 방법 포함
협동형 디지털 게임은 협력과 경쟁 요소를 동시에 포함할 때, 교육적으로 바람직한가?	• 협력 vs. 경쟁 관련 연구 조사 • 게임 사례(협력형, 경쟁형) 비교	• 유아 발달 단계 고려 • 긍정적 · 부정적 효과를 균형 있게 제시

참고문헌

Csikszentmihalyi, M. (1990). *Flow: The psychology of optimal experience*. Harper & Row.

Livingstone, S., Mascheroni, G., & Staksrud, E. (2017). European research on children's internet use: Assessing the past and anticipating the future. *New Media & Society, 19*(5), 657-670. https://doi.org/10.1177/1461444816685930

Neumann, M. M., & Neumann, D. L. (2014). Touch screen tablets and emergent literacy. *Early Childhood Education Journal, 42*(4), 231-239. https://doi.org/10.1007/s10643-013-0608-3

Piaget, J. (1972). *The psychology of the child*. Basic Books.

Ribble, M. (2015). *Digital citizenship in schools: Nine elements all students should know* (3rd ed.). International Society for Technology in Education.

Vygotsky, L. S. (1978). *Mind in society: The development of higher psychological processes*. Harvard University Press.

〈소프트웨어 및 앱 자료〉

언어 발달

Kidioms. (n.d.). Idiom learning for kids. https://kidioms.com

Lingokids. (n.d.). English learning app for kids. https://lingokids.com

MeeGenius. (n.d.). Digital interactive books for kids. https://www.meegenius.com

SoundTouch Interactive Stories. (n.d.). Interactive storybooks for children. https://soundtouchinteractive.com

수 · 과학 개념

Merge Explorer. (n.d.). AR science simulations. https://mergeedu.com/explorer

PhET Interactive Simulations. (n.d.). Science and math simulations. University of Colorado Boulder. https://phet.colorado.edu

QuiverVision. (n.d.). Augmented reality coloring and learning. https://quivervision.com

Tinkercad Circuits. (n.d.). Online electronics and coding. https://www.tinkercad.com

예술 · 창의성

Makey Makey. (n.d.). Invention kit for everyone. https://makeymakey.com

Procreate. (n.d.). Digital illustration app for iPad. https://procreate.art

Sphero Specdrums. (n.d.). Music creation rings. https://sphero.com/specdrums

Tayasui Sketches. (n.d.). Drawing and painting app. https://tayasui.com/sketches

사회 · 정서 발달

Kahoot! Kids. (n.d.). Game-based learning platform. https://kahoot.com/kids/

Osmo Coding Awbie. (n.d.). Coding and problem-solving game for kids. https://www.playosmo.com/en/coding/

Puppet Pals HD. (n.d.). Create your own animated shows. https://apps.apple.com/us/app/puppet-pals-hd/id342076546

Toontastic 3D. (n.d.). Digital storytelling app. Google LLC. https://toontastic.withgoogle.com

기타 참고 자료

Kahoot!. (n.d.). Game-based learning platform. https://kahoot.com

Merge EDU. (n.d.). Official education platform. https://mergeedu.com

Osmo. (n.d.). Educational games for iPad. https://www.playosmo.com

Sound Touch. https://www.soundtouchapps.com/

제 3 부

유아의 디지털 놀이

제9장 디지털 놀이의 개념

생활 전반에 걸쳐 디지털 기술이 확산되면서 유아의 놀이 환경도 변화하고 있다. 유아는 일상생활에서 다양한 디지털 기기를 자연스레 접하고 있으며, 놀이 수행 방식 또한 점차 디지털화되고 있다. 디지털 놀이는 유아가 흥미를 느끼고 자발적으로 참여하는 활동이자, 학습의 기회가 될 수 있다. 이에 예비 유아교사는 디지털 놀이에 대한 명확한 개념 이해를 통해 기술의 장점과 한계를 균형 있게 바라볼 수 있어야 한다. 디지털 놀이가 단순히 기기 사용에 국한되지 않고, 상호작용과 창의적 표현을 포함하는 복합적인 놀이임을 인식해야 한다.

이 장에서는 디지털 놀이가 무엇인지, 기존 놀이와 어떤 차이가 있는지, 그리고 디지털 놀이가 유아 발달에 미치는 영향은 무엇인지 살펴본다. 또한 디지털 환경 속 유아 놀이의 의미를 비판적으로 성찰할 수 있는 기반을 제공하고자 한다.

이 장에서는 디지털 놀이의 기본 개념을 알아보고, 그것이 유아의 놀이 문화에 어떻게 스며들고 있는지 이해하는 것을 목표로 한다. 디지털 놀이의 정의와 특징을 파악하고 기존 놀이와 비교하여 디지털 놀이의 가치를 인식할 수 있도록 한다. 또한 디지털 놀이가 유아의 발달에 미치는 영향에 대하여 알아본다.

이 장의 학습목표는 다음과 같다.

학습목표

- 디지털 놀이의 개념을 이해하고 기존 놀이와의 차이를 통해 그 가치를 설명할 수 있다.
- 디지털 놀이가 유아 발달에 미치는 긍정적 · 부정적 영향을 분석할 수 있다.

1. 이해하기

1) 디지털 놀이의 개념: 놀이에서 디지털 놀이로의 확장

4차 산업혁명과 디지털 기술의 발달로 인해 변화된 세상에서 나고 자란 유아에게 스마트폰이나 태블릿 PC와 같은 디지털 미디어는 너무나 익숙하고도 자연스러운 매체이다. 디지털 미디어(Digital Media)는 보통 디지털 코드를 기반으로 작동하는 전자 매체를 일컫는다(위키백과 2025. 6. 30. 인출). 신문, 라디오, 영화, TV 등 기존 아날로그 매체와 달리 여러 가지 방법을 통한 쌍방향 커뮤니케이션이 가능하다는 점이 특징이다.

디지털 기술의 발달이 가속화되고 사회, 경제, 문화 등의 구조가 디지털 전환(Digital Transformation)을 맞이하게 되면서 디지털 기술은 가정, 학교, 직장 등 일상생활의 질을 결정짓는 요소가 되고 있다(교육부, 2021a). 최근 학교는 미래학교 환경으로서 '스마트 교실'을 도입하며 실시간 쌍방향 수업이 가능한 무선인터넷, 학습 플랫폼, 디지털 기기 등을 구비한 첨단 지능형(스마트) 환경을 구축하고 있다(교육부, 2021b). 이러한 시대적 · 사회적 변화의 흐름은 유아에게도 디지털 미디어를 활용한 새로운 교수 · 학습 방법과 교육 현장의 혁신적 변화가 필요함을 의미한다.

최근 유아교육기관에서도 컴퓨터, TV, 인터넷, 디지털 카메라뿐만 아니라 인공지능(AI) 로봇, 증강현실(AR), 가상현실(VR), IPTV, 3D 프린팅 등의 디지털 미디어를 활용한 디지털 놀이가 활발히 일어나고 있다(교육부, 2021a). 일상 속에서 디지털 미디어와 상호작용하는 방식이 곧 새로운 형태의 놀이로 나타나고 있는 것이다. 가령 과거에는 유아가 주변에 있는 악기를 연주하며 노래를 부르는 음악극을 만들어 동생 반을 초대하여 들려주었다면, 오늘날에는 AI 애플리케이션을 통해 직접 연주한 악기 소리와 나의 목소리에 AI 악기 연주를 결합하여 하나의 음악극으로 완성한 후, 이를 SNS(Social Network Service) 플랫폼에 업로드하여 누구나 볼 수 있는 온라인 음악회를 열도록 확장되었다는 것이다.

이처럼 디지털 놀이는 단지 디지털 미디어의 사용만을 의미하는 것이 아니다. 모든 놀이가 디지털화되어야 하는 것 또한 아니다. 앞선 음악극의 사례는 기존에 즐겼던 놀이의 형태가 디지털 미디어를 만나 보다 풍성하고 다양하게 변화할 수 있음을 보여 준다. 디지털 미디어의 활용으로 놀이의 맥락은 새롭고 다양하게 변화했지만, 놀이의 본질은 여전히 유아의 주도성과 탐색, 사회적 상호작용에 있으며, 디지털 기술은 이를 보조하거나 확장하는 도구로서 기능한다(Fleer, 2016). 따라서 디지털 놀이는 유아가 스스로 탐색하고 창의적으로 사고하는 기회를 제공할 때 의미가 있으며, 교사의 중재가 필수적이다.

이러한 맥락에서 디지털 놀이의 개념을 살펴보면, Edwards(2018)는 디지털 놀이에 대해 아동이 디지털 미디어를 활용하여 자유롭게 탐색하고 의미를 구성하는 놀이 활동이자, 디지털 환경이 곧 문화적 맥락이 되는 학습 경험이라고 정의하였다. 디지털 놀이가 놀이의 고유한 속성을 보존하면서, 매체가 더해진 것임을 강조하며, 단순한 디지털 미디어의 수동적 시청과 디지털 미디어를 활용한 놀이의 경험은 구분해야 함을 주장하였다. Fleer(2016)는 디지털 놀이를 상상 놀이와 실제 놀이를 연결하는 사회문화적 맥락 기반의 활동으로 보고, Vygotsky의 놀이 개념을 확장하여 재해석하였다. 유아는 상상 놀이와 실제 놀이가 결합되는 디지털 놀이 과정에서 주변과의 언어적 상호작용을 통해 자신의 사고와 행동을 확장하고, 가상 상황 속에서 현실 세계의 규칙과 역할을 탐색하며 사회적 기술을 익히는 주요한 변화(digital pivot)를 경험하게 된다고 보았다. 교육부(2021b)에서는 디지털 놀이에 대하여 실제 놀이가 디지털 환경에서 재현되고, 유아가 주체적으로 참여하여 디지털 대상이나 상징을 활용, 변경, 구성하는 활동으로 설명하였다. 즉, 현실 세계의 놀이가 디지털 기술을 통해 확장되고, 유아의 주도적인 놀이 경험을 가능하게 하는 활동으로 보았다. 다수의 연구자가 디지털 놀이를 단순한 기기의 사용이 아닌, 유아가 자율적이고 창의적으로 디지털 자원을 활용하는 과정 전체를 포함하여 접근하고 있음을 알 수 있다.

정리하면, 디지털 놀이는 유아가 디지털 미디어와 상호작용하며 창의적 · 탐구적 · 사회적 경험을 쌓아 가는 모든 놀이 활동으로 정의될 수 있다. 디지털 놀이는 유아가 수동적으로 콘텐츠를 소비하는 활동이 아니라, 능동적으로 만들고 조작하며 상호작용하는 놀이 활동이다. 따라서 디지털 놀이는 기존 놀이의 연장선에서 새로운 가능성을 보여 주는 동시에, 유아교육 현장에서 발달에 적합한 방식으로 신중히 통합되어야 할 실천적 과제이다.

2) 디지털 놀이의 가치: 기존 놀이와 디지털 놀이

놀이는 유아 발달의 핵심적인 맥락으로, 직접적 경험과 탐색, 창의적 상상과 사회적 상호작용을 통해 발달을 촉진하는 중요한 활동이다(교육부, 보건복지부, 2020). 전통적으로 놀이는 역할놀이나 미술놀이, 신체놀이와 같이 물리적 · 사회적 환경 속에서 유아의 신체적 · 감각적 경험을 통해 이루어져 왔다(Edwards, 2018). 그러나 디지털 기술이 빠르게 보급되면서

디지털 기기와 애플리케이션을 활용한 놀이가 일상화되고 유아의 놀이 경험도 새로운 차원으로 확장되고 있다(Marsh, 2010).

Plowman과 Stephen(2007)은 유아들이 실제 놀잇감과 디지털 매체를 넘나들며 놀이를 전개한다는 점에 주목하며, 이전 놀이와 디지털 놀이의 경계가 흐려지고 있음을 강조하였다. 가령 유아들은 역할놀이를 하면서 태블릿 PC로 요리 레시피를 검색하여 따라 하거나, 극놀이 중 장면에 어울리는 배경과 음악을 만드는 역할을 AI 프로그램에게 맡기는 등 실제와 디지털이 혼합된 놀이를 전개한다.

이러한 변화는 놀이의 본질이 변화했다기보다 놀이의 매체와 맥락이 확장함에 따라 유아들의 놀이가 보다 풍성하고 다양해졌음을 의미한다. 디지털 놀이는 기존의 전통적 놀이가 제공하던 발달적 가치를 확장하는 동시에, 디지털 기기의 특성과 상호작용 방식을 통해 새로운 교육적 의미를 만들어 낸다. 여러 연구(교육부, 2021a, 2021b; 유구종, 2020; Edwards, 2018; Fleer, 2016; Marsh et al., 2018)에서 제시한 디지털 놀이의 가치에 대해 정리하면 다음과 같다.

(1) 주체적이고 능동적인 놀이 경험을 제공한다

디지털 놀이는 유아가 단순히 콘텐츠를 소비하는 것이 아니라 직접 조작하고 만들어 가는 과정을 포함한다. 이에 유아는 디지털 매체를 활용하여 놀이를 주도하며 스스로 탐색하고 문제를 해결해 가는 과정을 경험한다. 예를 들어, 인터랙티브(interactive)[1] 스토리북이나 코딩 로봇과 같은 디지털 매체는 유아가 놀이의 속도와 방식, 탐색의 경로를 자율적으로 선택하도록 지원할 수 있는데, 이는 유아의 자기결정성과 주도적 학습 태도의 발달을 촉진한다.

(2) 협력 학습의 장을 마련한다

디지털 놀이는 또래와 함께 참여하고 상호작용할 수 있는 기회를 확대한다. 유아들은 공동의 디지털 미션을 수행하거나 멀티플레이어 게임을 즐길 수 있고, 디지털 미디어를 활용한 공동 놀이 프로젝트(예: 우리 반 디지털 그림책 만들기)를 통해 사회적 상호작용과 협력적 놀이를 경험하게 된다. 특히 디지털 기반 공동 놀이는 기존의 프로젝트가 미디어를 통해 확

1) '상호 활동적인, 쌍방향적인'이라는 의미로, 사용자가 콘텐츠나 시스템에 반응하고 그 반응이 다시 콘텐츠나 시스템을 변화시키는 상호작용적인 상태이다. 단순한 정보 제공이나 일방적인 소통이 아닌, 유아의 행동에 따라 콘텐츠가 변화하고 유아가 능동적으로 참여하는 경험을 할 수 있다.

장됨에 의미가 있으며, 놀이 과정 전반에 걸쳐 유아들 간의 협력을 통한 문제해결 및 의사소통 과정이 보다 강조된다.

(3) 디지털 역량 강화를 지원한다

디지털 환경 속에서 살고 있는 유아는 주변의 디지털 매체들을 사용하며 자연스럽게 디지털 활용 능력을 습득한다. 유아들은 디지털 놀이 과정에서 다양한 디지털 미디어를 활용하여 기초 정보를 탐색하고, 문제해결을 위한 궁금증을 해결하며 정보 활용 능력을 기른다. 또한 여러 종류의 디지털 기기를 직접 조작하며 놀이를 새로운 방향으로 확장하고 디지털 관련 역량을 체득한다. 이러한 경험은 미래 학습과 생활에 필요한 '디지털 리터러시'의 기초가 된다.

(4) 놀이와 기술의 창의적 융합을 도모한다

디지털 놀이는 기술적 도구와 전통적 놀이 요소가 결합되어 유아의 창의성을 더욱 촉진한다. 예를 들어, 스마트 패드 드로잉 앱을 활용한 미술놀이나 증강현실(AR)을 접목한 블록놀이, AI 웹사이트를 활용한 음악놀이 등은 기존 놀이가 지니던 유아의 창의적 사고력을 확장시킨다. 이는 디지털 놀이를 즐기는 유아에게 놀이 속에서 새로운 표상과 문제해결 방식을 실험하고 만들어 낼 수 있는 기회를 제공한다.

(5) 유연한 놀이 환경을 제공한다

디지털 놀이는 시공간적 제약을 넘어 다양한 놀이 환경을 제공한다. 유아는 언제 어디서나 사용할 수 있는 디지털 네트워크 환경인 유비쿼터스(ubiquitous)[2]를 기반으로 실시간 온라인 자료를 탐색하거나 영상 통화를 하고, 직접 제작한 미디어 결과물을 공유한다. 이를 통해 교실을 벗어나 더 넓은 세상과 만나는 경험을 한다. 유아는 가상현실이나 시뮬레이션 게임을 통해 현실에서 경험하기 어려운 상황을 자유롭고 안전하게 탐색할 수 있다. 또한 메타버스나 온라인 협력 플랫폼은 또래와의 공동 놀이를 새로운 방식으로 지원하는데, 이는 유아가 즐기며 참여할 수 있는 놀이의 범위와 질을 확장시키는 중요한 요소이다.

2) 사용자가 컴퓨터나 네트워크를 의식하지 않고 언제 어디서나 원하는 정보와 서비스를 받을 수 있는 환경이다. 디지털 환경 속 유아는 시간과 장소에 관계없이 인터넷과 같은 네트워크에 자유롭게 접속하여 정보를 얻고 서비스를 이용할 수 있다.

이처럼 디지털 놀이는 기존 놀이와 전혀 다른 새로운 놀이가 아니므로 유아교사는 이를 이분법적으로 나누기보다는 놀이의 연속선상에서 이해하고 교육의 기회로 활용할 필요가 있다. 디지털 놀이는 능동적이고 협력적인 경험을 제공하여 통합적 학습 환경을 구축하고, 정보 활용은 물론 세상과의 소통을 돕는 교육적 가치를 지닌다. 이는 기존 놀이의 가치를 확장하면서도 새로운 발달 가능성을 제시한다. 따라서 유아교육 현장에서는 디지털 놀이를 놀이 중심 교육의 맥락 안에서 유아의 발달 수준에 맞도록 통합적으로 운영해야 할 필요가 있다. 이는 곧 놀이의 본질을 유지하면서도 새로운 시대적 요구에 부응하는 방향이라고 할 수 있다.

2. 심층학습

1) 디지털 놀이와 유아 발달

유아기는 여러 발달 영역에서 급속한 성장이 이루어지는 중요한 시기이다. 이 시기의 교육은 유아의 발달적 특성과 요구를 이해하고 이에 적절한 경험과 환경, 상호작용을 지원하는 것이 중요하다. 교육 목표와 내용, 방법, 매체의 선택에 있어서도 이를 고려해야 한다. 놀이는 이와 같은 유아 발달을 촉진하는 핵심 매개이다. 이미 Piaget와 Vygotsky를 비롯한 고전적 발달 이론가들은 놀이가 유아의 탐색과 상호작용, 자기표현을 가능하게 하는 발달의 기본 맥락임을 강조한 바 있다.

한편, 오늘날의 유아들은 흔히 디지털 네이티브(Digital Natives; 디지털 원주민)이라고 불리며 태어나면서부터 스마트폰, 태블릿 PC, 스마트 장난감 등 디지털 환경을 자연스럽게 경험하고 성장한다. 디지털 원주민은 태어나면서부터 디지털 미디어에 둘러싸여 성장한 세대를 일컫는 용어(Prensky, 2001)로 디지털 미디어와 함께 살아가는 현시대 인류를 대변하는 신조어로 사용되고 있다. 이들은 성인이 된 이후 디지털 기술을 학습한 기성세대인 디지털 이미그런트(Digital Immigrants; 디지털 이주민)와는 전혀 다른 사고와 의사소통 방식을 지닌다. 특히 디지털 기기와 상호작용하는 데 친숙하며, 시각적 · 다중적 정보 처리 능력이 높고, 즉각적인 피드백과 상호작용을 선호하는 특성이 있다(Bennett, Maton, & Kervin, 2008). 이는 디지털 원주민에 해당하는 유아에게 발달을 지원하는 놀이 경험이 전통적인 놀이 방식에만 머무르지 않아야 함을 의미하며, 디지털 매체와의 자연스러운 상호작용이 필요함을 시사한다.

디지털 놀이는 단순히 새로운 매체를 활용하는 활동을 넘어, 유아의 인지 · 언어, 사회 · 정서, 신체 · 운동 등 발달 전반에 영향을 미치는 중요한 경험으로 자리 잡고 있다. 디지털 놀이는 유아의 인지적 탐구 과정과 문제해결 능력을 자극하고, 또래와 협력하며 상호작용하는 기회를 제공한다. 놀이하는 과정에서 신체 활동을 포함한 통합적 경험을 만들어 내기도 한다(Plowman & McPake, 2013; Stephen & Edwards, 2019). 놀이의 본질이 유아의 자발적 탐색과 주변과의 상호작용에 있음을 고려할 때, 디지털 놀이 또한 발달에 긍정적인 영향을 미칠 수 있다는 것이다. 다만, 모든 경험이 발달에 동일하게 기여하는 것은 아니므로 어떠한 맥락 안에서 어떠한 방식으로 디지털 놀이가 이루어지는지가 발달의 핵심적 요소가 된다. 이를 기반으로 디지털 놀이 맥락에 따른 영역별 발달 예시를 제시하면 다음과 같다.

(1) 인지 · 언어 발달

유아는 디지털 놀이를 통해 창의성과 문제해결력, 인과 관계 이해, 기초적인 디지털 문해력 등을 기를 수 있다(Plowman & McPake, 2013). 예컨대, 유아들은 블록으로 만든 다양한

[그림 9-1] 디지털 놀이를 경험하는 유아들

유아들은 실제 블록과 태블릿 PC로 우리 마을을 만들고 소개하는 놀이 과정을 통해 인지·언어 및 사회·정서 발달의 기회를 경험한다.

집과 나무 등을 태블릿 PC로 촬영한 후, 그림 앱을 활용해 이를 실제 놀이터 배경의 사진 위에 자유롭게 구성하며 우리 마을 만들기 놀이를 할 수 있다. 건물의 색이나 크기, 방향, 위치를 마음대로 바꾸어 가며 상상과 현실을 연결하는 인지적 통합을 경험하고, 창의적 표현과 공간지각 능력, 문제해결 능력 등을 기른다. 완성된 마을을 친구들에게 소개하며 내가 만든 마을이 가진 특성이나 만든 이유 등을 조리 있게 말하는 과정에서 표현언어 능력(어휘력과 문장 구성 능력)와 화용언어 능력(비언어적 의사소통의 활용이나 맥락에 따른 표현 능력)을 키울 수 있다. 친구들의 작품을 감상하며 친구들의 다양한 의견에 관심을 가지고 이해하는 경험을 할 수도 있다.

(2) 사회 · 정서 발달

유아는 디지털 놀이를 통해 또래와의 협력 과정과 정서적 유대를 경험한다(Stephen & Edwards, 2019). 유아들은 [그림 9–1]의 우리 마을 만들기 놀이에서 어떠한 블록으로 집이나 건물을 만들 것인지, 건물의 색이나 방향 등을 어떻게 구성할 것인지 등 놀이 전반에 걸쳐 또래와 협의하는 과정을 경험하게 된다. 이를 통해 유아는 사회적 상호작용과 의사소통 기술을 증진한다. 또한 발표 과정에서 각자 얻게 된 성취감을 공유하고, 공동의 놀이 과제를 수행하며 서로의 아이디어를 존중하는 경험을 통해 자아존중감과 사회적 유능감이 발달한다.

(3) 신체 · 운동 발달

유아는 디지털 놀이를 통해 대 · 소근육 발달과 신체 조절 능력을 강화할 수 있다(Granic, Lobel, & Engels, 2014). 유아는 사진을 음악으로 변환해 주는 AI 웹사이트를 활용하여 다양한 표정의 얼굴 사진을 찍어 업로드한 후, 변환된 음악에 맞추어 나의 감정을 신체로 표현하는 동작놀이를 즐길 수 있다. 이 과정에서 유아는 신체 조절 능력과 창의적 동작 표현 능력을 기르게 된다. 최근에는 디지털 기술과 결합된 신체 게임 프로그램도 쉽게 접할 수 있다. 특히 모션 센서와 바닥 터치 센서가 결합된 가상현실(VR)이나 증강현실(AR) 기반 프로그램들은 유아의 움직임을 감지하여 특정 동작을 실행하도록 구성되어 있다. 탱저블 유저 인터페이스(Tangible User Interface)[3]의 형태로 개발된 이 프로그램들은 현실 세계의 사물을

3) 사용자가 물리적인 객체를 직접 조작하여 디지털 정보를 제어하는 실감형 인터페이스 방식이다. 유아가 특정 물리적 형태의 장치를 움직이고 조작함으로써 디지털 시스템과 상호작용하며 놀이할 수 있다.

디지털 정보와 연결하여 사용자가 직접 만지고 조작하며 신체놀이를 즐기도록 한다. 이는 디지털 미디어와 유아가 상호작용하며 놀이한다는 의미에서 인터렉티브 놀이(Interactive Play)라고도 한다. 유아가 점프하면 스크린 속 징검다리를 건너거나, 스크린에 공을 던져 풍선을 터뜨리는 놀이 등을 할 수 있다. 유아는 이러한 형태의 디지털 놀이를 통해 대·소근육 발달과 기본 운동 능력, 신체 각 기관의 협응 및 조절 능력을 키울 수 있다. 이는 디지털 놀이가 반드시 정적 활동만을 의미하지 않음을 보여 준다.

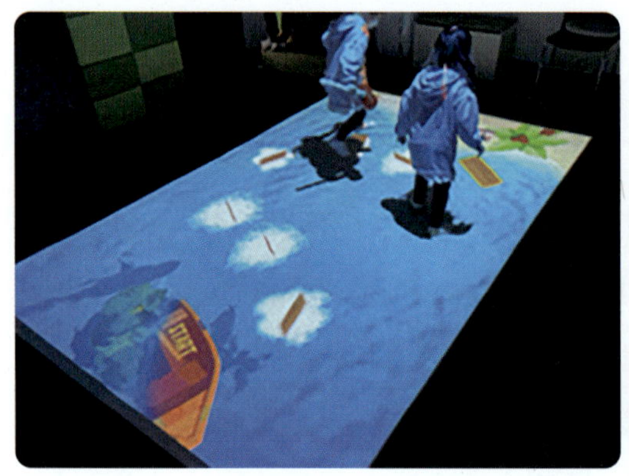

[그림 9-2] VR · AR 기반의 디지털 신체놀이를 경험하는 유아들

유아들은 모션 센서와 바닥 터치 센서가 결합된 VR·AR 기반 디지털 신체놀이를 경험하며 신체 발달을 이룬다.

교사는 이러한 유아 발달과 디지털 놀이의 관계를 고려하여 디지털 놀이를 단순 디지털 미디어의 체험 활동이나 일방적 소비 활동이 아닌 창의적 · 탐구적 과정이 잘 드러날 수 있도록 설계하고 지원해야 한다. 즉, 단순한 기기 사용을 넘어, 유아가 주체가 되어 디지털 놀이 과정을 주도하고 놀이 안에서 다양한 경험을 할 수 있도록 지원해야 할 것이다. 또한 발달 단계에 적합한 미디어나 콘텐츠를 선별하고, 그 활용 방안을 고민하여 디지털과 아날로그 놀이가 조화롭게 연결되도록 환경을 마련하는 것도 중요하다. 이는 유아가 속한 디지털 문화와 그 발달 특성을 존중하면서, 건강하고 균형 잡힌 성장을 지원하기 위한 새로운 교육적 접근이라 볼 수 있다.

(4) 발달에 미치는 부정적 영향

이처럼 디지털 놀이는 유아 발달에 긍정적 가능성을 지니지만, 동시에 여러 가지 부정적

영향도 내포하고 있다.

우선, 인지적 측면에서는 미디어에 등장하는 빠르고 자극적인 콘텐츠가 유아의 집중력을 저해하거나, 깊이 있는 사고력과 지속적인 몰입의 경험을 방해할 위험이 있다. 사회 · 정서적 측면에서는 유아 혼자 디지털 놀이를 즐기면서 또래와의 실제 상호작용 기회가 줄어들고, 직접 경험이 아닌 온라인 중심의 경험이 늘어나면서 상대에 대한 공감 능력이나 자기조절 능력에 어려움이 생길 것이라는 우려가 제기된다(Christakis, 2019). 또한 신체적 측면에서는 정적인 디지털 기기의 장기적 사용으로 인해 시력 저하나 비만, 자세 불균형 등 신체 건강 문제를 초래할 수 있으며(Kostyrka-Allchorne, Tatlow-Golden, & Allen, 2017), 충분한 신체 활동의 기회를 빼앗아 대 · 소근육 발달과 신체 조절 능력을 저해할 수 있다. 특히 유아들이 가장 쉽게 접하게 되는 디지털 기기인 스마트폰의 과의존은 향후 유아기 스마트폰 콘텐츠 이용에 대한 자기조절 능력 저하의 지속적 원인이 될 수 있으므로 주의가 필요하다(과학기술정보통신부, 한국지능정보사회진흥원, 2024).

이러한 부정적 영향은 유아의 디지털 놀이가 디지털 미디어의 사용 시간이나 콘텐츠의 성격, 놀이 맥락에 따라 크게 달라질 수 있음을 보여 준다. 디지털 놀이는 발달에 유익하면서도 잠재적 위험을 동시에 지니고 있으므로, 이를 건강하게 활용하기 위해서는 무엇보다 성인의 관심과 적절한 지원이 필수적이다.

이를 위하여 교사와 부모는 단순히 유아의 디지털 놀이를 허용하거나 제한하는 차원에서 벗어나, 일과 안에서 디지털 놀이 시간이 균형 있게 유지되도록 돕고, 발달과 연령에 적합한 콘텐츠를 선별하며, 유아와 함께 놀이에 참여해 상호작용을 촉진하는 등의 지원을 해야 한다. 교사의 적절한 지원 및 스캐폴딩과 부모의 중재는 디지털 놀이가 가지는 긍정적 효과를 강화하고 부정적 영향을 최소화할 수 있다(Livingstone & Blum-Ross, 2020).

또한 유아를 대상으로 하는 디지털 교육도 유아기 디지털 미디어에 대한 과몰입을 예방하는 차원에서 유아의 디지털 역량 지원과 관리를 병행하는 교육으로의 전환을 고려해야 한다. 많은 유아가 어린 시기부터 디지털 환경에 노출되고 있으나, 디지털 역량은 시간이 지난다고 하여 자연스럽게 함양되지 않는다(김교령, 박은혜, 2022). 따라서 유아가 디지털 미디어에 대해 건강하고 균형 있는 태도를 가지고 올바르게 사용하며(Chaudron, Di Gioia, & Gemo, 2018), 디지털 미디어를 통해 노출되는 여러 정보를 분별하고, 디지털 사회에서 윤리적인 태도를 가질 수 있도록 유아의 디지털 역량을 함양하기 위한 방향으로의 디지털 교육이 병행되어야 한다.

2) 디지털 미디어의 사용과 연령에 적합한 디지털 놀이

교사와 부모를 비롯한 성인은 영유아기의 디지털 미디어 사용에 대해 신중히 접근해야 한다(교육부, 경기도교육청, 2024). 뇌가 급속히 발달하는 24개월 미만의 영아는 사람과의 상호작용(눈 맞춤, 표정 읽기, 목소리 변화 감지 등)을 통해 사회적 능력을 기르는 시기이므로, 과도한 디지털 매체 노출은 발달에 부정적 영향을 줄 수 있다. 또한 충분한 수면과 신체 활동이 필수적인 시기이므로, 미디어 사용은 가급적 제한하는 것이 바람직하다.

세계보건기구(WHO, 2019)는 24개월까지의 영아에게 디지털 미디어 사용을 권장하지 않으며, 만 2세부터 4세 유아의 경우 부모나 교사와 함께 상호작용적인 방식으로 하루 1시간 이내 사용하는 것을 권고한다. 미국소아과학회(AAP, 2011)는 18개월 미만 영아의 경우 영상통화 외에 디지털 미디어를 제한해야 하며, 18~24개월 영아가 미디어를 접할 경우 반드시 고품질 프로그램을 선택하고 성인과 함께 시청하며 설명을 덧붙여야 한다고 제안한다. 또한 2~5세 유아는 하루 1시간 이내로 고품질 프로그램을 이용하되, 성인과 함께 시청하면서 대화와 놀이로 확장하는 것이 중요하다 보았다.

정리하면, 2세 이전에는 디지털 미디어 사용을 최소화하고, 만 2세에서 5세 유아의 경우 하루 1시간 이내로 제한하되, 반드시 고품질 프로그램을 선택하고 성인과 함께 의미 있는 상호작용을 나누는 방식이 바람직하다.

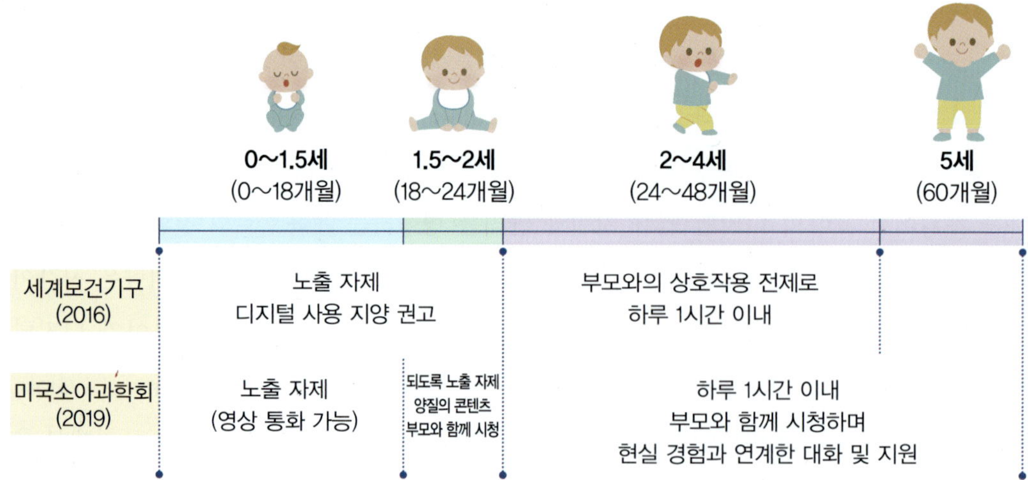

[그림 9-3] 영유아 연령에 따른 디지털 미디어 사용

출처: 교육부, 경기도교육청(2024).

한편, 3~5세 유아들은 발달에 적합한 방식과 도구를 선택하여 디지털 놀이를 경험하는 것이 중요하다. 연령별 발달 특성과 놀이 요구가 다르기 때문에, 동일한 디지털 미디어 도구라 하더라도 활용 방법에 따라 경험과 놀이의 질은 크게 달라질 수 있다.

탐색 중심의 놀이를 즐기는 3세 전후의 유아는 감각 · 운동적 탐색이 활발하며, 간단한 조작과 즉각적인 반응에 큰 흥미를 느낀다. 따라서 손으로 터치하면 소리가 나거나 그림이 움직이는 인터랙티브 그림책이나 단순한 모양 · 색깔을 맞추는 앱, 손으로 조작하여 악기를 연주하는 AI 악기 연주 프로그램 등을 활용한 디지털 놀이가 효과적이다. 색깔 버튼을 누르면 동물의 울음소리가 들리는 앱을 활용하여 유아가 동물 소리를 맞히고 실제 동물 카드를 찾아 연결하는 놀이를 통해 탐색을 확장할 수 있다.

모방과 재현 중심의 놀이를 좋아하는 4세 전후의 유아는 모방과 역할놀이를 활발히 즐기고, 디지털 환경에서도 일상 경험을 재현하려는 모습이 많이 나타난다. 따라서 스티커 붙이기 앱이나 드로잉 프로그램, 디지털 미디어로 즐기는 역할놀이(예: 가상의 병원 · 가게 운영) 등이 적절하다. 디지털 병원놀이 앱에서 진료 상황을 체험한 뒤, 실제 역할놀이와 연결하여 의사 · 환자 역할극으로 놀이를 이어 갈 수 있다.

창의적 구성 놀이가 주로 나타나는 5세 이후의 유아는 사고의 폭이 넓어지면서 단순 모방을 넘어 새로운 것을 만들어 내는 창의적 시도를 하게 된다. 이에 코딩 로봇이나 스토리 제작 앱, 증강현실(AR) 기반의 디지털 미디어를 통한 탐구놀이가 효과적이다. 스토리셀프(StorySelf) 앱을 활용해 자신의 얼굴을 캐릭터화한 후, 친구들과 함께 이야기를 만들고 극놀이로 전개할 수 있다.

정리하면, 디지털 기기는 놀이를 풍부하게 만드는 도구일 뿐, 놀이 그 자체의 목적이 될 수 없다. 또한 같은 연령 집단이라 하더라도 유아마다 발달 속도와 흥미는 크게 다르기 때문에, 교사와 부모는 놀이 과정을 세심하게 관찰하며 적절히 조정할 필요가 있다. 무엇보다도 지나친 디지털 기기 사용은 발달적 이점을 약화시킬 수 있으므로, 놀이 시간의 균형을 유지하고 충분한 신체 활동을 병행하는 것이 필수적이다.

요약 및 결론

디지털 놀이는 전통 놀이와 분리된 새로운 놀이 유형이 아니라, 유아가 원래 즐기던 탐색 · 표현 · 상상 · 협동 놀이가 디지털 기술을 매개로 확장된 놀이 경험이다. 즉, '놀이의 본질'은 그대로 유지되며, 디지털 환경을 통해 표현 방식과 탐색 범위가 넓어질 뿐이다. 이러한 특성은 전통적 놀이가 가진 경험을 대체하는 것이 아니라, 더 다양한 방식으로 실험하고 창작하며 협력할 수 있는 기회를 제공한다는 점에서 교육적 의미가 크다. 따라서 디지털 놀이를 이해할 때 기술 자체보다 놀이가 어떻게 확장되고, 유아가 그 안에서 어떤 주도성을 발휘하는지에 초점을 두어야 한다. 디지털 기반 활동의 발달 적합성, 안전성, 상호작용의 질은 결국 교사와 환경에 의해 결정되며, 이러한 요소들이 갖추어질 때 디지털 놀이는 유아의 놀이 세계를 풍부하게 확장하는 유의미한 경험이 된다.

토론을 위한 질문

1. 생각해 보기

- '이전 놀이'와 '디지털 놀이'는 어떻게 다른가?
- 본인이 어린 시절 즐겼던 놀이와 현재 유아들이 즐기는 디지털 놀이를 비교해 보라.

2. 토론하기

- 디지털 놀이는 '새로운 놀이'인가, 아니면 '기존 놀이의 연장선'인가?
  - 디지털 놀이의 상호작용성과 즉시 피드백 같은 특성이 기존 놀이와 본질적으로 다르다고 볼 수 있는가?
  - 아니면 놀이의 핵심(창의성, 상상, 사회적 상호작용)은 동일하기 때문에 단지 매체만 달라진 것인가?
- 유아교육 현장에서 디지털 놀이를 어떤 방식으로 수용해야 하는가?
  - 교사는 디지털 놀이를 '특별한 교육 활동'으로 구분해서 제공해야 하는가?
  - 아니면 기존 놀이 속에 자연스럽게 통합되도록 환경을 조성해야 하는가?
- 디지털 놀이는 이전 놀이를 대체하는가, 보완하는가?
  - 디지털 놀이와 기존 놀이의 경계는 어떻게 구분할 수 있는가?
  - 예를 들어, 블록을 쌓다가 태블릿 PC 앱을 활용하여 구조물을 설계하는 경우, 이것은 전통 놀이인가, 디지털 놀이인가?

3. 정리하기

놀이의 본질은 변하지 않았으며, 놀이 매체의 변화로 놀이의 형태가 확장되었다는 점을 이해해야 한다. 따라서 유아교육 현장에서는 이전 놀이와 디지털 놀이를 구분 짓는 이분법적 시각을 넘어서는 융합적 접근이 필요하다.

더 알아보아요!

유아 디지털 놀이를 안내하는 온라인 콘텐츠?!

요즘에는 유아의 디지털 놀이를 소개하는 온라인 콘텐츠들이 많아졌어요. 디지털 놀이에 대해 다소 생소한 이들에게 여러 유형의 디지털 미디어와 디지털 도구를 활용한 놀이를 소개하고 있답니다. 도대체 어디에서 디지털 놀이에 대한 정보를 얻는지 궁금했던 분들은 다음 온라인 콘텐츠를 확인해 보세요!

하나! 충청북도 유아교사들의 열정 넘치는 나눔의 공간 '유아학교, 놀이를 디자인하다' 유튜브 채널

충청북도의 유아교사들이 다양한 디지털 놀이를 소개하고 있어요. 유아 융합교육과 디지털 활용 놀이를 실제 유아들과의 놀이 사례를 통해 구체적으로 안내하고 있습니다. 동영상 속 디지털 도구를 활용하여 유아들과의 놀이를 경험해 볼 수 있습니다.

▲ '유아학교, 놀이를 디자인하다' 유튜브 채널의 메인 화면
출처: 유아학교, 놀이를 디자인하다 유튜브 채널.

 둘! 경기도교육청의 유아교사 지원 공간 '놀이ON' 유튜브 채널

경기도의 유치원 교원에게 다양한 자료 지원을 통해 양질의 유아교육 서비스를 제공하고자 하는 목적으로 만들어진 유튜브 채널이에요. 교사연구와 유아놀이, 부모지원, 한주의 놀이 등을 주제로 재생목록이 구성되어 있습니다. 각각의 목록에서 디지털 놀이에 대한 자료와 실제 사례들을 영상으로 접할 수 있습니다.

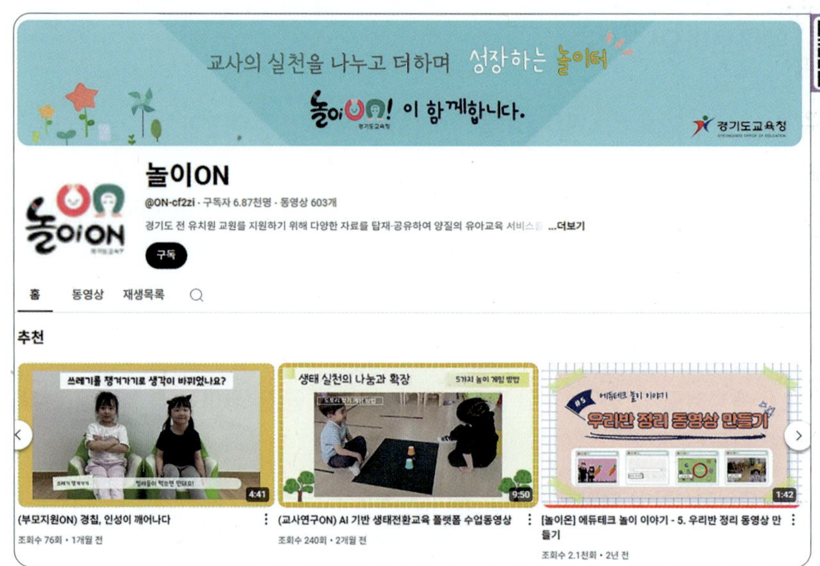

▲'놀이ON' 유튜브 채널의 메인 화면

출처: 놀이ON 유튜브 채널.

 셋! 교육부와 육아정책연구소에서 운영하는 'i-누리' 유튜브 채널

'i-누리' 포털은 교육부와 육아정책연구소에서 운영하는 영유아 교육 사이트로 유튜브 채널도 함께 운영 중입니다. 교사용 놀이지원 자료와 미래교육을 위한 디지털 역량 강화 연수, 부모를 위한 디지털 역량 기르기 등의 온라인 특강과 디지털 도구 활용 실습 등이 업로드되어 있습니다. 포털과 함께 효과적으로 이용해 보세요.

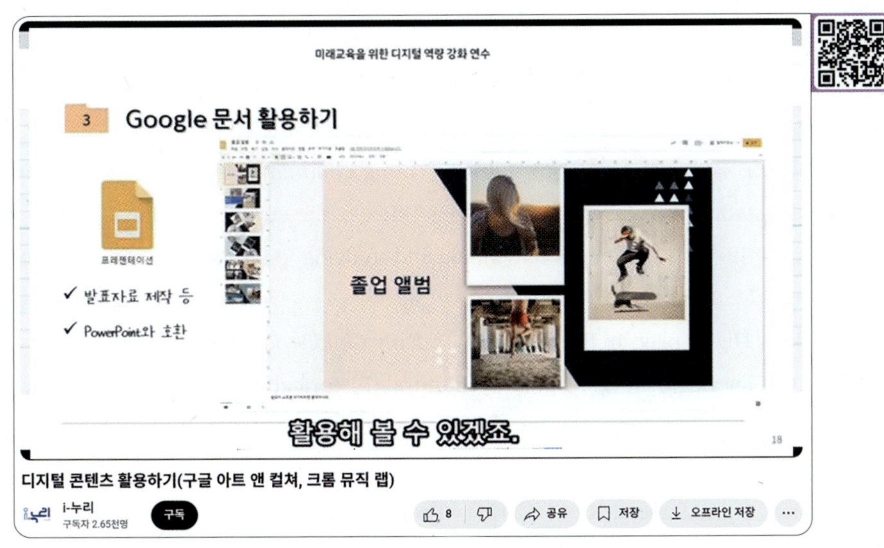

▲'i-누리' 유튜브 채널 속 디지털 콘텐츠 활용 영상 캡처본

출처: i-누리 유튜브 채널.

참고문헌

과학기술정보통신부, 한국지능정보사회진흥원(2024). 2024년 스마트폰 과의존 실태조사.

교육부(2021a). 유치원 교사의 디지털 역량 강화 연수 자료. 교육부.

교육부(2021b). 디지털 기반 놀이 환경 현장지원자료. 교육부.

교육부, 경기도교육청(2024). 우리 아이의 안전하고 건강한 디지털 생활을 위한 부모 지원 자료. 경기도교육청.

교육부, 보건복지부(2019a). 2019 개정누리과정 해설서. 교육부, 보건복지부.

교육부, 보건복지부(2019b). 2019 개정누리과정 놀이이해자료. 교육부, 보건복지부.

교육부, 보건복지부(2020). 2019 개정누리과정 놀이운영사례집: 놀이, 유아가 세상을 만나고 살아가는 힘. 교육부, 보건복지부.

김교령, 박은혜(2022). 유아교사의 디지털 역량 강화를 위한 교육 프로그램 개발. **육아지원연구, 17**(3), 103-132.

배윤진, 임은미, 김교령, 김혜진(2023). 유아를 위한 디지털 교육 지원 방안 마련 기초 연구(CR2308). 육아정책연구소. https://repo.kicce.re.kr/bitstream/2019.oak/5544/4/CR2308.pdf

유구종(2020). **4차 산업혁명 시대의 유아 스마트교육 및 매체**. 정민사.

AAP(American Academy of Pediatrics, Council on Communications and Media). (2011). Media use by children younger than 2 years. *Pediatrics, 128*(5), 1040-1045. https://doi.org/10.1542/peds.2011-1753

Bennett, S., Maton, K., & Kervin, L. (2008). The 'digital natives' debate: A critical review of the evidence. *British Journal of Educational Technology, 39*(5), 775-786.

Chaudron, S., Di Gioia, R., & Gemo, M. (2018). *Young children (0-8) and digital technology: A qualitative study across Europe*. Publications Office of the European Union.

Christakis, D. A. (2019). The challenges of defining and studying "digital addiction" in children. *JAMA, 321*(23), 2277-2278.

Edwards, S. (2018). Digital play. In *Encyclopedia on Early Childhood Development*.

Fleer, M. (2016). Theorising digital play: A cultural-historical conceptualisation of children's engagement in imaginary digital situations. *International Research in Early Childhood Education, 7*(2), 75-90.

Granic, I., Lobel, A., & Engels, R. C. (2014). The benefits of playing video games. *American Psychologist, 69*(1), 66-78.

Kostyrka-Allchorne, K., Tatlow-Golden, M., & Allen, S. (2017). The impact of educational media on young children's learning and development. *Journal of Children and Media, 11*(2), 167-170.

Livingstone, S., & Blum-Ross, A. (2020). *Parenting for a digital future: How hopes and fears about technology shape children's lives*. Oxford University Press.

Marsh, J. (2010). *Young children's play in the digital age*. McGraw-Hill Education.

Marsh, J., Plowman, L., Yamada-Rice, D., Bishop, J., Lahmar, J., Scott, F., Davenport, A., Davis, S., French, K., Piras, M., Thornhill, S., Robinson, P., & Winter, P. (2018). Play and creativity in young children's use of apps. *British Journal of Educational Technology, 49*(5), 870-882.

Plowman, L., & McPake, J. (2013). Seven myths about young children and technology. *Childhood Education, 89*(1), 27-33.

Plowman, L., & Stephen, C. (2007). Guided interaction in pre-school settings. *Journal of Computer Assisted Learning, 23*(1), 14-26.

Prensky, M. (2001). Digital natives, digital immigrants. *On the Horizon, 9*(5), 1-6.

Stephen, C., & Edwards, S. (2017). *Young children playing and learning in a digital age: A cultural and critical perspective*. Routledge.

Stephen, C., & Edwards, S. (2019). **디지털 시대 유아의 놀이와 학습**[*Young children playing and learning in a digital age: A cultural and critical perspective*]. (고선주 역). 창지사. (원저는 2017년에 출판).

WHO. (2019). *Guidelines on physical activity, sedentary behaviour and sleep for children under 5 years of age*. World Health Organization.

위키백과. https://ko.wikipedia.org/wiki/디지털_미디어 (2025. 6. 30. 인출)

제 10 장 유아교육기관에서의 디지털 놀이

유아교육기관은 유아가 처음으로 사회적 환경 속에서 놀이를 경험하는 중요한 공간이다. 교육 현장의 혁신적 변화와 더불어 유아교육기관도 디지털 기반 놀이 환경으로의 전환을 맞이하였다. 유아는 무선 인터넷망이 구비되어 있는 환경 속에서 자유롭게 디지털 기기 및 매체를 도구로 활용하며 스스로 배움의 과정으로 나아간다. 하루 일과 중 많은 부분을 차지하는 놀이를 비롯하여 활동과 일상에서도 디지털 미디어의 활용은 자연스럽게 나타난다. 이러한 변화는 단순히 새로운 도구를 활용하는 차원을 넘어, 놀이의 방식과 의미, 그리고 학습의 기회를 확장시키는 중요한 계기가 되고 있다.

이 장에서는 유아교육기관이 직면한 디지털 환경을 살펴보고, 실제 일과 속에서 나타나는 유아의 디지털 놀이와 교사의 지원 사례를 구체적으로 제시한다. 이를 통해 교사가 디지털 놀이를 어떻게 지원하고, 유아의 디지털 역량을 발달 수준에 맞추어 길러 줄 수 있는지 논의한다. 이어서 교실에서 이루어지는 구체적인 디지털 놀이의 사례를 놀이의 흐름에 따라 살펴봄으로써 유아교육 현장에서 디지털 놀이가 가지는 의미와 실천적 방향성을 탐색하고자 한다.

이 장의 학습목표는 다음과 같다.

학습목표

- 유아교육기관 내 디지털 환경의 특성과 현황을 설명할 수 있다.
- 하루 일과 속에서 자연스럽게 나타나는 유아의 디지털 놀이와 교사의 지원에 대하여 사례를 통해 이해할 수 있다.

1. 이해하기

1) 유아교육기관의 디지털 환경

오늘날의 유아교육기관은 빠르게 변화하는 디지털 환경 속에서 운영되고 있으며, 교실과 놀이터, 가정과 연계된 다양한 디지털 매체가 유아의 놀이 경험 속에 자연스럽게 스며들고 있다. 이러한 변화는 단순히 새로운 도구를 활용하는 차원을 넘어, 놀이의 방식과 의미, 그리고 배움의 기회를 확장시키는 중요한 계기가 된다.

우리나라 국가수준 교육과정에서는 놀이와 일상에서 유아 발달에 적합한 디지털 미디어 활용의 경험을 강조하고 있다(교육부, 보건복지부, 2020). 유아・놀이 중심 교육과정은 교사 위주의 형식적 수업이 아닌 '충분히 놀이하며 스스로 배워 가는 것'을 강조하므로 유아의 자발적이고 주도적인 디지털 놀이와 배움을 지원하기 위해서는 디지털 기반 놀이 환경이 우선 마련되어야 한다.

유아교육기관의 디지털 기반 놀이 환경은 무선 인터넷망이 구비되어 있고, 디지털 기기나 매체를 활용하여 유아가 스스로 놀이하며 배울 수 있는 환경을 의미한다(교육부, 2021). 안정된 디지털 기반 놀이 환경의 기본 요소는 다음과 같다.

(1) 무선 인터넷망을 통한 네트워크

디지털 기반의 놀이 환경을 조성하기 위해서는 우선 유아교육기관 내에 안정적인 무선 인터넷망(Wi-Fi)이 마련되어야 한다. 이러한 환경은 유아가 디지털 기기와 매체를 놀이와 배움의 도구로 자연스럽게 활용하며 스스로 탐구할 수 있도록 돕는다. 더 나아가 디지털 놀이 환경은 유아교육기관과 가정, 지역사회를 연결하는 네트워크 속에서 유기적이고 통합적으로 운영될 때 그 교육적 가치가 더욱 크다고 볼 수 있다.

(2) 디지털 기기와 매체

디지털 기반 놀이 환경이 효과적으로 구축되기 위해서는 교사와 유아가 함께 사용할 수 있는 다양한 디지털 기기와 매체가 필요하다. 이를 충분히 구비하고 교육과정 속에서 적극적으로 활용함으로써, 교사와 유아가 함께 디지털 역량을 점진적으로 성장시켜 나갈 수 있다. 예를 들면, 노트북, 태블릿 PC, 스마트폰, 컴퓨터, 빔프로젝트, 전자칠판, 스마트보드,

AR 그림책, VR 기기 등이 있다.

(3) 발달 수준에 적합한 디지털 기반 교육 콘텐츠

디지털 기반 놀이 환경에서는 교사와 유아가 함께 참여할 수 있는 교수·학습용 콘텐츠와 유아가 스스로 탐색하며 배움에 활용할 수 있는 교육 콘텐츠가 요구된다. 이때 콘텐츠는 유아의 발달 수준과 특성에 적합해야 하며, 놀이와 배움의 통합적 경험을 지원할 수 있는지를 분석하여 선별하는 과정이 필요하다. 예를 들어, 유아용 앱(그림 그리기, 사진편집, 음악, AR, VR, QR코드 앱 등), 검색 엔진(구글, 네이버, 다음 등) 등이 있다.

(4) 교육 콘텐츠 활용을 위한 툴(앱)과 플랫폼

디지털 기반 교육 콘텐츠를 구비하고 활용하기 위해서는 이를 지원하는 다양한 툴(앱)과 플랫폼이 필요하다. 그러나 이러한 도구를 선택할 때는 단순한 기능적 유용성뿐만 아니라, 디지털 위험이나 유해 요소에 노출될 가능성이 없는지에 대한 안전성 검토가 선행되어야 한다.

이처럼 유아교육기관의 디지털 놀이 환경은 유아의 접근성과 흥미를 고려하여 설계될 필요가 있다. 유아는 디지털 기기를 활용해 또래와의 사회적 상호작용을 확대하고, 새로운 상징적 놀이를 창출한다(Marsh et al., 2016). 즉, 유아교육기관의 디지털 놀이 환경은 단순히 기기의 유무가 아니라, 유아의 놀이와 배움을 어떻게 지원할 수 있도록 맥락화되어 있는지가 핵심이라 할 수 있다.

2) 디지털 놀이를 위한 교사의 지원

유아의 디지털 놀이는 단순히 기기의 사용을 넘어, 창의성과 탐구심을 확장하는 중요한 학습 경험으로 자리 잡고 있다. 그러나 디지털 놀이가 교육적 효과를 발휘하기 위해서는 교사의 적극적인 지원이 반드시 필요하다. 교사는 유아의 발달 수준과 놀이 맥락을 고려하여 적절한 도구를 제공하고, 놀이 과정이 안전하고 의미 있게 이루어질 수 있도록 조율하는 중재자의 역할을 수행해야 한다.

특히 교사의 지원은 기반적 지원과 현장적 지원이라는 두 측면으로 나누어 살펴볼 수 있다. 기반적 지원은 유아와 교사가 디지털 도구를 활용할 수 있는 역량을 기르고, 안전하고 발달에 적합한 환경을 마련하는 것이다. 이는 디지털 놀이의 효과적인 운영을 위한 기본 토

대가 된다. 반면, 현장적 지원은 실제 교실과 놀이 현장에서 교사가 공간, 상호작용, 자료, 안전, 일과 등을 구체적으로 조율하는 실행 차원의 지원을 뜻한다.

두 지원은 서로 분리된 개념이 아니라 상호 보완적 관계에 있다. 기반적 지원을 통해 마련된 역량과 환경은 현장에서 실행 가능한 활동으로 구체화되고, 현장적 지원은 다시 유아와 교사의 역량 강화를 촉진한다. 따라서 교사는 두 지원 방안을 균형 있게 운영함으로써 유아가 디지털 놀이를 통해 창의적 사고를 발휘하고, 자기주도적 탐구와 협력적 학습을 경험할 수 있도록 도와야 한다.

(1) 기반적 지원

기반적 지원은 유아의 디지털 놀이가 안정적이고 의미 있게 전개될 수 있도록 필수적인 조건과 역량을 마련하는 것을 의미한다. 이는 기기의 단순한 제공을 넘어, 유아와 교사가 함께 성장할 수 있는 토대를 조성하는 과정이다. 교사는 유아 발달 수준에 적합한 기기와 콘텐츠를 선별하고, 안전한 환경을 구축하며, 유아와 교사 모두의 디지털 역량을 체계적으로 향상시켜야 한다. 이러한 기반이 마련될 때, 유아는 놀이 속에서 디지털 도구를 창의적이고 주도적으로 활용할 수 있다. 이를 구체적으로 정리하면 다음과 같다(교육부, 2021; 교육부, 2022; 배윤진 외, 2023; Ertmer & Ottenbreit-Leftwich, 2010; Kirkorian, Wartella, & Anderson, 2008).

① 유아의 디지털 역량 강화

유아교사는 유아가 디지털 미디어를 단순히 소비하는 데 그치지 않고 능동적 참여자로 성장할 수 있도록 지원해야 한다. 이를 위하여 유아가 텍스트, 이미지, 애니메이션 등 다양한 정보를 탐색하고 선택하며 다시 조율하는 과정을 경험할 수 있도록 환경을 조성해야 한다. 가상과 현실 세계를 오가며 이루어지는 쌍방향적 체험을 지원하여, 유아가 의미 있는 학습을 구성하도록 돕는 것도 좋은 방법이다. 무엇보다 교사는 지식 전달이나 사용 제한 중심이 아닌, 질문과 탐구 중심의 접근을 통해 유아가 비판적으로 사고하며 디지털을 활용하도록 이끌어야 한다. 아울러 교사는 모든 유아가 차별 없이 디지털 미디어에 접근할 수 있는 다양한 놀이 기회를 제공하여, 유아가 정보 탐색과 판별, 공유의 경험을 놀이 과정 안에서 쌓게 하는 것이 중요하다. 이를 통해 유아는 자기주도적 학습 능력과 디지털 문해력을 함께 키워 나갈 수 있다.

② 유아교사의 디지털 역량 강화

유아교사의 디지털 역량은 유아의 디지털 놀이 경험을 풍부하게 하고, 교육의 질을 높이는 데 기여하므로 우선시되어야 한다. 이를 위하여 유아교사는 디지털 교육 연수 프로그램에 참여하여 최신 기술과 교육 방법론을 배우고, 다양한 디지털 기기와 매체를 직접 사용해 보며 유아의 놀이에 활용하는 방법을 익혀야 한다. 학습공동체 등 동료 교사와의 협력 네트워크를 구축하여 디지털 도구의 활용 사례나 서로의 경험을 공유하고, 온라인 강의와 웹 세미나 등에 참여하여 최신 교육 기술과 트렌드를 학습하며 지속적인 자기 개발을 통해 전문성을 높여야 한다.

③ 안전한 디지털 놀이 환경 조성

유아교사가 안전한 디지털 놀이 환경을 제공하는 것은 유아의 디지털 놀이 경험을 긍정적으로 변화시킬 수 있다. 우선, 유아교사는 유아와 함께 디지털 기기 사용에 대한 규칙을 설정할 수 있다. 사용 시간과 장소, 목적 등을 명확히 하여 유아 스스로 규칙을 이해하고 실천하도록 돕는다. 유아가 사용하기 적절한 콘텐츠와 앱, 플랫폼을 미리 선정하고, 이를 부모와 공유하여 유아가 가정에서도 안전한 디지털 놀이를 즐길 수 있도록 지원한다. 유아의 디지털 기기 사용을 모니터링하고, 긍정적 행동에 대한 피드백을 제공하며, 디지털 놀이 과정에서 관찰된 유아의 반응을 수집하여 다음 디지털 놀이 지원에 참고한다. 또한 유아에게 디지털 기기 사용의 기본적 개념과 안전한 사용법에 대한 디지털 리터러시 교육을 통해 유아가 개인정보 보호나 사이버 불링 예방, 안전한 소통 방법 등을 익힐 수 있도록 지원해야 한다.

④ 유아 간 상호작용과 협력 촉진

유아교사는 유아들이 함께 디지털 놀이를 할 수 있도록 유도하여, 협력과 소통의 기회를 제공한다. 프로젝트를 통해 협력적 놀이를 촉진할 수 있는 앱이나 플랫폼을 선택하여 유아들이 함께 문제를 해결하거나 목표를 달성할 수 있도록 전개할 수 있다. 교사가 함께 놀이에 참여하여 협력적 상호작용에 대한 모델링을 보이거나 유아들이 서로 생각을 나누고 협력할 수 있는 질문을 하는 것도 좋다. 또한 유아들이 함께 모여 디지털 놀이를 할 수 있는 넓은 공간을 마련하고 다수의 유아가 디지털 기기를 원활하게 사용할 수 있도록 수량과 위치를 적절히 배치하여 유아들이 디지털 놀이 과정 중 자연스럽게 상호작용할 수 있도록 지원한다.

⑤ 디지털 놀이에 대한 반성적 사고 유도

유아교사는 유아가 디지털 놀이 후 자신의 경험에 대해 이야기하도록 유도하여, 무엇을 배웠는지, 어떤 감정을 느꼈는지 반성할 수 있는 기회를 제공한다. 자신이 사용한 디지털 기기나 앱, 그에 대한 놀이 방법, 놀이 시간, 놀이 공간 등 놀이 과정 중 일어난 다양한 맥락에 대해 서로 이야기를 나누며 그날의 놀이를 평가하고 다음 놀이에 대한 계획을 스스로 세울 수 있도록 지원한다. 이를 통해 디지털 놀이에 대한 흥미와 디지털 매체 활용 능력은 물론 유아가 주도적이고 창의적인 놀이 경험을 통해 탐색과 배움의 과정으로 나아갈 수 있다.

이처럼 교사의 디지털 놀이 지원은 유아와 교사 모두의 디지털 역량을 체계적으로 강화하고, 발달 수준에 적합한 안전한 놀이 환경을 구축하며, 유아 간 협력적 상호작용을 촉진하는 데 중요한 의미를 지닌다. 이러한 지원은 디지털 놀이를 단순한 기술 활용의 차원을 넘어 교육적이고 발달적으로 가치 있는 경험으로 확장시키는 기반이 된다. 따라서 교사는 지식 전달자가 아니라 유아의 놀이를 관찰하고 조력하는 전문적 지원자로서 역할을 수행해야 한다.

(2) 현장적 지원

현장적 지원은 실제 교육과정 운영에서 디지털 놀이가 자연스럽게 스며들 수 있도록 구체적 실행 방안을 제공하는 것을 말한다. 디지털 놀이는 더 이상 특별하거나 부가적인 활동이 아니라, 일과 속에서 자연스럽게 이루어지는 발달적 경험으로 자리 잡아 가고 있다. 따라서 유아교육 현장에서 교사의 역할도 단순히 지식을 전달하는 '가르치는 자'가 아니라, 유아가 스스로 탐색하고 의미를 만들어 갈 수 있도록 돕는 '지원하는 자'로 전환되어야 한다(교육부, 2019). 즉, 교사는 유아의 놀이 과정을 관찰하고, 필요할 때 적절한 자원과 기회를 제공하며, 놀이가 점차 확장될 수 있는 환경을 마련하는 촉진자의 역할을 수행해야 한다. 이는 국가수준 교육과정에서 강조하는 교사의 지원적 역할과 맞닿아 있으며, 교사가 놀이를 계획하고 실행하기보다는 유아의 주도성을 존중하면서 놀이가 확장되도록 돕는 것이다.

특히 디지털 놀이에서는 유아가 능동적으로 선택하고 몰입할 수 있도록 안전하고 개방적인 디지털 환경을 구성하며, 유아들 간의 상호작용을 촉진하고 디지털 놀이의 맥락을 풍부하게 확장하는 것이 중요하다. 따라서 교사의 역할은 지시적 · 통제적인 교육자가 아니라, 유아와 함께 디지털 놀이를 공동으로 구성하고 발달 가능성을 열어 주는 지원적 동반자로 이해되어야 한다. 이에 놀이 과정에서 교사의 디지털 놀이 지원 방안에 대하여 정리하면

다음과 같다(교육부, 2021; 교육부, 2022; 배윤진 외, 2023; Ertmer & Ottenbreit-Leftwich, 2010; Kirkorian, Wartella, & Anderson, 2008).

① 공간 지원

유아는 교사가 구성해 놓은 실내 외의 제한된 영역에서 미리 준비된 놀잇감을 선택하기보다 자신의 흥미와 관심에 따라 자연스럽고 자유롭게 놀이를 즐길 수 있어야 한다. 아울러 교사는 유아의 놀이를 관찰하여 흥미와 관심을 파악하고, 유아의 놀이가 확장될 수 있도록 지원해야 한다. 따라서 교사는 디지털 놀이가 반드시 디지털 영역에 국한되어 이루어지는 것이 아님을 인식하고, 다양한 영역에 디지털 놀이를 확장할 수 있는 환경을 제공하는 것이 바람직하다. 특히 요즘 교실은 유비쿼터스를 기반으로 시간과 장소에 제한 없이 디지털 놀이를 즐길 수 있는 환경이 마련되어 있으므로 교사는 유아가 어떠한 공간과 영역의 구분 없이 다양한 유형의 디지털 놀이를 즐길 수 있도록 지원해야 한다.

디지털 미디어가 기존의 놀이 영역과 단절적으로 배치될 경우, 유아는 이를 일시적 · 도구적 활동으로만 인식할 수 있다. 따라서 교사는 쌓기, 미술, 역할, 언어 등 놀이 영역과 디지털 기기가 자연스럽게 연결되도록 환경을 구성해야 한다. 예를 들어, 블록을 쌓는 영역에 태블릿 PC를 두어 유아가 자신이 만든 구조물을 디지털 드로잉 앱으로 설계해 보거나, 증강현실(AR)을 활용하여 블록 위에 가상 이미지를 겹쳐 보는 경험을 할 수 있도록 지원한다. 이러한 통합적 환경은 유아의 놀이를 풍부하게 확장하도록 돕는다.

② 상호작용 지원

유아가 주도하는 놀이는 교사의 간섭과 통제를 최소한으로 하되, 다양하고 자유로운 놀이 환경이 제공될 때 가장 활발하게 나타난다. 이에 교사의 역할은 놀이 과정에서 직접적인 지시를 제공하기보다, 유아 간의 대화를 촉진하고 탐색을 확장할 수 있는 질문을 던지는 것이 중요하다. 예컨대, 유아가 디지털 스토리북을 제작하는 과정에서 교사는 "왜 주인공들이 움직이는 모습이 비슷하게 보일까?" "이 장면에는 아까와 다른 결말을 넣어 보면 어떨까?"와 같은 질문을 통해 유아가 사고의 폭을 넓히도록 지원한다. 또한 또래 간 협력적 상호작용을 장려하여 서로의 아이디어를 공유하고 함께 창작하는 경험을 강조할 필요가 있다. 이는 단순한 기술 사용을 넘어 사회적 창의성을 길러 주는 중요한 과정이 된다.

③ 안전 지원

디지털 환경은 유아에게 매우 흥미롭고 매력적이지만 동시에 과의존이나 부적절한 콘텐츠 노출, 개인정보 유출 등의 위험도 내포하고 있다. 이에 교사는 연령에 맞는 앱과 프로그램을 선별하여 제공하고, 놀이 시간의 균형을 유지하며, 개인정보 보호를 위한 기본 원칙을 유아들에게 안내해야 한다. 예를 들어, 게임으로만 디지털 기기를 사용하고자 하는 유아에게는 요구에 단호하면서도 유연하게 대처하고, 같은 앱이라도 놀이 안에서 창의적으로 즐길 수 있는 방안을 함께 고민하는 과정이 필요하다. 또한 교실에서의 디지털 놀이가 신체나 실외 놀이 등의 동적인 영역에서의 놀이와도 통합과 균형을 이루도록 일과를 조율하는 것이 필요하다.

④ 자료 지원

다양한 디지털 도구가 교실에 도입되고 있지만, 모든 매체가 모든 유아에게 적합한 것은 아니다. 교사는 유아의 연령별 발달 수준과 흥미를 고려하여 디지털 도구를 선택하고, 유아의 놀이 진행 과정을 면밀히 관찰한 후 놀이의 맥락과 목적에 적합한 자료를 지원해야 한다. 예를 들어, 만 3세 유아에게는 간단한 그림 그리기 앱이나 음성 및 영상으로 구현되는 매체를 제공하여 디지털 미디어에 대한 흥미 유발과 기본적 탐색을 가능하게 하는 것이 좋다. 만 5세 유아에게는 스톱모션 앱이나 AI 기반 그림 생성 도구를 활용해 보다 창의적인 표현을 지원할 수 있다. 이처럼 발달 단계와 맞는 자료의 지원은 유아의 창의적 놀이가 질적으로 확장되도록 돕는다.

⑤ 일과 지원

디지털 놀이가 일과 속에서 자연스럽게 자리 잡을 수 있도록 조율하는 것 역시 교사의 중요한 역할이다. 특정한 '디지털 시간'을 별도로 두는 방식보다는, 프로젝트 활동이나 일상 놀이 과정 속에서 유기적으로 녹아들도록 하는 것이 효과적이다. 예컨대, 식물 키우기 프로젝트에서 태블릿 PC를 활용하여 성장 과정을 사진으로 기록하거나, 구글 아트 앤 컬처를 통해 유명 화가의 작품을 탐구한 뒤 이를 모티프로 디지털 드로잉을 하는 방식으로 통합할 수 있다. 이러한 조율은 유아가 디지털 기술을 자연스럽게 놀이와 탐구의 일부로 받아들이도록 만든다.

결국 창의적 놀이 확장을 위한 교사의 지원은 단순히 디지털 도구를 제공하는 차원을 넘는 다차원적 역할을 포함한다. 교사의 이러한 적극적이면서도 면밀한 지원이 뒷받침될 때, 디지털 기술은 유아의 창의적 놀이를 풍부하게 확장하는 의미 있는 매개체로 기능할 수 있다.

2. 심층학습

1) 유아교육기관에서의 디지털 놀이

다음에서는 유아교육기관의 하루 일과 중 이루어지는 디지털 놀이의 맥락과 이에 따른 유아교사의 지원 사례를 연령별로 제시하고자 한다. 디지털 기기의 사용에 집중된 놀이가 아니라, 현실 세계의 놀이가 디지털 기술을 통해 창의적으로 확장된 놀이 사례임을 전제로 한다.

하나 3세 **아빠·엄마께 영상편지를 보내요**

놀이 목표

- 디지털 미디어를 활용한 의사소통을 경험한다.
- 다양한 디지털 미디어를 직접 사용할 수 있다.

디지털 기기

- 태블릿 PC, 스마트폰, 스마트 TV

디지털 콘텐츠 및 앱

그림을 그려요! 춤을 춰요!

- 활용: 직접 그림을 그리고 색칠을 할 수 있다. 동작을 선택하면 내가 그린 그림이 살아 움직이거나 노래에 맞춰 춤을 춘다. 비슷한 형식의 앱이 많기 때문에 각자 맞는 것을 다운로드 받아 사용하면 된다.

캔바

- 활용: 온라인 그래픽 디자인 플랫폼으로 유아들도 쉽게 디자인 작업을 할 수 있다. 그림을 그리거나 글자 쓰기, 사진과 동영상, 스티커 넣기 등을 할 수 있다. 출력물을 여러 형태의 파일로 받을 수 있는 것이 장점이다.

놀이의 시작

• 지금 교실은 2주째 아빠 프로젝트 중이에요. 유아들은 내가 유치원에 있는 동안 아빠는 무슨 일을 하는지가 궁금해졌어요. 아이들의 요청을 들은 아빠들이 회사에서 일하는 모습을 담은 영상편지를 유치원으로 보내 주시고, 직접 직장으로 초대도 하셨어요. 아빠들의 모습에 유아들도 아빠에게 영상편지를 직접 찍어 보내기로 했답니다.

놀이 과정

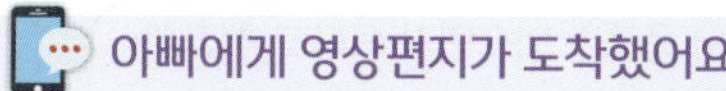

아빠에게 영상편지가 도착했어요!

아빠들에게서 회사에서 하는 일을 소개하는 모습이 담긴 영상편지가 도착했다. 아빠들은 스마트폰으로 직접 촬영하고 편집한 영상편지를 통해 아이들에게 자랑스러운 아빠의 모습, 가족을 위해 열심히 일하는 아빠 자신을 소개한다. 유아들은 평소 보지 못했던 회사에서의 아빠의 모습을 스마트 TV를 통해 살펴보고, 아빠가 하는 일과 아빠의 바쁜 일상을 접한다.

수연아, 아빠야. 오늘은 너희들에게 아빠가 회사에서 어떤 일을 하는 지에 대해 알려 주려고 해. 이곳이 아빠가 일하는 현장이야. 아빠는 여기에서 공사하는 분들이 다치지 않고 안전하게 일할 수 있도록 도와주는 일을 해. ……(중략)…… 여기는 아빠 사무실이야. 사무실 책상에는 우리 수연이와 엄마의 사진이 있지? 아빠는 항상 우리 가족을 생각하면서 일하고 있어. 그러니 우리 수연이도 유치원에서 친구들과 사이좋게 지내고 즐거운 일들 많이 했으면 좋겠어. 보고 싶고, 사랑해.

-수연 아빠가 보내 온 영상편지 중-

주호: 근데 수연아, 네 아빠 멀리 있어?

수연: 응, 우리 아빠는 현장이 멀리 있어서 일주일에 한 번씩 집에 와서 만나.

주호: 그럼 수연이 아빠, 수연이 엄청 보고 싶겠다, 그치?

하민: 아까 영상편지에서 수연이 아빠가 책상에 사진 보고 있다고 했잖아. 그럼 수연이가 아빠를 많이 못 보니까 영상편지 또 보자!!!

교사 지원 tip. 아빠들의 영상편지를 반복해서 보고 싶은 유아들을 위해 여러 대의 태블릿 PC에 영상을 각각 넣어 둔다.

▲아빠가 보내 온 영상편지 감상하기

▲영상을 통해 아빠에 대해 새롭게 알게 된 사실 이야기 나누기

영상편지를 반복해서 보며 영상 속 아빠가 하는 말에 귀를 기울이는 유아들. 멀리 있는 수연 아빠의 일상을 동영상을 보면서 머릿속에 그려 본다. 유아들은 힘든 아빠에게 힘을 주는 방법으로 아빠에게 영상편지를 만들어 보내기로 한다.

하민: 수연이 아빠는 그럼 집에는 안 오고 계속 일만 해?

주호: 아니 영상편지에서 낮에는 일하고, 밤에는 사무실 옆에 집에서 잔대.

지아: 수연이 아빠가 아까 사무실에서 음료수 먹으면서 쉰다고 했잖아.

하민: 그래도 수연이 아빠 엄청 힘들겠다.

주호: 그럼 수연이도 아빠한테 영상편지 보내면 되겠다. 아빠가 보고 힘이 난다~ 할 것 같아. 나도 우리 아빠 회사로 영상편지 보내고 싶다.

지아: 나도! 나도 엄마랑 아빠한테 다 보내고 싶어.

하민: 그럼 우리 카메라로 찍을까?

교사: 카메라는 한 대밖에 없으니까, 저기 있는 태블릿 PC를 이용해서 같이 해 봐요!

다 함께 영상편지를 찍어요!

영상편지 촬영을 위해 의견을 나누는 유아들. 해야 할 일들을 정리하고 역할도 나눈다. 유아들은 논의를 통해 영상편지에서 하고 싶은 말 미리 생각하기, 진짜 편지를 써서 영상에 같이 넣기, 노래를 불러서 영상편지에 넣기 등을 결정하였다.

하민: 영상에서 뭐라고 말해야지?

주호: 엄마 아빠한테 하고 싶은 말을 해!

지아: 막 잊어버릴 것 같아!

주호: 그럼 미리 쓰면 되잖아!! 미리 써서 그거 보고 말하는 거야!

지아: 어 좋다! 그런데 나 글자 모르는데?

하민: 그럼, 그림으로 그리자!

▲동영상 촬영 및 삽입할 영상과 사진을 다 함께 선정하기

유아들은 영상편지 중간에 직접 만든 편지도 넣기로 한다. 교사가 캔바를 제안하였고, 유아들은 이를 활용하여 직접 움직이는 사진을 만든다.

교사 지원 tip. 유아와 가족들의 사진을 미리 가정에서 수집하여 유아들이 작업하는 태블릿 PC에 넣어 둔다. 캔바는 웹사이트에서도 실행이 가능하므로 스마트 TV로 작업하는 것도 좋다. 또한 별도의 앱 설치 없이 윈도 보조 프로그램인 그림판, 휴대폰 및 태블릿 PC의 사진 편집 기능을 사용하여도 무방하다.

▲영상 속에 삽입할 편지 만들기

▲캔바로 편집한 편지

영상편지는 유튜브로! 초대장은 QR코드로!

영상편지를 어떻게 아빠의 휴대폰으로 보낼 수 있을까 고민하던 친구들은 교사의 제안들을 듣고는 유튜브에 업로드하기로 결정한다.

수연: 유튜브에 올리면 아빠가 멀리서도 내 영상편지 다 볼 수 있겠다.

주호: 맞아. 나는 할머니랑 할아버지한테도 보내야지!

수연: 형님반에도 보여 주자. 선생님들도!

하민: 좋아! 그런데 멀리 사는 사람들한테는 초대장 어떻게 주지?

주호: 이거는 사진 찍어서 보낼까? 선생님한테 물어볼까?

교사: 친구들이 초대장을 만들고 사진을 찍으면 선생님이 부모님들이 볼 수 있도록 사진 초대장을 보내 줄게요.

교사 지원 tip. 교사가 유튜브 계정을 미리 만들어야 업로드 및 관리가 가능하다. 학부모 공개 시 개인 자료에 대한 열람 권한을 설정하거나, 아예 공개용 계정을 새로 만들어 두는 것이 좋다.

유아들이 직접 초대장을 만들면 교사는 업로드된 영상편지의 링크를 QR코드로 만들어 초대장에 넣을 수 있도록 지원한다. 유아들은 아빠와 엄마를 포함한 가족들, 원감 선생님과 형님반에 초대장을 전달한다.

교사: 자, 이렇게 유튜브가 나올 수 있는 주소를 그림처럼 만들 수 있어요. 이걸 QR코드라고 불러요. 혹시 본 적 있니?

하민: 아, 이거 책에 있어요! 휴대폰으로 찍으면 유튜브에서 읽어 주는 거!

지아: 나는 이거 햄버거 살 때 봤는데?

교사: 맞아요. 이렇게 스마트폰으로 찍은 다음에 여기 떠오르는 글자를 누르면!

지아: 어, 우리 영상편지 유튜브로 켜졌다!!

하민: 그래서 이거 초대장에 넣는 거구나! 유튜브로 빨리 보라고.

교사 지원 tip. 3세 유아는 직접 QR코드를 만들기 어려우므로 교사가 지원한다. 직접 만들기는 어려울 수 있지만 QR코드의 원리에 대해 살펴보고 직접 QR코드를 실행해 보는 과정은 필요하다. 4~5세 유아의 경우 여러 번 해 보면 직접 만들기가 가능하다.

▲초대장 만들기

▲QR코드가 들어간 초대장

우리 영상편지에 가족들의 댓글이 달렸어요!

직접 만든 영상편지를 감상하고, 유튜브에 올라온 부모님의 의견을 살펴보며 함께 이야기를 나눈다. 유아들은 직접 만든 영상을 유튜브로 볼 수 있다는 사실 자체를 신기해하였고, 부모님의 댓글을 무척 뿌듯해하였다.

주호: 우와, 이거 우리가 진짜로 만든 거예요.

수연: 우리가 만든 게 유튜브에서 나오니까 진짜 신기해요. 엄마 휴대폰으로도 봤어요.

주호: 할아버지한테 전화 왔는데 잘 봤다고, 멋지다고 했어요.

하민: 우리 아빠도 회사에 같이 다니는 아저씨들이랑 같이 봤대요. 저번에 아빠가 보낸 영상에 나오는 아저씨들이요. 밤에 아빠랑 같이 보고 아빠한테 또 뽀뽀해 줬어요.

지아: 나도 밤에 같이 보고 아빠한테 고마워하고 안아 줬어요. 엄마한테도요.

……(중략)……

예나: 나는 우리 아빠가 영상편지 선물 고맙다고 해서 좋았고, 주말에 장난감 선물 사 준다고 해서 엄청 신나요.

민아: 아빠가 영상편지를 보니까 힘이 불끈 날 것 같다고 말해 줘서 기뻤어요.

도윤: 나도 아빠가 영상편지 보고 행복하다고 말해서 기분이 엄청 좋아요.

교사 지원 tip. 디지털 미디어로 만든 영상 캡처본과 유튜브로 주고받은 댓글 등의 자료를 실물자료로 크게 인쇄하여 벽면에 게시하면, 유아들의 피드백과 놀이 확장에 도움이 된다.

▲다 함께 영상편지 감상하기

▲부모님의 댓글 보고 이야기 나누기

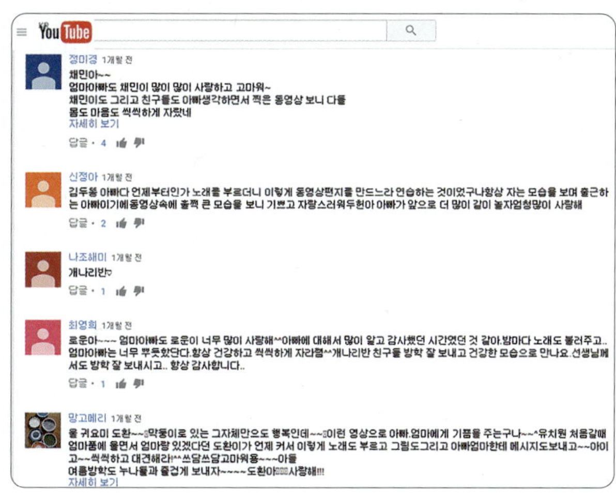

▲부모님의 댓글 캡처

유아 경험의 이해

- 아빠가 보내 준 영상편지를 통해 가족의 삶을 구체적으로 이해하는 경험을 한다.
- 직접 그린 그림과 캔바 등의 디지털 미디어를 활용한 영상편지 제작 과정을 통해 미디어 활용 능력은 물론 창의적인 표상 능력을 기른다.
- 자신의 생각과 감정을 동영상과 편지 등 다양한 매체로 표현한다.
- 유튜브 업로드 과정과 부모님의 댓글 반응을 보며 자신의 노력에 대한 사회적 인정을 경험하고, 성취감을 느끼며 또래와 함께 상호작용하는 경험을 확장한다.

교사의 지원

- 상호작용: 영상 시청 후 아빠의 직업에 대한 개방형 질문을 통해 유아의 생각을 이끌어 내고, 유아의 영상 제작 의도를 적극적으로 지지하며 격려한다.
- 자료: 영상 촬영 및 편집을 위한 스마트 기기와 캔바 앱 등의 디지털 도구를 준비하고, 손 편지 작성을 위해 다양한 미술 재료도 함께 제공한다.
- 안전: 초상권 및 개인정보 보호를 위해 유튜브 업로드 전 부모님의 동의를 구한다. 기기 사용 중 안전 수칙과 영상 제작 예절을 함께 지도한다.
- 일과: 영상 제작과 편집에 필요한 시간을 충분히 확보하고, 부모님 댓글을 함께 확인하며 연계 활동을 위한 이야기 나누기 시간을 계획한다.

- 공간: 영상 촬영과 편집이 용이한 조용하고 안정적인 공간을 마련하고, 유아들이 만든 편지와 작품을 게시할 수 있는 영역을 구성한다.

가정과의 연계

- 가정에서 함께 영상을 촬영하거나 편집하는 미디어 놀이를 통해 유아의 디지털 활용 능력을 지원하도록 안내한다. 부모님께 전하고자 하는 이야기를 영상으로 주고받는 경험을 하는 것도 좋은 방법이다.

둘 4세 우리 반에 물고기가 헤엄쳐요!

놀이 목표

- 바닷속 생물들을 디지털 미디어를 활용하여 알아본다.
- 증강현실을 활용한 놀이를 즐긴다.

놀이 자료

- 바닷속 꾸미기 재료, 미술 재료, 비닐, 천, 그림책 『신비한 바다생물』[제인 H. 벅스턴 글, 제리 펑크니 그림, 2005, 중앙출판사(JDM)]

디지털 기기

- 태블릿 PC, 스마트폰, 스마트 TV

디지털 콘텐츠 및 앱

비바샘 AR동물도감

- 활용: 비바샘은 교육 출판 기업인 비상교육에서 운영하는 초·중·고 교사 전용 교수 지원 서비스로 유아 수준에 맞는 디지털 미디어에 한하여 서비스를 활용할 수 있다. 실감형 과학관 코너 안에 있는 AR동물도감으로 동물에 대한 정보를 말과 글로 제공한다. 360도 회전 기능을 활용하여 다양한 위치에서 동물을 탐색할 수 있으며, 증강현실 기술을 활용하여 나와 함께 사진을 찍고 퀴즈를 풀 수도 있다.
  또한 도감 속 동물의 특성이 담긴 화면을 카드 형식의 실물 자료로 인쇄하여 제공할 수 있다. 사이트 주소를 QR코드로 만들어 카드 안에 함께 제시하면 미디어와 결합된 유용한 실물 자료가 된다.

ARLAND

- 활용: 동물에 대한 호기심을 길러 주기 위해 제작된 인터랙티브 3D 학습 시스템으로, 다섯 가지 카테고리(육지, 바다

신비로운 바다 동물

- 증강현실 그림책
- 출판: 남현자, 신영숙 글·그림, 2015, 블루래빗

동물, 곤충, 새, 공룡)로 분류된 100개 동물 카드를 지원한다. 동물 정보와 울음소리, 영상 등을 볼 수 있다.

- 내용: 바닷속 생물들을 증강현실로 만날 수 있다. 동물들을 내 마음대로 움직이거나 함께 사진을 찍고 퍼즐 등의 게임도 즐긴다.

놀이의 시작

- 지난 주 바닷가로 모래놀이를 다녀온 후, 바다에 대해 관심이 부쩍 커진 유아들. 도윤이가 집에서 가지고 온 바다생물에 대한 그림책『신비한 바다생물』을 살펴보며 물고기에 대한 이야기를 나눈다. 팝업책이라 점점 더 많은 아이가 관심을 가지자 교사가 팝업북을 함께 읽어 주었고, 교실을 바다로 꾸미는 놀이가 전개되었다.

놀이 과정

우리 교실을 바다로 만들어요!

미술 영역에서 그림책을 보며 다양한 재료로 바닷속 생물들을 만든 유아들. 교사가 지원해 준 비닐에 바다생물들을 붙이며 바다를 만든다. 바닥에 파란 천을 붙인 후에는 낚시놀이, 수영놀이 등 바다놀이를 이어 간다.

지아: 이렇게 붙이니까 물고기가 교실 속에 있는 것 같다!

주호: 그런데 거북이도 만들었네? 등이 다 알록달록해!

도윤: 그런데 좀 색깔이 바다 아닌 것 같지 않아? 더 파래야 될 것 같아!

지아: 그치? 이거 말고 더 파란색으로 붙이는 거 있나 물어볼까?

교사: 좋은 생각이에요. 선생님이 파란 천이 있는데 이걸로 바다를 꾸며 보는 건 어때요?

(바닥에 파란 천을 붙여 바다를 만든다.)

주호: 여기 고등어를 잡았어요! 통발에 넣어! 잡아 줘!

도윤: 우와! 아주 크네요. 빨리 가지고 오세요. 손질해 드리겠습니다.

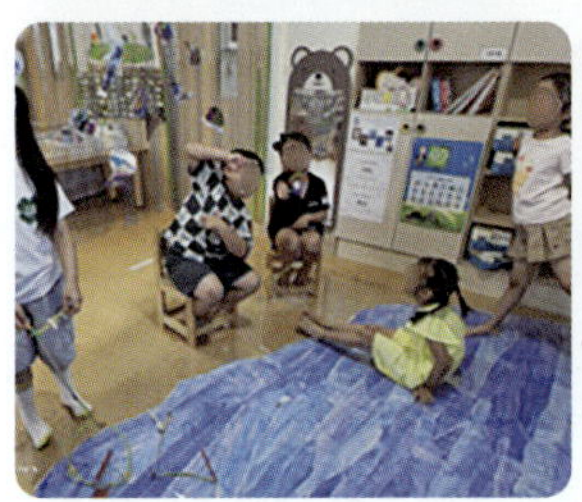

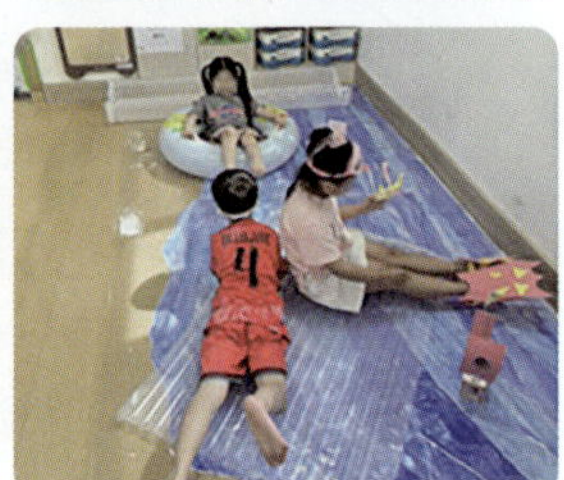

아쿠아리움에는 물고기가 머리 위에 떠다녀요.

바다생물, 특히 물고기가 궁금한 유아들은 아쿠아리움에 가서 직접 물고기를 탐색하고 왔다. 교사는 아쿠아리움을 다녀온 후 머리 위로 물고기가 떠다니는 모습을 계속 이야기하는 친구들을 위해 바닥이 아닌 교실 전체를 파란 천으로 감싸 주었다. 유아들은 그 안에서 물고기가 되어 헤엄을 친다.

민아: 이렇게 하니까 진짜 아쿠아리움 같다! 저는 니모예요! 비키세요!

도윤: 슝~ 저는 대왕 물고기에요!

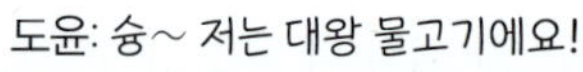

교사 지원 tip. 유아의 놀이와 상호작용을 면밀히 관찰하여 비닐과 천 등의 자료를 지원한다.

교실에도 물고기가 둥둥 헤엄쳐요.

아쿠아리움에 다녀온 유아들은 우리 교실에도 물고기가 둥둥 헤엄쳐 다녔으면 한다. 교사는 유아들의 디지털 놀이를 지원하기 위해 증강현실 그림책을 소개한다.

주호: 우리 교실에도 진짜 물고기가 있었으면 좋겠다. 그럼 매일매일 볼 수 있잖아.

예나: 맞아! 우리 교실에도 살아 있는 물고기가 있으면 더 좋겠다! 아쿠아리움처럼!

민아: 같이 헤엄치면 진짜 물고기는 어떻게 생겼는지 더 잘 보일 것 같아.

교사: 선생님이 물고기들을 교실 안으로 초대할 수 있는 방법을 찾았어요! 그림책을 보면 알 수 있다는데, 같이 볼까요?

교사가 태블릿 PC의 앱을 켜고 증강현실 그림책을 비추자, 화면에 그림책 속 물고기들이 살아 움직이는 것처럼 나타난다.

예나: 꺄! 물고기가 움직인다! 물고기가 책 밖으로 나왔어!

지아: 선생님, 저기 이 물고기는 어제 아쿠아리움에서 봤던 니모예요! 안녕, 니모야!

도윤: 니모야, 우리 교실에 온 걸 환영해! 나는 니모 친구야!

증강현실 화면 속 물고기들이 교실을 헤엄치는 것처럼 보이자, 유아들은 스스로 물고기가 되어 물고기들과 함께 수영을 즐긴다.

주호: 저기 봐! 우리가 만든 바다 옆에 물고기가 지나간다!

민아: 내 다리 밑으로 쏙 들어갔다 나왔어! 신기해!

예나: 나는 복어! 빵빵하게 몸을 부풀릴 거야!

지아: 나는 상어! 냠냠! 물고기 친구들을 찾아다닐 거야!

교사 지원 tip. 유아들이 직접 태블릿 PC를 조작할 수 있도록 지원한다. 태블릿 PC를 스마트 TV와 미러링하여 모든 유아가 큰 화면으로 보며 놀이할 수 있도록 한다.

내가 사진으로 찍은 물고기는 어떤 물고기지?

바닷속이 너무 썰렁하다고 느낀 친구들. 점토로 산호와 수초를 만들어 넣어 주고, 교실에 놀러 온 물고기들에게 사진을 찍어 주기로 한다.

예나: 나는 산호를 먼저 만들고 수초 만들어 줄 거야! 점토로 하니까 물고기들이 막 왔다 갔다 할 수 있겠지?

민아: 응! 얼른 만들어서 물고기들 사진 찍어 주자!

예나: 선생님, 이 물고기들 너무 귀여워요! 나중에 또 와서 같이 놀았으면 좋겠다!

교사: 그래. 이 멋진 물고기 친구들은 우리 친구들이 원할 때 언제든지 만날 수 있어. 우리 교실 속 바다를 더 풍성하게 만들어 주었네.

예나: 이거 봐 봐요!! 내가 만든 산호 사이를 막 지나가요! 신기하다!! 선생님! 이거 친구들이랑 보게 크게 연결해 주세요!

내가 찍은 물고기가 도대체 어떤 물고기일까? 궁금한 친구들은 앱을 활용하여 물고기의 정보를 보며 궁금증을 해결한다. 다른 친구들도 우리 반을 헤엄쳐 다니는 물고기의 종류와 특성에 대해 궁금해하며 관심을 가진다.

예나: 얘는 도대체 무슨 물고기지? 내가 못 보던 건데?

민아: 나도! 나도 무슨 물고기인지 모르겠어.

교사: 그럼 이 앱으로 어떤 물고기인지 찾아보는 게 어때요?

(앱으로 자유롭게 검색하며 정보를 얻는다.)

민아: 아~ 내 수초로 들어온 애는 청새치래!

예나: 왜 이렇게 입이 뾰족한 거야?

민아: 음, 여기 보니까 빠른 속도로 헤엄쳐서 먹이를 입으로 찔러서 잡아먹는대!!

예나: 우와! 신기하다! 내 물고기는? 내 물고기도 찾아보자.

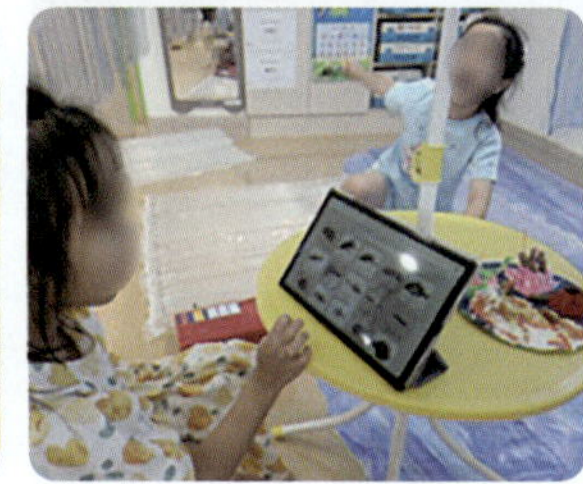

교사 지원 tip. 교사는 앱으로 물고기를 검색하는 과정에서 태블릿 PC와 스마트 TV를 미러링하여 많은 유아가 참여할 수 있도록 한다.

유아 경험의 이해

- 가상의 물고기들과 함께 헤엄치며 상징적 사고와 표상 능력을 통해 현실과 상상을 오가는 놀이를 즐긴다.
- 아쿠아리움에서 본 실제 물고기 경험을 바탕으로, 교실을 바닷속으로 꾸미고 물고기 흉내를 내는 등 자신의 경험을 다양한 방식으로 표상한다.
- 친구들과 바다, 물고기, 산호 등을 만들고 함께 헤엄치고, 궁금한 것들을 해결해 가는 과정을 통해 또래와의 협력적인 상호작용을 경험한다.
- 새로운 도구와 매체에 대해 관심을 가지고 증강현실(AR) 기술을 활용한 놀이에 적극적으로 참여하며, 이를 통해 놀이의 즐거움을 확장한다.

교사의 지원

- 상호작용: 놀이 중 유아에게 개방형 질문을 던져 사고를 확장하고, 긍정적인 반응으로 놀이에 대한 몰입을 돕는다. 다음 단계로 나아갈 수 있는 아이디어를 제공하여 놀이의 흐름을 이어 간다.
- 자료: 증강현실 앱 외에 다양한 영상 자료나 미술 재료를 제공하여 유아가 디지털 경험을 실제 표상 활동과 연결하며 놀이가 풍성해지도록 지원한다.
- 안전: 유아들이 미디어 기기를 안전하게 다루도록 사용법을 안내한다.
- 일과: 흥미를 고려하여 놀이 시간을 충분히 배분하고, 가정과의 연계를 통해 놀이가 지속되도록 돕는다.

- 공간: 놀이 관련 자료들을 한곳에 모아 두고, 유아들이 직접 만든 작품을 전시하는 공간을 마련하여 유아가 주도적으로 놀이 환경을 변화시킬 수 있도록 한다.

가정과의 연계

- 유아와 함께 바다 그림책을 보거나 아쿠아리움에 다녀온 경험에 대해 이야기 나누고, 스마트폰이나 태블릿 PC를 활용해 바다생물을 찾아 사진을 찍는 놀이를 할 수 있다. 아이가 직접 만든 바다생물 모형과 촬영하면 더욱 좋다. 이렇게 찍은 사진을 인쇄해 작은 '우리 가족 아쿠아리움' 사진첩을 만들면 놀이 경험이 확장된다.

5세 가슴 안에 뭐가 있지?

놀이 목표

- 역할놀이를 통해 신체 구조에 대한 호기심을 기른다.
- 디지털 매체를 활용하여 궁금한 것을 해결해 가며 탐구 놀이를 즐긴다.

놀이 자료

- 의사 가운, 엑스레이 사진 인쇄물, 인체 모형, 그림책

디지털 기기

- 태블릿 PC, 스마트폰, 스마트 TV

디지털 콘텐츠 및 앱

올록볼록, 몸속에 뼈가 있어요

- 증강현실 그림책
- 출판: 김형준 글, 원혜진 그림, 웅진출판사, 2012
- 내용: 유아들이 머리부터 발끝까지 몸을 만져 보며 뼈의 위치와 기능을 알아볼 수 있도록 구성되어 있다.

내 몸 탐험대

- 증강현실, 가상현실 브로마이드 북
- 출판: 비유비유 기획팀 글, 김은주 그림, 김희준 감수, 비유비유, 2019
- 내용: 신체 외관과 몸속 기관을 증강현실과 가상현실로 접근할 수 있으며, 크게 펼쳐 벽에 걸어 두고 볼 수 있다.

인체는 어떻게 작동하나요?

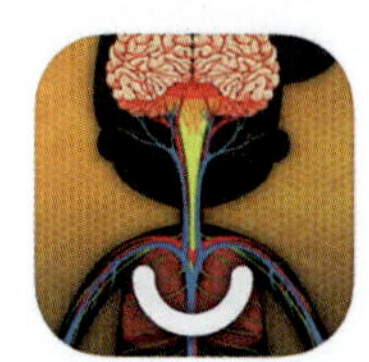

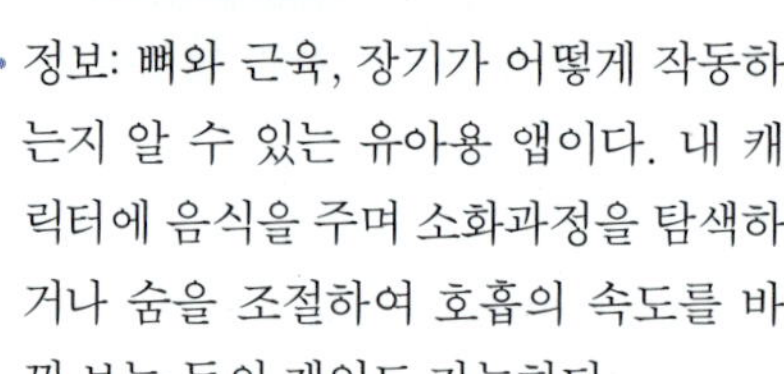

- 정보: 뼈와 근육, 장기가 어떻게 작동하는지 알 수 있는 유아용 앱이다. 내 캐릭터에 음식을 주며 소화과정을 탐색하거나 숨을 조절하여 호흡의 속도를 바꿔 보는 등의 게임도 가능하다.

해부학-3D 아틀라스

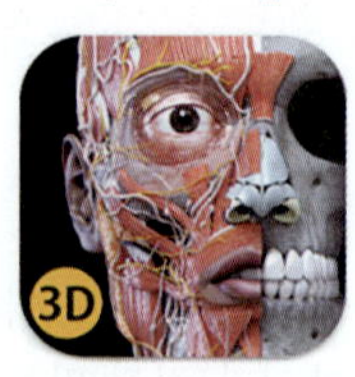

- 정보: 인터랙티브 3D로 인체 해부학, 생리학, 생명과학 등을 탐색할 수 있는 앱이다. 책에서 평면으로만 접하던 인체 내부의 모습을 3D 형태로 탐색할 수 있어 유용하다.

놀이의 시작

- 교사가 창고의 높은 선반에서 스케치북을 꺼내다 의자에서 떨어지면서 다리에 깁스를 하게 되었다. 아이들의 모든 관심은 선생님의 깁스!! 선생님은 아이들이 깁스를 한 이유와 지금 상태에 대해 궁금해하여 대답을 해 주었다. 다리가 꺾이며 근육에 붙어 있던 뼈에서 뼛조각들이 떨어져 나왔다는 이야기를 들은 아이들! 교사는 인터넷으로 다리 엑스레이 사진을 검색하여 보여 주며 설명해 주었고, 여러 영역에서 병원, 깁스, 치료를 키워드로 한 놀이들이 전개되었다.

놀이 과정

가슴 안에 심장 말고 또 뭐가 있어?

역할 영역에서 병원놀이를 하는 유아들. 환자의 뼈가 가슴을 찔러 수술을 하기로 했다. 그런데 가슴에 심장 말고 다른 곳이 있었는데…… 숨을 쉬게 하는 곳이 어디지?

지환: 선생님. 가슴이 아파요! 아까 계단에서 떨어졌는데 그때부터 가슴이 아파요!

태오: 그래요? 그럼, 어디가 아픈지 엑스레이를 찍겠습니다!

준서: 자, 엑스레이 사진 찍겠습니다! 자, 손을 높이 들어 주세요! 됐습니다.

태오: 아하! 사진을 살펴보니 넘어지면서 뼈가 부러졌나 봐요! 뼈가 가슴을 찔러서 아픈 겁니다. 당장 수술을 해야 합니다! 가슴을 찌르고 있는 뼈를 제거할 거예요.

지환: 그런데 가슴 어디를 찌르고 있는 건가요? 심장에서 피는 안 나는데요.

태오: 글쎄요!

준서: 그러게? 가슴 어디를 찌르고 있지? 가슴에 뭐가 있지?

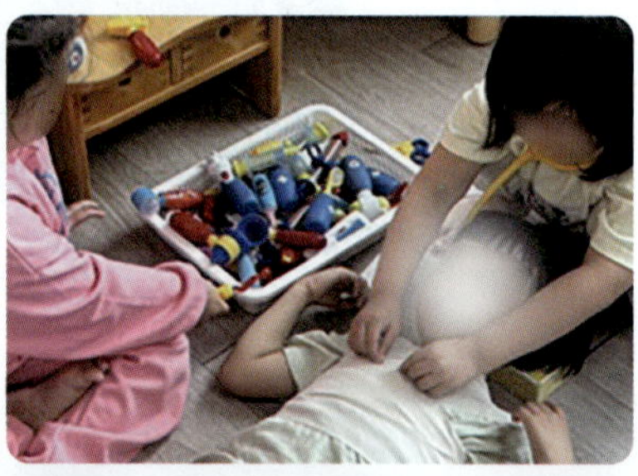

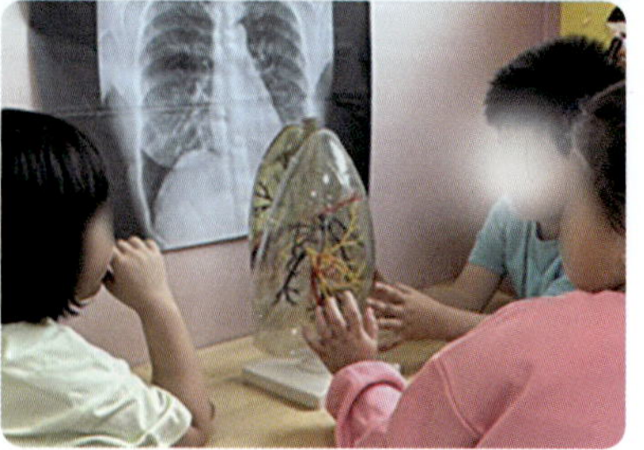

지환: 의사 선생님이 알아야지. 심장에서 피를 보내 주면서 숨 쉬잖아.

태오: 심장은 피를 만들어 주는 곳이지. 숨은 다른 곳으로 쉬잖아. 어디지?

교사: 그럼, 우리 가슴 안에 뼈 말고 어떤 곳들이 있는지 알아볼까요?

교사 지원 tip. 뼈를 자세히 탐색하고 싶은 유아들을 위해 인터넷에서 검색한 엑스레이 사진을 크게 인쇄하여 벽면에 게시한다. 아이들의 놀이를 관찰하며 궁금증 해결에 적합한 앱을 검색하여 설치한다.

숨을 쉬게 하는 몸속 기관을 앱으로 찾아봐요.

교사는 태블릿 PC로 '인체는 어떻게 작동하나요?' 앱을 실행하여 유아들에게 간단한 사용법을 안내한다. 유아들은 태블릿 PC를 조작하며 사용법을 익히고, 궁금한 것들을 눌러 탐색한다.

교사: 자, 여기를 이렇게 선택하면, 우리 몸 안에 있는 기관들의 이름과 하는 일들이 다 나와요. 어떻게 하는지 우선 눌러 보자.

준서: 이거 이렇게 선택하면 어, 뼈가 나오고, 이건 뭐지?

태오: 봐 봐. 이렇게 누르며 옆에 설명이 나와! 뭐 하는지 알려 주네.

교사: 그럼, 보면서 아까 이야기한 숨을 쉬는 곳이 어딘지 찾아보는 게 어떨까?

태오: 네. 어, 이거다! 이게 숨 쉬는 거잖아. 이름이 폐였어, 폐!

지환: 이거 설명을 들어 보자!

준서: 어, 봐 봐! 이거 누르면 폐가 움직인다. 이거 숨 쉬는 건가 봐.

태오: 이렇게 계속 누르니까 빨리 쉰다.

지환: 폐가 빨리 움직여. (호흡을 가쁘게 쉬며) 허-허- 이렇게 빨리 쉬는 건가 봐.

교사 지원 tip. 유아들끼리 궁금증을 해결할 수 있도록 교사는 살짝 떨어져 놀이를 관찰한다.

폐와 심장이 다 가슴에 있다고? 3D로 정확한 위치를 살펴봐요!

가슴에 폐도 있고 심장도 다 있는 게 이상한 유아들. 도대체 어디에 있는 건지 계속 눌러도 정확한 위치가 나오지 않는다.

준서: 여기 심장이다! 이렇게 피가 나와서 몸으로 흘러가는 거네.

태오: 그런데, 아까 폐도 가슴이고, 심장도 가슴인데 이게 다 가슴에 있어?

지환: 어? 이렇게 밑에 있는 건가? 어디 있는지는 잘 안 나와 있는데?

태오: 눌러 봐! 안 돼? 내가 해 볼게! 어, 이게 두 개가 같이 있나 봐. 똑같은 곳에 있잖아.

준서: 그래? 그럼, 이렇게 위로 가는 건가? 어디 있다는 거야?

지환: 선생님! 이거 둘 다 가슴에 있는데 어디 있는지가 안 나와요.

교사: 아, 그렇구나. 너희들이 궁금해하는 위치가 여기에 나오지 않네요. 그럼, 선생님이 위치를 알 수 있는 새로운 앱을 설치해 줄게. 잠깐만!

교사는 각 기관들의 위치를 정확하게 알 수 있는 3D 앱 '해부학-3D 아틀라스'를 설치하여 유아가 궁금증을 해결할 수 있도록 지원한다.

교사: 이 앱은 이렇게 누르면 몸 안에 있는 장기들의 위치까지 다 보여요. 이 앱을 어떻게 사용하는지 일단 마음대로 눌러 보고, 아까 궁금하다고 했던 것들 찾아보세요.

준서: 네! 어어! 이거 움직인다. 신기해!

지환: 이렇게 손으로 누르면 돌아간다!

태오: 밑으로 내리니까 밑에서도 보여. 여기 봐 봐, 뼈 안에 다 들어 있어!

준서: 어, 그러네. 가슴 쪽에 돌려 봐 옆으로!

태오: 아, 이게 두 개가 겹쳐서 있네. 앞뒤로!

지환: 신기하다. 여기 배도 앞뒤로 다 겹쳐서 있어.

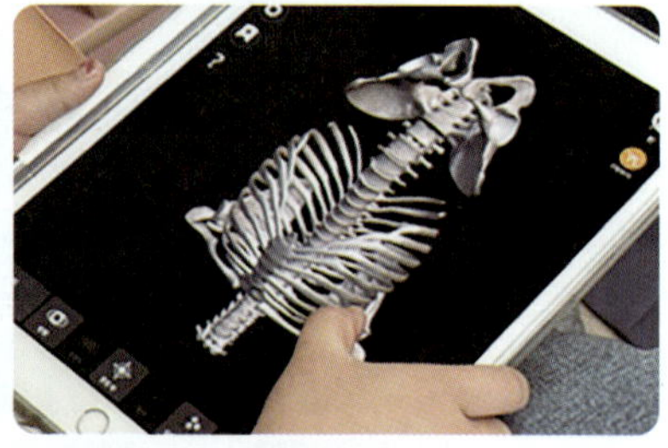

교사 지원 tip. 평면이 아닌 입체로 몸속 기관들을 살펴볼 수 있는 3D 앱을 검색하여 설치한다.

증강현실 그림책으로 뼈가 움직이는 걸 관찰해요.

다음 날, 교사는 증강현실 그림책 『올록볼록, 몸속에 뼈가 있어요』를 제공하고, 유아는 그림책을 보며 3D 형태로 몸속 뼈의 움직임을 탐색한다.

교사: 이렇게 그림책을 화면을 통해서 보고 누르면! 이렇게 친구들이 누르는 대로 뼈가 막 움직여요. 자, 해 보세요!

태오: 이것도 여기 누르니까 뼈가 모양대로 움직여!

지환: 얘는 더 잘 움직여진다! 어, 뛰어간다!

준서: 이거 누르면? 막 앞으로 구르는데? 웃기다.

지환: 어, 뼈 안까지 움직이는 게 다 보인다!

교사 지원 tip. 유아들이 증강현실 그림책을 태블릿 PC로 구동시킬 수 있도록 미리 준비한다.

▲증강현실 그림책 『울룩불룩, 몸속에 뼈가 있어요』

유아가 태블릿 PC를 통해 구현된 이미지를 손으로 조작하면 평소에 잘 보이지 않던 뼈의 안쪽 모습이 입체 형태로 드러난다. 유아가 동작 버튼을 눌러 뼈를 직접 움직이도록 조작하며 그림책을 읽는다.

내가 그린 몸속 그림이야!

알게 된 몸속 기관에 대한 정보를 글과 그림으로 자유롭게 표상한다. 표상한 작품은 벽에 게시하거나, 책의 형태로 만들기도 한다.

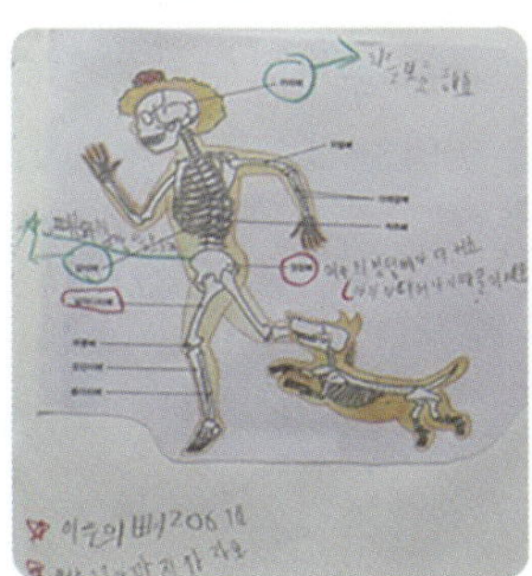

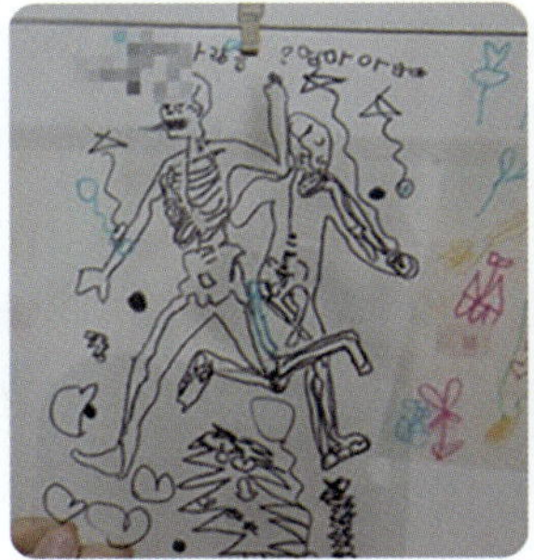

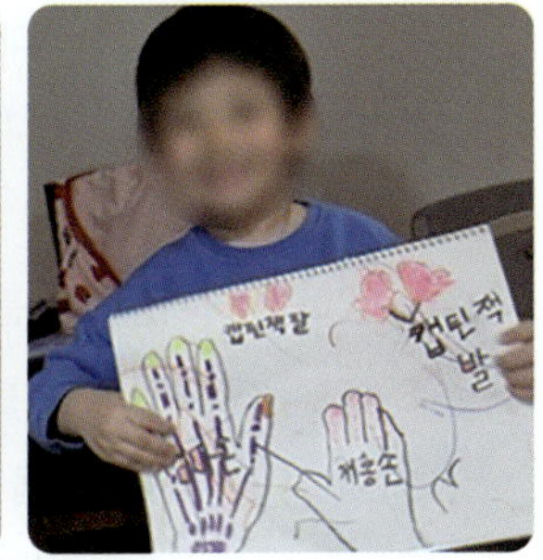

교사 지원 tip. 과학 영역에 몸속 기관에 대한 다양한 정보가 담긴 인쇄물들을 제공하여 유아가 자유롭게 활용할 수 있도록 한다. 브로마이드형 증강현실 그림책『내 몸 탐험대』를 벽면에 게시해 두어 유아들의 표상을 돕는다.

유아 경험의 이해

- 눈에 보이지 않는 몸속 기관들을 궁금해하며, 증강현실 앱과 같은 시각적이고 조작적인 매체를 통해 추상적인 개념을 쉽게 이해하고 탐색하는 것을 즐긴다.
- 스스로 궁금증을 해결하려는 탐구력을 키우고, 친구들과 함께 새로운 정보를 나누고 놀이를 확장하는 사회적 상호작용 능력을 형성한다.

교사의 지원

- 상호작용: 유아의 질문에 "왜 그렇게 생각하니?"와 같은 개방형 질문으로 호기심을 지지하고, 유아의 탐색 과정을 긍정적으로 격려한다.
- 자료: 증강현실 앱 외에 인체 모형, 병원 놀이 소품, 인체 관련 그림책 등 다양한 탐색 자료를 제공하여 놀이를 확장한다.
- 안전: 태블릿 PC 등 디지털 기기 사용 시 유아의 시력 보호를 위해 사용 시간을 제한하고, 올바른 자세를 유지하도록 안내한다.
- 일과: 유아들의 흥미가 지속되면 놀이 시간을 충분히 확보하고, 놀이 과정에서 알게 된 점을 친구들과 함께 공유하는 시간을 갖는다.
- 공간: 인체 놀이 관련 자료들을 한곳에 모아 '우리 몸 탐험대'와 같은 흥미 영역을 구성하고, 유아들이 직접 만든 작품을 게시할 수 있는 공간을 마련한다.

가정과의 연계

- 인체에 관련된 그림책을 보며 몸속 기관의 위치와 역할을 이야기해 본다. 유아가 직접 팔, 다리, 가슴 등을 만져 보며 뼈와 근육의 움직임을 느껴 보고, 함께 거울을 보며 몸의 변화를 관찰하는 것도 좋다. 몸속 기관 그림을 그려 보고, 서로의 몸에 스케치북을 대고 따라 그려 보며 놀이를 확장할 수 있다.

요약 및 결론

유아교육기관에서 이루어지는 디지털 놀이는 교수학습 목표와 발달 원리를 기반으로 계획될 때 가장 효과적이다. 기관은 유아의 흥미를 존중하면서도 교육적 가치가 충분한 디지털 환경을 마련해야 하며, 개별 유아의 발달 수준과 흥미, 유아의 놀이 유형과 흐름에 맞는 다양한 지원을 할 수 있어야 한다. 교사는 단순히 기기를 사용하는 방법을 가르치는 존재가 아니라, 유아가 디지털 도구를 활용해 문제를 해결하고 생각을 표현하며 또래와 협력하도록 돕는 조력자 역할을 한다. 이를 위해 유아와 교사가 디지털 도구를 활용할 수 있는 역량을 기르고 안전하고 적절한 환경을 마련하는 기반적 지원과 실제 유아의 놀이 과정에서 놀이의 전개와 확장을 지원하는 현장적 지원의 균형 있는 접근이 필요하다. 또한 현실 세계의 놀이가 다양

한 교수학습 맥락 속에서 디지털 기술을 통해 자연스럽게 확장될 때 더욱 의미 있게 작용한다. 즉, 기관의 디지털 놀이는 '기술 경험'이 아닌 '교육적 놀이의 확장 경험'이라는 관점을 기반으로 이루어져야 함을 의미한다.

토론을 위한 질문

1. 생각해 보기

- 내가 경험한 유치원이나 어린이집의 환경을 떠올려 보라. 그 안에 디지털 기기나 매체가 얼마나 있었는가?
- 교사가 디지털 놀이를 지원하는 방식은 기존 놀이 지원과 어떻게 다른가?

2. 토론하기

- 유아교육기관의 디지털 환경, 무엇이 가장 중요한가?
  - 모든 유치원과 어린이집이 디지털 기반 환경을 반드시 갖추어야 하는가?
  - 단순한 디지털 기기의 보급보다 더 중요한 것은 무엇인가?
- 디지털 놀이는 자유놀이 시간에만 이루어져야 할까요, 아니면 일상 속에서도 자연스럽게 이루어져야 하는가?
  - 산책 중 만난 곤충들이 궁금해졌다. 그 자리에서 AR 앱으로 검색해도 되는가? 아니면 교실에 가서 찾아봐야 되는가?
  - 이러한 경험을 놀이로 확장시키기 위해 교사는 어떤 지원을 해야 하는가?
- 교사는 어떻게 디지털 놀이의 안전 문제를 지도할 수 있는가?
  - 개인정보, 과의존, 유해 콘텐츠 노출 등과 같은 문제를 예방하려면 무엇이 필요한가?
  - 디지털 기기만을 사용하려는 상황에서 교사는 어디까지 허용하고, 어떻게 균형을 잡아야 하는가?

3. 정리하기

유아교육기관에서의 디지털 놀이는 단순히 디지털 기기를 활용하는 활동이 아니라, 기존 놀이의 맥락을 확장하고 일과 전반에 자연스럽게 스며드는 의미 있는 경험이다. 따라서 교사는 미디어 기기 사용에 대한 지식 전달자가 아니라 놀이의 전체 맥락과 흐름을 이해한 후 적절한 지원과 조율을 통해 유아의 놀이를 돕는 조력자로서 역할을 해야 한다. 또한 안전하고 발달에 적합한 환경을 조성하여, 유아가 디지털 역량을 건강하게 키워 갈 수 있도록 돕는 것이 중요하다.

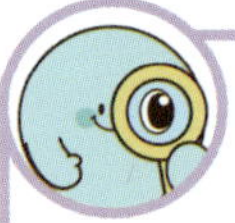

더 알아보아요!

디지털 미디어와 관련된 그림책이 궁금해요!!

디지털 미디어가 결합된 새로운 형태의 그림책에는 어떤 것들이 있을까요? 기술뿐만 아니라 그림책의 문학적 · 예술적 가치를 모두 담은 그림책들을 소개합니다. 새로운 형태와 주제의 그림책은 유아의 상상력을 높여 줍니다. 또한 그림과 내용의 수준이 높은 그림책은 유아가 읽고 상상하고 내용을 이해하는 동안 창의력을 발달시켜 나가도록 도울 수 있지요. 다음 QR코드를 인식하면 그림책을 소개하는 영상이 연결됩니다. 재미난 매체들을 직접 경험해 볼까요?

『별 아저씨(Star papa)』
한담희 글 · 그림
(책고래출판사, 2024)

한 농부가 별을 키우며 성장하는 과정이 담긴 그림책으로 유아가 직접 참여하고 체험할 수 있는 인터랙티브 기술이 결합된 작품이다. 특히 터치와 소리를 활용한 미션 수행 요소가 포함되어 유아들이 적극적으로 이야기에 몰입할 수 있다. 2025년 볼로냐 라가치 상 크로스미디어 부문(책과 디지털미디어를 결합한 작품)에서 수상하였다.

▲그림책 『별아저씨』의 인터랙티브 미디어 콘텐츠를 체험하는 유아들
출처: 계원예술대학교 공식 블로그.

『여우 목도리』
유지우 글 · 그림
(봄볕, 2023)

아기 여우 두 마리와 두 아이를 통해 여우 목도리에 담긴 인간의 탐욕과 후회를 담고 있다. 책의 양쪽 끝에서 이야기가 시작되어 가운데에서 만나는 구조를 가진다. 특히 사냥꾼을 피해 마지막으로 살아남은 두 여우를 그린 장면을 앱을 통해 증강현실(AR)로 실행시키면, 그림책에서는 보이지 않던 새끼 여우 세 마리가 함께 노는 모습이 펼쳐진다. 작가는 우리가 다시 살려야 할 미래의 풍경을 AR 기술을 통해 유아들에게 전달한다. AR 기술의 장점이 그림책의 서사에 잘 녹아 있다.

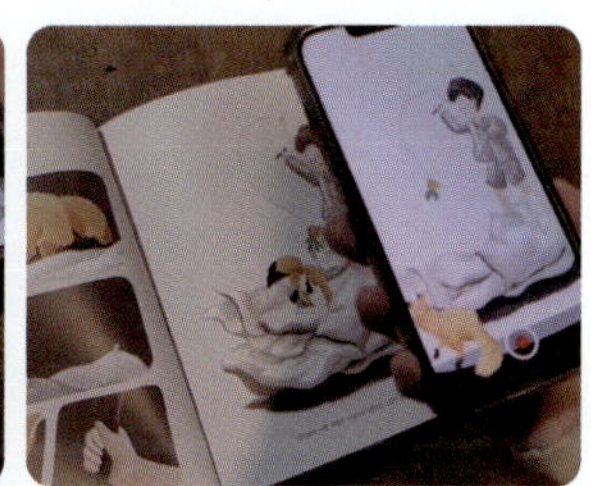

▲그림책 『여우 목도리』의 증강현실(AR) 구동 장면
출처: 그림책 작가 유지우 인스타그램.

**『집 안에 무슨 일이?
(Look through the Window)』**
카테리나 고렐리크 글 · 그림
김여진 역
(올리, 2021)

창밖에서 보이는 집안. 날카로운 이빨을 가진 사자의 모습이 보이고, 온몸이 벌벌 떨릴 만큼 으르렁대는 소리가 들린다. 하지만 걱정 마시라! 고양이네 가족이 스릴러 영화를 보고 있는 것뿐이니까. 이 책은 텍스트보다 이미지에 더욱 집중하는 디지털 네이티브들에게 보이는 것만이 전부가 아니라는 메시지를 전달한다. 실제 표지에 뚫린 창문 모양의 구멍은 유아의 호기심을 위한 덤! 디지털 세상에서 미디어가 보여 주지 않은 곳의 진실에 대해 생각해 볼 수 있도록 한다. 유아들과 미디어 리터러시에 대한 내용을 다룰 때 흥미롭게 볼 수 있다.

▲그림책 『집 안에 무슨 일이?』 본문

출처: 출판사 올리(all&only) 공식 인스타그램.

『좋아요』
시적 글 · 그림
(제제의숲, 2024)

주인공 거북은 SNS의 '좋아요'에 집착하는 다른 동물들을 바라보며, '좋아요'를 많이 받으면 행복할까?' 생각한다. SNS 속 다른 사람의 시선에서 벗어나 나답게 산다는 것과 진정한 행복의 의미에 대해 생각해 보게 하는 책이다. 책을 읽은 후, 미디어에 중독되었을 때의 모습들을 통해 이를 조절하는 방법에 대해 이야기를 나눌 수 있다.

▲그림책 『좋아요』 본문

출처: 출판사 제제의숲 공식 인스타그램.

참고문헌

교육부(2021). 디지털 기반 놀이 환경 현장지원자료. 교육부.

교육부(2022). 유아 디지털 미디어 문해 교육 운영지원자료. 교육부.

교육부(2019). 2019 개정 누리과정 현장지원자료(고시문, 해설서). 교육부.

교육부, 보건복지부(2020). 2019 개정누리과정 놀이운영사례집: 놀이, 유아가 세상을 만나고 살아가는 힘. 교육부, 보건복지부.

배윤진, 임은미, 김교령, 김혜진(2023). 유아를 위한 디지털 교육 지원 방안 마련 기초 연구(CR2308). 육아정책연구소. https://repo.kicce.re.kr/bitstream/2019.oak/5544/4/CR2308.pdf

Ertmer, P. A., & Ottenbreit-Leftwich, A. T. (2010). Teacher technology change: How knowledge, confidence, beliefs, and culture intersect. *Journal of Research on Technology in Education, 42*(3), 255-284.

Kirkorian, H. L., Wartella, E., & Anderson, D. R. (2008). Media and young children's learning. *The Future of Children, 18*(1), 39-61.

Marsh, J., Plowman, L., Yamada-Rice, D., Bishop, J., & Scott, F. (2016). Digital play: A new classification. *Early Years, 36*(3), 242-253.

제11장 가정에서의 디지털 놀이

가정은 유아가 처음으로 디지털 기술을 접하고 일상적으로 활용하는 중요한 생활 공간이다. 따라서 부모가 디지털 놀이를 어떻게 인식하고 지원하는가는 유아의 경험을 단순한 수동적 소비로 제한할 것인지, 아니면 창의적 탐색과 표현을 중심으로 한 능동적 놀이로 확장할 것인지를 좌우하는 결정적 요인이 된다. 또한 가정에서 축적된 디지털 경험은 이후 교육기관이나 사회에서 디지털 문화를 받아들이는 방식에도 직접적인 영향을 미친다. 이에 교사는 부모와 협력하여 안전하면서도 발달적으로 적합한 디지털 놀이 환경을 마련할 수 있어야 하며, 부모-자녀가 함께 참여할 수 있는 놀이 방안을 안내할 수 있어야 한다.

이 장에서는 디지털 놀이에 대한 부모의 디지털 역량, 디지털 놀이에 대한 부모의 개입과 지원, 안전한 디지털 놀이 환경 만들기에 대해 알아보고, 가정에서 손쉽게 활용할 수 있는 실용적 디지털 도구를 중심으로 한 디지털 놀이의 사례를 살펴보고자 한다.

이 장의 학습목표는 다음과 같다.

학습목표

- 가정에서의 디지털 놀이 사례를 이해하고, 부모 역할의 중요성을 설명할 수 있다.
- 부모-자녀가 함께할 수 있는 디지털 놀이 활동을 구체적으로 계획하고 유아교육기관-가정과의 연계 방안을 제안할 수 있다.

1. 이해하기

1) 디지털 놀이에 대한 부모의 인식

유아의 디지털 놀이가 어떠한 모습으로 전개되는가는 부모의 인식과 지원 방식에 따라 크게 좌우된다(김경희 외, 2018). 부모가 디지털 기기를 오락이나 시간 보내기의 수단으로만 바라본다면, 유아는 디지털 미디어의 소비자로만 머무를 가능성이 높다. 반대로, 디지털 놀이를 탐구와 표현의 기회로 이해하고 적극적으로 활용한다면, 유아는 디지털 환경에서 창의적이고 능동적인 놀이 경험을 쌓아 갈 수 있다.

디지털 놀이에 대한 부모들의 인식을 살펴보면, 크게 디지털 놀이를 '학습 자원'으로 인식하는 집단과 '위험 요인'으로 보는 집단으로 나뉘는 양상을 보인다. 학습 자원으로 인식하는 부모는 디지털 기기를 학습을 돕는 교육적 도구로 인식하고 유아의 놀이에 적극적으로 활용하며, 디지털 놀이를 새로운 학습과 탐색의 기회로 이해한다. 위험 요인으로 인식하는 부모는 디지털 미디어에 대한 유해 콘텐츠와 과의존 문제를 우려하며 주로 안전과 시간 조절에 집중한다. 이와 같은 부정적 인식은 디지털 환경과 상호작용하는 유아의 경험을 제한하고, 부모-자녀 간 갈등을 유발할 수 있다(Plowman, Stephen, & McPake, 2010).

정리하면, 디지털 놀이에 대한 부모의 인식과 태도는 디지털 기기의 허용 여부를 넘어 유아의 놀이 세계관과 경험을 규정하는 중요한 요인이라 볼 수 있다.

2) 부모의 디지털 역량

디지털 역량은 개인이 디지털 시대에 스스로 잘 적응하며 살아가기 위해 갖추어야 할 지식과 기술, 가치와 태도를 의미한다. 디지털 기술과 미디어를 주체적이고 비판적으로 이해하고 활용할 줄 아는 역량을 모두 포함하는 개념이다(교육부, 경기도교육청, 2024; Ferrari, 2012). 이에 유아뿐만 아니라 부모에게도 디지털 역량이 필요하다. 특히 현대 사회의 부모는 글을 모르는 자녀에게 처음으로 책 읽는 법을 알려 주듯 스마트폰 활용 방법을 알려 주어야 하는 세대로, 미지의 디지털 세상 속에서 자녀가 잘살 수 있도록 이끌어 주어야 할 책임이 있다. 아주 어린 유아 때부터 언제 어디서든 디지털 미디어를 접하며 살아가는 자녀가 디지털에 대한 긍정적 기회를 누릴 수 있으면서도 디지털의 어두운 면으로부터 자녀를 안전하게 보호해야 할 의무를 가지게 되었다.

따라서 자녀의 디지털 역량을 강화하기 위해서는 부모가 먼저 자신의 디지털 역량을 점검하고 지속적으로 발전시킬 필요가 있다. 이에 필요한 부모의 디지털 역량을 정리하면 다음과 같다(교육부, 경기도교육청, 2024; Bukhalenkova, Chichinina, & Almazova, 2023; Musick, Freeman, & Mcneese, 2021).

(1) 기술적 역량

기술적 역량은 스마트폰, 태블릿 PC, 컴퓨터 등 다양한 디지털 기기를 기본적으로 다룰 수 있는 능력을 말한다. 부모가 디지털 기기의 활용법과 다양한 앱의 기능을 이해하지 못한다면 유아의 놀이와 학습을 효과적으로 지원하기 어렵기 때문이다. 따라서 부모는 단순히 기기를 사용할 줄 아는 수준을 넘어서, 새로운 기술에 대한 학습 의지를 가지고 적극적으로 활용 방안을 탐색해야 한다.

(2) 비판적 이해 역량

비판적 이해 역량은 온라인 환경에서 제공되는 광고나 가짜 뉴스, 유해 콘텐츠 등 다양한 정보에 대해 분석적 사고를 가지고 그 진위를 가려낼 수 있는 능력을 의미한다. 유아가 접하는 콘텐츠의 적절성과 발달적 타당성을 평가하는 비판적 이해 능력 역시 중요하다. 또한 유해 콘텐츠로부터 유아를 보호하고, 개인정보와 디지털 안전을 지킬 수 있는 관리 능력도 포함된다. 이를 통해 부모는 유아가 디지털 환경에 공존하는 정보의 진위를 스스로 분별하고, 올바른 가치관을 형성하도록 안내할 수 있다.

(3) 교육적 활용 역량

교육적 활용 역량은 부모가 디지털 기기와 미디어를 유아의 학습과 발달을 돕는 도구로 전환할 수 있는 능력을 의미한다. 이는 어떤 앱이나 프로그램이 자녀의 연령과 발달 단계에 적합한지를 평가하고, 놀이와 학습에 자연스럽게 통합하는 과정을 포함한다. 단순 시청형 영상 대신 창의적 탐색과 상호작용을 촉진하는 애플리케이션을 제공하거나, AR 그림책이나 AI 스피커를 통해 유아와 함께 대화형 놀이를 경험하는 방식이 이에 해당한다. 이러한 과정에서 부모가 놀이에 적극적으로 참여하고 질문과 반응을 통해 상호작용을 촉진한다면, 유아의 디지털 경험은 단순한 소비에서 창의적 활동으로 확장될 수 있다.

(4) 소통 역량

소통 역량은 부모가 유아와 디지털 경험을 매개로 긍정적인 상호작용을 형성하는 능력을 의미한다. 디지털 놀이가 자칫 고립적 활동으로 흐르지 않도록 하기 위해서는 부모가 함께 놀이에 참여하거나 놀이 이후의 대화를 통해 자녀의 경험을 확장시켜 주는 것이 중요하다. 예컨대, 부모가 자녀와 함께 AI 스피커를 통해 동화를 듣고 난 뒤, 이야기 속 인물의 감정이나 사건의 결과를 함께 이야기한다면, 이는 단순 청취 활동을 언어적 · 정서적 발달로 연결시킬 수 있다. 또한 부모가 디지털 도구 사용 시간을 일방적으로 통제하기보다 자녀와 협의하며 규칙을 정하고 그 이유를 설명하는 과정은 자녀의 자기조절 능력과 책임감을 기르는 데 도움이 된다.

이처럼 부모는 디지털 미디어를 능숙하게 다루는 것뿐만 아니라, 여러 디지털 콘텐츠를 비판적 사고를 통해 분석하여 유아에게 필요한 대상을 선정해야 한다. 또한 유아가 콘텐츠를 받아들이고 디지털 놀이 과정에서 주도적으로 즐기며 새로운 창작을 경험할 수 있도록 도와야 한다. 무엇보다 유아가 디지털 놀이에 안전하게 참여하고 소통할 수 있는 능력을 갖추도록 지원해야 할 것이다.

부모의 디지털 역량은 자녀의 건강한 디지털 놀이 경험을 위한 전제 조건이다. 부모가 먼저 성찰하고 준비할 때, 자녀는 안전하고 의미 있는 디지털 환경에서 능동적이고 주체적인 놀이를 경험할 수 있으며, 이는 곧 평생학습자로서의 디지털 시민 역량 형성으로 이어진다.

3) 디지털 놀이에 대한 부모의 개입과 지원

부모가 디지털 역량을 갖추고 있다고 해서 그것이 곧바로 자녀의 발달에 긍정적 영향을 주는 것은 아니다. 실제로 유아의 디지털 놀이 경험은 부모가 어떤 방식으로 개입하고 지원하는가에 따라 크게 달라진다. 부모가 놀이 과정에 개입하는 방식은 놀이의 흐름과 맥락을 좌우하며, 유아의 자기조절 능력과 창의력, 문제해결력 등의 발달과도 긴밀하게 연결된다.

(1) 디지털 놀이에 대한 부모의 개입

디지털 놀이에 대한 부모의 개입 유형은 크게 통제 중심, 방임 중심, 공동 참여 중심의 세 유형으로 분류할 수 있다. 이를 구체적으로 정리하면 다음과 같다(이연승, 강소영, 2023; Fleming et al., 2006; Valcke et al., 2010).

① 통제 중심 개입

부모가 디지털 기기 사용 시간과 콘텐츠 종류를 엄격히 제한하거나 금지하는 형태이다. 예를 들어, 하루 30분 이상 사용 금지, 특정 앱은 허용하지 않기 등의 엄격한 규칙이 이에 속한다. 통제 중심 개입은 유해 콘텐츠 노출을 줄이고 과도한 화면 시간을 예방하는 데 유리하지만, 지나친 규제로 유아가 스스로 탐색하고 창의적으로 조정할 기회를 줄일 수 있다. 특히 유아기는 놀이를 통해 도전과 실패의 과정을 반복함으로써 학습이 이루어지는 시기이므로 지나친 통제는 오히려 발달을 저해할 수 있음을 염두에 두어야 한다.

이러한 통제 중심형 부모들은 디지털 미디어에 대한 규제에 앞서 유아와 함께 규칙을 정하고 유아의 의견에 대해 자발성을 존중하는 과정을 경험하는 것이 좋다. 엄격한 규제 대신 유아에게 디지털 사용을 대체할 수 있는 놀이를 제안하는 것도 좋은 방법이다. 유아가 규칙을 어기거나 갈등이 발생했을 때, 비난보다는 대화를 통해 원인을 함께 탐색하고 조정할 수 있다. 또한 스마트폰 사용 시간을 제한하거나 특정 앱에 대한 접속을 차단하는 등의 보조 수단을 함께 제시할 수도 있다.

② 방임 중심 개입

이 유형의 부모는 어떠한 제한 없이 유아가 자유롭게 디지털 환경을 탐색하도록 내버려 두는 행동 양식을 보인다. 이 방식은 탐색의 자율성을 보장할 수 있으나, 과도한 몰입, 부적절한 콘텐츠 노출, 디지털 중독 위험 등이 따르는 단점이 있다. 부모의 낮은 개입 수준이 유아의 자기조절 능력 부족과 연결될 수도 있는데, 특히 디지털 환경에서 스스로 규칙을 만들기 어려운 유아에게는 부모의 방임적 태도가 위험 요인이 될 수 있다(신유진, 2024; 차라인, 2025; Sevilla-Fernández et al., 2025).

따라서 방임적 태도를 보이는 부모라 하더라도 유아의 미디어 사용에 대한 최소한의 기준과 원칙을 제시할 필요가 있다. 다만, 놀이의 구체적인 내용과 방향은 유아가 스스로 선택할 수 있도록 하여 자율성을 보장하는 것이 중요하다. 유해 콘텐츠가 노출될 가능성이 있는 상황에서는 부모가 즉시 대체할 수 있는 안전한 콘텐츠나 놀이 활동을 마련해 두어야 하며, 유아가 자발적으로 탐색하는 과정에서는 적절한 질문이나 피드백을 제공하여 놀이가 의미 있게 확장될 수 있도록 도와야 한다. 또한 놀이 시간이 과도하게 길어지지 않도록 휴식이나 신체 활동으로 자연스럽게 전환할 수 있는 환경을 조성하고, 필요할 경우 타이머나 알림 기능과 같은 도구를 활용하는 것도 효과적이다.

③ 공동 참여 중심 개입

부모가 유아와 함께 디지털 놀이에 참여하며 대화와 상호작용을 주고받는 방식으로, 유아의 탐구심과 표현 능력을 확장하는 데 효과적이다. 공동 참여형 부모는 유아의 디지털 놀이 과정에 함께 참여하면서 놀이의 질과 경험을 확장하는 데 중요한 역할을 한다. 부모가 옆에서 놀이를 지켜보는 것에 그치지 않고 놀이의 협력자이자 상호작용의 대상이 되므로, 유아가 자신의 생각을 표현하는 동시에 타인의 의견을 수용하는 경험을 할 수 있게 된다. 예를 들어, 부모가 함께 그림 그리기 앱을 사용하면서 색이나 모양 선택의 이유를 묻거나, 완성된 작품에 대해 감상을 나누면 유아의 표현 능력과 사고가 심화된다. 또한 코딩 로봇이나 증강현실 그림책으로 부모와 함께 놀이하며 결과를 탐색하는 과정에서 실험적 태도와 문제해결력을 기를 수 있다. 이처럼 공동 참여형 부모의 개입은 유아의 탐구심과 창의적 표현 능력을 확장하는 데 효과적일 뿐 아니라, 과도한 미디어 사용이나 유해 콘텐츠 노출을 예방하는 데에도 긍정적 영향을 미친다.

공동 참여형 부모가 되기 위해서는 놀이의 주도권을 자녀에게 두되, 질문과 제안으로 탐색의 폭을 넓혀 주는 태도가 필요하다. 부모는 놀이가 끝난 후, 놀이에서의 경험을 언어화하도록 격려하고, 놀이 과정에서 느낀 점이나 새롭게 얻은 생각을 함께 나누면서 학습적 의미를 확장시킬 수 있다. 또한 놀이 주제와 방향을 유아에게 제안하거나 유아와 함께 협의하고, 그 안에서 유아가 자유롭게 선택하고 변형할 수 있도록 하는 것이 바람직하다. 더불어 부모 자신도 새로운 디지털 콘텐츠나 앱에 대해 지속적인 관심을 가지고 자녀와 함께 탐색하는 태도를 유지해야 한다. 특히 유아가 오류를 범하거나 예상치 못한 반응을 보일 때는 즉각적으로 개입하기보다 기다리고 관찰하면서 적절한 질문을 통해 유아의 놀이 주도권을 보장해 주는 것이 중요하다.

(2) 디지털 놀이에 대한 부모의 지원

부모의 개입 방식이 놀이 과정의 질을 결정한다면, 부모의 놀이 지원은 유아의 놀이 경험을 풍부하게 하고 의미 있는 발달을 이루는 기반이 된다. 다음에서는 부모의 지원을 안전관리 지원, 교육적 활용 지원, 정서적 지원, 공동 참여와 모델링의 네 가지 영역으로 구체화하여 제시하고자 한다(교육부, 2022; Bayar, Kulaksiz, & Toran, 2025).

① 안전 관리 지원

부모는 유아가 디지털 미디어를 사용하는 과정에서 발생할 수 있는 위험을 사전에 점검하고 차단해야 한다. 이를 위해 콘텐츠 등급 확인, 유해 사이트 차단, 보호자 모드 설정과 같은 기술적 장치를 활용할 수 있다. 그러나 기술적 조치만으로는 충분하지 않다. 놀이 전·중·후에 대화를 통해 '왜 안전이 필요한지'를 설명할 때, 유아는 점차 스스로 미디어 사용을 조절할 수 있는 힘을 기르게 된다.

② 교육적 활용 지원

디지털 놀이가 단순한 경험에 머물지 않고 문제해결, 창의적 표현, 탐구적 활동으로 확장되도록 이끌어야 한다. 예를 들어, 디지털 그림책을 본 뒤 그 내용을 블록 놀이로 재구성하거나, 증강현실(AR) 앱으로 곤충을 관찰한 뒤 실제 자연 탐방으로 연결하는 활동은 유아의 사고를 확장한다. 부모는 이러한 경험이 단순 오락이 아니라 학습으로 이어질 수 있도록 안내자의 역할을 맡는다.

③ 정서적 지원

디지털 놀이 과정에서 유아는 실패, 오류, 과도한 몰입 등 다양한 감정을 겪는다. 이때 부모는 "괜찮아, 다시 해 보자."와 같은 말로 안정감을 주어야 한다. 디지털 환경은 성취와 실패가 빠르게 반복되기 때문에, 부모의 긍정적인 피드백은 유아가 자신감을 가지고 도전할 수 있도록 돕는 중요한 힘이 된다.

④ 공동 참여와 모델링

부모가 놀이에 직접 참여하면, 유아는 디지털 기기를 건전하게 사용하는 태도를 자연스럽게 배울 수 있다. 부모가 새로운 앱에 대해 비판적으로 탐색하거나 사용 시간을 조절하는 모습을 보이는 것 자체가 강력한 모델링이 된다. 이때 부모는 지도자라기보다 함께 탐구하는 동반자로서의 역할을 하는 것이 바람직하다.

이처럼 부모는 단순한 규제자나 관리자의 역할을 넘어, 안전한 디지털 환경을 마련하는 안내자, 정서적 안정을 주는 지지자, 건강한 미디어 사용을 보여 주는 모델로서 다층적인 역할을 수행해야 한다. 부모가 위험을 예방하는 동시에 학습 기회를 넓히고, 정서적으로 지지하며, 건강한 미디어 사용 태도를 몸소 보여 줄 때, 디지털 놀이는 유아 발달을 촉진하는

중요한 교육적 장치가 된다.

결국 부모의 역할은 디지털 놀이에서 '무엇을 막을 것인가'가 아니라 '어떻게 함께 활용하고 지원할 것인가'에 초점을 두어야 한다. 이러한 관점에서 볼 때, 부모의 개입과 지원은 유아가 디지털 환경을 올바르게 탐색하고, 스스로 균형 잡힌 놀이 문화를 형성하도록 돕는 핵심 토대가 된다.

4) 안전한 디지털 놀이 환경 만들기

디지털 놀이는 유아에게 창의적 탐구와 표현을 확장할 수 있는 기회를 제공하지만, 동시에 다양한 안전 문제를 동반한다. 특히 유아기는 자율적 판단 능력이 발달해 나가는 시기이므로 부모의 지도와 환경적 지원이 필수적이다. 안전한 디지털 놀이 환경을 만들기 위해서는 다음과 같은 포괄적인 지원이 필요하다(교육부, 2022; 교육부, 강원특별자치도교육청, 2021; 배윤진 외, 2023).

첫째, 부모의 디지털 문해력을 강화해야 한다. 유아 발달 특성을 고려한 안전 지침은 부모의 디지털 문해력과 직결된다. 부모가 연령 적합성, 상호작용성, 교육적 가치 등을 기준으로 콘텐츠를 평가할 수 있을 때, 자녀는 더 긍정적이고 유익한 놀이 경험을 하게 된다.

둘째, 가정에서의 실천 가능한 안전 지침을 마련해야 한다. 부모와 자녀가 함께 디지털 기기 사용 규칙을 정하고 일관성 있게 지키는 것이 중요하다. 또한 디지털 놀이 전후로 신체 활동이나 오프라인 활동을 병행하고, 개인정보 입력이나 온라인 대화가 필요할 때는 부모가 미리 점검하고 지도하는 것이 좋다.

셋째, 디지털 미디어에 대한 책임감 있는 활용이 필요하다. 다양한 디지털 기술의 사용이 늘어남에 따라, 부모는 디지털 기기의 특성을 이해하고 자녀와 함께 책임감 있게 사용해야 한다. 예를 들어, AI 스피커 사용 시 단순히 명령만 하기보다 "왜 이런 대답이 나왔을까?"와 같은 질문을 통해 유아의 비판적 사고를 촉진할 수 있다.

넷째, 부모교육 자료를 적극적으로 활용한다. 많은 부모가 자녀 양육을 위한 미디어 교육의 경험이 부족하다 느끼고 있으며, 디지털 기술을 활용하여 자녀와 놀이하는 방법, 유튜브 이외의 다른 디지털 콘텐츠나 기술을 기반으로 하는 놀이 방법 등에 대해 궁금해한다(교육부, 경기도교육청, 2024; 김소현, 2022; 신유진, 2024). 이러한 사실은 많은 부모가 변화하는 디지털 환경에서 나고 자라는 유아를 위한 지원에 대해 어려움을 겪고 있음을 시사하며, 그만

큼 부모의 올바른 이해를 돕는 교육적 안내나 구체적 자료가 필요함을 의미한다. 따라서 부모가 실생활에서 참고할 수 있는 안전 지침 자료들은 추상적인 지침을 구체적인 행동 전략으로 연결하는 데 도움을 주므로 부모에게 매우 유용하다. 교육부나 교육청 등의 정부기관에서 발행하는 다양한 지침이 있으니 이를 활용하는 것이 좋다.

이와 같이 가정에서의 안전한 디지털 놀이 환경 기반이 마련될 때, 유아의 디지털 놀이는 위험 요소보다 학습과 창의성을 촉진하는 기회로 기능할 수 있다.

2. 심층학습

1) 부모-자녀가 함께하는 디지털 놀이

앞에서 살펴본 바와 같이 부모와 자녀가 함께하는 디지털 놀이는 디지털 기기를 사용하는 것을 넘어, 가족 간 상호작용과 창의적 표현을 확장하는 기회가 된다. 이에 다음에서는 가정에서 손쉽게 활용할 수 있는 실용적 디지털 도구를 중심으로 한 놀이 방법에 대해 살펴보고자 한다. 가정뿐만 아니라 유아교육기관에서도 충분히 즐길 수 있는 놀이이므로 참고하여 실제 진행해 보아도 좋다.

하나 나만의 그림책을 만들어요

디지털 기기	• 스마트폰, 태블릿 PC	
디지털 콘텐츠 및 앱	북크리에이터 (Book Creator) 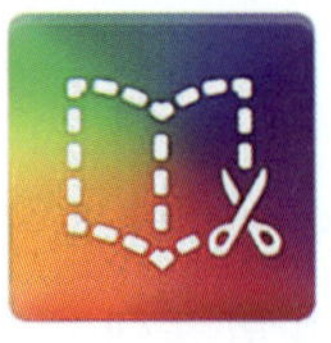	• 누구나 쉽게 자신만의 디지털 책을 만들고 공유할 수 있는 온라인 제작 도구이다. 웹 기반 도구로 웹사이트(app.bookcreator.com)에 접속하면 쉽게 이용가능하다. • 쉬운 사용법으로 어른까지 누구나 창의적인 작품을 만들 수 있는 것이 가장 큰 특징이다. • 무료 계정으로도 일정 수의 책을 만들 수 있으나, 더 많은 기능을 원할 경우 유료 계정을 이용할 수 있다.
활용 방안	• 다양한 멀티미디어 제공: 사진, 동영상, 음성 녹음, 그림, 텍스트 등을 자유롭게 넣어 책을 꾸밀 수 있다.	

- 간단한 사용법: 복잡한 기능 없이 직관적인 인터페이스로 이루어져 있어, 드래그 앤 드롭만으로도 쉽게 편집할 수 있다.
- 실시간 협업: 여러 명이 동시에 하나의 책을 만들 수 있어, 가족이나 친구가 함께 작업하는 것이 가능하다.
- 온라인 공유: 완성된 책은 온라인으로 게시하거나 링크, QR코드로 간편하게 공유할 수 있다.
- 교육적 활용: 그림책뿐만 아니라 유아의 포트폴리오나 가족 앨범 등을 만들 수 있다.

활동 1

'오늘의 요리사' 음식 그림책 만들기(사진, 텍스트, 음성 활용)

활동 목표

- 유아가 경험한 일상생활을 이야기로 구성하며 기억력과 언어 표현력을 기른다.
- 사진과 음성을 활용하여 자신의 경험을 생생하게 기록하는 즐거움을 느낀다.

활동 방법

1. 재료 탐색하기: 오늘 만들어 볼 음식의 재료를 함께 살펴보고, 유아에게 "이 재료로 어떤 요리를 만들까?"라고 물어보며 이야기 나눈다.
2. 과정 사진 찍기: 요리하는 과정을 단계별로 유아와 함께 사진으로 찍는다. 유아가 재료를 섞거나 자르거나, 완성된 요리를 접시에 담는 모습을 다양한 각도에서 촬영한다.
3. 북크리에이터에 기록하기: 북크리에이터에 '새 책'을 만들고, 찍어 둔 사진을 차례대로 가져와 한 페이지에 하나씩 배치한다. 각 페이지에 해당 요리 과정을 유아의 말로 기록하고, 유아가 직접 자신의 목소리로 과정을 설명하는 음성을 녹음하여 추가한다.
4. 책 완성하고 읽기: 모든 페이지를 완성하고 멋진 표지를 만든 다음, 유아와 함께 완성된 책을 읽으며 "오늘 우리가 어떤 요리를 만들었지?"라고 회상한다.

유아 경험의 이해

- 자기효능감: 자신의 요리 과정을 직접 책으로 만들고, 자신의 목소리를 듣는 경험을 통해 성취감과 자신감을 얻는다.
- 기억력 및 서사 능력 발달: 경험을 순서대로 회상하고 이야기로 구성하는 과정을 통해 기억력과 서사 능력을 발달시킨다.
- 멀티미디어 활용 능력: 사진, 텍스트, 음성을 결합하는 활동을 통해 디지털 도구를 자연스럽게 활용하는 능력을 익힌다.

부모 지원 방안

- 호기심 유도: "이 재료를 썰어 보면 어떤 소리가 날까?"와 같은 질문으로 유아의 흥미를 끌고, 오감을 활용한 요리 활동을 독려한다.
- 자유로운 표현 격려: 유아가 어색하거나 불완전한 문장으로 설명해도 그대로 받아 적거나 녹음하며 유아의 표현을 존중해 준다.
- 완성된 책 활용: 완성된 책을 가족과 함께 읽으며 "누가 만들었는지 정말 대단하다." 라고 칭찬하여 유아의 경험을 긍정적으로 강화해 준다.

활동 2

 '나의 감정 괴물' 그림책 만들기(펜 도구, 그림, 음성 활용)

활동 목표

- 유아가 다양한 감정을 인식하고 언어화하는 능력을 기른다.
- 펜 도구로 감정 표현을 시각화하고, 음성으로 자신의 감정을 직접 표현해 본다.

활동 방법

1. 감정 탐색하기: "오늘 하루 동안 어떤 기분이 들었어?"라고 물어보며 유아의 감정에 대해 이야기 나눈다. '기쁜 감정' '화난 감정' '슬픈 감정' 등을 떠올려 본다.
2. 북크리에이터에 감정 그리기: 북크리에이터의 펜 도구를 이용해 '화난 감정' '기쁜 감정'을 색깔과 모양으로 그려 본다. 예를 들어, 빨간색 펜으로 뾰족뾰족한 모양을 그려 '화난 감정 괴물'을 만들 수 있다.
3. 음성으로 감정 표현하기: 그림을 완성한 후, 녹음 기능을 사용해 유아가 직접 "나는 화나면 이렇게 소리 질러!"라고 목소리로 표현하거나, "너무 기뻐서 춤추고 싶어!"라고 이야기하며 감정을 녹음한다.
4. 감정 이야기 만들기: 여러 감정 괴물을 만들고, 감정 괴물이 등장하는 짧은 이야기를 함께 만들어서 책으로 완성한다.

유아 경험의 이해

- 정서 발달: 자신의 감정을 시각적 · 청각적으로 표현하는 과정을 통해 복합적인 감정을 이해하고 조절하는 능력을 기른다.
- 창의적 사고: 추상적인 '감정'을 '괴물'이라는 구체적인 캐릭터로 시각화하면서 창의적 사고를 발휘한다.
- 의사소통 능력 향상: 자신의 감정을 그림과 소리로 표현하는 활동을 통해 비언어적·언어적 의사소통 능력을 함께 향상시킨다.

부모 지원 방안

- 감정 언어화: "빨간색 뾰족한 괴물을 보니 화난 것 같아 보이네."와 같이 유아의 그림과 감정을 연결해 주어 언어 표현을 돕는다.
- 감정 표현 존중: 어떤 감정이든 괜찮다고 안심시켜 주며, 유아가 자유롭게 감정을 표현할 수 있는 환경을 조성한다.

활동 3

 '우리 가족 여행' 포토 에세이 만들기(사진, 지도, 링크 활용)

활동 목표

- 가족과 함께한 특별한 경험을 되새기며 즐거운 추억을 정리한다.
- 지도, 웹 링크 등 북크리에이터의 고급 기능을 활용해 책을 더욱 풍성하게 만든다.

활동 방법

1. 추억 사진 모으기: 가장 최근에 다녀온 가족 여행 사진을 여러 장 선택한다.
2. 여행 코스 이야기 나누기: "우리 가족이 어디로 여행을 갔었지?"라고 이야기하며 여행의 시작부터 끝까지 어떤 일들이 있었는지 순서대로 회상한다.

3. 북크리에이터에 사진 넣기: 북크리에이터에 새로운 책을 만들고, 여행 사진들을 시간 순서대로 배치한다.
4. 다양한 정보 추가하기
   - 지도: 여행지의 위치를 구글 지도로 찾아 페이지에 추가한다.
   - 링크: 방문했던 맛집이나 관광지 관련 정보를 찾아 웹사이트 링크를 삽입한다.
   - 음성: 유아가 가장 기억에 남는 순간을 직접 이야기하고 녹음한다.
5. 책 완성하고 공유하기: 완성된 책을 가족들과 함께 보거나, 할아버지, 할머니께 온라인 링크로 공유해 함께 추억을 나눈다.

유아 경험의 이해

- 공간 및 시간 개념 형성: 여행했던 장소의 지도와 시간 순서대로 정리된 사진을 보며 공간 및 시간 개념을 자연스럽게 형성한다.
- 경험의 확장: 사진과 음성을 넘어 지도, 링크 등 다양한 매체를 활용하여 경험을 확장하는 방법을 배운다.
- 사회적 유대감 형성: 가족과의 추억을 기록하고 공유하는 과정을 통해 가족 구성원으로서의 소속감을 느끼고 유대감을 강화한다.

부모 지원 방안

- 회상 질문 던지기: "그때 우리 가족이 무엇을 했었지?"와 같이 구체적인 질문으로 유아의 기억을 자극하고 이야기를 이끌어 낸다.
- 기술적인 부분 보조: 지도를 삽입하거나 링크를 연결하는 등 유아가 하기 어려운 기술적인 부분을 부모가 도와주되, 유아가 직접 해 보도록 격려한다.
- 긍정적인 피드백 제공: 책을 공유한 후 "할머니께서 정말 재미있다고 하셨어."라고 반응을 전달해 주며 유아의 성취감을 높여 준다.

대체 가능한 디지털 콘텐츠

구글 독스

- 웹 기반 문서 편집기로, 다양한 글꼴과 이미지를 삽입할 수 있다.
- 활용: 아이와 함께 텍스트 기반의 이야기를 만들고, 간단한 이미지를 추가하는 방식으로 그림책을 만들 수 있다.

캔바

- 다양한 디자인 템플릿을 제공하여 책 표지, 내지 디자인 등을 쉽게 만들 수 있다. 텍스트, 이미지, 스티커 등 요소를 활용할 수 있다.
- 활용: 북크리에이터처럼 처음부터 백지 상태에서 시작할 수도 있고, 미리 만들어진 템플릿을 활용하여 빠르게 책의 틀을 잡을 수 있다.

세계의 미술관으로 여행을 떠나요

디지털 기기

- 스마트폰, 태블릿 PC

디지털 콘텐츠 및 앱

구글 아트 앤 컬처
(Google Arts & Culture)

Google Arts & Culture

- 구글이 전 세계 2,000곳 이상의 박물관, 미술관, 문화기관과 협력하여 방대한 예술 작품과 문화유산을 온라인으로 제공하는 서비스이다. 이 앱을 통해 누구나 집에서 편안하게 전 세계의 예술과 문화를 탐험할 수 있다.

활용 방안

- 고해상도 작품 감상: 작품을 기가픽셀 수준으로 확대하여 붓터치와 같은 세밀한 표현까지 생생하게 볼 수 있다.
- 가상 박물관 투어: 스트리트 뷰 기능을 이용해 박물관 내부를 직접 걷는 것처럼 체험할 수 있다.
- 다양한 AR 기능: '아트 프로젝터' '포켓 갤러리' 등 증강현실(AR) 기능을 통해 작품을 실제 크기로 보거나, 내 방에 가상으로 전시해 볼 수 있다.
- 흥미로운 스토리: 전문가들이 엄선한 다양한 주제의 스토리를 통해 예술과 역사에 대한 지식을 재미있게 배울 수 있다.
- 재미있는 게임: 퍼즐, 컬러링 북 등 작품을 활용한 다양한 게임 활동도 제공한다.

활동 1

'명화 속 주인공 찾기' 놀이(아트 셀피, 명화 감상 활용)

활동 목표

- 자신의 얼굴과 명화 속 인물의 모습을 비교하며 명화에 대한 호기심을 갖는다.
- 다양한 인물의 표정, 자세, 의상에 관심을 가지며 탐색 능력을 기른다.

활동 방법

1. 앱 실행 및 기능 찾기: 구글 아트 앤 컬처 앱을 실행한 뒤, 카메라 아이콘을 눌러 '아트 셀피(Art Selfie)' 기능을 찾는다.
2. 아트 셀피 찍기: 유아가 자신의 얼굴 사진을 찍으면, 앱이 사진과 닮은 명화 속 인물을 찾아 보여 준다.
3. 명화 속 주인공 감상: 앱이 찾아 준 명화를 유아와 함께 감상하며 "이 사람의 얼굴 표정은 어때?" "우리 ○○이랑 머리 모양이 비슷하네?"와 같이 이야기를 나눈다.
4. 역할극 놀이: 명화 속 인물처럼 표정이나 자세를 따라 해 보거나, 그림 속 인물이 어떤 이야기를 하고 있을지 상상하며 역할극을 한다.

유아 경험의 이해

- 자기인식의 발달: 자신의 얼굴과 명화 속 인물을 비교하는 과정을 통해 자신의 모습에 대해 더 잘 인식하게 된다.

• 시각적 관찰력 증진: 명화 속 인물의 다양한 표정과 특징을 찾아내며 섬세한 관찰력을 발달시킨다.
• 예술 친화적 태도 형성: 명화를 어려운 것이 아닌 친근하고 재미있는 놀이로 인식하여 예술에 대한 긍정적인 태도를 형성한다.

부모 지원 방안

• 호기심 유발 질문: "이 사람은 지금 기쁜 것 같아? 슬픈 것 같아?" "이 사람 옷은 무슨 색깔이니?" 등 유아가 그림에 집중할 수 있도록 질문을 던진다.
• 사진으로 기록: 유아가 명화 속 주인공을 따라 하는 모습을 사진으로 찍어 남기면 즐거운 추억이 된다.
• 칭찬과 격려: 유아가 자신만의 방법으로 명화를 탐색할 수 있도록 자유를 주고, 재미있어하는 모습에 아낌없이 칭찬해 준다.

활동 2

'나만의 박물관' 만들기(포켓 갤러리, AR 활용)

활동 목표

• 증강현실(AR) 기술을 경험하며 새로운 시각으로 예술 작품을 탐색한다.
• 공간 개념과 작품의 실제 크기에 대한 감각을 기른다.

활동 방법

1. 앱 실행 및 기능 찾기: 구글 아트 앤 컬처 앱을 실행하고 카메라 아이콘을 눌러 '포켓 갤러리(Pocket Gallery)' 기능을 선택한다.
2. 작품 선택하기: 앱에 제시된 여러 박물관 중 '명작 갤러리' 등을 선택하고, 마음에 드는 작품을 골라 '포켓 갤러리'에 추가한다.
3. 가상 박물관 탐험: 현실 공간(아이 방 등)에 가상으로 나타난 작품들을 유아와 함께 걸어 다니며 감상한다.
4. 작품에 대한 이야기 나누기: 작품 앞에 서서 유아에게 "이 그림은 정말 크구나!" "이 작품은 왜 여기에 있을까?"라고 물어보며 작품과 공간에 대한 이야기를 나눈다.

유아 경험의 이해

• 공간 지각 능력 발달: 증강현실로 구현된 작품을 보며 작품의 크기와 공간에 대한 감각을 자연스럽게 익힌다.
• 창의적 사고력 증진: 현실 공간과 가상 작품이 결합된 경험을 통해 새로운 형태의 예술 경험을 하며 상상력을 키운다.
• 자신감 및 주도성 향상: 유아가 직접 작품을 선택하고 가상공간을 탐험하면서 자신감과 주도성을 높인다.

부모 지원 방안

• 호기심 충족: 유아가 궁금해하는 작품에 대해 함께 찾아보거나 부모가 알고 있는 지식을 쉽게 설명해 준다.
• 안전한 환경 조성: 아이가 앱에 집중하다 넘어지지 않도록 주변 환경을 정리하고, 안전하게 활동할 수 있도록 살펴본다.

• 흥미로운 질문: "이 그림을 보니까 어떤 생각이 들어?" "○○이 방에 이 그림을 걸어 놓으면 어떨까?"와 같이 열린 질문으로 유아의 생각을 이끌어 낸다.

활동 3

 '명화 퍼즐 맞추기' 놀이(게임 기능, 작품 감상 활용)

활동 목표

• 명화 퍼즐 게임을 통해 작품의 전체적인 형태와 색감을 인지한다.
• 집중력과 문제해결 능력을 기르고, 완성의 즐거움을 느낀다.

활동 방법

1. 앱 실행 및 기능 찾기: 구글 아트 앤 컬처 앱의 '플레이' 탭에서 '아트 퍼즐(Art Puzzle)'을 선택한다.
2. 퍼즐 난이도 선택: 유아의 연령과 수준에 맞는 퍼즐 난이도를 선택한다.
3. 명화 퍼즐 맞추기: 유아와 함께 퍼즐 조각을 맞춰 명화를 완성한다. 유아가 어려워하면 부모가 옆에서 조각의 모양이나 색깔을 힌트로 주며 함께 해결한다.
4. 완성된 작품 감상: 퍼즐이 완성되면 해당 작품의 전체 모습을 다시 한번 감상하며 작품에 대한 정보를 읽어 준다.

유아 경험의 이해

• 인지 능력 발달: 조각을 맞춰 작품을 완성하는 과정에서 명화의 색감, 형태, 구도 등을 인지하는 능력이 발달한다.
• 집중력 및 인내심 향상: 퍼즐을 맞추는 동안 자연스럽게 집중력이 향상되고, 조각이 잘 맞지 않을 때 인내심을 배우게 된다.
• 협동심 발달: 부모와 함께 퍼즐을 맞추면서 소통하고 협력하는 즐거움을 느끼며 사회성 발달에 도움을 받는다.

부모 지원 방안

• 도움 제공 시기 조절: 유아가 스스로 퍼즐을 맞출 수 있도록 기다려 주되, 너무 어려워할 때만 적절한 힌트를 제공한다.
• 즐거운 분위기 조성: "와, 이 조각이 여기 딱 맞네!" "멋지게 완성되고 있어!"와 같이 긍정적인 말로 유아의 성취감을 북돋아 준다.
• 연계 활동 제안: 퍼즐로 맞춘 작품을 도화지에 자유롭게 그려 보거나, 다른 퍼즐 게임을 찾아보며 놀이 활동을 확장시킨다.

대체 가능한 디지털 콘텐츠

데일리 아트

• 매일 새로운 예술 작품 하나를 선정하여 작품과 작가에 대한 설명을 제공한다. 예술 작품을 꾸준히 감상하는 데 효과적이다.
• 활용: 유아와 함께 매일 새로운 작품을 보며 이야기를 나누는 습관을 들일 수 있다.

국립현대미술관

- 해당 앱뿐만 아니라 특정 박물관이나 미술관에서 자체적으로 제공하는 앱을 활용하면 도움이 된다.
- 활용: 해당 기관의 소장품을 더 깊이 있게 탐색할 수 있다.

셈 오늘은 내가 음악가

디지털 기기

- 스마트폰, 태블릿 PC

디지털 콘텐츠 및 앱

크롬 뮤직 랩

(Chrome Music Lab)

- 구글에서 개발한 교육용 웹사이트로, 누구나 쉽고 재미있게 음악을 탐색하고 만들 수 있는 다양한 실험을 제공한다.
- 별도의 설치나 로그인 없이 크롬 브라우저를 통해 접속할 수 있으며, 컴퓨터, 태블릿 PC, 스마트폰 등 다양한 기기에서 이용할 수 있다.
- 음악에 대한 전문 지식이 없어도 시각적인 도구들을 활용해 멜로디, 리듬, 화음 등 음악의 기본적인 원리를 직관적으로 이해할 수 있다.

활용 방안

- 다양한 도구: '송 메이커' '리듬' '칸딘스키' 등 14가지가 넘는 실험 코너가 있어 접근이 쉽고 여러 음악놀이가 가능하다.
- 시각적 학습: 소리를 색깔, 도형, 움직임 등으로 시각화하여 음악을 눈으로 보고 귀로 들으며 배울 수 있다.
- 간편한 공유: '송 메이커' 등으로 만든 나만의 곡은 웹 링크로 저장하거나 공유할 수 있다.
- 창의성 및 협업: 나만의 음악을 만들며 창의성을 키우고, 친구나 가족과 함께 실시간으로 음악을 연주하는 등 협업 활동도 가능하다.

활동 1

'나만의 노래 만들기'(송 메이커 활용)

활동 목표

- 음악의 구성 요소인 멜로디와 리듬을 시각적으로 이해한다.
- 다양한 악기 소리를 탐색하고 자신만의 음악을 창의적으로 만든다.

활동 방법

1. 앱 실행 및 기능 찾기: 웹사이트(musiclab.chromeexperiments.com)에 접속하여 '송 메이커(Song Maker)'를 선택한다.
2. 멜로디 만들기: 화면의 작은 사각형들을 손가락(혹은 마우스)으로 터치해 색색깔의 도형으로 채우면서 멜로디를 만든다. 아래쪽 하얀색 부분부터 음이 높아진다는 것을 설명해 준다.

3. 리듬 입히기: 화면 아래쪽의 작은 점들을 터치해 리듬을 만든다. 화면 왼쪽 아래에 있는 드럼, 우드블록, 마림바 등 다양한 소리를 눌러 가며 유아가 좋아하는 소리를 선택하게 한다.
4. 음악 감상 및 공유: '플레이' 버튼을 눌러 완성된 음악을 함께 감상한다. 만든 노래가 마음에 들면 '저장(Save)' 버튼을 눌러 링크로 보관하거나 다른 사람에게 공유한다.

유아 경험의 이해

- 음악적 감각 발달: 멜로디와 리듬을 직관적으로 만들어 보며 음악의 기본 구조를 이해하고, 다양한 악기 소리를 들으며 청각적 감각을 발달시킨다.
- 창의성 및 표현력 증진: 자신만의 멜로디와 리듬을 만들어 보면서 창의성을 발휘하고, 음악으로 자신의 생각을 표현하는 즐거움을 느낀다.
- 성취감 경험: 직접 만든 노래를 완성하고 들어 보면서 성취감을 느끼고, 다른 사람에게 공유하는 경험을 통해 긍정적인 자기효능감을 형성한다.

부모 지원 방안

- 자유로운 탐색 격려: 정해진 규칙 없이 자유롭게 여러 칸을 눌러 보도록 유도하며, 다양한 소리를 조합해 볼 수 있도록 지지한다.
- 언어적 표현 돕기: "높은 소리가 나는 것 같아." "통통 튀는 소리가 들리네."와 같이 유아의 경험을 언어적으로 표현해 주어 음악적 어휘를 확장시킨다.
- 칭찬과 반응: "네가 만든 노래 정말 신난다!" "멜로디가 정말 예쁘다!"와 같이 긍정적인 반응을 보여 주어 유아가 음악에 더 흥미를 갖도록 돕는다.

활동 2 '소리 따라 그림 그리기' 놀이(칸딘스키 활용)

활동 목표

- 소리와 그림의 관계를 이해하고 소리를 시각적으로 표현하는 경험을 한다.
- 예술과 음악의 융합을 체험하며 창의적 사고를 기른다.

활동 방법

1. 앱 실행 및 기능 찾기: 크롬 뮤직 랩 웹사이트에서 '칸딘스키(Kandinsky)'를 선택한다.
2. 그림 그리고 소리 듣기: 화면에 손가락(혹은 마우스)으로 동그라미, 세모, 선 등을 그려 본다. 그림을 그리는 동안 화면 아래에서 다양한 소리가 나는 것을 유아가 직접 경험하게 한다.
3. 소리와 그림 연결하기: 유아와 함께 "동그라미를 그리면 어떤 소리가 날까?" "길게 선을 그리면?" "작은 점을 찍으면?" 등의 질문을 주고받으며 그림과 소리의 관계를 탐색한다.
4. 작품 감상 및 공유: '플레이' 버튼을 눌러 그림과 소리가 어우러진 작품을 감상한다. 음악이 나오는 중에도 그림을 수정해 음악을 변화시키는 놀이를 즐긴다.

유아 경험의 이해

- 융합적 사고 능력 향상: 음악(청각)과 미술(시각)을 결합하는 활동을 통해 융합적 사고력을 기른다.

- 상상력 및 표현력 증진: 추상적인 소리를 그림으로, 그림을 소리로 표현하는 과정을 통해 상상력을 풍부하게 한다.
- 호기심 자극: "그림과 소리가 어떻게 연결되는 걸까?"와 같은 궁금증을 가지며 자연스럽게 탐구하는 태도를 형성한다.

부모 지원 방안

- 놀이 안내자 역할: "이번에는 길고 구불구불한 선을 그려 볼까?" "점들을 여러 개 찍어 보자."와 같이 다양한 시도를 할 수 있도록 돕는다.
- 의미 부여: 유아가 그린 그림과 소리에 대해 "네가 그린 노란색 동그라미가 밝은 소리를 내는구나."와 같이 의미를 부여해 준다.
- 예술가 경험 제공: "오늘은 ○○이가 칸딘스키 화가처럼 그림으로 음악을 만들었구나."라고 말해 주며 유아의 경험을 특별하게 만들어 준다.

활동 3

'우리집 리듬 연주회' 놀이(리듬 활용)

활동 목표

- 다양한 악기 소리로 리듬을 만들며 리듬 감각을 익힌다.
- 악기와 소리의 관계를 인지하고 리듬을 조합하는 즐거움을 경험한다.

활동 방법

1. 앱 실행 및 기능 찾기: 크롬 뮤직 랩 웹사이트에서 '리듬(Rhythm)'을 선택한다.
2. 리듬 탐색하기: 화면에 보이는 여러 동물 캐릭터(판다, 원숭이, 문어 등)를 클릭하여 각기 다른 소리를 들어 본다.
3. 나만의 리듬 만들기: 아래의 점들을 눌러 리듬을 만든다. "우리 아기 곰은 쿵! 쿵! 이렇게 걸어갈까?" "원숭이는 톡톡톡!" 하고 의성어를 흉내 내며 리듬을 만든다.
4. 리듬 연주하기: '플레이' 버튼을 눌러 만든 리듬을 감상한다. '일시정지' 버튼을 누른 후, 다른 동물 캐릭터나 점들을 바꾸어 새로운 리듬을 만들어 본다.

유아 경험의 이해

- 리듬 감각 발달: 다양한 악기 소리로 직접 리듬을 만들어 보면서 리듬에 대한 감각을 자연스럽게 기른다.
- 집중력 및 조작 능력 증진: 원하는 소리를 찾아 클릭하고, 점들을 눌러 리듬을 만드는 과정을 통해 집중력과 소근육 조작 능력이 발달한다.
- 즐거움 및 자신감: 자신이 만든 리듬을 듣고, 원하는 대로 리듬을 바꿔 가며 즐거움을 느끼고 자신감을 얻는다.

부모 지원 방안

- 동물 소리 흉내 내기: "문어가 첨벙첨벙 소리를 내네?" "코끼리는 쿵쿵 소리를 내는구나."와 같이 다양한 소리를 의성어로 표현하여 유아의 흥미를 유발한다.
- 다양한 악기 소리 경험: 유아에게 여러 악기 소리를 들려주며 "이번에는 북 소리로만 리듬을 만들어 볼까?"라고 제안한다.
- 함께 즐기기: 유아가 만든 리듬에 맞춰 박수를 치거나 춤을 추며 함께 즐거운 시간을 보낸다.

대체 가능한 디지털 콘텐츠

인크레디박스

- 캐릭터들에게 비트박스, 보컬, 멜로디 등 다양한 사운드를 입혀 자신만의 음악을 만들 수 있는 웹 기반 도구이다.
- 활용: 여러 캐릭터를 조합하며 음악을 만드는 과정을 통해 리듬, 멜로디, 화음 등 음악적 요소를 경험한다.

밴드랩

- 유아도 쉽게 사용할 수 있는 간단한 인터페이스를 갖추고 있다.
- 활용: 다양한 악기 소스를 제공하여 다채로운 음악을 만들 수 있다.

넷 탐구놀이를 즐겨요

디지털 기기

- 스마트폰, 태블릿 PC

디지털 콘텐츠 및 앱

네이버 스마트렌즈 (Smart Lens)

- 네이버 앱에 탑재된 인공지능(AI) 기반의 이미지 검색 서비스로 카메라로 사물을 비추거나 이미지를 촬영하면, AI가 자동으로 사물을 인식하여 관련 정보를 찾아 준다.
- 별도의 앱 설치 없이 네이버 앱 내에서 쉽게 접근할 수 있어, 일상 속 궁금증을 즉각적으로 해결할 수 있는 편리한 도구이다.

활용 방안

- 간편한 이미지 검색: 카메라로 찍은 사물, 식물, 풍경 등을 즉시 검색하여 이름을 비롯한 다양한 정보를 알려 준다.
- QR코드/바코드 인식: QR코드나 바코드를 스캔하여 관련 웹사이트에 접속하여 정보를 확인한다.
- 텍스트 인식 및 번역: 이미지 속 텍스트를 인식해 복사하거나 바로 번역할 수 있다.
- 쇼핑 정보 검색: 상품을 비추면 비슷한 제품이나 구매처를 찾아 준다.
- 다양한 분야 활용: 식물도감 만들기, 상품 정보 찾기 등 다양한 분야에서 활용 가능하다.

활동 1

'우리 동네 식물도감' 만들기(스마트렌즈, 갤러리 활용)

활동 목표

- 주변 환경에 대한 관심과 탐구심을 높이고, 식물의 이름과 특징을 알아본다.
- 사진을 찍고 정리하는 활동을 통해 관찰력과 분류 능력을 기른다.

활동 방법

1. 산책하며 식물 찾기: 유아와 함께 집 근처 공원이나 산책로를 걸으며 다양한 식물을 찾아본다. "이 꽃 이름이 뭘까?" "이 나뭇잎은 어떻게 생겼지?"와 같이 질문하며 유아의 호기심을 자극한다.
2. 스마트렌즈로 검색하기: 궁금한 식물을 스마트렌즈로 비춰 사진을 찍는다. 검색 결과로 나온 식물 이름을 함께 읽어 보며 "아, 이 꽃 이름이 민들레였구나!"라고 이야기한다.
3. 식물도감 만들기: 스마트렌즈로 찍은 사진들을 갤러리에 저장하고, 각 사진에 식물 이름을 음성 녹음이나 텍스트로 추가하여 '우리 동네 식물도감'을 만든다.
4. 도감으로 복습하기: 만든 식물도감을 보며 "민들레는 노란색 꽃이 피네." "소나무는 뾰족뾰족한 잎을 가졌어."라고 이야기하며 배운 내용을 복습한다.

유아 경험의 이해

- 자연에 대한 탐구력 발달: 스마트렌즈를 활용해 주변의 자연물을 탐색하고 이름을 알아 가는 과정을 통해 자연에 대한 깊은 호기심을 갖게 된다.
- 관찰력 증진: 다양한 식물의 모양, 색깔, 특징 등을 자세히 살펴보는 과정을 통해 관찰력이 발달한다.
- 분류 능력 향상: 비슷한 식물끼리 비교하거나, 찍어 둔 사진들을 주제별로 정리하면서 자연스럽게 분류 능력을 기른다.

부모 지원 방안

- 질문으로 유도하기: "이 꽃은 무슨 냄새가 날까?" "손으로 만져 보니 어떤 느낌이니?"와 같은 감각적인 질문으로 탐색 활동을 확장시켜 준다.
- 안전한 탐색 돕기: 독성이 있거나 뾰족한 식물을 만지지 않도록 미리 알려 주고, 안전하게 활동할 수 있도록 옆에서 도와준다.
- 칭찬과 격려: 유아가 찾은 새로운 식물에 대해 "정말 잘 찾았네!" "아무도 모르는 식물을 찾았구나."와 같이 긍정적인 반응을 보여 주어 성취감을 높여 준다.

활동 2

'궁금한 물건 찾기 탐정' 놀이(스마트렌즈, 쇼핑렌즈 활용)

활동 목표

- 집 안의 다양한 물건에 대한 궁금증을 해결하며 탐구 능력을 기른다.
- 스마트렌즈의 다양한 기능을 경험하고, 일상생활 속에서 정보를 탐색하는 방법을 배운다.

활동 방법

1. 궁금한 물건 정하기: 집 안에서 유아가 평소에 궁금해했던 물건이나 재미있게 생긴 물건들을 몇 가지 골라 본다.
2. 스마트렌즈로 탐색하기: 고른 물건들을 스마트렌즈로 비춰 검색해 본다. 쇼핑렌즈 기능이 켜지면 "이 물건은 어디에서 살 수 있대!"라고 이야기해 주며 다양한 정보를 함께 살펴본다.

3. 정보 탐색하기: 검색 결과로 나온 정보를 보며 "이 장난감은 이렇게 만든대." "이 컵은 유리로 만들었구나."와 같이 물건에 대해 함께 이야기 나눈다.
4. 탐정 일지 쓰기: 활동이 끝난 후, 탐색한 물건의 사진을 인쇄하거나 그림으로 그린 다음, 그 물건에 대해 알게 된 점들을 간단히 적어 '궁금한 물건 찾기 탐정 일지'를 만든다.

유아 경험의 이해

- 인지적 호기심 발달: 일상적인 물건에 대한 궁금증을 스마트렌즈로 해결하는 과정을 통해 스스로 지식을 탐색하고 습득하는 즐거움을 느낀다.
- 문제해결 능력 증진: 원하는 정보를 얻기 위해 스마트렌즈를 활용하는 경험을 함으로써 문제해결 능력이 발달한다.
- 일상 학습의 즐거움: 주변의 모든 사물이 학습의 대상이 될 수 있음을 깨닫고, 학습에 대한 긍정적인 태도를 형성한다.

부모 지원 방안

- 질문 유도: "이 물건은 언제 사용하는 걸까?" "이 물건은 무엇으로 만들어졌을까?"와 같이 유아의 탐구심을 자극하는 질문을 던져 준다.
- 다양한 정보 제공: 검색된 정보 중 유아가 이해하기 쉬운 부분을 골라 설명해 주고, 어려운 내용은 간단하게 요약해 준다.
- 놀이의 확장: 탐정 놀이처럼 역할극을 통해 활동을 더욱 재미있게 만들어 준다.

활동 3

'세상 모든 글자 읽기' 놀이(문자 인식, 번역 기능 활용)

활동 목표

- 문자 인식 및 번역 기능을 활용해 글자에 대한 호기심을 높인다.
- 다양한 언어와 문화를 접하며 언어에 대한 흥미를 기른다.

활동 방법

1. 글자 찾기 놀이: 집 안의 물건 포장지, 그림책, 외국 잡지 등 다양한 글자가 있는 곳을 함께 찾아본다.
2. 스마트렌즈로 글자 읽기: 스마트렌즈의 '문자 인식' 기능을 이용해 포장지의 글자들을 비춰 본다. 유아가 읽을 수 있는 글자는 함께 읽어 보고, 모르는 글자는 스마트렌즈가 인식한 내용을 읽어 준다.
3. 외국어 번역하기: 외국어로 된 글자를 비추고 '번역' 기능을 이용해 한국어로 바꿔 본다. "와, 이 외국어 글자가 이런 뜻이었네!"라고 놀라움을 표현하며 유아의 흥미를 유발한다.
4. 글자 꾸미기: 글자를 인식해 복사한 내용을 바탕으로 그림을 그리거나, 다른 언어로 번역된 내용을 보며 새로운 글자를 써 보는 미술 활동으로 연계한다.

유아 경험의 이해

- 문자에 대한 관심 증진: 생활 속 다양한 글자를 읽어 보는 경험을 통해 문자에 대한 호기심과 친밀감을 높인다.

- 다양한 문화 이해: 외국어 글자를 번역해 보는 경험을 통해 다른 나라의 언어와 문화에 대한 이해의 폭을 넓힌다.
- 언어 발달 촉진: 스마트렌즈가 인식한 글자를 따라 읽어 보면서 언어 발달을 자연스럽게 촉진한다.

부모 지원 방안

- 즐거운 분위기 조성: '글자 탐험가'와 같은 역할을 부여하여 놀이에 즐거움을 더한다.
- 자연스러운 독서 경험 연결: 읽기 놀이 후, 해당 내용이 담긴 그림책을 읽어 주거나 관련 이야기를 들려준다.
- 실제 상황 연결: 마트에서 외국 제품을 보면 "이것도 스마트렌즈로 한번 볼까?"라고 제안하여 일상 속에서 배운 내용을 적용해 보게 한다.

대체 가능한 디지털 콘텐츠

구글 렌즈

- 캐릭터들에게 비트박스, 보컬, 멜로디 등 다양한 사운드를 입혀 자신만의 음악을 만들 수 있는 웹 기반 도구이다.
- 활용: 여러 캐릭터를 조합하며 음악을 만드는 과정을 통해 리듬, 멜로디, 화음 등 음악적 요소를 경험한다.

다음 스마트 검색

- 다음 앱 검색창 우측에 있는 아이콘을 누르면, 여러 가지 스마트 검색 기능을 이용할 수 있다.
- 활용: 꽃검색, 음성검색, 음악검색, 코드검색의 기능을 자유롭게 활용할 수 있다.

요약 및 결론

가정은 유아가 처음으로 디지털 자원을 접하고 탐색하게 되는 중요한 환경으로, 이때 부모의 디지털 역량이 놀이의 질을 결정한다. 부모가 디지털 기기의 기능, 콘텐츠 특성, 발달에 적합한 놀이 방식 등을 이해하고 있을수록 유아는 보다 안전하고 의미 있는 디지털 경험을 할 수 있다. 또한 부모의 적절한 개입과 지원은 유아가 단순한 소비 활동을 넘어 창의적이고 능동적으로 디지털 놀이를 즐길 수 있도록 돕는다. 더불어 가정에서는 안전한 디지털 환경 조성이 필수적이므로 부모는 발달에 적합한 콘텐츠를 선별하고, 유아가 스스로 안전 규칙을 지키며 놀이할 수 있도록 포괄적 지원을 해야 한다. 이와 같이 가정에서의 디지털 놀이는 부모의 역량과 공동참여, 안전한 환경이 균형을 이루었을 때, 유아에게 긍정적이고 창의적인 놀이 경험이 될 수 있다.

토론을 위한 질문

1. 생각해 보기

- 나는 어릴 때 집에서 디지털 기기(스마트폰, 게임기, TV 등)를 어떻게 사용했는지 떠올려 보라. 그 경험은 즐거웠는가, 아니면 제한적이었는가?
- 내가 부모라면 자녀의 디지털 놀이를 어떻게 지원하고 싶을지 생각해 보라.

2. 토론하기

- 부모의 디지털 역량은 자녀의 디지털 놀이 경험에 어떤 영향을 주는가?
  - 부모가 디지털 미디어를 잘 활용하지 못한다면 자녀에게 어떤 어려움이 생길 수 있는가?
  - 반대로, 부모가 높은 디지털 역량을 가진 경우, 자녀에게 어떤 긍정적인 경험을 제공할 수 있는가?
- 안전한 디지털 놀이 환경을 만들기 위해 부모가 가장 먼저 해야 할 일은 무엇인가?
  - 단순히 '사용 시간 제한'을 두는 것과 '함께 규칙을 만드는 것'은 어떤 차이가 있는가?
  - 부모가 안전을 강조할 때, 유아의 자율성을 해치지 않으면서 지도할 수 있는 방법은 무엇인가?
- 부모-자녀가 함께 참여하는 디지털 놀이는 어떤 점에서 전통적인 놀이와 다른가?
  - 부모가 단순히 옆에서 지켜보는 것과 실제로 놀이에 참여하는 것에는 어떤 차이가 있는가?
  - 실제 가정에서 할 수 있는 부모-자녀 공동 디지털 놀이에는 어떤 것들이 있는가?

3. 정리하기

가정에서의 디지털 놀이는 부모의 인식과 역량, 안전한 환경 조성, 함께하는 디지털 놀이에 대한 경험 등을 통해 더욱 풍성해진다. 부모의 역할은 단순히 규제자가 아니라 안내자 · 협력자 · 모델이 되어 자녀의 경험을 발달적으로 확장시키는 것이다. 따라서 유아의 디지털 놀이를 지원하기 위해서는 가정과 유아교육기관이 함께 협력하는 통합적 접근이 필요하다.

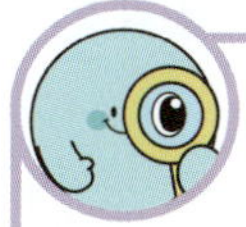

더 알아보아요!

스마트폰 과의존 예방교육을 위한 콘텐츠를 소개합니다

영유아와 영유아 학부모를 위한 스마트폰 과의존 예방교육 콘텐츠가 있어요! QR코드를 인식하면 한국지능정보사회진흥원 스마트쉼센터 유튜브 채널로 연결됩니다. 각 주제에 대한 동영상 콘텐츠를 주차별로 확인할 수 있어요. 영유아용은 간단한 애니메이션 형식으로, 학부모용은 실제 사례를 중심으로 구성되어 있어 누구나 쉽게 접근할 수 있습니다. 영유아와 학부모뿐만 아니라 여러 연령층에 대한 내용도 확인할 수 있으니 지금 나의 상황을 점검해 보는 것도 좋을 거예요. 교사라면, 해당 내용에 대해 가정통신문의 형식으로 가정에 정보를 제공할 수 있습니다.

영유아 콘텐츠

-영유아(어린이집)-

스마트폰 과의존 예방
스마트폰 간단한 기능들 이해

학부모 콘텐츠

-영유아 학부모-

유튜브 동영상에 대한
인식 변화

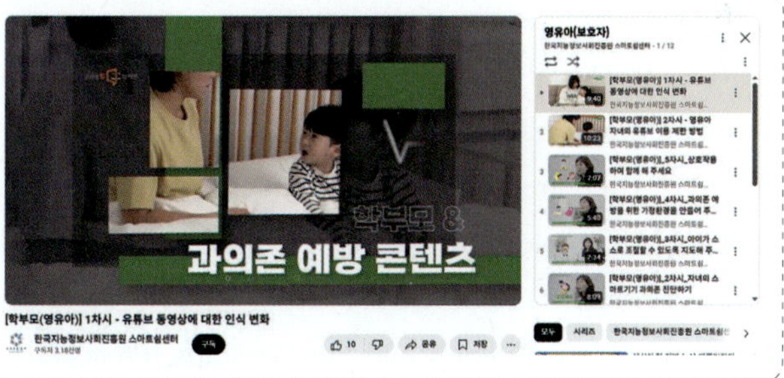

출처: 한국지능정보사회진흥원 스마트쉼센터 유튜브 채널.

참고문헌

교육부(2022). 학부모용 유아 디지털 미디어 문해 교육 운영지원자료: 디지털, 기술이 아닌 대화로 다가가세요. 교육부.

교육부, 강원특별자치도교육청(2021). 안전한 디지털 환경 현장지원자료: 유아의 건강한 디지털 환경 조성을 위한 지원자료. 교육부, 강원특별자치도교육청.

교육부, 경기도교육청(2024). 우리 아이의 안전하고 건강한 디지털 생활을 위한 부모 지원 자료. 경기도교육청.

김경희, 이숙정, 김광재, 정일권, 박주연, 심재웅, 최세정, 전경란(2018). **디지털 미디어 리터러시**. 한울아카데미.

김소현(2022). 유아의 디지털 미디어 활동과 의사소통능력 및 부모의 디지털 미디어 지도방식의 관계. 경기대학교 교육대학원 석사학위논문.

배윤진, 임은미, 김교령, 김혜진(2023). 유아를 위한 디지털 교육 지원 방안 마련 기초 연구(CR2308). 육아정책연구소, 교육부. https://repo.kicce.re.kr/bitstream/2019.oak/5544/4/CR2308.pdf

신유진(2024). 유아의 디지털 놀이에 대한 부모의 인식 및 지원. 경인교육대학교 교육대학원 석사학위논문.

이연승, 강소영(2023). 유아기 자녀를 둔 부모의 양육행동이 디지털 미디어 지도방식에 미치는 영향. **한국유아교육연구, 25**(4), 432-449.

차라인(2025). 부모의 디지털 역량과 디지털 미디어 지도방식이 유아의 미디어 조절력에 미치는 영향. 한양대학교 교육대학원 석사학위논문.

Bayar, M. E., Kulaksiz, T., & Toran, M. (2025). How does parental media mediation regulate the association between digital parental awareness and the parent-child relationship? *Early Childhood Education Journal*, 1-15. https://doi.org/10.1007/s10643-025-01879-x.

Bukhalenkova, D. A., Chichinina, E. A., & Almazova, O. V. (2023). How Does Joint Media Engagement Affect the Development of Executive Functions in 5- to-7 year-old Children?. *Psychology in Russia: State of the Art, 16*(4), 109-127.

Ferrari, A. (2012). *Digital competence in practice: An analysis of frameworks*. Publications Office of the European Union. https://doi.org/10.2791/82116

Fleming, M. J., Greentree, S., Cocotti-muller, D., Elias, K. A., & Morrison, S. (2006). Safety in cyberspace: Adolescents' safety and exposure online. *Youth & Society, 38*(2), 135-154.

Musick, G., Freeman, G., & Mcneese, N. J. (2021). Gaming as Family Time: Digital Game Co-play in Modern Parent-Child Relationships. *Proceedings of the ACM on Human-Computer Interaction, 5*(251), 1-25.

Plowman, L., Stephen, C., & McPake, J. (2010). Supporting young children's learning with technology at home and in preschool. *Research Papers in Education, 25*(1), 93-113.

Sevilla-Fernández, D., Díaz-López, A., Caba-Machado, V., Machimbarrena, J. M., Ortega-Barón, J., & González-Cabrera, J. (2025). Parental mediation and the use of social networks: A systematic review. *PLoS One, 20*(2), e0312011. https://doi.org/10.1371/journal.pone.0312011

Valcke, M., Bonte, S., De Wever, B., & Rots, I. (2010). Internet Parenting Styles and the Impact on Internet Use of Primary School Children. *Computers & Education, 55*(2), 454-464.

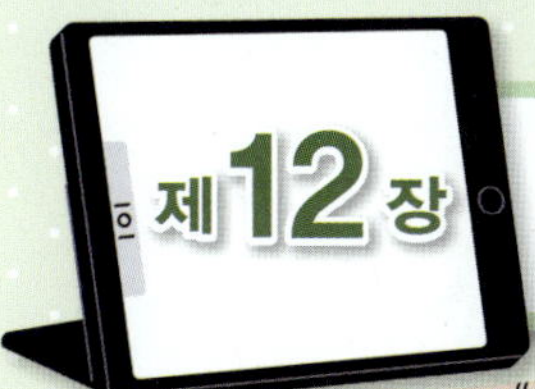

제12장 창의적 놀이와 디지털 기술

디지털 기술은 단순한 정보 소비의 차원을 넘어, 유아가 창의적으로 사고하고 이를 다양한 방식으로 표현할 수 있도록 돕는 핵심 매체로 자리매김하고 있다. 오늘날의 유아들은 드로잉 앱, 영상 및 음성 편집 웹사이트, AI 기반 프로그램 등과 같은 다양한 디지털 도구를 활용하여 자신의 생각을 표상하고, 이를 친구들과 공유함으로써 놀이의 범위를 확장한다. 유아는 이러한 과정을 통해 아이디어를 탐색하고 구체화하는 창의적 놀이를 형성해 간다.

이 장에서는 디지털 기술이 유아의 창의성 발달에 기여하는 교육적 가능성을 탐색하고, 이를 기반으로 한 놀이 사례를 통해 유아교사들이 교육 현장에서 적용할 수 있는 실천적 아이디어를 제시하고자 한다.

이 장의 학습목표는 다음과 같다.

학습목표

- 디지털 기술이 유아의 창의성 발달에 미치는 영향을 설명할 수 있다.
- 다양한 디지털 기술을 활용하여 디지털 놀이를 계획할 수 있다.

1. 이해하기

1) 창의적 놀이와 디지털 기술의 만남

창의적 놀이는 유아가 상상력과 탐구심을 발휘하고, 스스로 문제를 해결하며, 다양한 방식으로 표현하는 핵심 활동이다. 최근에는 디지털 기술이 이러한 창의적 놀이의 매개체로 활용되면서, 유아의 놀이 경험은 한층 확장되고 있다.

디지털 놀이가 활발한 교실을 들여다보자. 유아는 자신이 만든 이야기의 줄거리를 디지털 스토리북 앱을 이용해 그림과 음성을 넣어 재구성하거나, 블록놀이 후 증강현실(AR) 앱을 활용해 자신의 구조물이 실제 교실 속 어딘가에 떠 있는 것처럼 확장해 보는 놀이를 전개한다. 손으로 쓴 편지를 드로잉 앱으로 꾸미고 움직이는 동영상으로 편집한 후, 동영상 플랫폼을 통해 의미 있는 사람들과 공유한다. 이러한 놀이 형태는 전통적인 놀이와 디지털 기술이 교실 안에서 어떠한 방식으로 결합하여 디지털 놀이로 확장되는지를 보여 준다.

디지털 기술은 유아의 놀이와 만나 그들이 상상으로만 했던 많은 일들을 실현시킨다. 유아는 다양한 형태의 디지털 놀이를 통해 새로운 방식으로 사고하고 탐색하며 창의성을 발휘한다. 놀이 과정에서 구상한 바를 직접 시도하고, 이를 자신만의 고유한 방식으로 표상하며 자신만의 경험으로 재구성하고 확장한다. 결국 유아는 디지털 도구라는 새로운 매개체를 활용하여 사고와 상상을 확장하고 표현하며 사회적 · 문화적 맥락 속에서 발달을 경험하는 것이다(Fleer, 2016).

디지털 미디어를 활용한 놀이는 유아 사고의 폭을 넓히고 상상력을 시각화한다. 특히 증강현실(AR)이나 가상현실(VR)은 유아에게 시각적 · 청각적으로 풍부한 자극을 제공하여 추상적 아이디어를 구체적인 결과물로 변환하는 과정을 수월하게 한다. 다양한 디지털 도구와 프로그램을 활용한 창작놀이의 경험 또한 유아가 놀이 속에서 창의적 산출물을 만들어 내는 데 중요한 역할을 한다.

이에 유아는 디지털 도구를 활용하여 자신들의 아이디어를 동영상이나 3D 모델 등 다양한 형태로 표상하고 공유하며, 이 과정을 통해 창의적 사고력 및 문제해결 능력을 기를 수 있다. 디지털 놀이의 전 과정에서 또래와 상호작용하며 협력하는 경험을 통해 함께하는 것에 대한 즐거움과 공동체 의식을 함양한다. 또한 디지털 도구로 하나하나 궁금증을 해결하고 자신만의 것을 만들어 가며 끊임없는 도전과 피드백을 통한 몰입을 경험하게 된다(서미정, 2025; 유구종, 김소리, 2019; 이지은, 최연철, 2024).

이는 디지털 놀이가 유아의 전인적 성장, 특히 창의적 역량 함양을 위한 핵심적인 교수 · 학습 방법임을 보여 주고 있으며, 결국 디지털 기술이 유아를 정보 수용자가 아닌 능동적 창작자로 변화시키는 중요한 도구임을 시사한다. 교육부는 디지털 경험이 단순히 화면을 보는 수동적 활동으로 머무르지 않도록, 놀이와 창작의 도구로 적극 활용할 수 있는 환경을 조성해야 한다고 강조한다(교육부, 2021). 따라서 교사는 디지털 기술이 유아의 상상과 표현을 구체화할 수 있는 매개체가 되도록 놀이 환경을 계획하고 지원해야 하며, 이를 통해 유아의 창의적 발달이 한층 풍부해질 수 있음을 염두에 두어야 한다.

이처럼 디지털 기술은 정보 전달을 넘어, 유아가 상상력과 표현력을 발휘하는 창의적 놀이의 매개로 작용한다. 디지털 기술이 유아의 창의성에 미치는 영향에 대해 구체적으로 정리하면 다음과 같다(교육부, 2022; 김호, 2023; 동풀잎, 윤영선, 2022; Fleer, 2016).

(1) 사고의 확장 지원

유아는 디지털 도구를 통해 기존의 놀이 맥락을 재구성하고 새로운 방식으로 사고를 확장한다. 디지털 기기를 조작하는 과정에서 현실과 가상의 세계를 넘나들며 새로운 탐색적 활동에 참여하고 호기심을 해결한다. 예를 들어, 유아는 드로잉 앱을 통해 단순한 그림 그리기에서 나아가 여러 가지 색상, 질감, 레이어 등을 탐색하며 머릿속에 떠오르는 것들을 자유롭게 표상하거나, 입체 형태의 결과물을 만들어 보는 등 사고를 확장하는 경험을 할 수 있다. 이는 유아가 다양한 가능성을 탐색하며 사고의 폭을 넓히는 기회를 제공한다.

(2) 다양한 표현 방식 제공

디지털 매체는 그림이나 텍스트, 소리, 영상, 애니메이션 등 다양한 표현 수단을 동시에 제공한다. 유아는 이를 통해 자신의 생각을 하나의 방식에 국한하지 않고 언어와 그림, 조형, 움직임 등 다양한 상징체계를 통해 표현할 수 있다. 예컨대, 자신이 지은 이야기를 글 혹은 그림으로 표현하는 것에서 나아가 그림과 음성, 간단한 애니메이션이 결합된 새로운 방식으로 표상하는 경험을 하게 된다. 이를 통해 유아는 발산적 사고 능력과 창의적 표현력을 기르게 된다.

(3) 탐구적 태도 형성

디지털 환경은 즉각적인 반응과 피드백을 제공함으로써 유아의 탐색과 실험을 적극적으로 촉진한다. 유아가 터치나 제스처를 통해 디지털 미디어 화면 속 대상과 상호작용할 때, 단순히 결과를 받아들이는 데 그치지 않고 자신의 시도가 어떠한 변화를 이끌어 내는지를 관찰한다. 이러한 과정은 창의적 추론을 가능하게 하며, 유아가 대상에 대한 호기심을 바탕으로 새로운 아이디어를 제시하고 이를 검증·변형하는 탐구적 태도로 발전하도록 돕는다.

(4) 협동 능력 향상

디지털 기술은 또래와의 다양한 상호작용을 통해 협력과 창의성을 발휘할 수 있는 기회를 제공한다. 예를 들어, 여러 유아가 함께 디지털 스토리북을 제작하거나, 메타버스 플랫폼에서 공동으로 가상의 놀이 공간을 설계하는 과정은 의사소통과 협력을 기반으로 새로운 놀이 결과물을 창작하는 경험을 제공한다. 이러한 경험은 협력적 문제해결 능력과 창의적 사고를 동시에 강화하여 사회적 창의성을 발달시키는 토대가 된다.

(5) 몰입과 동기 부여

유아는 새로운 디지털 기술을 접하며 대체로 신기함과 놀라움을 경험한다. 이러한 경험은 자발성과 주도성, 무목적성이라는 놀이의 핵심 요소와 결합되어 유아의 몰입을 심화하는 매개로 작용한다. 예를 들어, 인터랙티브 게임이나 증강현실(AR) 콘텐츠는 유아로 하여금 즉각적인 흥미를 불러일으키고, 스스로 놀이와 탐색의 과정에 참여하도록 동기를 부여한다. 이와 같은 몰입은 흥미를 넘어 유아가 창의적인 탐색을 지속하고 심화하도록 지원하고, 놀이의 즐거움을 경험하며 스스로 참여하도록 이끈다.

2) 창의적 놀이를 위한 디지털 도구

유아의 창의적 놀이에 활용되는 디지털 도구는 기술적 특성과 상호작용 방식에 따라 다양하게 구분될 수 있다. 이 장에서는 앱과 웹사이트, AI 로봇 및 AI 기반 도구, AR·VR 기반 도구와 인터랙티브 놀이, IPTV와 OTT 콘텐츠, 3D 프린팅과 3D 펜 등 유아의 발달 특성과 놀이 맥락에 적합한 사례를 중심으로 소개한다. 이러한 도구들은 유아가 놀이 속에서 탐구하고, 표현하며, 협력할 수 있는 경험을 제공함으로써 창의적 사고를 촉진한다.

(1) 앱과 웹사이트

앱(App)[1)]과 웹사이트(Web site)[2)]는 유아가 손쉽게 접근할 수 있는 대표적인 디지털 도구이다. 스마트폰이나 태블릿 PC와 같은 기기를 활용하여 그림, 글, 영상, 음악 등을 만들고 표현할 수 있으며, 짧은 시간 안에 결과물을 확인할 수 있다는 장점이 있다. 이는 유아의 즉각적인 몰입을 촉진하고, 놀이의 흥미를 지속시키는 매개가 된다. 또한 다양한 시청각적 자극을 제공하므로 유아의 상상력과 표현 능력을 확장하는 데 효과적이다.

교실에서 앱과 웹사이트를 사용하는 경우, 기기의 휴대성과 접근성이 높아 여러 명의 유아가 동시에 혹은 순차적으로 참여할 수 있다. 짧은 활동으로도 놀이와 학습을 연결할 수 있어 놀이 흐름에 자연스럽게 통합하기 쉽다. 특히 웹사이트는 별도의 설치가 필요 없으므로 교사는 유아들이 놀이 중 바로 접속하여 활용할 수 있도록 태블릿 PC나 PC에 미리 즐겨찾기를 설정해 둘 수 있다. 또한 미러링 없이도 스마트 TV나 대형 화면을 통해 대집단 활동을 진행하기 적합하다.

예를 들어, 유아는 그림책을 감상할 수 있는 앱(아이윙, 그림책을 지원하는 IPTV 연동 앱)이나 웹사이트(유튜브 내 그림책 읽어 주는 채널)에서 그림책을 감상하고 뒷이야기를 상상한다. 그림 그리기 앱(SketchBook, Tayasui Sketches)을 통해 다양한 그리기 도구와 기법을 활용하여 그림을 그린다. 완성된 그림은 AI 기반 웹사이트(Animated Drawings, Scroobly)에 접속하여 움직이는 그림으로 만들어 파일로 저장한다. 목소리를 녹음하거나 다양한 목소리로 더빙해 주는 앱과 웹사이트(네이버 클로바더빙, 리틀보이스 LiVo)에서 직접 목소리로 뒷이야기를 녹음한다. 이후 영상 편집 앱(VLLO, VITA)이나 디자인 플랫폼 사이트(캔바, 미리캔버스)에서 동영상으로 완성하여 함께 감상한다. 이와 같은 놀이의 흐름은 그림책을 읽고 뒷이야기를 상상해 보는 활동이 디지털 놀이로 전환되는 과정을 보여 준다. 복잡해 보이지만 쉽고 단순한 사용 방법을 갖춘 도구들이므로 유아들도 금세 활용 방법을 익혀 놀이를 즐길 수 있다.

---

1) 애플리케이션(Application)의 줄임말로, 사용자가 특정한 목적을 위해 설치하고 사용하는 응용 프로그램을 의미한다. 컴퓨터나 모바일 기기(스마트폰, 태블릿 PC 등)의 운영체제(OS) 위에서 구동되며, 사용자가 원하는 기능(예: 게임, 교육, 정보 검색, 영상 편집)을 수행하도록 설계된 소프트웨어이다.

2) 웹 서비스를 제공하기 위해 정보를 저장해 놓은 인터넷상의 주소를 의미하며, 사용자들은 웹 브라우저를 통해 웹사이트에 접속하여 정보를 공유한다.

교사는 앱과 웹사이트를 단순한 오락이나 흥미 유발을 위해 제시하기보다는 유아의 놀이를 면밀히 관찰하고, 놀이의 확장에 도움이 될 수 있을 만한 앱과 웹사이트를 제공하는 것이 바람직하다. 무수히 많은 앱과 웹사이트 중 지금-여기 유아에게 필요한 것을 주제나 목적에 따라 선정해야 한다. 또한 유아가 자유롭게 탐색할 수 있도록 환경을 마련하되 필요할 때 질문과 제안을 통해 사고를 확장할 수 있는 상호작용을 지원하는 것이 좋다.

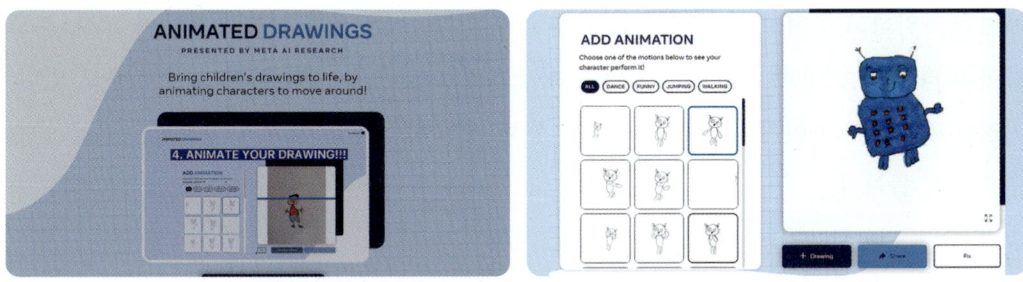

[그림 12-1] 애니메이티드 드로잉(Animated Drawings)

유아의 그림을 애니메이션으로 바꿔 주는 AI 기반 웹사이트이며, 간단한 조작으로 움직이는 그림을 만드는 놀이가 가능하다.

출처: 애니메이티드 드로잉 홈페이지(https://sketch.metademolab.com).

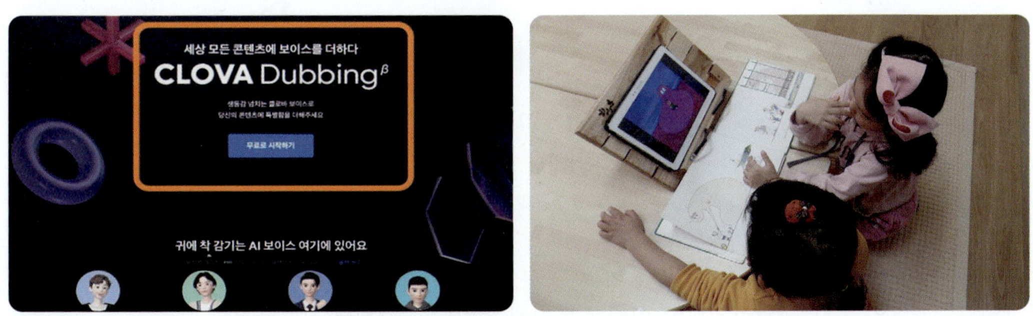

[그림 12-2] 네이버 클로바 더빙

네이버 클로바 더빙으로 그림책 동영상에 목소리를 더빙하는 유아들. 네이버의 AI 음성 합성 기술을 활용해 텍스트나 영상을 음성으로 변환하여 이를 동영상에 입힐 수 있다. 여러 목소리와 효과음을 지원하므로 유아가 다양한 음성과 영상 놀이를 즐길 수 있다.

(2) AI 로봇 및 AI 기반 도구

AI(Artificial Intelligence)는 인간의 학습 능력과 추론 능력, 언어이해 능력을 컴퓨터 프로그램으로 실현하는 기술로 인공지능이라고도 한다. 특히 이를 활용한 AI 로봇은 완벽하지는 않지만 표정을 통해 인간의 감정을 읽고 대응할 수 있는 단계까지 발전하여 유아의 일상과 교육 현장 곳곳에 등장한다.

최근 개발된 AI 로봇들은 동화구연, 율동, 스무고개, 끝말잇기, 동요 부르기 등의 기능을 통해 유아와 정서적으로 교감하며 상호작용한다. 디스플레이가 탑재되어 있는 AI 로봇의 경우에는 정보검색을 지원하고 음성뿐만 아니라 영상을 통해서도 다양한 놀이가 가능하다. 특히 그림책 읽기에 특화된 AI 로봇의 경우 유아가 자주 읽는 책과 읽지 않는 책의 독서 패턴을 파악하고 독서 이력을 체크 및 관리할 수 있다. 녹음 기능을 통해 유아나 교사, 부모 등이 미리 책을 녹음해 놓으면 해당하는 목소리로 그림책을 읽어 주며 놀이할 수도 있다. 이러한 기능들은 유아가 디지털 미디어를 통해 이전과는 다른 형태의 창의적 놀이를 즐길 수 있도록 돕는다.

'알파미니'
소형 인간형(휴머노이드) 인공지능 로봇으로 유아와 다양한 상호작용이 가능

'LG클로이 홈로봇'
음성뿐만 아니라 영상을 통한 놀이가 가능하고, AR과 VR 기능을 지원

'루카'
그림책 읽는 로봇으로 유아 주도적인 다양한 그림책 놀이가 가능

[그림 12-3] 디지털 놀이에 특화된 인공지능 로봇들

AI가 탑재된 다양한 로봇은 유아의 창의력 사고와 놀이 확장을 돕는다.

출처: 각 회사 홈페이지(https://알파미니에듀케이션.kr, https://www.lge.co.kr, https://www.luka.kr)

AI 기반 도구들은 유아가 그림뿐만 아니라 음악, 동화 등 여러 가지 놀이를 보다 재미있고 창의적으로 즐길 수 있도록 지원한다. 예를 들어, 앞의 사례에서 디지털 앱과 웹사이트를 통해 그림을 그렸다면, AI를 기반으로 하는 도구에서는 간단하고 색다른 형식의 그림 놀이가 가능하다. 구글이 개발한 퀵드로우(Quick, Draw!)는 유아가 제한 시간 안에 주어진 단어의 그림을 그리면, 인공지능이 그 그림이 무엇인지 추측한다. 오토드로우(AutoDraw)는 유아가 낙서처럼 그림을 그리면 전문가가 그린 것과 같이 자동으로 그림을 완성해 준다. 둘 모두 AI와 상호작용하면서 놀이를 즐길 수 있다는 특징이 있다. 또한 음악 놀이의 예를 들면, 이매지너리 사운드스케이프(Imaginary Soundscape)는 딥러닝 기반 AI 기술을 이용하여 유아가 사진을 찍어 업로드하면 사진과 어울리는 가상의 소리를 만들어 주는 웹 기반 프로그램이다. 유아들은 주변의 사물이나 친구들의 웃는 모습 등 자유롭게 사진을 찍어 올리며 이에 어울리는 소리들을 탐색하거나, 직접 그린 이야기 장면에 어울리는 배경 음악을 만들어 볼 수도 있다. AI 듀엣(AI Duet)은 AI와 유아가 실시간으로 피아노 듀엣을 연주하는 웹 기반 프로그램이다. 유아가 특정 음을 누르면 AI가 이에 어울리는 화음을 연주해 주는 형

[그림 12-4] 퀵드로우(Quick, Draw!)

유아가 제한 시간 안에 주어진 단어의 그림을 그리며 AI와 게임을 즐긴다. 큰 화면에 연결하면 대집단 놀이를 즐길 수 있다.

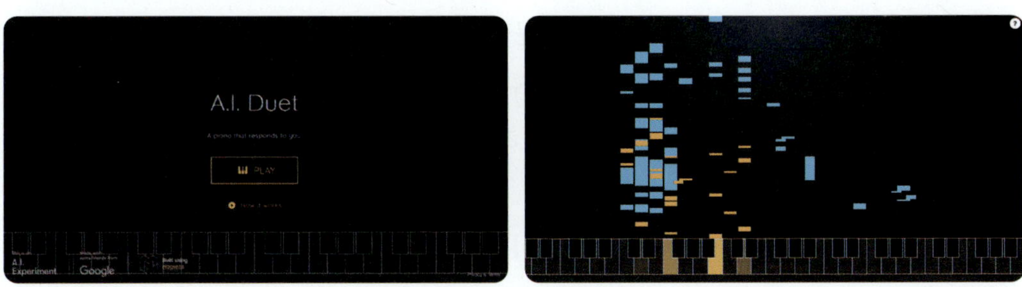

[그림 12-5] AI 듀엣(AI Duet)

유아가 자유롭게 피아노를 연주하면 AI가 화음을 넣어 들려준다. 음이 연주되는 모습이 시각적 이미지로 나타나 유아들의 흥미를 높여 준다.

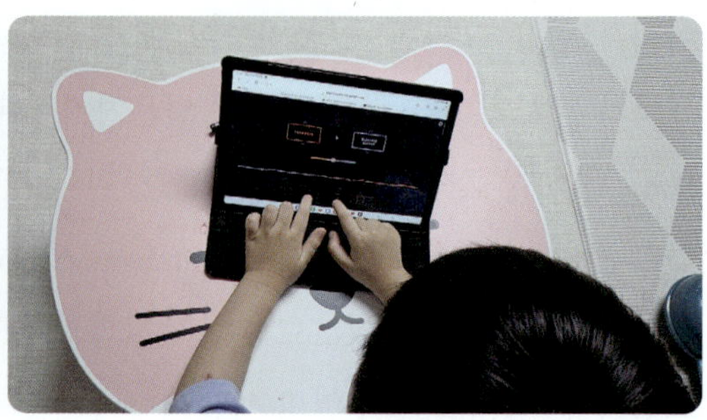

[그림 12-6] 엔신스: 사운드메이커(NSynth: Sound Maker)

유아는 트럼본과 강아지의 소리가 결합된 나만의 소리를 만들어 낸다. 만든 소리는 녹음하여 다른 놀이에 활용할 수 있다.

식이다. 화면을 터치할 수 있어 스마트 TV로 연결하면 대집단의 놀이도 가능하다. '엔신스: 사운드메이커(NSynth: Sound Maker)'는 악기의 소리와 주변에서 들을 수 있는 다른 소리를 섞어 새로운 소리를 만들어 내는 AI 도구이다. 유아는 하프, 마림바 등 17가지의 악기 소리와 천둥 소리, 고양이 울음 소리 등 열다섯 가지의 소리를 자유롭게 선택하여 나만의 소리를 만들어 낼 수 있다.

AI 기반 도구는 유아가 직접 명령을 입력하고 그 결과를 탐색해 보는 기회를 제공한다. 이를 통해 유아는 정해진 답을 찾는 학습이 아니라, 놀이 과정 속에서 자연스럽게 문제를 발견하고 다양한 해결 방안을 시도하는 경험을 하게 된다. 이러한 경험은 유아의 창의적 사고를 실제 행동으로 구체화하도록 돕고, 자신만의 해결책을 구축해 가는 설계적 사고(Design Thinking)를 발전시키는 계기가 된다.

따라서 교사는 유아가 주도적으로 문제를 발견하고 다양한 해결책을 탐색하며 자신만의 창의적인 문제해결 과정을 경험할 수 있도록 지원해야 한다. "다른 방법도 있을까?"와 같이 유아의 창의적 탐구력을 자극할 수 있는 질문을 하는 것도 좋다. 또한 유아가 실패해도 반복하며 즐길 수 있는 자유로운 분위기와 여유 있는 놀이 시간을 제공하고 도전할 수 있을 만한 과제와 적절한 힌트를 주는 역할도 필요하다.

(3) AR · VR 기반 도구와 인터랙티브 놀이

증강현실(Augmented Reality: AR)은 현실의 이미지나 배경에 3차원 가상 이미지를 겹쳐 하나의 영상으로 보여 주는 기술이다. 교육적 활용으로는 스마트폰이나 태블릿 PC를 활용하여 AR 교재를 비추면 3D 이미지가 송출되어 실제와 같이 정보에 접근할 수 있다. 스마트폰이나 태블릿 PC에 증강현실 앱을 설치하면, 증강현실 프로그램을 구동시킬 수 있다. 특히 스마트 기기와 화면 미러링[3] 기능을 활용하면 대집단 수업에서도 다양한 놀이가 가능하다. 증강현실 기술이 가장 많이 활용되는 그림책의 경우 책 페이지를 스마트 패드로 비치고 화면을 터치하거나 드래그하면 주인공이 나타나고 배경이 떠오르는 등의 반응이 있기 때문에 책을 읽을 때 유아들의 흥미를 유발할 수 있다. 그림책을 읽은 후 진행되는 연계 활동도 증강현실 프로그램을 활용하는 등 유아교육에서는 증강현실 기술을 활용하여 대집단, 소집단, 개별 활동 등을 다양하게 진행할 수 있다. 예를 들어, 그림책 『공룡은 살아있다』(미국 자연사 박물관 글 · 그림, 아이워즈, 2013)를 증강현실로 살펴본 후, 직접 볼 수 없던 다양한 공룡을 위와 아래 등 모든 방향에서 탐색해 보며 점토로 입체 공룡을 만들어 보는 활동으로 전개할 수 있다. 친구를 찾아 떠나는 모험이야기 AR 그림책 『친구할까?』(샤를로트 가스토 글 · 그림, 보림출판사, 2017)의 경우에는 유아가 그림책 속 주인공이 되어 책에 제시된 곳으로 모험을 떠나는 놀이로 확장하여 전개할 수도 있다.

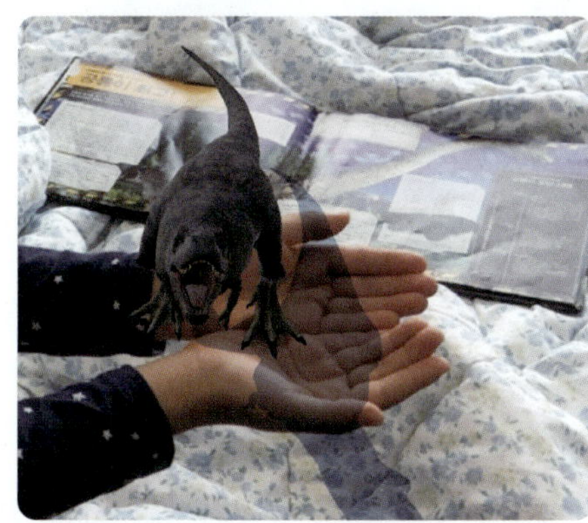

[그림 12-7] 증강현실 그림책의 구동 장면

애플리케이션을 실행하여 그림책(좌: 『공룡은 살아있다』, 우: 『친구할까?』)을 비추면, 유아가 현재 있는 공간으로 증강현실 그림책 속 주인공들이 떠오르며 유아에게 상상의 세계를 전한다.

한편, 가상현실(Virtual Reality: VR)은 컴퓨터 기술을 기반으로 실제와 유사한 환경이나 상황을 만들어 내는 기술을 의미하는데, VR 고글이나 VR 글로브 등의 기기가 보여 주는 것은 모두 허구의 것으로 실제 현실이 아니다. VR 고글은 가상의 그래픽을 시각적으로 구현하

3) 스마트폰 · 태블릿 PC 단말기에 표시되는 내용을 대화면 TV나 디스플레이에 실시간으로 비추는 것이다.

고, VR 글로브는 촉각과 체온을 느끼도록 하여 사용자가 마치 현실 세계에서 어떤 일을 실제로 하는 것과 같은 효과를 제공한다. VR은 유아가 직접 경험하기 어려운 대상이나 환경을 가상현실로 접하도록 도와줌으로써 이에 대한 이해와 흥미를 높이는 데 효과적이다. 예를 들어, VR을 활용한 교통안전 교육은 등·하원길에서 마주칠 수 있는 교통 상황을 VR을 통해 접하면서, 교통안전에 대한 새로운 정보는 물론 실제 자동차가 어느 위치에 있을 때 내가 위험한지, 길을 건널 때에는 어디를 주로 살펴야 하는지 등 교통안전에 대한 실천적 지식과 위험 인식, 행동력 등을 높일 수 있는 좋은 방법이다.

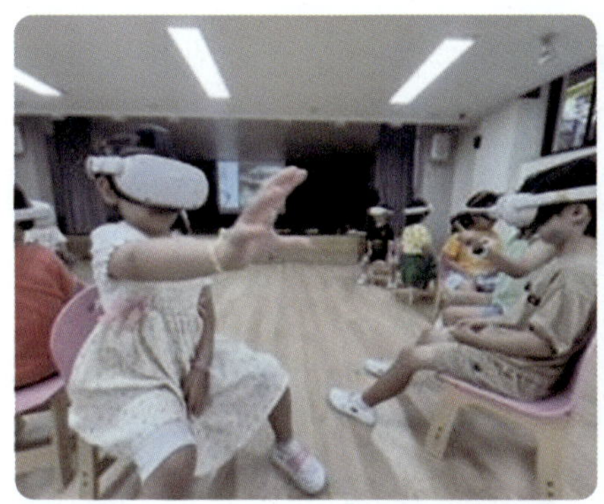

[그림 12-8] VR을 활용한 교통안전 교육

VR 고글을 쓰고 등·하원길을 그대로 투영한 가상의 공간에서 교통안전 규칙을 체험한다. 기존의 방식보다 유아의 이해와 위험 인식에 대한 행동력 향상에 도움이 된다.

출처: 좌-한국도로교통공단 VR교통안전교육/우--STEAM 폴리와 함께하는 VR 교통안전[인천일보(2025. 8 18.)/ https://store.steampowered.com/app/3076850/__VR/?l=koreana].

또한 AR·VR 기술, AI 기술, 프로젝션 기술[4], 센서 및 감지 기술, 제스처 인식 기술 등 다양한 디지털 기술을 기반으로 한 인터랙티브 놀이가 있다. 인터랙티브 놀이(Interactive Play)란, 정해진 규칙을 수동적으로 따르는 전통적 놀이와 달리, 유아의 적극적인 상호작용과 행동에 따라 놀이의 내용과 결과가 실시간으로 변화하는 놀이 형태를 의미한다. '상호작용하는'이라는 뜻의 인터랙티브라는 이름이 보여 주듯이 놀이에 참여하는 유아 또는 기술과 놀이 사이의 역동적인 관계가 핵심이다. 이러한 상호작용은 놀이에 대한 유아의 몰입감을 높이고, 유아에게 색다른 경험을 제공한다.

4) 벽, 바닥 등 평면에 영상을 투사하여 놀이 공간을 실시간으로 변화시키는 기술이다. 이 기술은 정적인 공간을 동적인 놀이 공간으로 탈바꿈시켜, 참여자들이 다양한 환경에서 신체 활동을 할 수 있게 한다.

인터랙티브 놀이는 다양한 형태로 나타난다. 예를 들어, 보드게임처럼 참여자들의 결정과 협력에 따라 승패가 달라지는 놀이부터, 디지털 기술을 활용해 가상현실 속에서 직접 행동하는 놀이까지 그 범위가 매우 넓다. 인터랙티브 놀이는 놀이의 본질적인 즐거움에 더해 예측 불가능성과 능동적인 참여를 결합하여, 놀이에 참여하는 유아들의 창의성과 문제해결 능력을 자극하는 효과적인 방법으로 주목받고 있다.

[그림 12-9] 인터랙티브 놀이를 즐기는 유아들

유아는 눈앞에 떠오르는 물고기를 잡아 보거나 교실 안을 헤엄치는 물고기와 수영을 하는 등 디지털미디어와 적극적인 상호작용을 이루는 새로운 형태의 인터랙티브 놀이를 즐긴다.

(4) IPTV와 OTT 콘텐츠

5세대(5G) 이동통신의 등장으로 가상현실이나 사물인터넷 등 다양한 기술을 통합, 연결할 수 있는 초연결사회로 진입하였다. 이를 기반으로 발달한 IPTV(Internet Protocol Television)는 전파 대신 인터넷 통신망을 기반으로 하는 TV를 의미하며, OTT(Over The Top)는 통신망에 종속되지 않은 개방된 인터넷으로 영상을 제공하는 모든 서비스를 뜻한다(네이버 지식백과, http://terms.naver.com/). 국내 IPTV로는 SK의 'BTV', KT의 '올레TV(쿡TV)', LG의 'U+ tv' 등 세 가지 서비스가 제공되고 있으며, OTT로는 wavve와 TVING, 쿠팡플레이 같은 국내 서비스와 넷플릭스, 디즈니+ 등의 외국 서비스가 있다.

이들 대부분은 유아 전용 서비스를 따로 제공하고 있는데, 해당 서비스에는 영유아를 위한 연령별 · 주제별 놀이 자료는 물론 연령별 부모를 위한 교육 자료가 수록되어 있다. 그 유형을 보면 자연 탐구, 과학실험, 언어학습 및 그림책, 음악 및 동작 콘텐츠 등으로 매우 다양하며, AR을 통한 여러 상호작용 놀이를 제공한다. 이러한 콘텐츠는 단순히 보는 영상만이 아닌, 유아가 주도적으로 놀이에 활용할 수 있는 형태의 서비스도 제공한다. 예를 들면, 유아가 직접 그리고 색칠한 캐릭터 또는 사진이 그림책의 주인공이 되어 살아 움직이는 것처럼 보이도록 제작된 서비스가 있다.

유아는 해당 서비스를 통해 나의 얼굴을 한 주인공이 나오는 그림책을 영상으로 만날 수 있고, 교사는 유아들이 주인공으로 나오는 우리 반만의 그림책을 유아들과 함께 만들어 볼 수 있다. 등장인물의 목소리도 유아들이 각각 녹음하고, 유아들의 얼굴을 한 등장인물 이모티콘을 다운로드하여 막대인형이나 스티커로 만들어 극놀이로 전개할 수 있다. 그림책을 활용한 극놀이를 디지털 미디어를 통해 새로운 방식으로 즐길 수 있는 것이다.

[그림 12-10] LG U+ 유아 전용 IPTV 아이들나라 '내가 만든 그림책'의 구동 장면

유아가 직접 그린 그림과 촬영한 사진이 그림책 속 움직이는 주인공으로 등장하여 큰 즐거움을 준다.

출처: 비즈워치(2018. 8. 13.). http://news.bizwatch.co.kr/article/mobile/2018/08/13/0005

[그림 12-11] SK의 BTV 유아 전용 IPTV 잼키즈 '살아있는 동화'의 구동 장면

유아가 자신의 얼굴을 등록하면, 유아의 표정이 그림책 속 여러 모습으로 구현되며 몰입감을 높인다. 목소리를 녹음하면, 그림책 속 주요 문장을 유아의 목소리로 표현할 수 있다.

출처: 지디넷코리아(2018. 10. 16.). https://zdnet.co.kr/view/?no=20181016141144

(5) 3D 프린팅과 3D 펜

3D 프린팅(3D Printing)은 프린터로 물체를 뽑아내는 기술로 종이에 글자를 인쇄하는 기존 프린터와 다르게 입체 모형을 만드는 기술을 의미한다. 3D 프린팅 기술의 발달은 일상의 많은 부분에서 혁신적 변화를 불러일으키고 있다. 3D 프린팅으로 만들어 낸 인공 두개골을 통해 얼굴 기형을 가진 아이에게 새로운 희망을 제공하고, 3D 프린팅으로 만든 예술 작품은 유아의 꿈과 희망, 자유로운 상상력을 자극하는 예술 매체로 자리 잡고 있다.

유아교육 분야에서는 시각장애 아이들을 위한 3D 촉각 그림책이 개발되었다. 기존의 점자 그림책은 그림책의 글을 점자로 변환하여 그림책의 내용을 글로 이해할 수 있도록 도왔다. 그러나 3D 프린팅을 활용한 촉각 그림책은 점자로 된 글뿐만 아니라 그림책의 그림까지 입체로 인쇄하여, 시각장애아들이 그림책이 제공하고자 하는 글과 그림을 온전히 경험할 수 있도록 하였다. 이는 3D 프린팅의 장점을 그림책과 접목한 좋은 사례라고 볼 수 있다.

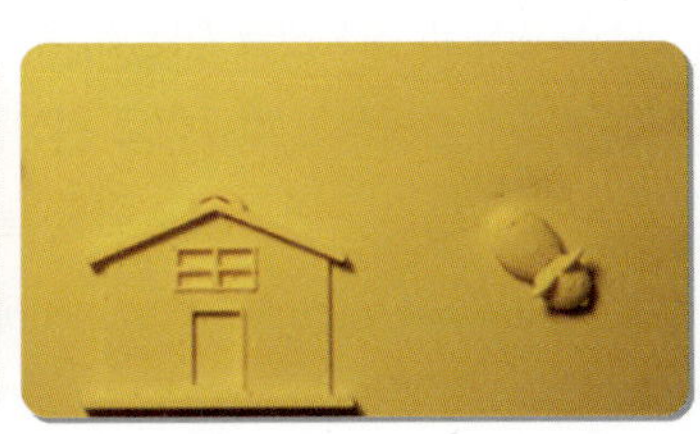

[그림 12-12] 3D 프린팅을 이용한 촉각 그림책 『잘 자요, 달님』 장면

촉감 그림책 프로젝트(Tactile Picture Books Project)를 추진하고 있는 Tom Yeh 연구팀에서 개발한 3D 촉각 그림책 『잘 자요, 달님』은 3D 프린팅의 장점을 이용하여 볼 수 없거나, 눈으로 보는 것에 한계를 지닌 유아에게 느낌과 감정을 통해 책을 접할 수 있는 중요한 기회를 제공한다.

출처: Tactile Picture Books Project 공식홈페이지(https://www.colorado.edu/atlas/tactile-picture-books-project-build-better-book).

또한 유아가 그린 그림을 3D 프린팅을 통해 입체 형태로 출력하면 그 자체로 색다른 창작물이 탄생할 수 있다. 이를 인형의 형태로 역할놀이나 극놀이에 활용하며 놀이를 전개할 수도 있다. 3D 프린팅을 위해서는 고가의 3D 프린터와 공간이 필요한데, 이에 대한 접근성과 활용성을 높인 3D 펜이 개발되었다. 3D 펜(3D Pen)은 3D 프린터의 전동장치 보드 등의 커다란 장치를 제거하고 노즐과 모터만으로 작동이 가능하도록 만든 휴대용 기기이다. 유아도 사용하기 쉽게 제작되어 놀이에 필요한 다양한 소품을 직접 제작하거나 창의적 미술

놀이를 즐기는 등 활용의 폭이 넓다. 다만, 3D 펜의 주재료가 되는 필라멘트의 질에 따라 유해성 문제가 발생할 수 있으므로, 인증이 완료된 안전한 제품을 선택하고 제시된 안전 매뉴얼을 지켜 사용하도록 한다.

[그림 12-13] 3D 프린팅과 3D 펜을 이용하여 만든 피규어

유아가 직접 그린 그림이 3D 프린팅 기술을 통해 입체적인 피규어로 완성된다. 유아는 이를 통해 자신의 상상을 입체물로 실현하는 경험을 할 수 있고, 직접 만든 피규어로 극놀이를 즐길 수도 있다.

출처: 3D 콘텐츠 제작소 SCOOP 공식 블로그(https://blog.naver.com/scoolab/222152338909).

3) 디지털 도구를 선정할 때 고려할 사항

디지털 기술은 유아의 창의성을 대체하는 수단이 아니라, 상상력과 자발적 표현을 확장할 수 있는 매개적 도구로 이해해야 한다. 따라서 교사는 신기함이나 기능에만 주목하기보다, 유아의 발달 특성과 놀이의 본질을 고려하여 디지털 도구를 선정하는 것이 중요하다. 특히 디지털 기반 놀이가 그저 디지털 도구의 사용 경험에만 머무르지 않고, 유아의 주도적 탐색과 놀이로 이어질 수 있도록 지원하는 것이 중요하다. 이를 반영하여 디지털 도구를 선정할 때 고려할 사항을 정리하면 다음과 같다.

(1) 발달에 적합한 도구

디지털 도구는 유아의 연령과 발달 수준에 맞게 설계된 것이 좋다. 복잡한 조작이나 추상적인 개념을 요구하는 도구는 오히려 유아의 놀이 의욕을 저해할 수 있다. 반대로, 지나치게 단순하여 반복적 소비에 그치는 도구 역시 유아의 사고를 확장하기 어렵다. 따라서 발달단계에 적합하면서도 사고의 확장을 자극할 수 있는 디지털 도구를 선정해야 한다.

(2) 유아의 사고를 확장시켜 줄 수 있는 도구

단순한 지시사항을 따르기보다는 유아 자신이 상상한 것을 다양하게 표현하거나 결과를 변형할 수 있는 개방적 구조의 도구가 바람직하다. 드로잉 앱을 예로 들면, 단순 색칠 기능만 있기보다는 유아의 생각을 직접 시각화하거나 스토리텔링을 결합할 수 있는 형태의 도구가 유아의 창의성 발현에 도움이 된다.

(3) 자율성과 주도성을 보장하는 도구

디지털 도구로 즐기는 놀이는 유아가 스스로 선택하고 탐색할 수 있는 기회를 제공해야 한다. 어느 정도 교사의 안내가 필요하지만, 궁극적으로는 유아가 놀이의 주도권을 갖고 자신의 놀이를 만들어 가는 과정이 중요하다. 주어진 틀 안에서 따라 하는 것이 아니라, 자신만의 놀이와 표상으로 확장될 수 있도록 돕는 도구가 이상적이다.

(4) 상호작용과 몰입을 지원하는 도구

디지털 도구를 조작하는 유아에 대한 즉각적 반응과 피드백은 유아의 흥미와 몰입을 높인다. 예를 들어, 터치에 따라 움직임이나 소리가 바로 변하는 디지털 도구는 유아가 실험하고 결과를 확인하는 과정에서 탐구 능력을 강화한다. 이러한 상호작용은 놀이의 지속성을 높이며, 유아가 창의적 문제해결을 시도하도록 도와준다.

(5) 또래와의 협력을 지원하는 도구

일부 디지털 도구는 유아 간 협력과 의사소통을 지원할 수 있다. 예컨대, 함께 하나의 디지털 스토리북을 제작하거나 가상 공간을 공동으로 구성하는 놀이 과정은 사회적 상호작용과 창의성을 동시에 촉진한다. 따라서 친구와의 협동 경험을 이끌어 낼 수 있는 기능을 갖춘 도구는 더욱 교육적 가치가 높다.

(6) 안전성과 접근성이 확보된 도구

유아를 대상으로 하는 디지털 도구는 반드시 안전한 환경을 기반으로 해야 한다. 유해 콘텐츠가 차단되어야 하며, 개인정보 보호와 광고 최소화도 필수적이다. 또한 가정과 교실에서 쉽게 접근할 수 있도록 기기 호환성이 보장되고, 비용 부담이 과도하지 않아야 한다.

(7) 교사의 지원이 편리한 도구

디지털 도구는 교사가 놀이를 지원하기에 편리해야 한다. 활용 예시나 사용 매뉴얼 등의 자료가 제공되면 교사가 보다 효과적으로 도구를 통한 놀이를 지원할 수 있다. 또한 다양한 상황에서의 놀이 지원을 위해 PC와 태블릿 PC 모두에서 지원되는 도구가 좋다.

정리하면, 유아와 교사의 놀이 지원을 위해 좋은 디지털 도구는 발달적으로 적합하면서도 유아의 자율적 탐색과 창의적 표현을 지원하고, 안전하면서 교사가 지원하기 편리한 환경을 제공해야 한다. 교사는 이러한 기준을 종합적으로 고려하여, '기능이 뛰어난 도구'가 아니라 '유아의 놀이와 학습 맥락 속에서 의미 있게 활용할 수 있는 도구'를 선정해야 한다.

2. 심층학습

1) 디지털 도구를 활용한 놀이

다음에서는 디지털 도구를 활용한 놀이 사례를 제시하고자 한다. 이는 비교적 간단한 형태의 놀이 활동으로, 교실 현장에서 다양한 방식으로 적용할 수 있다. 더 나아가 이러한 놀이는 전통적인 놀이와 결합하여 새로운 놀이로 확장될 수 있으며, 교사의 지원과 유아의 창의적 접근에 따라 폭넓게 활용될 수 있다.

하나 생성형 AI로 놀이해요

디지털 기기

- 스마트폰, 태블릿 PC

디지털 콘텐츠 및 앱

챗지피티 (ChatGPT)

- OpenAI가 개발한 생성형 AI로 사람처럼 대화를 나누는 인공지능 챗봇이다. 사용자가 텍스트로 질문하면, 방대한 양의 데이터를 학습하여 답변을 생성한다.
- 단순한 질문 답변부터 글쓰기, 아이디어 구상, 이야기 만들기 등 다양한 창작 활동을 지원한다. '챗GPT 앱'은 챗GPT 서비스의 모바일 버전으로, 앱스토어에서 다운로드하여 스마트폰이나 태블릿 PC에서 이용할 수 있다.

활용 방안

- 자연스러운 대화: 사람과 대화하듯 자연스러운 문장으로 답변을 생성한다.
- 다양한 작업 수행: 이야기, 시, 편지 등 창의적인 글쓰기를 돕거나, 원하는 이미지를 생성해 주기도 한다.
- 상호작용: 사용자의 질문에 따라 대화의 방향을 바꾸고, 추가 질문을 던져 사용자의 의도를 파악한다.
- 다국어 지원: 다양한 언어로 소통하고 번역하는 기능을 지원한다.
- 음성대화 지원: 손으로 글자를 입력하기 어려운 유아들은 마이크 단추를 눌러 음성으로 대화를 주고받을 수 있다.

활동 1

'우리 반 동화 작가' 놀이(AI 활용)

활동 목표

- AI를 활용하여 창의적인 이야기 만들기를 경험하고, 상상력을 키운다.
- 직접 만든 이야기에 그림을 그려 넣어 이야기 구성 능력을 키운다.

활동 방법

1. 이야기 아이디어 탐색: 친구들과 함께 주인공, 배경, 줄거리 등 이야기 만들기에 필요한 요소를 탐색해 본다.
   - "우리 동화의 주인공은 누가 되면 좋을까?"
   - "어디에서 일어난 이야기일지 생각해 볼까?"
   - "혹시 다른 곳에서 이야기가 펼쳐지면 어떨까?"
2. AI에 이야기 요청: 유아들과 함께 정한 아이디어를 AI에 입력하여 이야기를 만들어 달라고 요청한다.
   - "5살 유아가 읽을 수 있는 4컷 동화를 만들어 줘. 주인공은 공룡이고, 숲에서 친구를 만나는 이야기야."
3. 이야기 완성 및 다듬기: AI가 만들어 준 이야기를 함께 읽어 보고, 유아들의 의견을 반영하여 내용을 수정하거나 추가한다.
   - "우리 이 부분을 더 재미있게 바꿔 볼까?"
   - "○○이가 말해 준 내용도 넣으면 좋겠는데, 어디에 넣을까?"
   - "어떻게 하면 더 멋진 이야기를 만들 수 있을까?"

4. AI에 그림 요청: 완성된 이야기를 정리한 후, 각 장면에 어울리는 그림을 함께 그려 넣어 '우리 반 동화' 그림책을 완성해 달라고 요청한다.
   - "우리가 만든 이야기를 그림으로 바꾸어 실제 그림책처럼 만들어 줘. 그림체는 따뜻하고 부드러운 느낌으로, 색감은 선명하게 해 줘."
5. AI 그림책 감상: AI로 함께 만든 그림책을 감상하고, 만들면서 즐거웠던 점과 힘들었던 점, 보완해야 할 점에 대해 이야기를 나눈다.

▲챗지피티(ChatGPT)를 활용한 4컷 동화 만들기

생성형 AI의 사용이 처음인 유아들은 명령어를 입력하는 것이 어려울 수 있으므로, 음성입력 기능을 활성화하여 말로 입력할 수 있도록 한다. 또한 처음에는 스토리가 긴 동화보다는 2컷, 4컷, 8컷 등의 짧은 동화 만들기로 시작하는 것이 좋다.

유아 경험의 이해

- 창의성 및 스토리텔링 능력 향상: AI와 함께 이야기를 만들고 수정하는 과정을 통해 창의적인 이야기 구성 능력을 발달시키고, 디지털 리터러시를 강화한다.
- 협동 능력 증진: 유아들이 함께 아이디어를 모으고 협의 과정을 통해 AI를 활용한 이야기를 완성하며 협동심을 기른다.
- 기술 활용에 대한 긍정적 태도 형성: AI가 창의적인 활동을 돕는 도구임을 인식하고, 기술에 대한 긍정적인 태도를 형성한다.

부모 지원 방안

- 다양한 아이디어 제시: 유아들이 이야기를 구상하는 데 어려움을 느낄 때, 다양한 아이디어를 제시하여 유아의 상상력을 확장시켜 준다.
- 안전한 환경 조성: AI 사용 시 유아가 부적절한 내용을 접하지 않도록 교사가 대화를 관리한다.
- 긍정적인 피드백: 유아들이 만든 이야기에 대해 긍정적인 피드백을 주어 유아의 성취감을 높인다.

활동 2

'우리는 궁금증 해결사' 놀이(AI 활용)

활동 목표

- 평소 궁금했던 질문에 대해 AI를 통해 답을 얻으며 탐구 능력을 기른다.
- 질문을 구체화하고 답변을 비판적으로 검토하는 과정을 배운다.

활동 방법

1. 궁금증 목록 만들기: 평소 궁금했지만 해결할 수 없었던 질문들을 주제로 이야기 나누며 질문 목록을 만든다(예시 질문: "왜 하늘은 파란색일까?" "공룡은 왜 사라졌을까?").
   - "평소에 궁금했는데 해결하지 못한 문제들이 있었는지 생각해 보자."
2. AI에 질문하기: 목록에 있는 질문을 AI에 입력한다(예시 입력: "왜 하늘이 파란색인지 알려 줘. 다섯 살 유아가 이해할 수 있도록 쉽게 설명해 줘.").
   - "우리 궁금했던 걸 한번 AI한테 물어볼까?"
   - "○○이가 궁금했던 '하늘색'에 대해 물어보자!"
3. 답변 탐색 및 토론: AI가 제시한 답변을 함께 읽고, 추가적인 질문을 던지거나 궁금한 점에 대해 더 깊이 탐색한다(예시 질문: "햇빛이 무지개 색깔로 되어 있다는 게 무슨 말이야?").
   - "우리 이걸 더 쉬운 말로 바꿔 볼까?"
   - "이번에는 이렇게 물어보는 건 어때?"
4. 답변 기록하기: AI로부터 얻은 답변을 유아가 이해한 대로 그림이나 글로 표현하여 '궁금증 해결 노트'를 만든다.

ChatGPT

1. "왜 하늘이 파란색인지 알려줘. 다섯 살 유아가 이해할 수 있도록 쉽게 설명해줘."

하늘이 파란 이유는 빛 때문이야. 🌞

햇님은 여러 가지 색의 빛을 보내주는데, 그중에 파란빛은 아주 가볍고 잘 튀어 다녀. 그래서 공기랑 만나면 여기저기 퍼져서 우리 눈에 많이 보여. 그래서 낮에 하늘을 보면 파랗게 보이는 거야.ㅋㅋㅋㅋ

쉽게 말하면, 햇님이 보낸 빛 중에서 **파란색이 술래잡기처럼 제일 잘 퍼지기 때문에 하늘이 파란색**이 되는 거야. 💙

그럼 구름은 왜 하얀색이야?

좋은 질문이야! ☁

구름은 아주아주 작은 물방울이나 얼음 알갱이로 만들어져 있어. 이 작은 알갱이들은 햇님이 보내는 여러 가지 색의 빛(빨간, 파랑, 노랑 등)을 **모두 골고루 섞어서 반사**해 줘.

여러 색이 한꺼번에 섞이면 흰색이 되잖아? 🎨 그래서 우리가 구름을 보면 하얗게 보이는 거야.

👉 정리하면, **구름은 햇님 빛을 골고루 튕겨 주기 때문에 하얀색으로 보이는 거야!**

▲챗지피티(ChatGPT)로 궁금증 해결하기

질문과 함께 유아의 나이를 입력하면 알기 쉽게 설명해 준다.

유아 경험의 이해

- 탐구 능력 발달: 궁금한 점을 질문하고 해결하는 과정을 통해 스스로 지식을 탐구하는 능력을 기른다.

- 정보 습득 능력 향상: AI를 통해 다양한 정보를 얻고, 정보를 바탕으로 새로운 지식을 습득하는 방법을 배운다.
- 비판적 사고력 증진: AI의 답변을 무조건적으로 받아들이기보다, 추가 질문을 통해 답변을 검토하는 과정을 경험한다.

부모 지원 방안

- 질문 구체화 돕기: 유아가 질문을 명확하게 표현할 수 있도록 교사가 도와준다.
- 답변에 대한 추가 설명: AI의 답변이 유아에게 어려울 수 있으므로, 교사가 더 쉽게 풀어서 설명해 준다.
- 함께 탐색하는 즐거움: "선생님도 몰랐는데 우리 친구들 덕분에 알게 되었네!"와 같이 함께 배우는 즐거움을 공유한다.

활동 3 'AI와 끝말잇기' 놀이(AI 활용)

활동 목표

- AI와 상호작용하며 끝말잇기, 스무고개 등 언어 게임을 즐긴다.
- 단어와 문장에 대한 이해력을 높이고, 언어유희를 경험한다.

활동 방법

1. 놀이 규칙 정하기: 유아들과 함께 AI와 어떤 언어 게임을 할지 정한다(끝말잇기, 스무고개, 제시어 관련 단어 말하기 등에서 선택할 수 있다).
2. AI에 놀이 요청: AI에게 놀이를 시작해 달라고 요청한다(예시 입력: "우리랑 끝말잇기 놀이하자. '바나나'로 시작할게.").
   - "우리 한번 AI랑 끝말잇기 해 볼까?"
   - "선생님이 먼저 '바나나'라고 말해 볼게. ○○이가 다음 단어를 말해 봐."

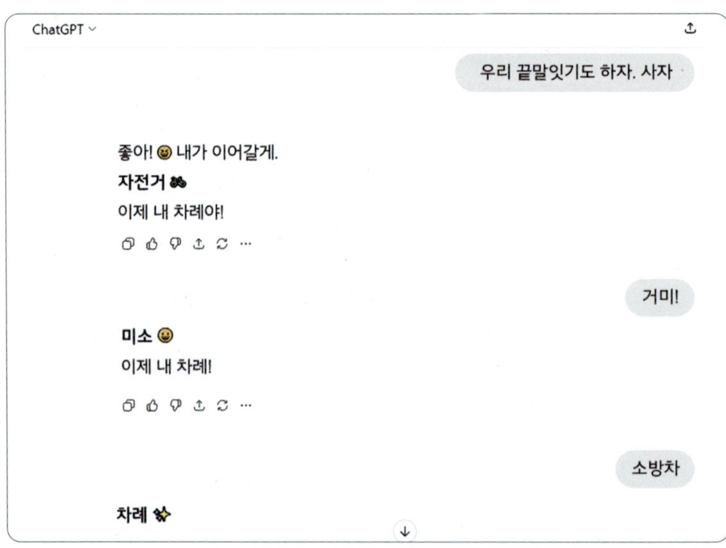

▲ 챗지피티(ChatGPT)와 끝말잇기 놀이하기
챗지피티와 대화를 주고받으며 끝말잇기 놀이를 즐긴다.

3. 상호작용하며 놀기: 유아의 차례가 오면, 유아가 답한 단어를 AI에 입력하고 AI의 답변을 함께 확인한다. 음성 기능을 활성화하여 말로 주고받는다.
   - "○○이가 말한 '나비'로 AI는 뭐라고 대답했을까?"
   - "와, AI가 '비행기'라고 했네! 우리 그럼 '기'로 시작하는 단어를 말해 볼까?"
   - "다시 한번 도전할까?"
4. 놀이 마무리하기: 여러 차례 반복하며 놀이를 즐긴 후, 새롭게 알게 된 점과 즐거웠던 점들에 대해 이야기를 나눈다.
5. "오늘 AI랑 한 놀이 중 어떤 것이 가장 좋았어?"

유아 경험의 이해

- 언어 발달 촉진: 다양한 단어를 접하고 사용하면서 어휘력을 확장하고 언어 발달을 촉진한다.
- 사고력 증진: 끝말잇기, 스무고개 등 논리적인 사고가 필요한 놀이를 통해 사고력을 기른다.
- 사회적 상호작용 연습: AI와의 대화를 통해 사회적 상호작용을 연습하고, 자신의 생각을 표현하는 방법을 배운다.

부모 지원 방안

- 다양한 게임 제안: "이번에는 스무고개를 해 볼까?"와 같이 다양한 언어 게임을 제안하여 놀이의 재미를 더한다.
- 답변 내용 확인: AI의 답변이 혹시라도 맥락에 맞지 않을 경우, 교사가 자연스럽게 대화를 수정하며 놀이를 이어 간다.
- 즐거운 분위기 조성: "우리 AI가 이겼다!" "와, 정말 어려운 단어를 아는구나."와 같이 즐거운 분위기를 조성한다.

대체 가능한 디지털 콘텐츠

- 네이버에서 개발한 AI 챗봇이다. 한글에 특화되어 있어 유아들이 사용하기 편리하고, 네이버의 다양한 서비스와도 연동된다.
- 활용: 챗GPT와 유사하게 질문 답변, 창작 활동 등을 지원하며, 한국어 콘텐츠를 활용하는 데 더 유리하다.

구글 제미나이

- 구글에서 개발한 AI 모델이다. 텍스트뿐만 아니라 이미지, 영상 등 다양한 정보를 이해하고 처리하는 멀티모달 기능이 강점이다.
- 활용: 챗GPT의 텍스트 기반 대화뿐만 아니라, 이미지 자료를 활용한 확장된 대화형 활동에 적합하다.

둘 가상 배경을 활용하여 놀이해요

디지털 기기

- 스마트폰, 태블릿 PC, 노트북, 디지털 TV

디지털 콘텐츠 및 앱

- 줌(Zoom) 가상 배경은 화상 회의 시 사용자의 실제 배경을 이미지나 영상으로 대체해 주는 기능이다.
- 크로마키가 특정 색에 대한 이미지를 제거하여 다른 배경과 합성하는 기술이라면, 줌 가상 배경은 별도의 크로마키 배경 없이도 배경 이미지 합성이 가능하여 편리하다.
- 크로마키 배경은 유아가 직접 합성하기 어려운 반면, 줌은 유아가 배경을 선택하여 적용할 수 있어 주도적 활용이 가능하다.

활용 방안

- 줌 앱의 '설정 > 배경 및 효과' 메뉴에서 기본 제공되는 이미지나 직접 준비한 이미지, 동영상을 추가하여 사용할 수 있다.
- 놀이 활성화 지원: 각 놀이 주제마다 적합한 배경을 설정하여 학습 흥미를 유발하거나, 동화 속 주인공이 된 것처럼 몰입도를 높이는 데 효과적으로 활용할 수 있다.
- 유아 주도적 놀이 가능: 배경이 되는 사진이나 영상 교체를 교사의 도움 없이 유아 주도적으로 할 수 있고 촬영 또한 편리하다.
- 교실 속 작은 방송국: 줌과 방송 프로그램 화면 등을 연동하여 교실 한쪽을 작은 스튜디오처럼 꾸미고, 유아들이 직접 뉴스를 진행하거나 동극을 발표하는 활동을 할 수 있다.
- 현장 학습 체험: 교실에서 실제 현장 학습을 가기 어려운 경우, 가상 배경으로 박물관, 미술관, 동물원 등을 설정하여 간접적으로 체험한다.
- 학습 내용 시각화: 과학 실험이나 사회 현상 등 학습 내용을 시각적으로 보여 주는 배경을 활용하여 유아들의 이해도를 높일 수 있다.

활동 1

'우리 반 기상 캐스터' 놀이(크로마키와 실외 놀이 결합)

활동 목표

- 크로마키 기술을 활용하여 일기예보 놀이를 하며 날씨 변화에 대한 관심을 가진다.
- 실제 날씨를 관찰하고, 그 경험을 놀이에 반영하며 날씨와 관련된 언어 표현을 확장한다.
- 디지털 놀이와 실제 경험을 결합하여 놀이의 확장성을 경험한다.

활동 방법

1. 날씨 관찰 및 예측: 유아들과 함께 교실 창밖을 내다보며 오늘의 날씨를 관찰한다.
   - "오늘은 날씨가 어떠니? 어제와는 무엇이 달라졌니?"
   - "내일 날씨는 어떨 것 같니? 그 이유는 뭘까?"

2. 실외에서 날씨 체험: 유아들이 비옷과 우산을 준비하고 실제로 실외로 나가 비가 오는 날씨를 몸으로 직접 느껴 본다.
   - "빗방울이 손에 닿으니까 어떤 느낌이니?"
   - "우산을 쓴 기분은 어때?"
   - "비를 맞지 않고 다니려면 어떻게 해야 할까?"
3. 크로마키 일기예보 놀이: 교실로 돌아와 줌과 크로마키를 이용해 일기예보 놀이를 시작한다. 미리 준비한 날씨 관련 배경 이미지(비, 맑음, 구름 등)와 교실의 크로마키 천을 활용한다.
   - "자, 우리 이제 기상 캐스터가 되어서 친구들에게 날씨를 알려 줄까?"
   - "친구들이 직접 경험한 내용을 이야기해 주면 좋겠어!"
4. 역할극 및 녹화: 크로마키 앞에서 마이크를 들고 날씨를 설명하는 역할극 놀이를 한다. 교사는 줌의 녹화 기능을 활용해 유아의 일기예보 영상을 저장한다.
   - "우리 ○○이가 진짜 기상 캐스터 같구나."
   - "우리가 만든 일기예보를 영상으로 남겨서 다른 친구들에게도 보여 줄까?"
5. 영상 감상 및 이야기 나누기: 완성된 영상을 함께 보며 자신의 모습을 확인하고, 놀이 과정과 경험에 대해 이야기 나눈다.
   - "내가 직접 일기예보 하는 모습을 보니까 어땠니?"
   - "친구들의 일기예보 중에서 어떤 점이 가장 재미있었니?"
   - "우리 다음에는 어떤 놀이를 영상으로 만들어 볼까?"

▲줌 가상 배경으로 기상캐스터 놀이를 하는 유아들

유아 경험의 이해

- 다중 감각 학습: 실외에서 직접 날씨를 경험하고, 교실에서는 디지털 기술을 통해 다시 한번 시각적으로 재현함으로써 다중 감각을 활용한 학습 효과를 얻는다.
- 언어 및 표현력 발달: 날씨를 관찰하고 이를 일기예보라는 형식으로 정리하고 표현하는 과정을 통해 언어 발달과 표현력을 기른다.

- 현실과 디지털의 통합: 실외 활동과 크로마키 놀이를 결합하여 현실의 경험을 디지털 놀이로 확장하는 통합적 사고를 배운다.

교사 지원 방안

- 다양한 날씨 배경 이미지 준비: 맑음, 흐림, 비, 눈, 바람 등 다양한 날씨 배경 이미지를 미리 준비하여 유아들이 다양한 날씨를 표현할 수 있도록 돕는다.
- 크로마키 환경 조성: 교실 내 크로마키 천이 잘 보이도록 조명을 조절하고, 유아가 편안하게 활동할 수 있는 공간을 마련한다.
- 유아의 의견 반영: 유아들이 일기예보에 담고 싶은 내용(예: "내일은 공룡 비가 올 것 같아요.")을 적극적으로 반영하여 놀이의 재미를 더한다.

활동 2

'명화 속으로 떠나요' 놀이(가상 배경, 명화 이미지 활용)

활동 목표

- 가상 배경을 활용하여 명화 속으로 들어가는 경험을 하며 예술 작품에 대한 흥미를 유발한다.
- 명화 속 인물, 배경, 색감 등을 관찰하며 예술적 감수성을 기른다.

활동 방법

1. 명화 가상 배경 설정: 교사가 미리 유명한 명화 이미지(예: 고흐의 〈별이 빛나는 밤〉, 모네의 〈수련〉)를 준비하여 줌 가상 배경으로 설정하고, 교실 내 크로마키 공간이나 빈 벽에 빔프로젝터로 투사한다.
2. 명화 속으로 들어가기: 유아들이 명화가 투사된 공간 앞으로 나와 활동을 시작한다.
   - "애들아, 선생님이 지금 어디에 와 있는지 보이니?"
   - "우리 ◯◯이도 그림 속으로 들어와 볼까?"
   - "그림 속에 들어오니 어떤 느낌이니?"

▲김홍도의 〈씨름〉과 〈탈춤〉을 배경으로 신체놀이를 하는 유아들

3. 명화 탐색 활동: 유아들과 함께 명화 속 인물, 사물, 색깔 등에 대해 이야기 나눈다.
   - "별이 우리 몸 위에 반짝이는 것을 보니 어떤 기분이 드니?"
   - "우리 모두 손으로 반짝이는 별을 만들어 볼까?"
   - "다시 한번 그림을 자세히 볼까? 어떤 색깔이 제일 많이 보일까?"
   - "와, ○○이가 빨간색을 찾았구나! 또 어떤 색깔이 보일까?"
4. 역할극 놀이: 명화 속 주인공이 되어 그림 속에서 어떤 이야기를 만들지 상상하며 유아들과 역할극을 진행한다.
   - "만약 ○○이가 이 그림 속에 있다면, 무엇을 하고 싶니?"
   - "그림 속 인물처럼 멋진 표정을 한번 지어 볼까?"
   - "다른 역할을 맡는다면 누구를 하고 싶니?"

유아 경험의 이해

- 예술 경험 확장: 가상 배경을 통해 명화를 직접 체험하는 듯한 느낌을 받으며 예술에 대한 새로운 경험을 한다.
- 관찰력 및 상상력 증진: 명화의 세부적인 부분을 관찰하고, 그림 속 이야기를 상상하며 관찰력과 상상력을 기른다.
- 적극적인 참여 유도: 시각적으로 몰입할 수 있는 가상 배경을 통해 놀이에 더 적극적으로 참여하게 된다.

교사 지원 방안

- 다양한 명화 이미지 제공: 한 가지 명화가 아닌 여러 명화를 준비하여 유아들이 다양한 작품을 경험할 수 있도록 돕는다. 유아들이 직접 인터넷을 통해 원하는 명화를 검색하여 선택하는 것도 좋은 방법이다.
- 환경 점검: 가상 배경 투사 시 그림이 선명하게 보이도록 조명과 투사 환경을 미리 점검한다. 크로마키 배경이 없어도 아무 무늬가 없는 단색의 벽이면 선명하다.
- 유아의 의견 경청: 유아가 자유롭게 명화에 대한 자신의 생각과 느낌을 표현할 수 있도록 충분한 시간을 주고 경청한다.

활동 3

'내가 그림책의 주인공이 된다면?' 놀이(가상 배경, 그림책 속 이미지 활용)

활동 목표

- 그림책 속 배경을 가상 배경으로 설정하여 이야기에 대한 몰입도를 높인다.
- 이야기의 장면을 직접 체험하며 상상력과 표현력을 기른다.

활동 방법

1. 가상 배경 활용법 안내: 교사가 유아들에게 줌 가상 배경 기능을 활용해 미리 준비한 동화 속 배경 이미지를 교실 벽에 투사하는 방법을 시연하고 설명한다. 배경을 바꾸는 버튼이나 장면에 맞춰 이미지를 넘기는 방법을 알려 준다.
   - "우리 ○○이가 좋아하는 『아기 돼지 삼형제』 그림책 속 배경을 선생님이 준비했어. 선생님이 버튼을 누르면 어떤 일이 일어나는지 볼까?"
   - "이제 너희가 직접 배경을 바꿔 보면서 이야기 놀이를 해 보는 건 어때?"

2. 유아의 그림책 선택: 유아들이 좋아하는 그림책을 선택하고, 그 그림책의 장면 이미지를 미리 준비된 가상 배경 이미지 목록에서 고르거나 함께 찾아본다.
   - "우리 친구들이 어떤 그림책으로 놀이하고 싶니?"
   - "우리가 만든 배경 이미지 중에 ○○이가 원하는 장면이 있니? 한번 찾아볼까?"
   - "만약에 없다면 어떤 장면으로 만들 수 있을까?"
3. 유아 주도 극놀이: 유아들이 그림책의 내용을 바탕으로 역할을 정하고, 크로마키 공간(혹은 빈 벽) 앞에서 가상 배경을 직접 바꾸어 가며 극놀이를 진행한다. 교사는 유아들의 옆에서 배경 바꾸기를 돕거나, 유아가 필요한 소품을 요청하면 제공한다.
   - "늑대가 나타나는 장면을 ○○이가 직접 바꿔 줄까?"
   - "와, 늑대가 나타났을 때 더 무서운 배경으로 바꿨네! 멋진 생각이다!"
4. 역할 바꾸기 및 놀이 확장: 극놀이를 마치면 모두 역할을 바꾸어 놀이를 이어 가고, 유아들이 직접 이야기를 각색하거나 새로운 결말을 만들어 보며 놀이를 확장한다.
   - "이번에는 어떤 역할을 해 볼까?"
   - "만약 그림책이 다른 결말로 끝난다면 어떨까?"

유아 경험의 이해

- 유아 주도적 놀이 경험: 가상 배경이라는 도구를 스스로 조작하며 놀이를 이끌어 가는 과정을 통해 자기주도성을 기른다.
- 상상력 및 이야기 이해력 증진: 그림책 속 배경을 직접 선택하고 경험하며 이야기에 대한 이해도와 상상력을 풍부하게 발달시킨다.
- 협동심 및 의사소통 능력 발달: 역할을 나누고 의견을 조율하며 함께 극놀이를 만들어 가는 과정을 통해 협동심과 의사소통 능력을 기른다.

교사 지원 방안

- 가상 배경 이미지 확보: 유아들이 흥미를 가질 만한 다양한 그림책 배경 이미지를 미리 확보하고, 유아들이 이미지를 쉽게 찾을 수 있도록 폴더를 정리해 둔다.
- 유아의 놀이 관찰: 교사는 유아들의 놀이 과정을 세심하게 관찰하여 어떤 도움이 필요한지 파악하고, 필요시 놀이를 확장할 수 있는 재료나 아이디어를 제공한다.
- 기술적 도움 제공: 가상 배경 설정에 어려움을 겪는 유아가 있을 경우, 옆에서 긍정적인 말로 격려하며 기술적인 부분을 도와준다.

대체 가능한 디지털 콘텐츠

구글 미트

- 배경을 흐리게 하거나, 정적인 이미지, 동영상 배경을 설정하는 기능이 있다.
- 활용: 스마트폰이나 태블릿 PC, 노트북의 카메라 기능을 활용할 수 있고, 스마트 TV와 연결하면 큰 화면으로 가상 배경 놀이를 즐긴다.

마이크로소프트 팀즈

- 팀즈 역시 배경 흐리기, 기본 이미지 배경, 사용자 지정 이미지 배경 설정 기능을 제공한다.
- 활용: 오피스365를 활용하는 교육기관에서 가상 배경을 이용한 수업 활동에 적용하기 편리하다.

- 영상 편집 앱으로 크로마키 기능이 포함되어 있다. 초록색 배경 앞에서 찍은 유아의 영상을 편집하여 다른 배경과 합성할 수 있다.
- 활용: 놀이 후 활동 결과물을 영상으로 제작하거나, 동극 발표 영상을 만들 때 유용하다.

프리즘 라이브 스튜디오

- 라이브 방송 및 영상 제작을 위한 앱으로, 실시간으로 크로마키 효과를 적용하여 배경을 바꿀 수 있다.
- 활용: 교사가 수업 중 실시간으로 배경을 바꾸면서 유아들과 상호작용하는 놀이에 적합하다.

셋 인터랙티브 놀이를 즐겨요

디지털 기기

- 스마트폰, 태블릿 PC, 노트북, 디지털 TV

디지털 콘텐츠 및 앱

스토리셀프(StorySelf)

- 인공지능 기반의 인터랙티브 그림책 앱으로, 유아가 자신의 얼굴 사진과 목소리를 활용해 그림책 속 주인공이 될 수 있다. 그림책 내용에 따라 터치, 흔들기 등 다양한 상호작용 기능이 포함되어 있어 유아의 몰입도를 높이고, 흥미롭게 이야기를 경험하게 돕는다.
- 유아가 직접 주인공이 되어 목소리를 녹음하고 이야기를 만들어 가는 과정을 통해 창의성과 자기주도적 학습 능력을 기를 수 있다.

활용 방안

- 얼굴 사진 합성 및 캐릭터 꾸미기: 유아들이 자신의 얼굴 사진을 동화 속 캐릭터에 합성하고, 스티커나 꾸미기 도구를 이용해 자신만의 캐릭터를 만들 수 있다.
- 음성 녹음: 유아가 직접 동화 속 캐릭터의 목소리나 내레이션을 녹음하며 이야기의 주체적인 참여자로 놀이를 이끌어 간다.
- 터치, 흔들기 등 인터랙티브 효과: 화면을 터치하거나 기기를 흔드는 등 상호작용을 통해 이야기의 전개를 바꾸거나 재미있는 효과를 경험하게 된다. 유아의 행동에 따라 이야기가 달라지는 경험을 통해 능동적인 태도를 기를 수 있다.
- 이야기 만들기 모드: 제공된 그림책 외에 빈 배경에 스티커와 그림을 활용해 유아가 직접 이야기를 창작할 수도 있다.
- 스토리 공유: 완성된 그림책을 파일로 저장하여 친구나 가족에게 공유할 수 있다.

활동 1

'내가 주인공이야' 인터랙티브 그림책 만들기

활동 목표

- 자신의 얼굴과 목소리를 그림책에 담으며 자기존중감을 높인다.
- 스토리셀프의 인터랙티브 기능을 활용해 주도적으로 그림책 놀이에 참여한다.
- 친구들과 함께 그림책을 만들고 감상하며 협동심과 소통 능력을 기른다.

활동 방법

1. 사진 찍기 및 캐릭터 만들기: 유아들의 얼굴 사진을 찍어 스토리셀프 앱에 등록한 후, 직접 앱에서 자신을 주인공 캐릭터로 만든다.
   - "우리 ○○이가 그림책 속 주인공이 될 거야! 어떤 멋진 표정을 지어 볼까?"
   - "○○이 사진이 그림책 속에 들어갔네! 어떤 느낌이 드니?"
2. 그림책 선택 및 탐색: 앱에 있는 다양한 그림책 중에서 자신이 주인공이 되어 경험하고 싶은 이야기를 선택한다.
   - "오늘은 어떤 이야기 속으로 여행을 떠나 볼까?"
   - "○○이는 왜 그 그림책을 선택했니?"
   - "이 그림책에는 어떤 재미있는 장치가 숨겨져 있을까?"
3. 인터랙티브 그림책 놀이: 유아가 직접 앱을 조작하며 그림책을 재생하고, 내용에 따라 화면을 터치하거나 기기를 흔들며 상호작용한다. 교사는 유아가 놀이에 몰입할 수 있도록 격려하고 지원한다.
   - "여기를 누르면 어떤 소리가 날까? 한번 눌러 볼까?"
   - "우리 ○○이가 곰돌이에게 다가가면 어떤 이야기가 펼쳐질까?"
   - "다시 한번 도전해서 곰돌이에게 말해 줘 볼까?"
4. 목소리 녹음 및 이야기 만들기: 그림책 속 캐릭터의 대사를 유아가 직접 자신의 목소리로 녹음한다. 유아들의 아이디어를 반영해 이야기를 새롭게 만들거나 결말을 바꿔 볼 수도 있다.
   - "우리 ○○이가 직접 목소리를 녹음해 볼까?"
   - "만약 그림책 속 주인공이 다른 말을 했다면 어땠을까?"
   - "우리 모두 함께 새로운 결말을 만들어 볼까?"

유아 경험의 이해

- 자기존중감 및 성취감 향상: 자신의 얼굴과 목소리가 담긴 그림책을 만들고 완성하는 경험을 통해 자기존중감과 성취감을 느낀다.
- 주도성 및 창의성 발달: 그림책의 전개와 결말을 스스로 결정하고 이야기를 새롭게 구성하면서 주도성과 창의성을 기른다.
- 협력 및 소통 능력 증진: 친구들과 함께 그림책을 만들고 역할을 나누는 과정에서 협력과 소통 능력을 발달시킨다.

교사 지원 방안

- 기술적 안내 및 지원: 유아들이 앱을 조작하는 방법을 쉽게 이해할 수 있도록 명확하게 안내하고, 필요시 옆에서 기술적인 부분을 돕는다.
- 놀이 환경 조성: 유아들이 편안하게 앱을 사용하고 몰입할 수 있도록 태블릿 PC나 스마트폰을 제공하고, 놀이 공간을 마련한다.
- 개방형 질문 활용: "만약 ○○이가 주인공이라면 어떻게 할 것 같니?" "왜 그렇게 생각하니?"와 같은 개방형 질문을 통해 유아의 생각과 상상력을 더 이끌어 낸다.

활동 2

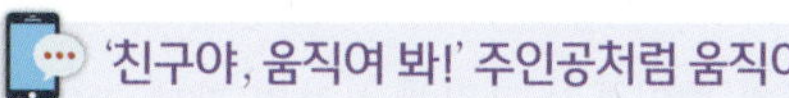

'친구야, 움직여 봐!' 주인공처럼 움직이기

활동 목표

- 친구의 얼굴이 담긴 그림책을 보며 친구에 대한 친밀감을 높인다.
- 그림책에 등장하는 캐릭터의 움직임을 모방하며 신체 활동을 즐긴다.
- 그림책 속 미션에 도전하며 문제해결 능력을 기른다.

활동 방법

1. 친구 얼굴 그림책 만들기: 유아들이 친구들의 얼굴 사진을 찍어 스토리셀프 앱에 등록하고, 친구들이 등장하는 그림책을 함께 만든다.
   - "이번에는 우리 ○○이 얼굴이 나오는 그림책을 만들어 볼까?"
   - "○○이와 함께 어떤 이야기를 만들고 싶니?"
2. 터치 및 움직임 따라 하기: 그림책을 감상하며 화면을 터치하거나 흔들어 보면서 발생하는 인터랙티브 효과를 탐색한다. 그림책 속 주인공들의 움직임을 직접 몸으로 따라 해 본다.
   - "그림책 속 곰이 꿀을 찾으러 가네! 우리도 곰처럼 엉금엉금 걸어가 볼까?"
   - "화면 속에서 반짝이는 것을 찾아서 눌러 볼까? 누르니까 어떤 소리가 나니?"
   - "다시 한번 도전해서 곰돌이와 함께 춤을 춰 볼까?"
3. 미션 해결 놀이: 그림책에 숨겨진 미션을 찾아 해결하며 놀이를 진행한다(미션 예시: "숨어 있는 토끼를 찾아보세요." "벌집을 터치해서 꿀을 모아 주세요.").
   - "여기 숨어 있는 토끼를 누가 먼저 찾을 수 있을까?"
   - "벌집을 터치하면 무슨 일이 일어날까?"
   - "우리 ○○이가 벌집을 터치해 볼래?"

▲그림책 『아기돼지 삼형제』 속으로 들어간 유아들

유아 경험의 이해

- 사회성 및 협동심 발달: 친구가 주인공인 그림책을 보며 함께 놀이하고, 미션을 해결하는 과정을 통해 사회성과 협동심을 기른다.
- 신체 표현 능력 향상: 그림책 속 캐릭터의 움직임을 모방하며 신체 표현 능력과 운동 능력을 향상시킨다.
- 문제해결 능력 발달: 숨겨진 미션을 찾아내고 해결하는 과정에서 논리적 사고력과 문제해결 능력을 발달시킨다.

교사 지원 방안

- 놀이 안내 및 중재: 유아들이 놀이 규칙을 이해하고 지킬 수 있도록 돕고, 갈등 상황이 발생하면 원만하게 해결하도록 돕는다.
- 칭찬과 격려: 유아들이 미션을 해결하거나 멋진 움직임을 보여 줄 때 아낌없는 칭찬과 격려를 해 준다.
- 놀이 확장 기회 제공: "이 그림책 속 캐릭터의 이야기를 우리가 직접 만들어 볼까?"와 같이 유아들의 상상력을 자극하는 질문을 던져 놀이를 확장한다.

활동 3 '상상력 팡팡' 스티커 그림책 만들기

활동 목표

- 스토리셀프의 스티커 기능을 활용하여 나만의 그림책을 창의적으로 꾸민다.
- 자신의 생각을 그림과 스티커로 표현하며 예술적 감각을 기른다.
- 자신이 완성한 그림책을 친구들에게 소개하며 성취감을 느낀다.

활동 방법

1. 자유로운 창작 활동: 스토리셀프 앱의 '내 이야기 만들기' 기능을 선택하고, 빈 화면에 자유롭게 그림을 그리거나 스티커를 붙이며 자신만의 그림책을 만든다.
   - "오늘은 우리 마음대로 그림책을 만들어 볼까?"
   - "이 스티커는 어디에 붙이면 재미있을까?"
   - "내 맘대로 움직이게 만들려면 어떻게 할까?"
2. 스티커와 그림으로 이야기 표현: 유아들이 스티커와 그림을 활용하여 자신만의 이야기를 표현한다.
   - "여기 있는 스티커로 어떤 이야기를 만들 수 있을까?"

- "다시 한번 도전해서 더 많은 스티커를 붙여 볼까?"

3. 음성 녹음: 유아가 직접 만든 그림책에 자신의 목소리로 이야기를 녹음한다.
   - "공주님은 어떤 말을 할 것 같니? 우리 한번 녹음해 볼까?"
   - "우리 ○○이가 만든 그림책을 다른 친구들에게 들려줄까?"
   - "○○이의 목소리로 이야기를 들으니 더 재미있다!"
4. 친구들과 공유하기: 완성된 그림책을 친구들과 함께 보며 이야기를 나누고, 서로의 작품에 대해 칭찬하는 시간을 갖는다.
   - "친구 그림책 중에서 어떤 부분이 가장 재미있었니?"
   - "우리 ○○이도 친구에게 멋진 그림책을 만들어 줘서 고맙다고 말해 볼까?"

유아 경험의 이해

- 창의성 및 표현력 발달: 스티커와 그림을 활용해 자신만의 이야기를 표현하며 창의성과 예술적 감각을 발달시킨다.
- 성취감 및 자기표현: 스스로 그림책을 만들고 다른 사람에게 공유하면서 성취감과 자신을 표현하는 즐거움을 느낀다.
- 상상력 확장: 자유로운 창작 활동을 통해 상상력을 풍부하게 확장한다.

교사 지원 방안

- 다양한 스티커 활용 안내: 유아들이 다양한 스티커 기능을 활용할 수 있도록 안내하고, 스티커의 의미에 대해 함께 이야기 나눈다.
- 개별화된 지원: 유아들의 흥미와 수준에 맞춰 개별적인 지원을 제공하여 모든 유아가 즐겁게 참여할 수 있도록 돕는다.
- 다양한 재료 제공: 태블릿 PC뿐만 아니라 종이, 색연필 등 다양한 재료를 함께 제공하여 디지털 놀이와 아날로그 놀이를 병행할 수 있도록 한다.

대체 가능한 디지털 콘텐츠

페이블

- AI를 활용하여 간단한 문장 입력만으로도 캐릭터가 등장하는 맞춤형 그림책을 만들 수 있는 앱이다. 이미지 업로드를 통해 유아가 원하는 캐릭터를 만들고, 다양한 스토리 프롬프트에 따라 이야기를 생성할 수 있다.
- 활용: 유아가 직접 이야기의 방향을 결정하고, AI가 그에 맞춰 이야기를 만들어 주는 방식으로 놀이를 진행할 수 있다.

미리캔버스

- 다양한 디자인 템플릿과 인터랙티브 요소를 제공하여 유아들이 직접 디지털 그림책을 만들 수 있다. 스티커, 애니메이션 효과, 음성 녹음 등을 활용하면 풍성한 그림책 만들기가 가능하다.
- 활용: 스토리셀프처럼 주인공의 얼굴을 합성하는 기능은 없지만, 내 사진을 스티커처럼 붙일 수는 있다. 유아들이 직접 이야기를 디자인하고 꾸미는 과정을 주도적으로 이끌어 갈 수 있다.

요약 및 결론

창의적 놀이는 유아가 다양한 방식으로 상상하고 표현하며 새로운 것을 만들어 내는 과정이며, 디지털 기술은 이러한 놀이를 확장하는 도구로 기능한다. 디지털 기기를 활용하면 유아는 손으로 그리기 어려운 이미지를 쉽게 만들어 보거나, 사진 · 영상 · 소리와 같은 매체를 조합해 자신만의 이야기를 구성하는 등 새로운 형식의 창작 활동을 경험할 수 있다. 이는 단순히 기술 사용 능력을 기르는 것이 아니라 표현력 · 문제해결력 · 상상력을 함께 자극하는 복합적인 창의 활동이 된다. 특히 생성형 AI, 디지털 드로잉 앱, 스토리 제작 도구와 같은 디지털 자원은 유아에게 즉각적인 피드백과 결과물을 제공함으로써 놀이의 몰입도를 높인다. 이러한 경험은 유아가 '무엇이든 시도할 수 있다'는 자기효능감을 키우고, 다양한 방법으로 탐색하고 실험하는 태도를 자연스럽게 길러 준다.

결과적으로 디지털 기술은 기존의 놀이를 단순히 대체하는 것이 아니라 유아의 창의적 놀이를 새로운 방식으로 넓혀 주는 역할을 한다. 교육 현장과 가정에서는 디지털을 목적 그 자체가 아니라 유아의 탐색과 표현을 풍부하게 만드는 매개로 바라봐야 하며, 이를 통해 유아가 스스로 의미 있는 창의적 경험을 구성할 수 있도록 지원하는 것이 중요하다.

토론을 위한 질문

1. 생각해 보기

- 내가 유아 시절 즐겨 했던 놀이를 떠올려 보라. 그 놀이가 디지털 기술과 결합된다면 어떻게 달라질 수 있는가?
- 디지털 기기를 사용할 때 '창의성'이 길러진다고 생각하는 이유는 무엇인가?

2. 토론하기

- 디지털 놀이에서 유아가 단순한 '소비자'가 아니라 '창작자'로 성장하려면 교사는 어떤 지원을 해야 하는가?
  - 교사의 직접적인 지시보다 질문과 제안이 더 효과적인 이유가 무엇인가?
  - 디지털 놀이 과정에서 유아의 주도성을 높일 수 있는 방법은 무엇이 있는가?
- 디지털 기술이 제공하는 즉각적인 피드백은 유아의 탐색과 창의성 발달에 어떤 영향을 주는가?
  - 결과가 바로 시각적으로 나타나는 경험이 유아의 실험과 시도 방식을 어떻게 변화시키는가?

–이러한 경험이 단순한 정답 찾기가 아니라 창의적 탐구로 이어지게 하려면 교사는 어떤 방식으로 개입해야 하는가?

• 전통적인 놀이와 디지털 놀이를 결합하면 어떤 가능성과 어려움이 있는가?

–두 놀이가 결합되었을 때 창의적 사고와 표현이 어떻게 확장될 수 있는가?

–반대로, 교실 현장에서 적용할 때 어떤 한계나 문제점이 생길 수 있는가?

3. 정리하기

디지털 기술은 유아가 상상력과 표현력을 발휘하는 창의적 놀이의 매개로 작용하므로 유아가 기술을 소비하는 데 그치지 않고, 새로운 방식으로 사고하고 표현할 수 있도록 돕습니다. 다양한 표현 채널과 즉각적인 피드백을 제공하여 유아가 상상한 것을 구체적으로 시도하고 확장할 수 있는 기회를 마련해 줍니다. 또한 또래와의 협력적 문제해결 과정을 통해 사회적 상호작용 속에서 창의성이 발현되도록 지원합니다. 결국 디지털 기술은 유아의 창의성을 대체하는 도구가 아니라, 놀이의 본질을 확장하고 심화시키는 매개체임을 기억해야 합니다.

더 알아보아요!

디지털 미디어를 활용한 동화 매체 만들기

최근에는 다양한 디지털 미디어와 IT 기술을 활용하여 간단하면서도 유아들이 흥미 있어 하는 동화 매체를 제작할 수 있어요. 교사가 제작할 수도 있지만 유아가 직접 자신의 아이디어를 활용하여 만들고 이를 통해 놀이하는 것도 가능하답니다. 교사는 전통적인 동화 매체와 더불어 새로운 방식의 동화 매체도 적극 활용하는 것이 좋아요. 파워포인트와 3D 프린팅 기술을 활용한 매체 만들기, 스톱워치 기술과 AI 프로그램을 활용한 움직이는 매체 만들기에 대해 간단히 알아볼까요?

하나! 파워포인트를 활용해요.

그림책을 스캔한 이미지 파일을 파워포인트로 간략하게 편집한 후, 등장인물의 움직임과 특성을 고려하여 다양한 애니메이션 효과를 적용하면 움직이는 빅북을 만들 수 있어요. 간편하게 작업할 수 있어, 컴퓨터를 잘 사용하지 못하는 교사들도 쉽게 만들 수 있답니다. 그림책을 움직이는 형태로 만들어 제공하므로 유아들은 보다 실감나고 재미있게 동화를 감상할 수 있어요.

① 그림책을 스캔하여 이미지 파일로 저장 후, 폴더에 순서대로 정리

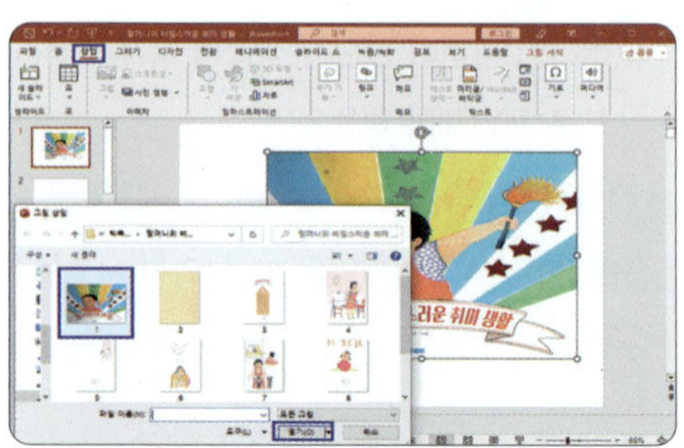

② 파워포인트의 각 슬라이드마다 이미지 파일을 삽입하여 크기 조절

③ 각 슬라이드마다 어울리는 애니메이션 효과 적용

④ 장면에 어울리는 소리 파일을 삽입하여 완성한 후, 슬라이드 쇼 보기를 하여 실행

⑤ 완성된 빅북을 큰 화면을 통해 유아들과 함께 감상

⑥ 빅북 파일을 태블릿 PC에 넣어 유아에게 제공

▲파워포인트를 활용한 매체 만들기

파워포인트의 애니메이션 효과를 활용하면 간편한 방법으로 움직이는 빅북 형태의 매체를 만들 수 있다. 완성된 빅북은 대집단으로 유아들과 함께 감상할 수도 있고, 파일을 태블릿 PC에 넣어 주면 유아 스스로 개별 또는 소집단 형태의 그림책 읽기가 가능하다. 단, 그림책을 스캔하는 것은 「저작권법」이 규정하는 복제에 해당하므로 주의가 필요하며, 이를 외부와 공유하지 않도록 한다.

둘! AI 프로그램을 활용해요.

AI 기술이 접목된 '마이 헤리티지(myheritage)'나 '애니메이티드 드로잉(Animated Drawings)' 등 다양한 AI 프로그램은 이미지를 몇 번만 클릭하면 즉석에서 움직이는 애니메이션으로 변환해 줍니다. 별도의 설치나 구매 없이 웹사이트에 접속하여 쉽게 활용할 수 있어요. 완성된 애니메이션은 동영상 파일로 다운로드가 가능해요. 얼굴 표정이 잘 드러나는 그림책들을 선정하여 표정이 바뀌는 장면을 애니메이션으로 구현하거나, 유아가 직접 그린 그림을 애니메이션으로 제작할 수도 있어요. 교사뿐만 아니라 유아도 손쉽게 프로그램을 사용할 수 있으므로 교사와 함께 프로그램을 사용 후, 유아 스스로 직접 사용하도록 해 보세요.

① '마이 헤리티지' 홈페이지에 접속하여 가입한 후, 그림책 속 인물이 등장하는 장면을 업로드

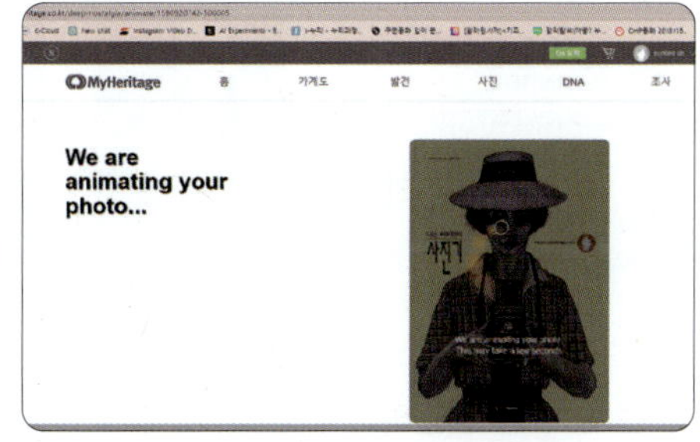

② 그림 속 인물을 인식하여 애니메이션으로 변환할 때까지 1분 정도의 시간 소요

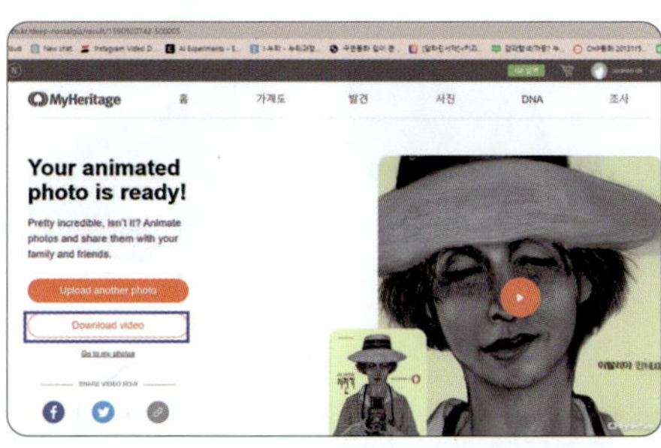

③ 애니메이션으로 변환된 것을 확인하고 필요 시 영상으로 다운로드 가능

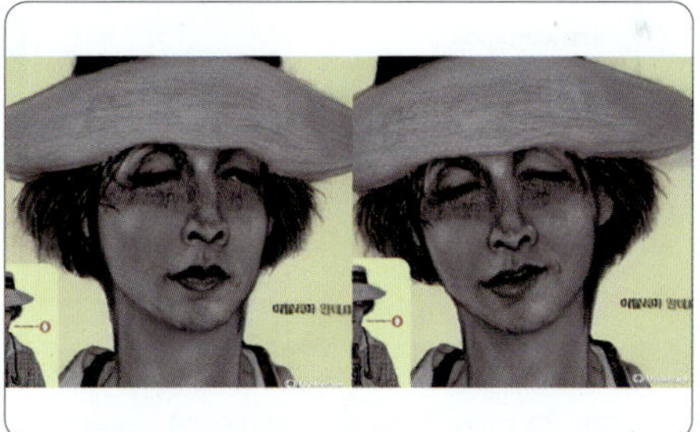

④ 그림책 속 등장인물이 다양하게 움직이는 애니메이션으로 변환

▲'마이 헤리티지' AI 웹사이트를 활용한 애니메이션 만들기

'마이 헤리티지'는 사진을 움직이는 애니메이션으로 변환해 주는 사이트이다. 얼굴이 명확하게 드러난 그림책의 장면을 활용하면, AI가 인식한 후 움직이는 애니메이션으로 변환시켜 준다. 사진을 주 양식으로 사용한 그림책이나 얼굴 표정이 잘 드러나 있는 그림책을 선정하는 것이 좋다.
출처: MyHeritage 홈페이지(https://www.myheritage.co.kr/deep-nostalgia?via=aitoolsarena.com).

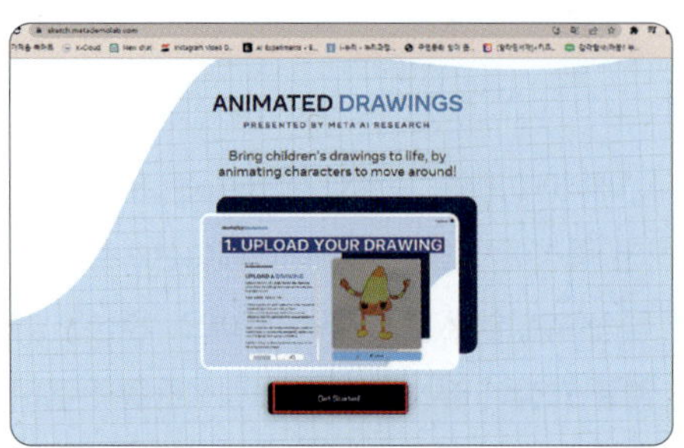

① '애니메이티드 드로잉' 홈페이지에 접속하여 시작하기 누르기

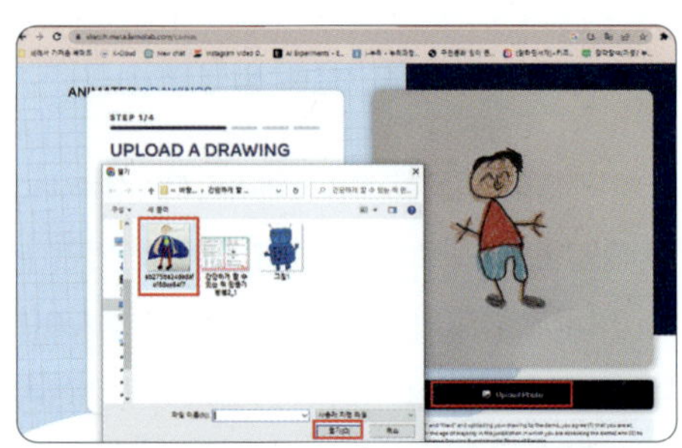

② 그림책 속 등장인물이나 유아가 직접 그린 그림 업로드

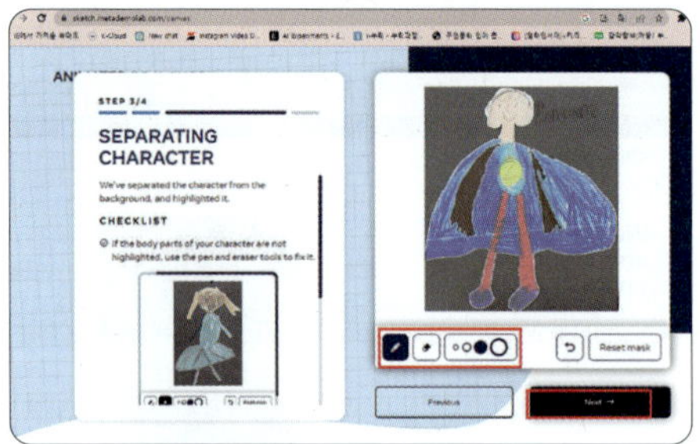

③ 펜 도구를 활용하여 그림의 신체 부위를 선택하거나 지우개 도구로 수정 후 다음 버튼 누르기

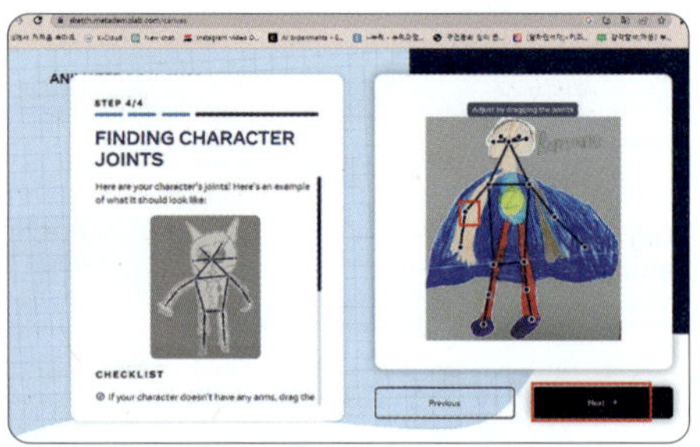

④ 움직이기를 희망하는 신체 부위의 관절을 선택한 후 다음 버튼 누르기

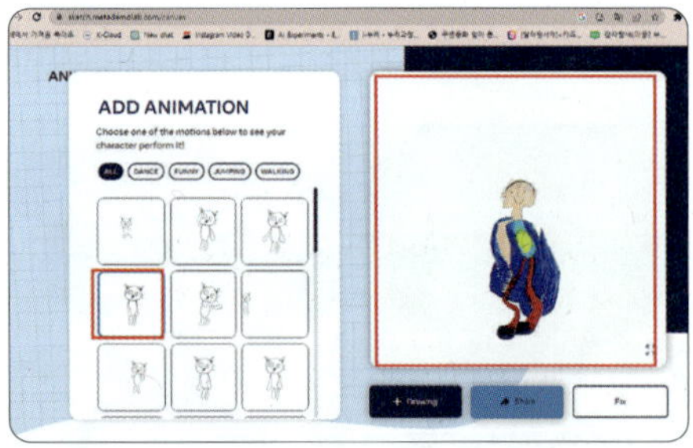

⑤ 왼쪽 움직임 기능을 클릭하면 오른쪽에 움직임 영상으로 출력됨

⑥ 등장인물이 여러 모습으로 움직이며 동영상으로 다운로드 가능

▲ '애니메이티드 드로잉' AI 웹사이트를 활용한 움직이는 책 만들기

'애니메이티드 드로잉'은 그림을 애니메이션으로 바꿔 주는 AI 사이트로 그림책 속 등장인물이나 유아가 직접 그린 그림을 움직이도록 만들어 주어 유아가 생동감 있게 그림책을 감상할 수 있게 돕는다.

출처: 애니메이티드 드로잉 홈페이지(https://sketch.metademolab.com).

참고문헌

교육부(2021). **유치원 교사의 디지털 역량 강화 연수 자료**. 교육부.

교육부(2022). **유아 디지털 미디어 문해 교육 운영지원자료**. 교육부.

김호(2023). 디지털 놀이와 활동이 유아의 창의성에 미치는 영향. **창의정보문화연구**, 9(4), 335-345.

동풀잎, 윤영선(2022). 유아 놀이 속 협력적 창의성 탐색. **창의력교육연구**, 22(4), 47-61.

문무경, 정호연(2021). OECD 국가 사례분석을 통한 유아교육에서의 디지털 기술 활용 방안 연구(연구보고 2021-08). 육아정책연구소.

비즈워치(2018. 8. 13.). 내 아이 TV 봐도 될까…'LGU+ 아이들나라 써보니'. http://news.bizwatch.co.kr/article/mobile/2018/08/13/0005

서미정(2025). 증강현실 체험프로그램이 유아의 다중지능에 미치는 효과에 관한 연구. 숭실대학교 대학원 박사학위논문.

유구종, 김소리(2019). VR · AR을 활용한 STEAM(융합인재교육) 활동이 유아의 창의적 문제해결력과 또래상호작용에 미치는 영향. **한국열린유아교육학회**, 24(6), 525-560.

이지은, 최연철(2024). 디지털 이미지를 활용한 이야기 만들기 과정에서 나타난 유아의 경험 탐색. **유아교육연구**, 44(4), 91-110.

인천일보(2025. 8. 18.). 한국도로교통공단 인천지부, VR 체험 어린이 교통안전교육 실시. https://www.incheonilbo.com/news/articleView.html?idxno=1299828

지디넷코리아(2018. 10. 16.). SK브로드밴드 '살아있는 동화' 써보니. https://zdnet.co.kr/view/?no=20181016141144

Fleer, M. (2016). Theorising digital play: A cultural-historical conceptualisation of children's engagement in imaginary digital situations. *International Research in Early Childhood Education*, 7(2), 75-90.

네이버 지식백과 https://terms.naver.com

루카 홈페이지 https://www.luka.kr

알파미니 홈페이지 https://알파미니에듀케이션.kr

애니메이티드 드로잉(Animated Drawings) 홈페이지 https://sketch.metademolab.com

LG클로이 홈로봇 홈페이지 https://www.lge.co.kr

MyHeritage 홈페이지 https://www.myheritage.co.kr/deep-nostalgia?via=aitoolsarena.com

STEAM 홈페이지 https://store.steampowered.com/app/3076850/__VR/?l=koreana

Tactile Picture Books Project 공식홈페이지 https://www.colorado.edu/atlas/tactile-picture-booksproject-build-better-book

제 4 부

디지털 윤리

제13장 디지털 윤리의 개념

이 장에서는 디지털 윤리의 개념과 유아교육에서의 중요성을 다룬다. 디지털 윤리는 디지털 환경에서 책임감 있고 윤리적인 행동을 촉진하는 도덕적 원칙과 가치를 의미하며, 디지털 기기 사용, 온라인 상호작용, 정보 공유 등 모든 디지털 활동에 적용된다. 유아들이 디지털 기기와 인터넷을 안전하고 올바르게 사용할 수 있도록 돕기 위해, 디지털 윤리의 기본 개념인 책임성, 존중, 공정성, 투명성을 다루고, 디지털 시민의식의 중요성을 강조한다.

유아들이 디지털 세계에서 책임감 있고 윤리적으로 행동할 수 있는 기초를 다지기 위해, 발달 단계에 맞춘 디지털 사용 지침과 적절한 콘텐츠 선택 방법을 제시한다. 또한 예비 유아교사들이 유아에게 디지털 윤리를 효과적으로 교육할 수 있도록 다양한 사례와 실습을 포함하여, 디지털 윤리교육이 단순한 지식 전달을 넘어 올바른 가치와 태도를 형성하는 데 중요한 역할을 한다는 점을 강조한다.

이 장의 학습목표는 다음과 같다.

학습목표

- 디지털 윤리의 개념을 이해하고 유아에게 중요한 이유를 설명할 수 있다.
- 디지털 시민의식과 윤리적 사용의 중요성을 설명할 수 있다.

1. 이해하기

디지털 윤리는 오늘날 유아들이 디지털 기기와 인터넷을 사용하는 환경에서 반드시 이해하고 실천해야 할 중요한 개념이다. 디지털 윤리는 디지털 환경에서 발생하는 다양한 행동과 상호작용에서 지켜야 할 도덕적 원칙과 가치를 의미하며, 개인의 권리와 책임, 공정성, 투명성을 포함한다. 이를 통해 유아들은 책임감 있고 윤리적으로 행동할 수 있는 기초를 다지게 되며, 이는 그들이 안전하고 올바르게 디지털 기기를 사용하는 데 필수적이다. 유아교육에서 디지털 윤리를 강조하는 것은 그들이 디지털 세계에서 올바른 가치와 태도를 형성하는 데 중요한 역할을 한다. 여기에서는 디지털 윤리의 개념과 유아교육에서의 중요성을 다루고, 유아들이 디지털 환경에서 책임감 있고 윤리적으로 행동할 수 있도록 돕기 위한 기본 개념과 지침을 소개한다.

1) 디지털 윤리

디지털 윤리는 디지털 환경에서 발생하는 다양한 행동과 상호작용에서 지켜야 할 도덕적 원칙과 가치를 의미한다. 이는 디지털 기기 사용, 온라인 상호작용, 정보 공유 등 모든 디지털 활동에서 적용될 수 있다. 디지털 윤리는 개인의 권리와 책임, 공정성, 투명성 등을 포함하며, 이러한 원칙들은 디지털 세계에서 안전하고 윤리적인 행동을 촉진하기 위해 중요하다.

2) 디지털 윤리의 기본 개념

디지털 윤리는 다음과 같은 기본 개념을 포함한다.

- **책임성**: 디지털 기기와 플랫폼을 사용하는 동안 책임감 있게 행동하는 것
- **존중**: 다른 사람의 권리와 개인정보를 존중하는 것
- **공정성**: 디지털 환경에서의 공정한 대우와 기회를 보장하는 것
- **투명성**: 디지털 활동과 관련된 정보와 절차를 명확하고 솔직하게 공개하는 것

3) 유아교육에서 디지털 윤리의 중요성

유아들이 점점 더 많은 시간을 디지털 기기와 함께 보내고 있으며, 이는 그들이 성장하면서 디지털 세계에서의 행동과 태도에 큰 영향을 미친다. 유아 시기부터 올바른 디지털 윤리 교육을 받으면, 그들은 디지털 환경에서 책임감 있고 윤리적인 행동을 할 수 있는 기초를 다지게 된다.

4) 유아의 디지털 환경에의 노출 증가와 그에 따른 이슈

현대 사회에서 디지털 기기의 보급과 인터넷의 확산으로 유아들이 디지털 환경에 노출되는 빈도가 급격히 증가하고 있다. 태블릿 PC, 스마트폰 등의 디지털 기기가 가정과 교육 환경에 널리 보급됨에 따라, 유아들도 자연스럽게 이러한 기기를 접하게 된다. 이로 인해 유아들은 인터넷을 통해 다양한 정보와 콘텐츠에 쉽게 접근할 수 있게 되었으나, 이들 정보의 적절성을 판단하는 능력이 부족하여 여러 문제가 발생할 수 있다.

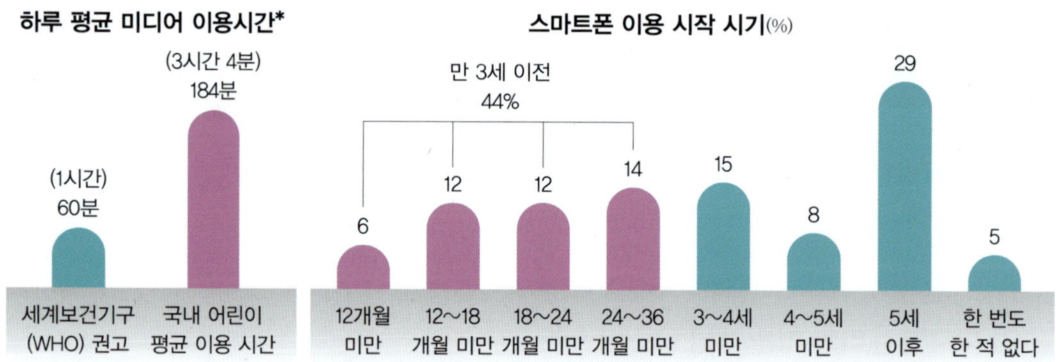

[그림 13-1] 국내 어린이 스마트폰 이용 실태

출처: 한국언론진흥재단(2023. 12. 31.). 2023 어린이 미디어 이용 조사 보고서(전국 만 3~9세 어린이 보호자 2,675명, 2023. 10. 26.~12. 8.).

* 세계보건기구는 만 2~4세의 미디어 이용 시간이 하루 1시간을 넘지 않도록 제한하는 것이 바람직하다고 권고함, 국내 어린이는 만 3~4세 대상임.

또한 유아들이 온라인 게임이나 소셜 미디어를 통해 다른 사람들과 상호작용하게 되면서 발생할 수 있는 윤리적 문제들이 새로운 교육적 과제로 떠오르고 있다. 이에 따른 이슈를 다음과 같이 요약할 수 있다.

- **디지털 기기의 보급**: 태블릿 PC, 스마트폰 등의 디지털 기기가 가정과 교육 환경에 널리 보급되면서 유아들도 자연스럽게 디지털 기기를 접하게 된다.
- **정보 접근성 증가**: 유아들이 인터넷을 통해 다양한 정보와 콘텐츠에 쉽게 접근할 수 있게 되면서, 이들 정보가 적절한지에 대한 판단이 필요하게 된다.
- **온라인 상호작용**: 유아들이 온라인 게임, 소셜 미디어 등을 통해 다른 사람들과 상호작용하게 되면서 개인정보 보호, 사이버 괴롭힘, 부적절한 콘텐츠 노출 등 다양한 윤리적 문제가 발생할 가능성이 있다.

5) 대응하기: 디지털 시민의식과 윤리적 사용의 중요성 강조

디지털 시민의식은 디지털 세계에서의 권리와 책임을 이해하고 실천하는 능력을 말한다. 유아들에게 디지털 시민의식을 교육하는 것은 그들이 디지털 기기와 인터넷을 올바르게 사용하는 데 중요한 역할을 한다. 이는 다음과 같은 이유로 중요하다.

- **책임 있는 사용**: 유아들이 디지털 기기를 책임감 있게 사용하도록 지도하면, 그들이 성장하면서도 윤리적인 디지털 사용자가 될 수 있다.
- **안전한 인터넷 사용**: 유아들이 인터넷에서 안전하게 행동하고, 개인정보를 보호하며, 다른 사람을 존중하는 방법을 배우게 된다.
- **비판적 사고**: 유아들이 인터넷에서 접하는 정보의 진위를 판단하고, 비판적으로 사고하는 능력을 기르게 된다.

유아교육에서 디지털 윤리를 강조하는 것은 그들이 미래의 디지털 시민으로 성장하는 데 중요한 기초를 제공한다. 이는 그들이 디지털 환경에서 책임감 있게 행동하고, 다른 사람과의 상호작용에서 윤리적 가치를 실천하는 데 도움이 된다.

이를 통해 예비 유아교사들은 유아들에게 디지털 윤리를 효과적으로 교육할 수 있는 방법을 익히고, 이를 실제 교육 현장에서 적용할 수 있게 된다. 디지털 윤리는 단순히 지식의 전달이 아니라, 유아들이 디지털 세계에서 올바르게 행동할 수 있는 가치와 태도를 형성하는 데 중요한 역할을 한다.

2. 심층학습

디지털 시민의식은 디지털 환경에서 개인이 책임감 있게 행동하고, 다른 사람과의 상호작용에서 윤리적 원칙을 지키는 것을 의미한다. 이는 디지털 기기를 사용하는 모든 사람이 갖춰야 할 기본적인 덕목으로, 디지털 세계에서의 권리와 책임을 이해하고 실천하는 능력을 포함한다. 여기에서는 디지털 시민의식의 정의와 주요 구성 요소를 살펴보고, 유아들이 이러한 원칙을 이해하고 실천할 수 있도록 돕기 위한 교육 방법을 소개한다.

1) 디지털 시민의식

요약하면, 디지털 시민의식은 디지털 환경에서 개인이 책임감 있게 행동하고, 다른 사람과의 상호작용에서 윤리적 원칙을 지키는 것을 의미한다. 이는 디지털 기기를 사용하는 모든 사람이 갖춰야 할 기본적인 덕목으로, 디지털 세계에서의 권리와 책임을 이해하고 실천하는 능력을 포함한다.

2) 디지털 시민의식의 정의 및 구성 요소 설명

디지털 시민의식은 여러 구성 요소로 이루어져 있으며, 이는 디지털 환경에서의 올바른 행동을 촉진하는 데 필수적이다. 주요 구성 요소를 그림으로 그려 보면 [그림 13-2]와 같다.

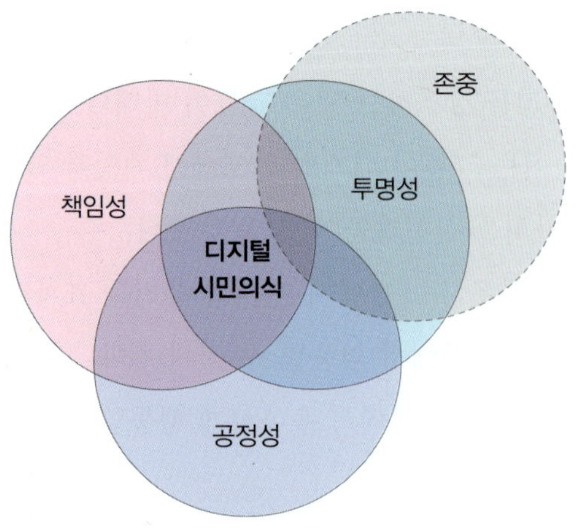

[그림 13-2] 디지털 시민의식의 구성 요소

[그림 13-2]의 다이어그램은 디지털 시민의식의 네 가지 주요 구성 요소를 나타내며, 이들 요소가 서로 어떻게 상호작용하는지를 보여 준다. 각 요소를 설명하고 그 상호작용을 정리한다.

- **책임성**: 책임성은 디지털 기기와 플랫폼을 사용하는 동안 책임감 있게 행동하는 것을 의미한다. 예를 들어, 허가 없이 다른 사람의 정보를 공유하지 않는 것을 포함한다. 책임성은 다른 요소와 상호작용하여 사용자의 행동에 대한 책임을 강조한다.
- **존중**: 존중은 다른 사람의 권리와 개인정보를 존중하는 것을 의미한다. 이는 사이버 불링[1)]을 방지하고, 타인의 의견을 존중하는 것을 포함한다. 존중은 공정성 및 투명성과 상호작용하여, 사용자 간의 예의를 강조한다.
- **공정성**: 공정성은 디지털 환경에서의 공정한 대우와 기회를 보장하는 것을 의미한다. 모든 사람이 동등하게 접근할 수 있도록 노력해야 한다. 공정성은 책임성 및 투명성과 상호작용하여 모든 사용자가 동등한 기회를 가질 수 있게 한다.
- **투명성**: 투명성은 디지털 활동과 관련된 정보와 절차를 명확하고 솔직하게 공개하는 것을 의미한다. 이는 신뢰를 구축하고, 오해를 방지하는 데 도움이 된다. 투명성은 존중 및 공정성과 상호작용하여 신뢰를 강화하고, 정보의 공개성을 촉진한다.

디지털 시민의식의 각 요소는 서로 밀접하게 상호작용하여 더욱 강력한 디지털 시민의식을 형성한다. 예를 들어, 사용자가 책임감 있게 행동할 때 다른 사람의 권리와 개인정보를 존중하게 되며, 이는 사이버 불링을 방지하는 데 중요한 역할을 한다. 또한 디지털 플랫폼에서 공정한 대우를 보장하면서 책임감 있는 행동을 촉진하면 모든 사용자가 동등한 기회를 가질 수 있게 된다. 사용자가 다른 사람을 존중할 때, 정보와 절차를 명확하게 공개함으로써 신뢰를 구축할 수 있다. 더불어 모든 사용자에게 공정한 기회를 제공하고 정보를 솔직하게 공개하면 오해를 방지할 수 있다. 이 다이어그램은 각 요소가 개별적으로 중요하지만, 상호작용함으로써 더욱 강력한 디지털 시민의식을 형성한다는 점을 강조한다.

1) 사이버 불링(Cyberbullying): 인터넷, 소셜 미디어, 휴대폰 등을 이용하여 다른 사람을 괴롭히거나 따돌리는 행위를 말한다.

3) 유아를 위한 윤리적 디지털 사용

유아들은 발달 단계에 따라 적절한 디지털 사용 지침을 필요로 한다. 이를 통해 유아들이 디지털 기기를 안전하고 윤리적으로 사용할 수 있도록 돕는다. 유아의 발달 단계에 맞춘 디지털 사용 지침은 대략 다음과 같다.

- **영아기(0~2세)**: 이 시기의 유아는 디지털 기기 사용을 최소화해야 하며, 부모나 교사의 감독하에 사용해야 한다. 디지털 기기를 사용하는 대신, 다양한 감각을 활용한 놀이와 상호작용을 권장한다.
- **유아기(3~5세)**: 유아들은 제한된 시간 동안 디지털 기기를 사용할 수 있으며, 교육적인 콘텐츠를 중심으로 사용해야 한다. 이 시기에는 디지털 기기의 사용 시간을 엄격히 관리하고, 다양한 신체 활동과 균형을 맞추는 것이 중요하다.
- **학령기(6세 이상)**: 학령기에 접어든 유아들은 디지털 기기를 더 자주 사용하게 된다. 이 시기에는 올바른 디지털 사용 습관을 형성하도록 돕고, 인터넷 안전 수칙을 교육해야 한다. 또한 비판적 사고를 기를 수 있는 활동을 포함시킨다.

디지털 시민의식과 윤리적 디지털 사용은 유아들이 디지털 환경에서 올바르게 행동하고, 책임감 있는 디지털 시민으로 성장하는 데 필수적이다. 유아들은 발달 단계에 맞는 적절한 지침을 통해 디지털 기기를 안전하고 윤리적으로 사용할 수 있으며, 이를 통해 다양한 디지털 이슈를 사전에 예방할 수 있다. 예비 유아교사들은 이러한 교육을 통해 유아들이 디지털 세계에서 책임감 있게 행동하고, 다른 사람의 권리와 개인정보를 존중하며, 공정성과 투명성을 실천하는 데 기여할 수 있도록 지도해야 한다. 이를 통해 유아들은 디지털 사회에서 건강하고 윤리적인 시민으로 성장할 수 있을 것이다.

4) 유아에게 적절한 콘텐츠 선택 기준

유아들에게 적절한 디지털 콘텐츠를 선택하는 것은 매우 중요하다. 선택의 기준은 교육적 가치, 안전성, 연령 적합성, 그리고 흥미와 재미가 될 것이다. 부모와 교사는 이와 같은 기준을 통해 적절한 콘텐츠를 선택할 수 있다.

(1) 교육적 가치

① 상대적 중요성

교육적 가치는 가장 중요한 기준 중 하나이다. 유아의 학습과 발달에 도움이 되는 콘텐츠는 유아가 새로운 정보를 습득하고, 중요한 기술을 개발하며, 전반적인 인지 발달을 촉진하는 데 큰 역할을 한다.

② 적용 방법

부모와 교사는 콘텐츠가 제공하는 학습목표와 교육 내용을 검토해야 한다. 예를 들어, 언어 발달을 돕는 스토리북 애플리케이션이나 숫자와 글자를 가르치는 교육 게임 등을 선택할 수 있다. 또한 교육적 가치가 높은 콘텐츠는 광고나 상업적 요소가 최소화된 것이 좋다.

(2) 안전성

① 상대적 중요성

안전성은 유아의 개인정보 보호와 관련된 중요한 요소이다. 안전한 콘텐츠는 유해한 자료로부터 유아를 보호하고, 개인정보를 안전하게 관리한다.

② 적용 방법

부모와 교사는 앱이나 웹사이트의 개인정보 보호 정책을 확인하고, 데이터 수집과 사용 방법을 검토해야 한다. 또한 유해한 광고나 부적절한 콘텐츠가 없는지 확인하는 것이 중요하다. 이를 위해 평판이 좋은 애플리케이션을 사용하거나, 자녀 보호 기능이 포함된 콘텐츠를 선택해야 한다.

(3) 연령 적합성

① 상대적 중요성

연령 적합성은 유아의 발달 단계에 맞는 콘텐츠를 선택하는 데 중요한 기준이다. 적절한 콘텐츠는 유아가 이해하고, 즐기며, 학습할 수 있는 수준에 맞아야 한다.

② 적용 방법

부모와 교사는 콘텐츠의 연령 등급과 추천 연령을 확인해야 한다. 예를 들어, 영아기(0~2세)에는 단순한 이미지와 소리 중심의 콘텐츠가 적합하고, 유아기(3~5세)에는 간단한 상호작용과 스토리 중심의 콘텐츠가 적합하다. 학령기(6세 이상)에는 더 복잡한 문제해결과 비판적 사고를 요구하는 콘텐츠를 선택할 수 있다.

(4) 흥미와 재미

① 상대적 중요성

흥미와 재미는 유아가 콘텐츠에 몰입하고 지속적으로 학습할 수 있도록 돕는 요소이다. 유아가 흥미를 느끼지 않는 콘텐츠는 교육적 가치가 높더라도 효과가 떨어질 수 있다.

② 적용 방법

부모와 교사는 유아의 관심사와 선호도를 파악하고, 이에 맞는 콘텐츠를 선택해야 한다. 다양한 콘텐츠를 시도해 보고, 유아가 가장 즐거워하는 것을 확인하는 것이 중요하다. 예를 들어, 동물에 관심이 많은 유아에게는 동물 관련 교육 콘텐츠를 제공할 수 있다.

부모와 교사는 이 기준을 종합적으로 고려하여 콘텐츠를 선택해야 한다. 교육적 가치와 안전성을 우선시하면서도, 연령 적합성과 흥미를 동시에 고려하는 것이 중요하다. 예를 들어, 유아가 흥미를 느끼는 교육적이고 안전한 콘텐츠를 선택하고, 정기적으로 유아와 함께 콘텐츠를 검토하며, 필요한 경우 새로운 콘텐츠로 교체할 수 있도록 한다. 또한 유아가 디지털 기기를 사용하는 시간을 관리하고, 다양한 신체 활동과 균형을 맞추는 것도 잊지 말아야 한다.

3. 디지털 윤리 실천 사례

디지털 윤리는 유아들이 디지털 환경에서 책임감 있고 윤리적으로 행동할 수 있도록 돕는 중요한 개념이다. 이론적인 설명만으로는 유아들이 디지털 윤리의 중요성을 충분히 이해하기 어렵기 때문에, 실제 사례를 통해 구체적인 상황을 제시하는 것이 효과적이다. 사례

는 유아들이 일상생활에서 겪을 수 있는 상황을 기반으로 하여, 윤리적 문제를 보다 명확하게 인식하고 해결 방법을 학습할 수 있도록 돕는다. 부모나 교사들은 이러한 사례를 활용하여 유아들에게 디지털 윤리의 중요성을 쉽게 전달하고, 올바른 행동을 교육할 수 있다. 다음으로 소개될 사례들은 개인정보 보호, 온라인 상호작용에서의 예절, 디지털 기기의 과다 사용 등 유아들이 직면할 수 있는 다양한 윤리적 문제를 다루고 있으며, 이를 통해 유아들이 안전하고 윤리적인 디지털 환경을 구축하는 데 도움이 될 것이다.

사례 1 개인정보 보호의 중요성

- **상황 설명**: 유아가 온라인 게임을 하다가 게임 캐릭터를 만들기 위해 개인정보를 입력하는 상황을 가정해 보자. 유아는 이름, 주소, 생일 등의 정보를 요구받을 수 있다.
- **지도 방법**: 부모나 교사는 유아에게 개인정보를 함부로 입력하면 안 되는 이유를 명확하게 설명해야 한다. 예를 들어, 개인정보가 잘못 사용될 경우의 위험성을 이야기해 준다. 구체적으로는 다음과 같이 지도할 수 있다.
  - 개인정보의 의미 설명: 개인정보가 무엇인지, 왜 중요한지 설명한다. 예를 들어, 이름, 주소, 전화번호 등이 왜 소중한지 알려 준다.
  - 안전한 온라인 행동: 온라인상에서 개인정보를 입력할 때 반드시 부모나 교사와 상의하도록 지도한다. 개인정보를 요구하는 사이트는 신뢰할 수 있는 곳인지 항상 확인해야 한다.
  - 실습 활동: 유아와 함께 가상의 시나리오를 만들어 어떤 정보가 개인정보에 해당하는지, 언제 입력해도 되는지, 언제 주의해야 하는지를 실습한다.

사례 2 온라인 상호작용에서의 예절

- **상황 설명**: 유아가 온라인 채팅을 통해 친구와 대화하는 상황을 가정해 보자. 대화 중에 친구의 의견에 반대하거나, 감정이 상할 수 있는 말을 할 수 있다.
- **지도 방법**: 부모나 교사는 유아에게 온라인에서의 예절과 타인을 존중하는 방법을 가르쳐야 한다. 구체적으로는 다음과 같이 지도할 수 있다.
  - 존중과 예절 교육: 상대방의 의견을 존중하고, 예의 바르게 대화하는 방법을 교육한다. 예를 들어, "네 의견은 그렇구나, 나는 이렇게 생각해."라는 식으로 상대방의 의

견을 인정하는 방법을 가르친다.

- 사이버 불링 방지: 사이버 불링이 무엇인지 설명하고, 친구를 괴롭히거나 부적절한 언어를 사용하는 것을 피해야 하는 이유를 설명한다. 친구가 상처받을 수 있는 행동이나 말을 하지 않도록 한다.
- 역할놀이: 유아와 함께 가상의 채팅 대화를 만들어 상황별로 어떻게 반응해야 하는지를 연습한다. 긍정적인 피드백과 부정적인 피드백을 어떻게 표현할지 연습하게 한다.

사례 3 디지털 기기의 과다 사용

- **상황 설명**: 유아가 디지털 기기에 너무 많은 시간을 할애하여 건강 문제를 일으킬 수 있는 상황을 가정해 보자. 예를 들어, 장시간 태블릿 PC를 사용하여 눈의 피로를 겪거나, 운동 부족으로 체력이 저하될 수 있다.
- **지도 방법**: 부모나 교사는 유아에게 디지털 기기 사용 시간을 관리하는 방법과 다양한 신체 활동의 중요성을 교육해야 한다. 구체적으로는 다음과 같은 방향으로 지도할 수 있다.
  - 시간 관리: 디지털 기기를 사용할 수 있는 시간을 정하고, 일정 시간 이상 사용하지 않도록 지도한다. 예를 들어, 하루에 30분에서 1시간 정도로 사용 시간을 제한한다.
  - 디지털 기기 이외에 다양한 활동 권장: 예를 들어, 운동, 독서, 놀이 등을 통해 신체적·정신적 발달을 균형 있게 할 수 있도록 한다.
  - 건강 교육: 디지털 기기의 과다 사용이 건강에 미치는 영향을 설명하고, 적절한 사용 방법을 교육한다. 예를 들어, 20분마다 눈을 쉬게 하거나, 올바른 자세로 앉아서 기기를 사용하는 법을 가르친다.

이러한 사례를 통해 유아들은 실생활에서 직면할 수 있는 디지털 윤리 문제를 구체적으로 이해하고, 올바르게 대처하는 방법을 배울 수 있다. 부모나 교사는 이러한 사례들을 활용하여 유아들에게 디지털 윤리의 중요성을 쉽게 전달하고, 올바른 행동을 교육해야 한다.

4. 제안하는 디지털 윤리 활동

디지털 시대에 유아들이 책임감 있고 윤리적으로 행동할 수 있도록 교육하는 것은 매우 중요하다. 이를 효과적으로 실현하기 위해서는 이론적인 교육뿐만 아니라, 유아들이 직접 참여할 수 있는 다양한 활동을 제공하는 것이 필요하다. 실제 활동을 통해 유아들은 디지털 윤리의 중요성을 체험하고, 실생활에서 적용할 수 있는 구체적인 방법을 배울 수 있다. 다음으로 제안하는 디지털 윤리 활동들은 유아들이 디지털 환경에서 올바르게 행동할 수 있도록 돕는 데 중점을 두고 있다. 이러한 활동들을 통해 유아들은 디지털 윤리에 대한 이해를 높이고, 안전하고 책임감 있게 디지털 기기를 사용할 수 있는 능력을 기르게 될 것이다.

활동 1 디지털 윤리 포스터 만들기

유아들과 함께 디지털 윤리에 대한 포스터를 만드는 활동이다. 교사와 유아들은 먼저 디지털 윤리의 기본 개념과 중요성에 대해 간단히 논의한다. 그런 다음, 유아들은 각자 또는 그룹으로 나뉘어 디지털 윤리와 관련된 주제를 선택하여 그림을 그리고, 슬로건이나 간단한 문장을 작성한다. 예를 들어, '온라인에서 친절하게 대하기' '개인정보는 소중해요' '안전한 인터넷 사용' 등의 주제를 포스터로 표현할 수 있다. 완성된 포스터는 교실 벽에 게시하여 유아들이 일상적으로 디지털 윤리의 중요성을 상기할 수 있도록 한다.

활동 2 온라인 안전 규칙 놀이

유아들이 온라인 안전 규칙을 배우는 놀이를 진행한다. 첫 번째 놀이로는 안전한 비밀번호 만들기 게임이 있다. 교사는 유아들에게 안전한 비밀번호의 기준을 설명하고, 각자 안전한 비밀번호를 만들어 보도록 한다. 예를 들어, 대문자와 소문자, 숫자, 특수 문자를 조합하여 비밀번호를 만드는 연습을 한다. 두 번째로는 개인정보를 보호하는 방법을 배우는 역할놀이를 할 수 있다. 교사는 다양한 상황을 제시하고, 유아들은 그 상황에서 어떻게 행동해야 하는지를 역할놀이를 통해 실습한다. 예를 들어, "누군가 내 주소를 물어볼 때 어떻게 해야 할까?" "이메일에서 알 수 없는 링크를 받았을 때 어떻게 해야 할까?" 등의 상황을 통해 유아들이 올바른 판단을 내리도록 돕는다.

활동 3 디지털 시민의식 토론

유아들과 함께 디지털 시민의식에 대해 토론하는 시간을 가진다. 교사는 먼저 디지털 시민의식의 개념과 중요성에 대해 설명한다. 그런 다음, 유아들이 관심을 가질 만한 주제를 선정하여 토론을 진행한다. 예를 들어, '온라인에서의 예절' '사이버 불링 방지' '올바른 정보 공유 방법' 등의 주제를 다룰 수 있다. 유아들은 각자 자신의 생각을 말하고, 다른 친구들의 의견을 경청하며, 서로의 생각을 공유한다. 교사는 유아들이 토론을 통해 얻은 결론을 정리하고, 이를 실생활에서 어떻게 실천할 수 있을지 구체적인 방법을 제안한다. 이 과정을 통해 유아들은 디지털 환경에서의 올바른 행동을 스스로 생각하고 실천할 수 있는 능력을 기르게 된다.

이와 같은 사례와 실습을 통해 예비 유아교사들은 유아들에게 디지털 윤리를 효과적으로 교육할 수 있는 방법을 익히고, 이를 실제 교육 현장에서 적용할 수 있게 된다. 디지털 윤리는 단순히 지식의 전달이 아니라, 유아들이 디지털 세계에서 올바르게 행동할 수 있는 가치와 태도를 형성하는 데 중요한 역할을 한다.

요약 및 결론

디지털 시대를 살아가는 유아들에게 디지털 윤리는 필수적인 교육 요소이다. 유아들이 디지털 환경에서 책임감 있고 윤리적으로 행동할 수 있도록 돕는 것은 그들의 안전과 발달을 위해 매우 중요하다. 이 절에서는 디지털 윤리의 개념과 유아교육에서의 중요성을 강조하고, 예비 유아교사로서의 역할과 책임을 구체적으로 설명하였다. 디지털 윤리교육의 중요성을 이해하고 이를 효과적으로 전달하는 방법을 논의함으로써, 유아들이 건강하고 책임감 있는 디지털 시민으로 성장할 수 있도록 돕고자 하였다. 다음을 읽어 가면서 정리하여 본다.

1. 디지털 윤리의 개념과 유아교육에서의 중요성

디지털 윤리는 디지털 환경에서 책임감 있고 윤리적인 행동을 촉진하는 중요한 개념이다. 유아들에게 디지털 윤리를 교육하는 것은 그들이 디지털 기기와 인터넷을 안전하고 올바르게 사용할 수 있도록 돕는 데 필수적이다. 이는 단순히 기술 사용에 그치는 것이 아니라, 유아들이 디지털 세계에서의 권리와 책임을 이해하고, 다른 사람과의 상호작용에서 윤리적 원칙을 지키는 데 도움이 된다. 유아들이 디지털 환경에서 건강하고 책임감 있는 디지털 시민으로 성장할 수 있도록 하는 중요한 밑거름이 된다. 예를 들어, 유아들이 인터넷에서의 개인

정보 보호, 온라인 상호작용에서의 예절, 그리고 디지털 기기 사용 시간을 적절히 관리하는 방법 등을 배우는 것은 이들의 전반적인 발달에 긍정적인 영향을 미친다.

2. 예비 유아교사로서의 역할과 책임

예비 유아교사들은 유아들이 디지털 세계에서 올바르게 행동할 수 있도록 지도하는 중요한 역할을 맡고 있다. 이를 위해 예비 유아교사들은 디지털 윤리에 대한 깊은 이해를 바탕으로, 유아들에게 적절한 교육을 제공해야 한다. 이는 유아들이 디지털 기기를 안전하게 사용하고, 다른 사람과의 상호작용에서 윤리적 행동을 실천할 수 있도록 돕는 데 중요한 역할을 한다. 예비 유아교사들은 디지털 윤리교육을 통해 유아들이 다양한 디지털 상황에서 올바른 판단을 내리고 행동할 수 있도록 돕는다. 또한 유아들이 디지털 시민의식을 형성할 수 있도록 다양한 교육 활동과 프로젝트를 기획하고 실행해야 한다. 예를 들어, 디지털 윤리 포스터 만들기, 온라인 안전 규칙 놀이, 디지털 시민의식 토론 등의 활동을 통해 유아들이 디지털 환경에서의 올바른 행동을 자연스럽게 습득하고, 이를 실천할 수 있게 된다. 이러한 교육 활동은 유아들이 디지털 세계에서의 권리와 책임을 이해하고, 다른 사람을 존중하며 공정하고 투명하게 행동하는 데 큰 도움이 된다.

토론을 위한 질문

다양한 토론을 통해 디지털 윤리교육의 중요성을 상기하고, 유아의 발달 단계에 맞춘 교육 방법, 활용 가능한 활동과 자료, 그리고 효과적인 교육 전략을 모색할 수 있다. 또한 디지털 시민의식의 핵심 구성 요소와 중요한 가치 및 원칙을 이해함으로써 유아들이 윤리적인 디지털 시민으로 성장할 수 있도록 돕는 접근 방법을 논의할 수 있다. 이러한 토론은 예비 유아교사들이 디지털 윤리교육의 중요성을 재인식하고, 유아들에게 더 나은 교육을 제공할 수 있는 기회를 제공할 것이다. 다음에 토론을 위한 질문들을 제기하여 본다.

1. 유아에게 디지털 윤리를 어떻게 교육할 수 있을까?

- 준비사항: 디지털 윤리의 기본 개념과 중요성에 대해 이해하고 이를 설명할 수 있는 자료를 준비한다. 실제 교육 사례와 자료를 수집한다.
- 요령: 유아의 일상적인 디지털 기기 사용 상황을 떠올리며 구체적인 예를 들어 설명한다. 교육 목표를 명확히 설정하고, 그 목표를 달성하기 위한 구체적인 방법을 논의한다.

2. 유아의 발달 단계에 맞춘 디지털 윤리교육 방법에는 무엇이 있는가?

- 준비사항: 발달심리학과 유아 발달 단계에 대한 기초 지식을 복습해 보자. 각 발달 단계에 적합한 교육 방법과 자료를 수집한다.
- 요령: 영유아기, 유아기, 학령기 등 각 발달 단계에 따른 구체적인 교육 방법을 논의한다. 단계별로 실질적인 교육 예시와 그 효과를 제시한다.

3. 디지털 윤리를 교육할 때 활용할 수 있는 다양한 활동과 자료에는 어떤 것들이 있는가?

- 준비사항: 다양한 디지털 윤리교육 활동 및 자료(포스터, 영상, 게임 등)를 조사한다. 활동의 효과성과 활용 방법에 대한 자료를 준비한다.
- 요령: 다양한 교육 활동을 소개하고, 각 활동의 구체적인 실행 방법과 장점을 논의한다. 자료의 신뢰성과 활용도를 고려하여 최적의 활동과 자료를 선택한다.

4. 유아들이 디지털 윤리를 자연스럽게 체득할 수 있도록 하는 효과적인 교육 전략은 무엇인가?

- 준비사항: 유아 교육의 효과적인 전략에 대한 연구 자료를 준비한다. 디지털 윤리교육의 성공 사례를 분석한다.
- 요령: 유아들이 흥미를 느끼고 지속적으로 참여할 수 있는 교육 전략을 논의한다. 상호작용적이고 체험적인 학습 방법을 제안한다.

5. 디지털 시민의식을 형성하는 데 있어 중요한 요소는 무엇인가?

- 준비사항: 디지털 시민의식의 핵심 구성 요소를 조사한다. 각 요소의 중요성과 그에 따른 교육 방법을 정리한다.
- 요령: 디지털 시민의식의 주요 요소를 명확히 설명한다. 각 요소가 어떻게 상호작용하고 유아 교육에 적용될 수 있는지 논의한다.

6. 유아들이 디지털 시민의식을 형성하는 데 있어 가장 중요한 가치와 원칙은 무엇인가?

- 준비사항: 디지털 시민의식 형성에 중요한 가치와 원칙에 대한 자료를 준비한다. 이를 교육하는 데 효과적인 방법을 조사한다.
- 요령: 주요 가치와 원칙을 중심으로 교육 목표를 설정한다. 유아들에게 이러한 가치와 원칙을 자연스럽게 체득하게 할 수 있는 방법을 논의한다.

7. 예비 유아교사로서 유아들에게 디지털 시민의식을 교육하기 위해 어떤 접근 방법이 필요한가?

- 준비사항: 예비 유아교사로서의 역할과 책임에 대한 명확한 이해를 가진다. 유아교육에서 디지털 시민의식을 효과적으로 교육하기 위한 접근 방법을 연구한다.
- 요령: 예비 유아교사로서의 구체적인 역할과 책임을 설명한다. 유아들에게 디지털 시민의식을 교육하기 위한 체계적이고 실질적인 접근 방법을 제안한다.

이러한 토론 질문을 통해 예비 유아교사들은 디지털 윤리의 중요성을 다시 한번 상기하고, 유아들에게 효과적인 디지털 윤리교육을 제공할 수 있는 방법을 탐구할 수 있다. 토론을 준비할 때는 각 주제에 대한 심도 있는 자료 조사와 실질적인 사례 분석이 중요하며, 토론 중에는 구체적이고 실행 가능한 방법을 중심으로 논의하는 것이 효과적이다. 이를 통해 예비 유아교사들은 유아들이 책임감 있고 윤리적인 디지털 시민으로 성장할 수 있도록 교육하는 데 필요한 지식과 전략을 확립할 수 있을 것이다.

참고문헌

배윤진, 임은미, 김교령, 김혜진(2023). 유아를 위한 디지털 교육 지원 방안 마련 기초 연구(CR2308). 육아정책연구소, 교육부. https://repo.kicce.re.kr/bitstream/2019.oak/5544/4/CR2308.pdf

양수영(2024). 유아 대상 디지털 미디어의 윤리적 문제 분석. 어린이미디어연구, 23(3), 215-239.

정봄마지, 이승연(2013). 유아 주도의 UCC 제작활동 참여여부에 따른 유아의 디지털 리터러시와 정보윤리의식 변화 분석. 열린유아교육연구, 18(3), 309-332.

한국언론진흥재단(2023. 12. 31.). 2023 어린이 미디어 이용 조사 보고서. 한국언론진흥재단.

Digital Child Research Centre. (2025). *Digital Child Ethics Toolkit: Ethical considerations for digital childhoods research*. Queensland University of Technology.

방송미디어통신위원회, 한국지능정보사회진흥원. 디지털윤리 홈페이지(디지털윤리.kr)

제14장 개인정보 보호와 안전

이 장에서는 유아의 개인정보 보호와 온라인 안전 수칙에 대해 다룬다. 개인정보 보호는 유아의 안전과 사생활을 지키기 위해 디지털 환경에서 매우 중요한 주제이며, 이는 유아의 이름, 주소, 전화번호, 생년월일, 사진 등 다양한 개인정보를 포함한다. 예비 유아교사들은 개인정보 보호의 개념과 중요성을 이해하고, 유아들에게 이를 교육하는 방법을 익혀야 한다. 또한 부모와 교사가 유의해야 할 점과 교육 방법을 제시하여, 유아들이 안전한 디지털 환경에서 활동할 수 있도록 돕는다.

이 장의 학습목표는 다음과 같다.

학습목표

- 유아의 개인정보 보호와 온라인 안전 수칙을 설명할 수 있다.
- 부모와 교사가 유의해야 할 점과 교육 방법을 제시할 수 있다.

1. 이해하기

현대 사회에서 디지털 기기의 사용이 일상화됨에 따라, 유아들이 다양한 디지털 환경에 노출되는 빈도가 급격히 증가하고 있다. 이러한 변화는 유아들에게 새로운 학습과 놀이의 기회를 제공하지만, 동시에 여러 가지 위험 요소를 수반하기도 한다. 특히 개인정보 보호는 유아들의 디지털 환경에서 안전을 보장하는 데 중요한 역할을 한다.

개인정보 보호는 유아의 이름, 주소, 전화번호, 생년월일, 사진 등과 같은 개인의 정보를 안전하게 유지하고, 불법적이거나 부적절한 접근, 사용, 공개를 방지하는 것을 의미한다. 유아들이 디지털 기기를 통해 다양한 온라인 활동을 하면서 무의식적으로 개인정보를 공유하게 되는 경우가 많기 때문에, 이를 보호하는 것은 매우 중요하다.

개인정보가 유출되면 유아의 안전과 사생활이 위협받을 수 있으며, 이는 심각한 결과를 초래할 수 있다. 예를 들어, 유아의 개인정보가 악의적인 목적으로 사용되거나, 사기와 피싱 공격의 대상이 될 수 있다. 따라서 유아들에게 개인정보의 중요성을 교육하고, 이를 보호하는 방법을 가르치는 것이 필수적이다.

여기에서는 개인정보 보호의 개념과 중요성을 다루고, 유아들이 안전하게 디지털 환경을 활용할 수 있도록 구체적인 방법을 제시해 보기로 한다. 예비 유아교사들은 이를 통해 유아들에게 개인정보 보호의 중요성을 이해시키고, 안전한 디지털 환경을 조성하는 데 필요한 지식을 습득하게 될 것이다. 개인정보 보호는 유아들이 디지털 세계에서 안전하고 건강하게 성장할 수 있도록 돕는 중요한 요소이기 때문이다.

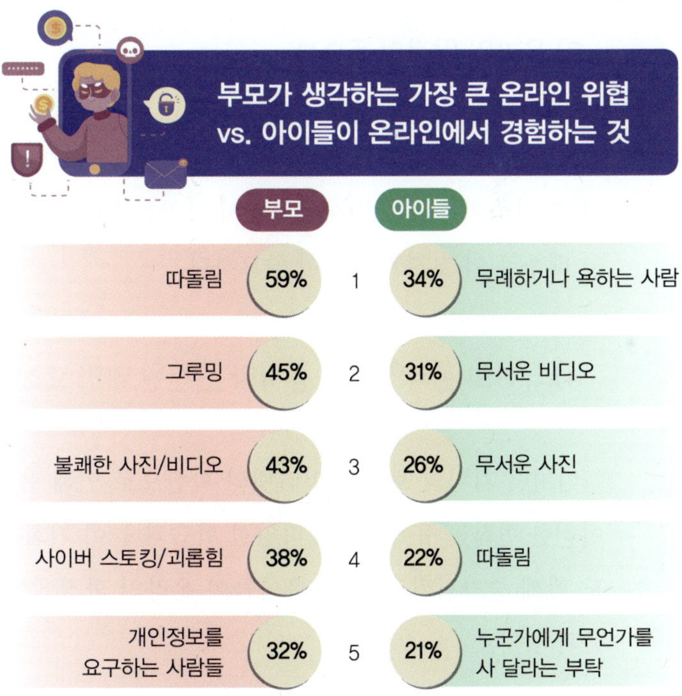

[그림 14-1] 온라인 위협과 아이들의 경험

출처: https://shorturl.at/FUL2K

1) 개인정보 보호

개인정보 보호는 개인의 정보를 안전하게 유지하고, 불법적이거나 부적절한 접근, 사용, 공개를 방지하는 것을 의미한다. 이는 유아의 이름, 주소, 전화번호, 생년월일, 사진 등 다양한 개인정보를 포함한다. 디지털 환경에서 개인정보 보호는 유아의 안전과 사생활을 지키기 위해 필수적이다.

2) 개인정보의 정의와 중요성

개인정보란 특정 개인을 식별할 수 있는 모든 정보를 의미한다. 이는 유아의 일상생활과 관련된 다양한 정보를 포함하며, 유아의 신원을 보호하고 안전한 환경을 제공하는 데 매우 중요하다. 유아를 온라인 활동 중에 개인정보를 공유하게 되는 경우가 많으며, 이로 인해 개인정보가 유출되거나 악용될 위험이 있다. 따라서 개인정보의 중요성을 이해하고 이를 보호하는 방법을 배우는 것이 필수적이다.

3) 온라인 안전의 중요성

온라인 안전은 유아들이 디지털 환경에서 안전하게 활동할 수 있도록 하는 것을 의미한다. 유아들이 인터넷을 사용하면서 다양한 위험에 노출될 수 있기 때문에 온라인 안전 수칙을 배우고 이를 지키는 것이 중요하다.

4) 유아의 온라인 활동 증가와 관련된 위험 요소

디지털 기기의 보급과 인터넷의 확산으로 인해 유아들의 온라인 활동이 증가하고 있다. 이러한 변화는 유아들에게 다양한 학습과 놀이 기회를 제공하는 반면, 여러 가지 위험 요소도 함께 증가시키고 있다. 유아들이 온라인 환경에서 직면할 수 있는 주요 위험 요소는 다음과 같다.

- **개인정보 유출**: 유아들이 무의식적으로 개인정보를 온라인에 공유하게 되는 경우, 개인

정보가 유출될 위험이 있다.

- **사이버 불링**: 유아들이 온라인상에서 사이버 불링에 노출될 수 있으며, 이는 심리적·정서적 피해를 초래할 수 있다.
- **부적절한 콘텐츠 접근**: 유아들이 나이에 맞지 않는 부적절한 콘텐츠에 접근하게 되는 경우, 부정적인 영향을 받을 수 있다.
- **사기와 피싱**: 유아들이 사기성 메시지나 피싱 공격에 노출될 수 있으며, 이는 금전적 피해나 개인정보 유출로 이어질 수 있다.

이와 같은 도입 부분을 통해 예비 유아교사들은 유아들에게 개인정보 보호와 온라인 안전의 중요성을 이해시키고, 이를 실천할 수 있는 방법을 교육하는 데 필요한 기초를 다질 수 있다. 개인정보 보호와 온라인 안전은 유아들의 디지털 환경에서의 안전을 보장하는 데 매우 중요한 주제이므로, 이를 효과적으로 교육하는 것이 필수적이다.

2. 심층학습

1) 유아의 개인정보 보호 방법

유아의 개인정보를 보호하는 것은 매우 중요하다. 이를 위해 다음과 같은 방법들을 적용할 수 있다.

- **개인정보 최소화 원칙 적용**: 유아들이 온라인상에서 필요한 최소한의 정보만을 제공하도록 지도한다. 예를 들어, 이름과 나이 외에 추가적인 개인정보는 요구하지 않는 사이트를 사용한다.
- **강력한 비밀번호 사용**: 유아들이 사용하는 온라인 계정에 강력한 비밀번호를 설정하도록 한다. 비밀번호는 문자, 숫자, 특수 문자를 조합하여 최소 8자 이상으로 설정한다.
- **이중 인증 사용**: 가능한 경우 이중 인증(2FA)을 설정하여 계정 보안을 강화한다. 이는 유아의 개인정보가 도난당하는 것을 방지하는 효과적인 방법이다.
- **개인정보 보호 설정 확인**: 유아가 사용하는 앱이나 웹사이트의 개인정보 보호 설정을 확

인하고, 가능한 한 높은 수준의 보안을 유지하도록 설정한다.

- **개인정보 공유 주의**: 유아들이 온라인에서 개인정보를 함부로 공유하지 않도록 주의를 기울인다. 예를 들어, 친구 요청을 받을 때는 반드시 부모나 교사와 상의하도록 한다.

유아의 개인정보를 보호하기 위해서는 개인정보 최소화 원칙 적용, 강력한 비밀번호 사용, 이중 인증 설정, 개인정보 보호 설정 확인, 개인정보 공유 주의 등의 구체적인 방법을 실천하는 것이 중요하다. 이러한 방법들은 유아들이 디지털 환경에서 안전하게 활동할 수 있도록 도와주며, 개인정보 유출의 위험을 최소화할 수 있다. 예비 유아교사들은 이러한 방법들을 이해하고 유아들에게 교육함으로써 유아들이 올바른 개인정보 보호 습관을 형성할 수 있도록 지도해야 한다. 이는 유아들이 디지털 세계에서 안전하게 성장할 수 있도록 돕는 데 필수적이다.

2) 개인정보를 안전하게 지키기 위한 구체적인 방법

디지털 기기의 사용이 일상화됨에 따라, 유아들의 개인정보를 안전하게 보호하는 것은 매우 중요한 과제가 되었다. 유아들은 다양한 온라인 활동을 통해 학습과 놀이를 즐기지만, 이 과정에서 개인정보가 유출되거나 악용될 위험에 노출될 수 있다. 따라서 유아들의 개인정보를 보호하기 위해 구체적이고 실질적인 방법들을 이해하고 실천하는 것이 필요하다.

- **교육과 인식 제고**: 유아들과 부모들에게 개인정보 보호의 중요성을 교육하고, 온라인에서 발생할 수 있는 위험에 대해 인식하도록 한다.
- **보안 소프트웨어 사용**: 유아가 사용하는 디지털 기기에 최신 보안 소프트웨어를 설치하고 정기적으로 업데이트한다.
- **안전한 웹사이트 이용**: 신뢰할 수 있는 웹사이트와 앱만 사용하도록 지도한다. URL 주소 앞에 'https'가 있는지 확인하여 안전한 사이트인지 확인한다.
- **정기적인 모니터링**: 유아의 온라인 활동을 정기적으로 모니터링하여 비정상적인 활동이 있는지 확인하고, 필요시 조치를 취한다.

[그림 14-2] 내 정보 지킴이

출처: 위드타임즈(2021. 5. 18.).

유아들의 개인정보를 보호하기 위해서는 교육과 인식 제고, 최신 보안 소프트웨어 사용, 안전한 웹사이트 이용, 정기적인 모니터링 등의 구체적인 방법들이 필수적이다. 이러한 방법들을 통해 유아들이 디지털 환경에서 안전하게 활동할 수 있도록 돕고, 개인정보 유출의 위험을 최소화할 수 있다. 예비 유아교사들은 이러한 구체적인 방법들을 습득하여 유아들에게 개인정보 보호의 중요성을 교육하고, 이를 실천할 수 있도록 지도해야 한다. 이는 유아들이 안전한 디지털 환경에서 성장할 수 있도록 하는 데 중요한 역할을 한다.

3) 온라인 안전 수칙

디지털 시대에 유아들이 온라인 환경에서 안전하게 활동하기 위해서는 명확하고 구체적인 온라인 안전 수칙을 지키는 것이 필수적이다. 유아들은 인터넷을 통해 다양한 정보를 얻고, 놀이와 학습을 병행하지만, 이 과정에서 여러 가지 위험 요소에 노출될 수 있다. 따라서 유아들이 안전하게 디지털 기기를 사용하고, 온라인상에서 발생할 수 있는 문제를 예방할 수 있도록 지도하는 것이 중요하다.

온라인 안전 수칙은 유아들이 디지털 환경에서 보호받을 수 있도록 돕는 중요한 지침들로 구성되어 있다.

- **개인정보 비공개**: 이름, 주소, 전화번호 등의 개인정보를 온라인에서 공유하지 않도록 한다.

- **낯선 사람과의 접촉 금지**: 온라인에서 알지 못하는 사람과 대화하거나 친구 요청을 수락하지 않도록 지도한다.
- **의심스러운 링크 클릭 금지**: 의심스러운 링크나 이메일을 클릭하지 않도록 한다. 이는 피싱 공격의 위험을 줄일 수 있다.
- **부적절한 콘텐츠 신고**: 부적절한 콘텐츠를 발견하면 즉시 부모나 교사에게 알리도록 한다.
- **온라인 시간 관리**: 디지털 기기 사용 시간을 제한하고, 신체 활동과 균형을 맞춘다.

이와 같은 온라인 안전 수칙을 통해 예비 유아교사들은 유아들에게 안전하고 올바른 디지털 기기 사용 방법을 교육할 수 있다. 유아들이 이러한 수칙을 준수함으로써 디지털 환경에서의 위험을 최소화하고, 건강하고 안전하게 온라인 활동을 할 수 있도록 도울 수 있다.

4) 부모와 교사가 유아의 안전을 위해 할 수 있는 역할

디지털 기기의 보급과 인터넷의 확산으로 인해 유아들이 다양한 온라인 활동에 참여하는 빈도가 증가하고 있다. 이러한 변화는 유아들에게 새로운 학습과 놀이의 기회를 제공하지만, 동시에 여러 가지 위험 요소도 동반한다. 따라서 유아들이 안전하게 디지털 환경을 활용할 수 있도록 부모와 교사의 역할이 중요하다. 부모와 교사는 유아들에게 온라인 안전 수칙을 교육하고, 안전한 디지털 환경을 조성하는 데 중요한 역할을 담당해야 한다.

- **적극적인 지도와 교육**: 부모와 교사는 유아에게 온라인 안전 수칙을 교육하고, 실천할 수 있도록 도와준다.
- **온라인 활동 모니터링**: 유아의 온라인 활동을 주기적으로 모니터링하고, 비정상적인 활동이 발견되면 즉시 대응한다.
- **안전한 환경 조성**: 가정과 학교에서 안전한 온라인 환경을 제공하고, 유해 콘텐츠 필터링 소프트웨어를 설치한다.

유아들이 안전하게 디지털 환경을 활용하기 위해서는 부모와 교사의 적극적인 역할이 필수적이다. 유아들에게 온라인 안전 수칙을 교육하고, 주기적으로 온라인 활동을 모니터링

하며, 안전한 환경을 조성하는 것은 유아들의 안전을 보장하는 데 중요한 요소이다. 예비 유아교사들은 이러한 방법들을 이해하고 실천하여, 유아들이 디지털 세계에서 안전하고 건강하게 성장할 수 있도록 지도해야 한다. 이는 유아들의 전인적 발달을 지원하고, 디지털 환경에서의 긍정적인 경험을 제공하는 데 중요한 역할을 한다.

3. 개인정보 보호 실천 사례

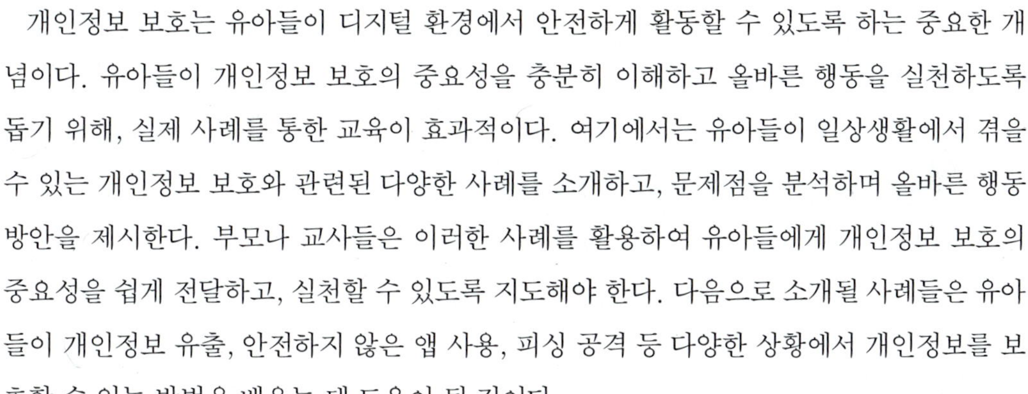

개인정보 보호는 유아들이 디지털 환경에서 안전하게 활동할 수 있도록 하는 중요한 개념이다. 유아들이 개인정보 보호의 중요성을 충분히 이해하고 올바른 행동을 실천하도록 돕기 위해, 실제 사례를 통한 교육이 효과적이다. 여기에서는 유아들이 일상생활에서 겪을 수 있는 개인정보 보호와 관련된 다양한 사례를 소개하고, 문제점을 분석하며 올바른 행동 방안을 제시한다. 부모나 교사들은 이러한 사례를 활용하여 유아들에게 개인정보 보호의 중요성을 쉽게 전달하고, 실천할 수 있도록 지도해야 한다. 다음으로 소개될 사례들은 유아들이 개인정보 유출, 안전하지 않은 앱 사용, 피싱 공격 등 다양한 상황에서 개인정보를 보호할 수 있는 방법을 배우는 데 도움이 될 것이다.

사례 1 개인정보 유출

- **상황 설명**: 한 유아가 온라인 게임을 하다가 게임 캐릭터를 만들기 위해 이름, 주소, 생일 등의 개인정보를 입력하여 개인정보가 유출된 상황을 가정한다.
- **지도 방법**: 부모나 교사는 유아에게 개인정보를 함부로 입력하면 안 되는 이유를 명확하게 설명해야 한다. 예를 들어, 개인정보가 잘못 사용될 경우의 위험성을 이야기해 준다. 개인정보 보호의 의미를 설명하고, 안전한 온라인 행동을 실천할 수 있도록 지도한다.
  - 개인정보의 의미 설명: 개인정보가 무엇인지, 왜 중요한지 설명한다. 예를 들어, 이름, 주소, 전화번호 등이 왜 소중한지 알려 준다.
  - 안전한 온라인 행동: 온라인상에서 개인정보를 입력할 때 반드시 부모나 교사와 상의하도록 지도한다. 개인정보를 요구하는 사이트는 신뢰할 수 있는 곳인지 항상 확인해야 한다.

- 실습 활동: 유아와 함께 가상의 시나리오를 만들어 어떤 정보가 개인정보에 해당하는지, 언제 입력해도 되는지, 언제 주의해야 하는지를 실습한다.

사례 2 안전하지 않은 앱 사용

- **상황 설명**: 유아가 안전하지 않은 앱을 사용하여 개인정보가 도난당한 사례를 소개한다.
- **지도 방법**: 부모나 교사는 유아에게 안전한 앱 사용 방법을 교육해야 한다. 신뢰할 수 있는 앱만 사용하도록 지도하고, 앱 설치 시 주의해야 할 점을 설명한다.
  - 안전한 앱 사용 설명: 안전한 앱을 선택하는 방법을 설명한다. 예를 들어, 앱 다운로드 전에 리뷰를 확인하고, 앱이 요구하는 권한을 주의 깊게 살펴본다.
  - 보안 소프트웨어 사용: 유아가 사용하는 디지털 기기에 최신 보안 소프트웨어를 설치하고 정기적으로 업데이트하는 방법을 교육한다.
  - 정기적인 모니터링: 유아의 온라인 활동을 정기적으로 모니터링하고, 비정상적인 활동이 발견되면 즉시 대응하는 방법을 설명한다.

사례 3 피싱[1] 공격

- **상황 설명**: 유아가 피싱 이메일을 통해 개인정보를 입력하여 피해를 입은 사례를 소개한다.
- **지도 방법**: 부모나 교사는 유아에게 피싱 공격의 위험성과 예방 방법을 설명해야 한다. 의심스러운 이메일이나 링크를 클릭하지 않도록 주의시키고, 피싱 이메일의 특징을 설명한다.
  - 피싱 공격 설명: 피싱 공격이 무엇인지, 어떻게 발생하는지 설명한다. 예를 들어, 피싱 이메일의 특징과 이를 구별하는 방법을 교육한다.
  - 예방 방법 교육: 유아들에게 의심스러운 이메일을 받았을 때 부모나 교사에게 즉시 알리도록 지도한다. 피싱 공격을 예방하기 위해 이메일 발신자를 확인하고, 의심스러운 링크를 클릭하지 않도록 교육한다.

---

1) 피싱(Phising)은 공격자가 사람들을 속여 사기에 빠지도록 고안된 악성 이메일을 보내는 것을 의미한다. 일반적으로 피싱은 사용자가 금융 정보, 시스템 자격 증명, 기타 민감한 데이터를 공개하도록 유도한다.

- **실습 활동**: 유아들과 함께 가상의 피싱 이메일을 만들어 보며, 어떤 점이 의심스러운지 찾고 이를 피하는 방법을 연습한다.

이러한 사례들을 통해 유아들은 실생활에서 직면할 수 있는 개인정보 보호 문제를 구체적으로 이해하고, 올바르게 대처하는 방법을 배울 수 있다. 부모나 교사는 이러한 사례들을 활용하여 유아들에게 개인정보 보호의 중요성을 쉽게 전달하고, 올바른 행동을 교육해야 한다. 이를 통해 유아들은 디지털 환경에서 안전하게 활동할 수 있으며, 개인정보 유출의 위험을 최소화할 수 있다.

4. 제안하는 개인정보 보호 활동

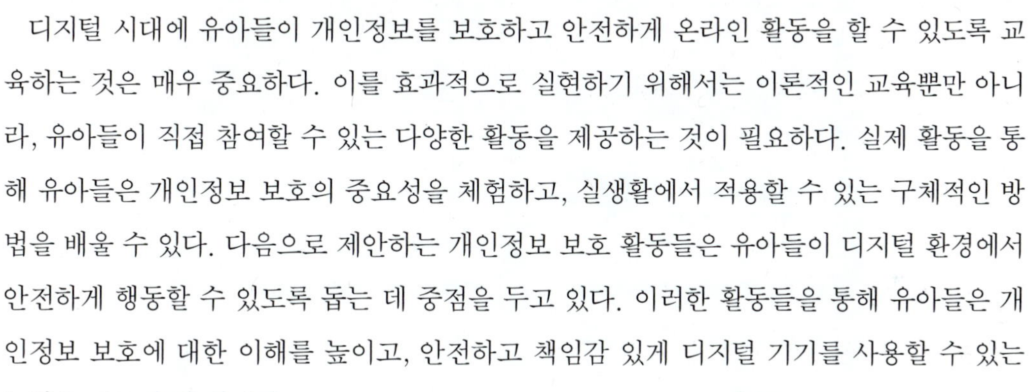

디지털 시대에 유아들이 개인정보를 보호하고 안전하게 온라인 활동을 할 수 있도록 교육하는 것은 매우 중요하다. 이를 효과적으로 실현하기 위해서는 이론적인 교육뿐만 아니라, 유아들이 직접 참여할 수 있는 다양한 활동을 제공하는 것이 필요하다. 실제 활동을 통해 유아들은 개인정보 보호의 중요성을 체험하고, 실생활에서 적용할 수 있는 구체적인 방법을 배울 수 있다. 다음으로 제안하는 개인정보 보호 활동들은 유아들이 디지털 환경에서 안전하게 행동할 수 있도록 돕는 데 중점을 두고 있다. 이러한 활동들을 통해 유아들은 개인정보 보호에 대한 이해를 높이고, 안전하고 책임감 있게 디지털 기기를 사용할 수 있는 능력을 기르게 될 것이다.

활동 1 안전한 비밀번호 만들기

유아들과 함께 안전한 비밀번호를 만드는 활동을 진행한다. 교사는 유아들에게 강력한 비밀번호의 중요성과 만들기 방법을 설명한다. 예를 들어, 대문자, 소문자, 숫자, 특수 문자를 조합하여 최소 여덟 글자 이상의 비밀번호를 만드는 연습을 한다. 각자 만든 비밀번호를 서로 점검해 보며, 비밀번호의 강도를 평가하고 개선할 점을 논의한다. 이를 통해 유아들은 안전한 비밀번호 사용의 중요성을 이해하고, 실제로 적용할 수 있는 능력을 기른다.

활동 2 개인정보 보호 포스터 만들기

유아들이 개인정보 보호의 중요성을 배우고, 이를 주제로 포스터를 만드는 활동을 진행한다. 교사와 유아들은 먼저 개인정보 보호의 기본 개념과 중요성에 대해 간단히 논의한다. 그런 다음, 유아들은 각자 또는 그룹으로 나뉘어 개인정보 보호와 관련된 주제를 선택하여 그림을 그리고, 슬로건이나 간단한 문장을 작성한다. 예를 들어, '개인정보는 소중해요' '안전한 비밀번호 만들기' '온라인에서 개인정보 공유하지 않기' 등의 주제를 포스터로 표현할 수 있다. 완성된 포스터는 교실 벽에 게시하여 유아들이 일상적으로 개인정보 보호의 중요성을 상기할 수 있도록 한다.

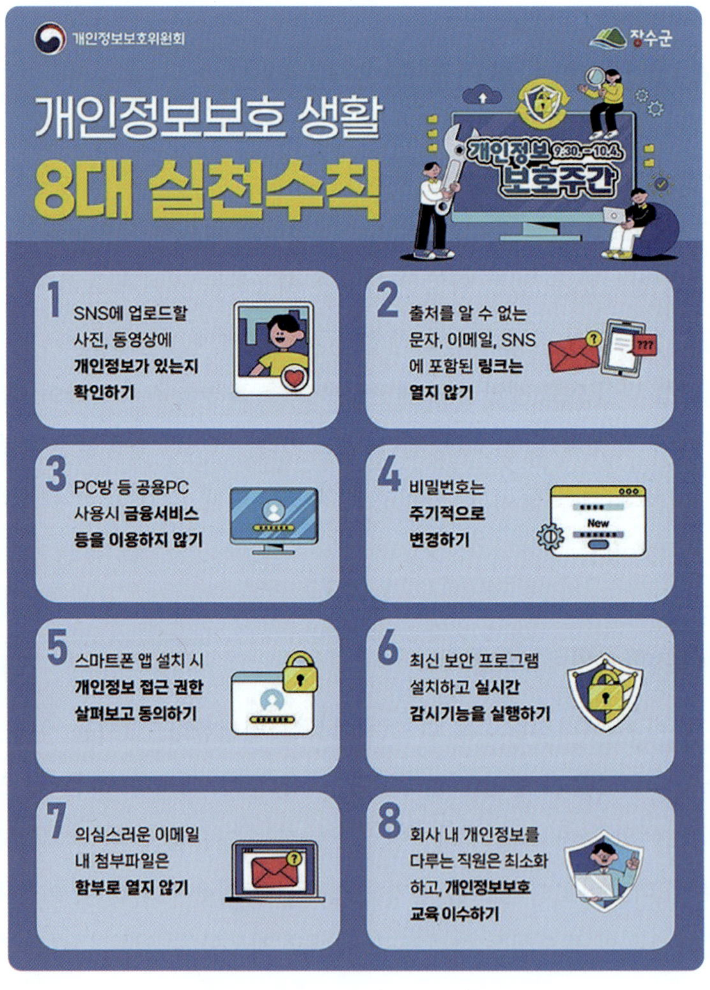

[그림 14-3] 개인정보 보호 생활 수칙

출처: https://shorturl.at/XhOEG

활동 3 온라인 안전 수칙 연극

유아들이 온라인 안전 수칙을 배운 후, 이를 주제로 짧은 연극을 준비하고 발표하는 활동을 진행한다. 교사는 유아들에게 온라인 안전 수칙을 설명하고, 각각의 상황에서 어떻게 행동해야 하는지 교육한다. 그런 다음, 유아들은 그룹으로 나뉘어 다양한 상황을 주제로 연극을 준비한다. 예를 들어, '누군가 내 주소를 물어볼 때' '이메일에서 알 수 없는 링크를 받았을 때' 등의 상황을 연극으로 표현하며, 올바른 행동 방안을 실습한다. 이를 통해 유아들은 온라인 안전 수칙을 실생활에 적용할 수 있는 능력을 기르게 된다.

이와 같은 활동을 통해 예비 유아교사들은 유아들에게 개인정보 보호와 온라인 안전의 중요성을 효과적으로 교육할 수 있는 방법을 익히고, 이를 실제 교육 현장에서 적용할 수 있게 된다. 개인정보 보호와 온라인 안전은 유아들이 디지털 환경에서 안전하게 성장할 수 있도록 하는 데 필수적인 요소이다. 이러한 활동들은 유아들이 개인정보를 보호하는 방법을 체험적으로 배우고, 안전한 디지털 환경을 구축하는 데 기여할 수 있도록 돕는다.

요약 및 결론

디지털 기기와 인터넷 사용이 일상화된 현대 사회에서 유아들의 개인정보 보호와 온라인 안전은 그 어느 때보다 중요해졌다. 유아들이 다양한 디지털 환경에 노출되면서 여러 가지 위험 요소에 직면할 수 있기 때문에, 이들의 안전을 보장하기 위한 교육이 필수적이다.

1. 개인정보 보호와 온라인 안전의 중요성 강조

개인정보 보호와 온라인 안전은 유아들의 디지털 환경에서의 안전을 보장하는 데 중요한 요소이다. 디지털 기기와 인터넷 사용이 일상화되면서 유아들은 다양한 위험에 노출될 수 있다. 따라서 개인정보를 보호하고 안전한 온라인 활동을 할 수 있도록 교육하는 것은 필수적이다. 이는 유아들이 디지털 세계에서 안전하게 성장하고, 건강한 디지털 시민으로 자라날 수 있도록 돕는다.

2. 예비 유아교사로서의 역할과 책임

예비 유아교사들은 유아들에게 개인정보 보호와 온라인 안전의 중요성을 이해시키고, 이를 실천할 수 있도록 교육하는 중요한 역할을 맡고 있다. 이를 위해 예비 유아교사들은 유아들의 발달 단계에 맞춘 교육 자료와 활동을 기획하고, 부모와 협력하여 안전한 디지털 환경을 조성하는 데 기여해야 한다. 또한 예비 유아교사들은 지속적으로 유아들의 온라인 활동을 모니터링하고, 필요시 적절한 조치를 취할 수 있어야 한다. 예비 유아교사로서의 책임은 유아들이 안전하고 윤리적인 디지털 사용 습관을 형성하는 데 중요한 역할을 한다.

토론을 위한 질문

유아들에게 개인정보 보호와 온라인 안전을 교육하는 것은 디지털 환경에서의 안전과 발달을 보장하는 중요한 요소이다. 다양한 토론을 통해 이러한 교육의 중요성을 상기하고, 효과적인 교육 방법과 전략을 모색할 수 있다. 예비 유아교사들은 토론을 통해 유아들의 발달 단계에 맞춘 교육 방법, 활용 가능한 활동과 자료, 그리고 교육의 효과를 극대화할 수 있는 전략을 논의할 수 있다. 이러한 토론은 예비 유아교사들이 더 나은 교육을 제공할 수 있는 기회를 제공하며, 유아들이 안전하고 윤리적인 디지털 시민으로 성장할 수 있도록 돕는다. 다음에 토론을 위한 질문들을 제시한다.

유아의 개인정보 보호를 위해 부모와 교사가 할 수 있는 가장 중요한 것을 다음의 토론 주제들을 통하여 정리할 수 있을 것이다.

1. 유아의 개인정보 보호를 위해 부모와 교사가 함께할 수 있는 구체적인 방법은 무엇인가?

- 준비사항: 유아교육에서의 개인정보 보호의 중요성과 관련된 연구 자료를 준비한다. 부모와 교사가 협력하여 유아의 개인정보 보호를 실천한 성공 사례를 분석한다.
- 요령: 유아들이 쉽게 이해하고 실천할 수 있는 개인정보 보호 교육 전략을 논의한다. 부모와 교사가 상호작용하며 유아들에게 개인정보 보호의 중요성을 자연스럽게 체득하게 하는 체험적인 학습 방법을 제안한다.

2. 유아들이 개인정보 보호의 중요성을 이해하고 실천할 수 있도록 돕는 교육 방법은 무엇인가?

- 준비사항: 개인정보 보호의 중요성을 유아들이 이해할 수 있도록 돕는 교육 자료를 준비한다. 다양한 학습 활동과 자료(포스터, 동화책, 영상 등)를 수집하여 이를 교육에 활용할 방법

을 계획한다.

- 요령: 유아들이 일상생활에서 개인정보 보호의 중요성을 체감할 수 있는 교육 방법을 논의한다. 예를 들어, 개인정보 보호와 관련된 역할놀이, 게임 등을 통해 유아들이 재미있게 배울 수 있는 방법을 제안한다.

3. 부모와 교사가 유아의 개인정보 보호를 위해 상호 협력할 수 있는 방안은 무엇인가?

- 준비사항: 부모와 교사가 유아의 개인정보 보호를 위해 협력할 수 있는 구체적인 방법과 사례를 조사한다. 효과적인 협력 방안을 모색하기 위한 연구 자료와 성공 사례를 분석한다.
- 요령: 부모와 교사가 유아의 개인정보 보호를 위해 어떻게 협력할 수 있을지 구체적인 방안을 논의한다. 정기적인 소통과 협력 체계를 구축하여 유아들에게 일관된 교육을 제공하는 방법을 제안한다. 예를 들어, 부모와 교사가 함께 참여하는 개인정보 보호 교육 워크숍을 기획하고 실행한다.

이러한 토론을 통해 예비 유아교사들은 개인정보 보호의 중요성을 다시 한번 상기하고, 유아들에게 효과적인 교육을 제공할 수 있는 방법을 탐구할 수 있을 것이다. 개인정보 보호는 유아들이 디지털 환경에서 안전하게 성장하는 데 필수적인 요소이며, 예비 유아교사로서의 역할과 책임을 더욱 강조하게 된다.

온라인 안전 수칙을 유아에게 효과적으로 교육하는 방법을 다음의 토론을 통하여 정리하여 보도록 한다.

1. 유아들이 쉽게 이해하고 실천할 수 있는 온라인 안전 수칙 교육 방법에는 어떤 것들이 있는가?

- 준비사항: 유아교육에서의 온라인 안전 수칙에 대한 연구 자료를 준비한다. 유아들이 쉽게 이해할 수 있는 온라인 안전 수칙을 정리하고, 이를 설명할 수 있는 교육 자료를 준비한다.
- 요령: 유아들이 자주 하는 온라인 활동을 예로 들어 안전 수칙을 설명한다. 예를 들어, '낯선 사람이 보내는 메시지에 답하지 않기' '의심스러운 링크는 클릭하지 않기' 같은 규칙을 이야기 형식으로 쉽게 알려 준다.

2. 온라인 안전 수칙을 유아들에게 교육할 때 활용할 수 있는 다양한 활동과 자료에는 무엇이 있는가?

- 준비사항: 다양한 온라인 안전 수칙 교육 활동 및 자료(포스터, 영상, 동화책, 게임 등)를 조사한다. 각 활동의 효과성과 활용 방법에 대한 자료를 준비한다.

- 요령: 다양한 교육 활동을 소개하고, 각 활동의 구체적인 실행 방법과 장점을 논의한다. 예를 들어, 온라인 안전 수칙을 주제로 한 그림 그리기, 역할놀이, 안전 수칙 카드 게임 등을 통해 유아들이 재미있게 배울 수 있는 방법을 제안한다.

3. 유아들이 온라인 안전 수칙을 자연스럽게 습득하고 실천할 수 있도록 하는 교육 전략은 무엇인가?

- 준비사항: 유아들이 온라인 안전 수칙을 자연스럽게 습득하고 실천할 수 있도록 돕는 교육 전략에 대한 연구 자료를 준비한다. 성공적인 온라인 안전 교육 사례를 분석한다.
- 요령: 유아들이 흥미를 느끼고 지속적으로 참여할 수 있는 교육 전략을 논의한다. 상호작용적이고 체험적인 학습 방법을 제안한다. 예를 들어, 온라인 안전 수칙을 배우고 나서 직접 실천해 보는 활동이나, 주기적으로 온라인 안전 수칙을 상기시켜 주는 활동을 통해 유아들이 지속적으로 안전 수칙을 실천할 수 있도록 돕는 방법을 제안한다.

이와 같은 토론을 통해 예비 유아교사들은 개인정보 보호와 온라인 안전의 중요성을 다시 한번 상기하고, 유아들에게 효과적인 교육을 제공할 수 있는 방법을 탐구할 수 있을 것이다. 개인정보 보호와 온라인 안전은 유아들이 디지털 환경에서 안전하게 성장하는 데 필수적인 요소이며, 예비 유아교사로서의 역할과 책임을 더욱 강조하게 된다. 이러한 토론은 예비 유아교사들이 유아들에게 책임감 있고 윤리적인 디지털 시민으로 성장할 수 있도록 교육하는 데 필요한 지식과 전략을 확립할 수 있도록 돕는다.

참고문헌

위드타임즈(2021. 5. 18.). 로지아이, 택배 이용자 개인정보 보호하는 '개인정보 안심 서비스' 출시. https://m.withtimes.co.kr/7473

https://shorturl.at/FUL2K
https://shorturl.at/XhOEG

제15장 온라인 상호작용의 윤리

이 장에서는 온라인 상호작용에서 지켜야 할 윤리적 행동 지침과 그 중요성을 다룬다. 온라인 상호작용의 윤리는 디지털 환경에서 서로를 존중하고 배려하는 행동을 촉진하는 도덕적 원칙과 가치를 의미하며, 소셜 미디어, 이메일, 채팅 등 다양한 온라인 커뮤니케이션 수단에 적용된다. 유아들이 온라인상에서 긍정적이고 윤리적인 관계를 형성할 수 있도록 돕기 위해, 온라인 예절, 공감, 책임감을 포함한 다양한 윤리적 행동 지침을 다루고, 이러한 원칙들이 온라인 상호작용에서 왜 중요한지 강조한다.

유아들이 디지털 세계에서 서로를 존중하고 책임감 있게 행동할 수 있는 기초를 다지기 위해, 발달 단계에 맞춘 온라인 상호작용 지침과 실생활에서 적용할 수 있는 예시를 제시한다. 또한 예비 유아교사들이 유아에게 온라인 상호작용의 윤리를 효과적으로 교육할 수 있도록 다양한 사례와 실습을 포함하여, 윤리적 행동 교육이 단순한 지식 전달을 넘어 올바른 가치와 태도를 형성하는 데 중요한 역할을 한다는 점을 강조한다.

이 장의 학습목표는 다음과 같다.

학습목표

- 온라인 상호작용에서 지켜야 할 윤리적 행동 지침을 설명할 수 있다.
- 실제 사례를 통해 윤리적 행동 모델을 제시할 수 있다.

1. 이해하기

온라인 상호작용은 디지털 기기와 인터넷을 통해 사람들 간에 이루어지는 모든 커뮤니케이션을 의미한다. 이는 이메일, 소셜 미디어, 온라인 게임, 화상 회의 등 다양한 형태로 나타날 수 있다. 유아들은 점점 더 많은 시간을 온라인에서 보내며, 이러한 상호작용이 그들의 사회적 발달과 교육에 큰 영향을 미친다. 온라인 상호작용은 물리적 상호작용과 달리, 즉각적인 피드백과 시공간의 제약이 없다. 이러한 상호작용은 유아들에게 새로운 형태의 의사소통 기회를 제공하지만, 동시에 다양한 윤리적 문제와 도전에 직면하게 한다. 유아들은 온라인에서 다른 사람들과 소통하며, 이를 통해 사회적 기술을 배우고, 협력과 상호 존중의 중요성을 깨닫게 된다. 그러나 부적절한 온라인 행동은 유아들의 정서적 발달에 부정적인 영향을 미칠 수 있다. 여기에서는 온라인 상호작용의 개념과 유아교육에서의 중요성을 다루고, 유아들이 디지털 환경에서 윤리적으로 행동할 수 있도록 돕기 위한 기본 개념과 지침을 소개한다.

1) 온라인 상호작용

온라인 상호작용은 디지털 기기와 인터넷을 통해 사람들 간에 이루어지는 모든 커뮤니케이션을 의미한다. 이는 이메일, 소셜 미디어, 온라인 게임, 화상 회의 등 다양한 형태로 나타날 수 있다. 유아들은 점점 더 많은 시간을 온라인에서 보내며, 이러한 상호작용이 그들의 사회적 발달과 교육에 큰 영향을 미친다.

2) 온라인 상호작용이 유아에게 미치는 영향

온라인 상호작용은 물리적 상호작용과 달리, 즉각적인 피드백과 시공간의 제약이 없다. 이러한 상호작용은 유아들에게 새로운 형태의 의사소통 기회를 제공하지만, 동시에 다양한 윤리적 문제와 도전에 직면하게 한다. 유아들은 온라인에서 다른 사람들과 소통하며, 이를 통해 사회적 기술을 배우고, 협력과 상호 존중의 중요성을 깨닫게 된다. 그러나 부적절한 온라인 행동은 유아들의 정서적 발달에 부정적인 영향을 미칠 수 있다.

3) 윤리적 행동의 중요성

윤리적 행동은 온라인 환경에서의 상호작용이 유아들에게 미치는 긍정적 영향을 최대화하고, 부정적 영향을 최소화하는 데 필수적이다. 온라인 상호작용에서 윤리적 행동을 실천하는 것은 다음과 같은 이유로 중요하다.

- **상호 존중**: 온라인에서의 상호작용이 물리적 거리와 관계없이 존중과 배려를 바탕으로 이루어져야 한다.
- **안전한 환경 조성**: 윤리적 행동은 유아들이 안전하게 온라인 활동을 할 수 있도록 도와준다. 이는 사이버 불링과 같은 문제를 예방하는 데 중요하다.
- **건강한 관계 형성**: 윤리적인 온라인 상호작용은 유아들이 긍정적이고 건강한 관계를 형성하는 데 도움을 준다. 이는 그들의 사회적 기술과 정서적 안정에 기여한다.
- **책임감 있는 사용**: 유아들은 디지털 기기와 인터넷을 책임감 있게 사용하는 방법을 배우게 된다. 이는 그들이 성장하면서도 윤리적인 디지털 시민으로 발전하는 데 중요한 기반이 된다.

예비 유아교사들은 유아들에게 온라인 상호작용의 윤리적 중요성을 이해시키고, 이를 실천할 수 있는 방법을 교육하는 데 필요한 기초를 다질 수 있다. 온라인 상호작용의 윤리적 행동 지침은 유아들이 디지털 환경에서 안전하고 건강한 상호작용을 할 수 있도록 돕는 중요한 요소이다.

2. 심층학습

디지털 환경에서 유아들이 안전하고 건강하게 상호작용할 수 있도록 하기 위해서는 윤리적 행동 지침이 필요하다. 이러한 지침은 유아들이 디지털 환경에서 올바른 행동을 실천하고, 다른 사람들과의 상호작용에서 윤리적 원칙을 지킬 수 있도록 돕는다. 여기에서는 온라인 상호작용의 윤리적 지침과 유아들이 지켜야 할 행동 지침을 설명하고, 예비 유아교사들이 유아들에게 올바른 온라인 행동 모델을 제시할 수 있는 방법을 소개한다.

1) 온라인 상호작용의 윤리적 지침

온라인 환경에서 유아들이 안전하고 건강하게 상호작용할 수 있도록 하기 위해서는 윤리적 행동 지침이 필요하다. 이러한 지침은 유아들이 디지털 환경에서 올바른 행동을 실천하고, 다른 사람들과의 상호작용에서 윤리적 원칙을 지킬 수 있도록 돕는다. 다음에 네 가지의 지침을 소개한다.

[그림 15-1] 온라인 윤리

(1) 존중과 배려

온라인 상호작용에서도 오프라인과 마찬가지로 다른 사람을 존중하고 배려하는 것이 중요하다. 유아들에게 다른 사람의 의견을 존중하고, 비판적인 말을 삼가는 방법을 가르친다. 이는 긍정적이고 건설적인 온라인 커뮤니케이션을 촉진하는 데 필수적이다.

(2) 개인정보 보호

유아들이 개인정보를 보호하고, 다른 사람의 개인정보를 존중하는 방법을 배운다. 이는 온라인에서의 안전을 보장하는 데 필수적이다. 유아들에게 개인정보의 중요성을 설명하고, 이를 보호하는 방법을 교육하는 것이 중요하다.

(3) 정직과 투명성

유아들에게 온라인에서 거짓 정보를 공유하지 않고, 정직하게 행동하는 것의 중요성을 가르친다. 이는 신뢰를 구축하고, 건강한 상호작용을 촉진한다. 정직과 투명성은 온라인에서의 신뢰 관계를 형성하는 데 중요한 역할을 한다.

(4) 책임감 있는 행동

유아들이 온라인 활동에 대한 책임을 지고, 부적절한 콘텐츠를 공유하지 않도록 지도한다. 이는 유아들이 윤리적인 디지털 시민으로 성장하는 데 도움이 된다. 책임감 있는 행동은 유아들이 올바른 디지털 사용 습관을 형성하는 데 필수적이다.

이 네 가지 지침은 유아들이 디지털 환경에서 윤리적으로 행동하고, 다른 사람들과의 상호작용에서 올바른 태도를 가지도록 돕는 중요한 요소들이다. 이러한 지침을 통해 유아들은 디지털 세계에서 책임감 있고 윤리적인 시민으로 성장할 수 있다.

2) 유아가 지켜야 할 윤리적 행동 지침

유아들이 온라인에서 올바르게 행동하기 위해 지켜야 할 윤리적 행동 지침을 이해하고 실천할 수 있도록 돕는 것은 매우 중요하다. 이 절에서는 유아들이 지켜야 할 네 가지 주요 윤리적 행동 지침에 대해 설명한다. 이러한 지침은 유아들이 디지털 환경에서 책임감 있고 윤리적으로 행동할 수 있도록 돕는다.

(1) 존중하는 언어 사용

유아들에게 온라인 대화에서 존중하는 언어를 사용하도록 가르친다. 욕설이나 비난하는 말을 피하고, 긍정적인 피드백을 주는 연습을 한다. 이는 온라인 커뮤니케이션에서 예의를 지키고, 상호 존중을 촉진하는 데 도움이 된다.

(2) 개인정보 공유 자제

유아들이 이름, 주소, 전화번호 등의 개인정보를 온라인에서 공유하지 않도록 지도한다. 이는 그들의 안전을 보호하는 데 중요한 역할을 한다. 유아들에게 개인정보의 중요성과 이를 보호하는 방법을 교육하는 것이 필수적이다.

(3) 사이버 불링 방지

유아들이 다른 사람을 괴롭히거나 무시하는 행동을 하지 않도록 교육한다. 또한 사이버 불링을 목격했을 때 이를 부모나 교사에게 알리는 방법을 가르친다. 사이버 불링 방지는 유아들의 건강한 사회적 관계 형성에 중요하다.

(4) 책임감 있는 콘텐츠 공유

유아들이 인터넷에 올리는 콘텐츠가 다른 사람에게 어떤 영향을 미칠 수 있는지 생각하도록 지도한다. 이는 그들이 책임감 있는 디지털 사용자가 되는 데 도움이 된다. 유아들에

게 콘텐츠의 영향과 이를 공유할 때의 책임을 인식시키는 것이 중요하다.

이 네 가지 지침은 유아들이 온라인 상호작용에서 올바른 태도와 행동을 유지하는 데 필수적이다. 이를 통해 유아들은 디지털 환경에서 책임감 있고 윤리적인 시민으로 성장할 수 있다.

3) 올바른 온라인 행동 모델

유아들에게 올바른 온라인 행동을 교육하기 위해서는 예비 유아교사들이 적절한 모델을 제시하는 것이 중요하다. 예비 유아교사들이 유아들에게 올바른 온라인 행동 모델을 제시할 수 있는 세 가지 방법을 소개한다. 이러한 방법을 통해 유아들이 실제 상황에서 윤리적이고 책임감 있는 행동을 실천할 수 있도록 도와줄 수 있다.

(1) 실제 상황 시뮬레이션

유아들과 함께 온라인 상호작용 상황을 시뮬레이션하고, 올바른 행동을 연습한다. 예를 들어, 온라인 토론이나 게임에서 발생할 수 있는 문제 상황을 설정하고, 이를 해결하는 방법을 모색한다. 이는 유아들이 실제 상황에서 올바르게 행동할 수 있는 능력을 기르는 데 도움이 된다.

(2) 역할놀이

유아들이 서로 역할을 바꾸어 온라인 상호작용을 연습하도록 한다. 이는 그들이 다른 사람의 입장을 이해하고, 공감하는 능력을 기르는 데 도움이 된다. 역할놀이는 유아들이 다양한 상황에서 올바르게 대응하는 능력을 개발하는 데 유용하다.

[그림 15-2] 다양한 역할놀이

(3) 피드백 제공

유아들이 온라인 상호작용에서 올바른 행동을 실천했을 때, 긍정적인 피드백을 제공하여 그들의 행동을 강화한다. 이는 유아들이 올바른 행동을 지속하도록 동기 부여하는 데 효과적이다. 긍정적인 피드백은 유아들의 자존감을 높이고, 윤리적 행동을 지속하도록 격려한다.

예비 유아교사들은 이러한 방법을 통해 유아들이 디지털 환경에서 책임감 있고 윤리적으로 행동할 수 있도록 지도할 수 있다.

이와 같이 유아들에게 온라인 상호작용의 윤리적 지침을 교육하고, 올바른 행동 모델을 제시하는 것은 그들이 디지털 세계에서 안전하고 건강한 상호작용을 할 수 있도록 돕는 중요한 요소이다. 이러한 교육을 통해 유아들은 디지털 시민으로 성장하면서 책임감 있고 윤리적인 행동을 실천할 수 있을 것이다.

3. 온라인 상호작용 윤리의 실천 사례

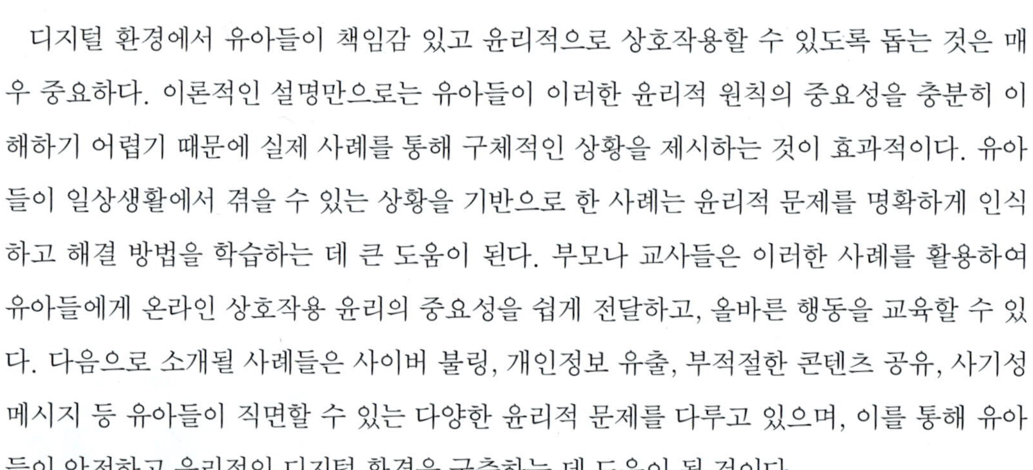

디지털 환경에서 유아들이 책임감 있고 윤리적으로 상호작용할 수 있도록 돕는 것은 매우 중요하다. 이론적인 설명만으로는 유아들이 이러한 윤리적 원칙의 중요성을 충분히 이해하기 어렵기 때문에 실제 사례를 통해 구체적인 상황을 제시하는 것이 효과적이다. 유아들이 일상생활에서 겪을 수 있는 상황을 기반으로 한 사례는 윤리적 문제를 명확하게 인식하고 해결 방법을 학습하는 데 큰 도움이 된다. 부모나 교사들은 이러한 사례를 활용하여 유아들에게 온라인 상호작용 윤리의 중요성을 쉽게 전달하고, 올바른 행동을 교육할 수 있다. 다음으로 소개될 사례들은 사이버 불링, 개인정보 유출, 부적절한 콘텐츠 공유, 사기성 메시지 등 유아들이 직면할 수 있는 다양한 윤리적 문제를 다루고 있으며, 이를 통해 유아들이 안전하고 윤리적인 디지털 환경을 구축하는 데 도움이 될 것이다.

사례 1 사이버 불링

- **상황 설명**: 한 유아가 온라인 게임에서 사이버 불링을 당한 상황을 가정해 보자. 이 유아는 게임 내에서 지속적으로 괴롭힘을 당하고 있다.
- **지도 방법**: 부모나 교사는 유아에게 사이버 불링이 무엇인지, 왜 잘못된 행동인지 설명해야 한다. 또한 사이버 불링을 목격했을 때 이를 부모나 교사에게 알리는 것의 중요성을 강조해야 한다.

- 사이버 불링의 문제점 설명: 사이버 불링이 다른 사람에게 미치는 부정적인 영향을 설명한다. 괴롭힘을 당한 사람이 어떤 감정을 느낄 수 있는지 이야기해 준다.
- 대처 방법 교육: 사이버 불링을 당했을 때나 목격했을 때 어떻게 대처해야 하는지 교육한다. 예를 들어, 무시하거나 반응하지 않고 즉시 부모나 교사에게 알리는 방법을 가르친다.
- 역할놀이 활동: 유아와 함께 사이버 불링 상황을 역할놀이로 연습한다. 유아들이 이러한 상황에서 어떻게 반응해야 하는지 실습을 통해 배울 수 있도록 한다.

사례 2 개인정보 유출

- **상황 설명**: 한 유아가 소셜 미디어에서 개인정보를 공개하여 문제가 발생한 상황을 가정해 보자. 이 유아는 자신의 이름, 주소, 학교 정보를 공유하였다.
- **지도 방법**: 부모나 교사는 유아에게 개인정보 보호의 중요성을 설명하고, 안전한 온라인 행동 지침을 제시해야 한다.
  - 개인정보의 중요성 설명: 개인정보가 무엇인지, 왜 중요한지 설명한다. 예를 들어, 이름, 주소, 전화번호 등이 왜 소중한지 알려 준다.
  - 안전한 온라인 행동: 개인정보를 입력할 때 반드시 부모나 교사와 상의하도록 지도한다. 개인정보를 요구하는 웹사이트는 신뢰할 수 있는 곳인지 항상 확인해야 한다.
  - 실습 활동: 유아와 함께 가상의 시나리오를 만들어 어떤 정보가 개인정보에 해당하는지, 언제 입력해도 되는지, 언제 주의해야 하는지를 실습한다.

사례 3 부적절한 콘텐츠 공유

- **상황 설명**: 유아가 부적절한 콘텐츠를 공유하여 문제가 발생한 상황을 가정해 보자. 이 유아는 친구들에게 부적절한 동영상을 전송하였다.
- **지도 방법**: 부모나 교사는 유아에게 콘텐츠 공유의 책임을 설명하고, 적절한 콘텐츠 공유 방법을 가르쳐야 한다.
  - 콘텐츠 공유의 책임 설명: 콘텐츠를 공유할 때 다른 사람에게 미칠 영향을 고려하도록 가르친다. 부적절한 콘텐츠가 다른 사람에게 어떤 피해를 줄 수 있는지 설명한다.
  - 적절한 콘텐츠 선택: 콘텐츠를 공유하기 전에 그 내용이 적절한지 생각하도록 가르친

다. 예를 들어, 교육적이거나 긍정적인 메시지를 담은 콘텐츠를 공유하도록 한다.

- **퀴즈 활동**: 유아들이 어떤 콘텐츠가 적절한지, 어떤 콘텐츠가 부적절한지 판단하는 퀴즈를 통해 학습한다.

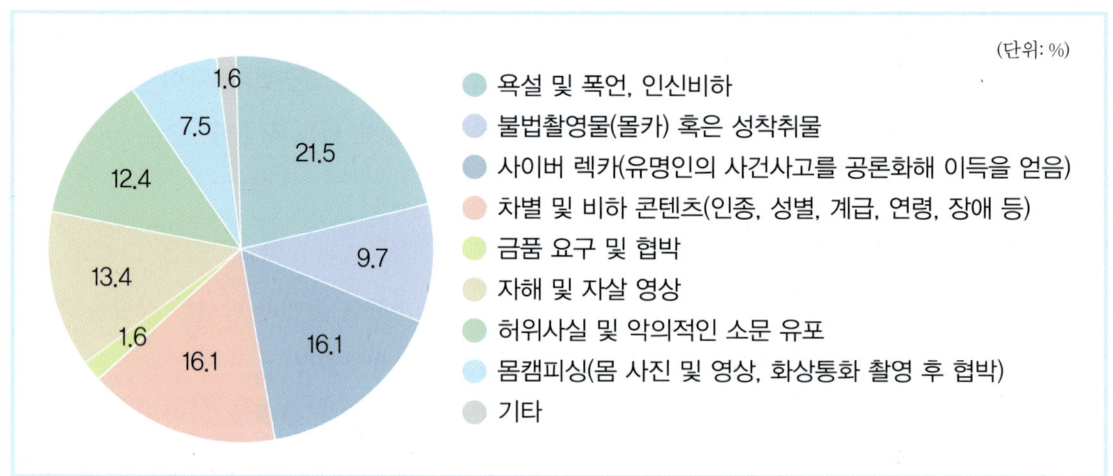

[그림 15-3] 온라인에서 부적절한 콘텐츠

출처: 새전북신문(2023. 7. 26.).

사례 4 사기성 메시지

- **상황 설명**: 유아가 사기성 메시지를 받았을 때의 상황을 가정해 보자. 이 유아는 낯선 사람에게서 사기성 링크가 포함된 메시지를 받았다.
- **지도 방법**: 부모나 교사는 유아에게 의심스러운 메시지를 받았을 때의 대응 방법을 설명해야 한다.
  - **사기성 메시지 설명**: 사기성 메시지가 무엇인지, 어떻게 인식할 수 있는지 설명한다. 예를 들어, 낯선 사람이 보내는 링크나 요청은 주의해야 한다고 가르친다.
  - **대응 방법 교육**: 사기성 메시지를 받았을 때 이를 무시하고 부모나 교사에게 알리는 방법을 가르친다. 또한 의심스러운 메시지를 삭제하는 방법도 설명한다.
  - **실습 활동**: 유아와 함께 가상의 사기성 메시지를 분석하고, 어떻게 대응해야 하는지를 연습한다.

이와 같이 다양한 실제 사례를 통해 유아들이 직면할 수 있는 윤리적 문제를 학습하고 해결하는 것은 매우 중요하다. 사이버 불링, 개인정보 유출, 부적절한 콘텐츠 공유, 사기성 메시지와 같은 문제들은 유아들이 디지털 환경에서 자주 마주할 수 있는 상황들이다. 이러한 사례들을 통해 유아들은 온라인에서의 책임감 있고 윤리적인 행동의 중요성을 깨닫고, 구체적인 해결 방법을 배울 수 있다. 부모나 교사는 이 같은 교육을 통해 유아들이 안전하고 윤리적인 디지털 시민으로 성장할 수 있도록 지속적으로 지원해야 한다. 이를 통해 유아들은 디지털 세계에서 다른 사람을 존중하고, 안전하게 행동하며, 책임감 있는 디지털 사용 습관을 형성할 수 있을 것이다.

4. 제안하는 온라인 상호작용 윤리 활동

디지털 시대에 유아들이 책임감 있고 윤리적으로 행동할 수 있도록 교육하는 것은 매우 중요하다. 이를 효과적으로 실현하기 위해서는 이론적인 교육뿐만 아니라, 유아들이 직접 참여할 수 있는 다양한 활동을 제공하는 것이 필요하다. 실제 활동을 통해 유아들은 윤리적 행동의 중요성을 체험하고, 실생활에서 적용할 수 있는 구체적인 방법을 배울 수 있다. 다음으로 제안하는 윤리적 행동 교육 활동들은 유아들이 디지털 환경에서 올바르게 행동할 수 있도록 돕는 데 중점을 두고 있다. 이러한 활동들을 통해 유아들은 윤리에 대한 이해를 높이고, 안전하고 책임감 있게 디지털 기기를 사용할 수 있는 능력을 기르게 될 것이다.

활동 1 온라인 상호작용 규칙 만들기

유아들과 함께 온라인 상호작용에서 지켜야 할 규칙을 만드는 활동이다. 교사와 유아들은 먼저 온라인 상호작용의 중요성과 기본 예절에 대해 간단히 논의한다. 그런 다음, 유아들은 개인 또는 그룹으로 나뉘어 온라인 상호작용에서 지켜야 할 규칙을 제안하고, 이를 토론한다. 예를 들어, '친절한 말 사용하기' '타인의 의견 존중하기' '사이버 불링 하지 않기' 등의 규칙을 제안할 수 있다. 완성된 규칙을 교실 벽에 게시하여 유아들이 일상적으로 온라인 상호작용의 중요성을 상기할 수 있도록 한다. 이 활동을 통해 유아들은 규칙을 직접 만들고 지키는 과정에서 더 큰 책임감을 느끼게 된다.

활동 2 사이버 불링 예방 캠페인

유아들과 함께 사이버 불링 예방 캠페인을 기획하고, 포스터나 동영상을 만들어 공유하는 활동이다. 교사는 먼저 사이버 불링의 정의와 문제점을 설명하고, 유아들과 함께 이를 예방하기 위한 방법을 논의한다. 그런 다음, 유아들은 사이버 불링 예방 메시지를 담은 포스터나 동영상을 제작한다. 예를 들어, '사이버 불링을 멈추세요' '친구를 존중하세요' '사이버 불링을 목격하면 알리세요' 등의 메시지를 담을 수 있다. 완성된 작품은 학교 내에서 공유하고, 부모와 교사들에게도 알린다. 이 활동을 통해 유아들은 사이버 불링의 심각성을 이해하고, 이를 예방하기 위한 방법을 배우게 된다.

[그림 15-4] 사이버 불링

활동 3 안전한 인터넷 사용 퀴즈

유아들이 인터넷 안전 수칙을 배우고, 이를 바탕으로 퀴즈를 진행하는 활동이다. 교사는 먼저 인터넷 사용 시 지켜야 할 안전 수칙을 설명한다. 예를 들어, '개인정보 보호하기' '의심스러운 링크 클릭하지 않기' '모르는 사람과 대화하지 않기' 등의 수칙을 가르친다. 그런 다음, 유아들은 배운 내용을 바탕으로 퀴즈를 풀어 본다. 퀴즈는 다양한 형식으로 진행할 수 있으며, 팀을 나누어 경쟁을 유도할 수도 있다. 이를 통해 유아들은 인터넷 안전 수칙을 복습하고, 실생활에 적용할 수 있는 능력을 기르게 된다.

이와 같은 윤리적 행동 교육 활동을 통해 유아들은 디지털 환경에서의 올바른 행동을 체험하고 학습할 수 있다. 온라인 상호작용 규칙 만들기, 사이버 불링 예방 캠페인, 안전한 인터넷 사용 퀴즈와 같은 활동들은 유아들이 책임감 있고 윤리적으로 행동하는 데 필요한 구체적인 방법을 제시한다. 이러한 활동들은 유아들이 일상생활에서 직면할 수 있는 다양한 윤리적 문제를 명확하게 인식하고 해결할 수 있도록 돕는다. 예비 유아교사들은 이 같은 교육 활동을 통해 유아들에게 윤리적 중요성을 교육하고, 이를 실천할 수 있는 방법을 배울 수 있게 된다. 이를 통해 유아들은 디지털 세계에서 다른 사람을 존중하고, 안전하게 행동

하며, 책임감 있는 디지털 사용 습관을 형성할 수 있을 것이다. 디지털 윤리는 단순한 지식 전달을 넘어, 유아들이 디지털 세계에서 올바르게 행동할 수 있는 가치와 태도를 형성하는 데 중요한 역할을 한다.

요약 및 결론

디지털 시대를 살아가는 유아들에게 온라인 상호작용의 윤리는 필수적인 교육 요소이다. 유아들이 디지털 환경에서 책임감 있고 윤리적으로 행동할 수 있도록 돕는 것은 그들의 안전과 발달을 위해 매우 중요하다. 이 장에서는 온라인 상호작용의 윤리적 중요성을 강조하고, 예비 유아교사로서의 역할과 책임을 구체적으로 설명하였다. 윤리적 지침을 통해 유아들이 건강하고 책임감 있는 디지털 시민으로 성장할 수 있도록 돕고자 하였다. 다음을 읽어 가면서 정리하여 본다.

1. 온라인 상호작용의 윤리적 중요성

온라인 상호작용의 윤리는 유아들이 디지털 환경에서 건강하고 안전하게 성장하는 데 필수적이다. 유아들이 인터넷과 디지털 기기를 사용하는 빈도가 증가함에 따라, 올바른 온라인 행동과 윤리적 상호작용이 점점 더 중요해지고 있다. 이는 단순히 기술 사용에 그치는 것이 아니라, 유아들이 디지털 세계에서의 권리와 책임을 이해하고, 다른 사람과의 상호작용에서 윤리적 원칙을 지키는 데 도움이 된다. 예를 들어, 유아들이 인터넷에서의 개인정보 보호, 온라인 상호작용에서의 예절, 그리고 디지털 기기 사용 시간을 적절히 관리하는 방법을 배우는 것은 이들의 전반적인 발달에 긍정적인 영향을 미친다. 올바른 윤리적 지침을 따르는 것은 사이버 불링, 개인정보 유출, 부적절한 콘텐츠 공유와 같은 문제를 예방하고, 유아들이 긍정적인 디지털 시민으로 성장하는 데 기여한다. 따라서 유아들에게 온라인 상호작용의 윤리적 중요성을 지속적으로 교육하고, 이를 실천할 수 있도록 돕는 것이 필수적이다.

2. 예비 유아교사로서의 역할과 책임

예비 유아교사들은 유아들이 디지털 세계에서 윤리적으로 행동할 수 있도록 지도하는 중요한 책임을 지니고 있다. 이를 위해 예비 유아교사들은 온라인 상호작용의 윤리적 원칙을 철저히 이해하고, 이를 유아들에게 효과적으로 가르칠 수 있는 방법을 익혀야 한다. 교사들은 디지털 윤리에 대한 깊은 이해를 바탕으로 유아들에게 적절한 교육을 제공해야 한다. 이는 유아들이 디지털 기기를 안전하게 사용하고, 다른 사람과의 상호작용에서 윤리적인 행동을 실천하도록 돕는 데 필수적이다. 또한 유아들이 디지털 시민의식을 형성할 수 있도록 다양한 교육 활동과 프로젝트를 기획하고 실행해야 한다. 예를 들어, 디지털 윤리 포스터 만들기, 온라인 안전 규칙 놀이, 디지털 시민의식 토론 등의 활동을 통해 유아들은 디지털 환경에서 올바른 행동을 자연스럽게 습득하고 이를 실천할 수 있게 된다. 이러한 교육 활동은 유아들이 디지털 세계에서의 권리와 책임을 이해하고, 다른 사람을 존중하며 공정하고 투명하게 행동하는 데 큰 도움이 된다.

이와 같이 온라인 상호작용의 윤리적 중요성을 강조하는 교육 활동을 통해 유아들은 디지털 환경에서의 올바른 행동을 체험하고 학습할 수 있다. 온라인 상호작용의 윤리는 유아들이 건강하고 책임감 있는 디지털 시민으로 성장하는 데 중요한 밑거름이 된다. 예비 유아교사들은 이러한 윤리적 교육을 통해 유아들에게 디지털 기기와 인터넷을 안전하게 사용하는 방법을 가르치고, 다른 사람을 존중하며 윤리적인 행동을 실천하는 데 도움을 줄 수 있다. 이는 유아들이 디지털 세계에서 다양한 윤리적 상황을 올바르게 판단하고 대처할 수 있는 능력을 기르는 데 필수적이다. 디지털 윤리교육은 단순한 지식 전달을 넘어, 유아들이 디지털 세계에서 올바르게 행동할 수 있는 가치와 태도를 형성하는 데 중요한 역할을 한다. 이를 통해 유아들은 디지털 환경에서 안전하고 윤리적으로 상호작용할 수 있는 능력을 갖추게 될 것이다.

토론을 위한 질문

온라인 상호작용의 윤리는 유아들이 디지털 환경에서 책임감 있고 윤리적으로 행동할 수 있도록 돕는 중요한 교육 요소이다. 유아들이 점점 더 많은 시간을 인터넷 및 디지털 기기와 함께 보내는 현대 사회에서, 올바른 온라인 행동과 윤리적 상호작용은 그들의 안전과 발달을 위해 필수적이다. 예비 유아교사들은 이러한 윤리적 지침을 유아들에게 효과적으로 전달하기 위해 다양한 방법을 모색해야 한다. 다음의 토론 질문들은 유아교육에서 온라인 상호작용의 윤리적 중요성을 강조하고, 효과적인 교육 방법을 탐구하는 데 도움이 될 것이다.

1. 유아에게 올바른 온라인 상호작용을 교육하기 위해 가장 중요한 것은 무엇인가?

1) 유아들이 올바른 온라인 상호작용을 배우기 위해 필요한 핵심 요소는 무엇인가?

- 준비사항: 온라인 상호작용의 기본 개념과 중요성에 대해 이해하고 이를 설명할 수 있는 자료를 준비한다. 유아들의 일상적인 디지털 기기 사용 상황을 떠올리며 구체적인 예를

들어 설명한다.

- 요령: 교육 목표를 명확히 설정하고, 그 목표를 달성하기 위한 구체적인 방법을 논의한다. 유아들이 쉽게 이해하고 실천할 수 있는 실질적인 예시를 제공한다.

2) 유아들이 온라인에서 존중과 배려를 실천할 수 있도록 돕는 효과적인 교육 방법은 무엇인가?

- 준비사항: 유아들이 온라인에서 겪을 수 있는 다양한 상황을 시뮬레이션하고, 그 상황에서 어떻게 행동해야 하는지에 대한 교육 자료를 준비한다.
- 요령: 유아들에게 존중과 배려의 중요성을 설명하고, 이를 실천할 수 있는 구체적인 방법을 논의한다. 예를 들어, 긍정적인 언어 사용, 사이버 불링 방지, 타인의 개인정보 보호 등을 포함한 교육 활동을 제안한다.

3) 유아들이 디지털 환경에서 경험할 수 있는 다양한 윤리적 문제를 예방하기 위해 어떤 접근법이 필요한가?

- 준비사항: 다양한 디지털 윤리적 문제와 그에 대한 해결책을 조사하고, 이를 유아들에게 교육할 수 있는 방법을 준비한다.
- 요령: 유아들에게 디지털 환경에서 발생할 수 있는 문제를 예방할 수 있는 실질적인 방법을 제안한다. 예를 들어, 안전한 비밀번호 설정, 의심스러운 링크 클릭하지 않기, 신뢰할 수 있는 웹사이트 이용 등을 교육한다.

---

2. 윤리적 행동 지침을 유아에게 효과적으로 교육하는 방법은 무엇인가?

1) 유아들이 윤리적 행동 지침을 쉽게 이해하고 실천할 수 있도록 하는 교육 전략은 무엇인가?

- 준비사항: 윤리적 행동 지침에 대한 기본 개념과 그 중요성을 이해하고 이를 설명할 수 있는 자료를 준비한다. 다양한 교육 활동과 자료를 조사한다.
- 요령: 유아들에게 윤리적 행동 지침을 쉽게 이해하고 실천할 수 있도록 하는 교육 활동을 제안한다. 예를 들어, 포스터 만들기, 역할놀이 등을 통해 유아들이 적극적으로 참여할 수 있는 교육 방법을 논의한다.

2) 유아들이 윤리적 행동 지침을 배운 후 이를 실생활에 적용할 수 있도록 돕는 방법에는 어떤 것들이 있는가?

- 준비사항: 윤리적 행동 지침을 실생활에 적용하는 방법에 대한 다양한 사례를 조사하고, 이를 유아들에게 교육할 수 있는 자료를 준비한다.

- 요령: 유아들이 배운 윤리적 행동 지침을 실생활에 적용할 수 있도록 돕는 구체적인 방법을 제안한다. 예를 들어, 일상적인 디지털 기기 사용 상황에서 윤리적 행동을 실천할 수 있는 방법을 교육한다.

3) 부모와 교사가 협력하여 유아들에게 윤리적 행동 지침을 교육할 때, 어떤 방법이 가장 효과적인가?

- 준비사항: 부모와 교사가 협력하여 유아교육을 진행한 성공 사례를 조사하고, 이를 바탕으로 효과적인 교육 방법을 준비한다.
- 요령: 부모와 교사가 협력하여 유아들에게 윤리적 행동 지침을 교육할 수 있는 방법을 논의한다. 예를 들어, 가정과 학교에서 일관된 교육 목표와 방법을 설정하고, 유아들이 일관된 지침을 받을 수 있도록 협력한다.

이와 같은 토론 질문을 통해 예비 유아교사들은 온라인 상호작용의 윤리적 중요성을 다시 한번 상기하고, 유아들에게 효과적인 윤리교육을 제공할 수 있는 방법을 탐구할 수 있을 것이다. 온라인 상호작용의 윤리적 교육은 유아들이 디지털 환경에서 안전하고 건강하게 성장할 수 있도록 하는 데 중요한 역할을 하며, 예비 유아교사로서의 역할과 책임을 더욱 강조하게 된다. 이러한 토론을 통해 예비 유아교사들은 유아들이 책임감 있고 윤리적인 디지털 시민으로 성장할 수 있도록 교육하는 데 필요한 지식과 전략을 확립할 수 있을 것이다.

토론을 준비할 때는 각 주제에 대한 심도 있는 자료 조사와 실질적인 사례 분석이 중요하며, 토론 중에는 구체적이고 실행 가능한 방법을 중심으로 논의하는 것이 효과적이다. 이를 통해 예비 유아교사들은 유아들이 디지털 환경에서 안전하고 윤리적으로 상호작용할 수 있도록 교육하는 데 필요한 지식과 전략을 확립할 수 있을 것이다.

참고문헌

뉴스1(2025. 3. 28.). 청소년 42% · 성인 13% 사이버폭력 경험…언어폭력 가장 많아. https://www.news1.kr/it-science/general-it/5734879

뉴스핌(2025. 11. 10.). '건전한 사이버 세상 만들기, 청소년 숏츠 영상제' 개최. https://www.newspim.com/news/view/20251110000196

새전북신문(2023. 7. 26.). [달그락달그락] 청소년 75%, "SNS서 사이버 범죄, 유해콘텐츠 접한 적 있다". http://www.sjbnews.com/news/news.php?number=787680

송선영(2024). 디지털 시대의 유아 대상 AI 융합 교육과 윤리적 과제에 관한 연구. 열린유아교육연구, 29(1), 81-100.

연합뉴스(2025. 9. 7.). 최근 5년간 학교폭력 2배 급증…사이버 · 성폭력 1년간 1천건↑. https://www.yna.co.kr/view/AKR20250905139800530

하얀(2019). 국내 유아교육기관의 정보윤리교육에 관한 연구. **한국컴퓨터정보학회 동계학술대회 논문집, 27**(1).

Christen, M., Gordijn, B., & Loi, M. (Eds.). (2020). *The ethics of cybersecurity*. Springer.

Miller, S., & Bossomaier, T. (2024). *Cybersecurity, ethics, and collective responsibility*. Oxford University Press.

Santhosh, T., & Thiyagu, K. (2024). Fostering responsible behavior online: Relevance of cyber ethics education. *Malaysian Online Journal of Educational Technology, 12*(1), 32-38. https://files.eric.ed.gov/fulltext/EJ1416601.pdf

제 16 장 균형 잡힌 디지털 기기 사용

이 장에서는 디지털 기기 사용 시간과 활동의 균형을 잡는 방법을 다룬다. 디지털 기기는 현대 생활에서 필수적이지만, 과도한 사용은 유아의 건강과 발달에 부정적인 영향을 미칠 수 있다. 따라서 유아들이 건강한 디지털 라이프 스타일을 유지하기 위해, 디지털 기기 사용 시간을 효과적으로 관리하고, 다양한 활동을 균형 있게 즐기는 방법을 배우는 것이 중요하다.

유아들이 디지털 기기를 사용하는 시간을 적절히 조절하고, 신체 활동, 독서, 창의적인 놀이 등 다양한 활동과 균형을 맞출 수 있도록 구체적인 지침과 실생활에서 적용할 수 있는 예시를 제시한다. 또한 예비 유아교사들이 유아에게 균형적인 디지털 기기 사용을 교육할 수 있도록 다양한 사례와 실습을 포함하여, 이러한 교육이 유아들의 전반적인 발달과 건강을 지원하는 데 중요한 역할을 한다는 점을 강조한다.

이 장의 학습목표는 다음과 같다.

학습목표

- 디지털 기기 사용 시간과 활동의 균형을 잡는 방법을 설명할 수 있다.
- 건강한 디지털 라이프 스타일을 유지하기 위한 구체적인 팁을 제공할 수 있다.

1. 이해하기

디지털 기기 사용이 일상화되면서 유아들도 스마트폰, 태블릿 PC, 컴퓨터 등 다양한 디지털 기기를 접하게 되었다. 이러한 기기들은 교육과 놀이에서 중요한 도구로 사용될 수 있지만, 과도한 사용은 여러 문제를 초래할 수 있다. 디지털 기기 사용의 증가는 유아들의 일상생활에 큰 변화를 가져왔으며, 이로 인해 발생하는 긍정적 · 부정적 영향에 대한 이해가 필요하다.

[그림 16-1] 다양한 디지털 기기의 종류

1) 유아의 디지털 기기 사용 증가와 그 영향

유아들이 디지털 기기를 사용하는 시간은 점점 증가하고 있다. 이는 학습 도구로서의 활용뿐만 아니라, 놀이와 오락 목적으로도 많이 사용되기 때문이다. 디지털 기기 사용의 증가는 유아들에게 다양한 긍정적 영향을 미칠 수 있지만, 과도한 사용은 다음과 같은 부정적 영향을 초래할 수 있다.

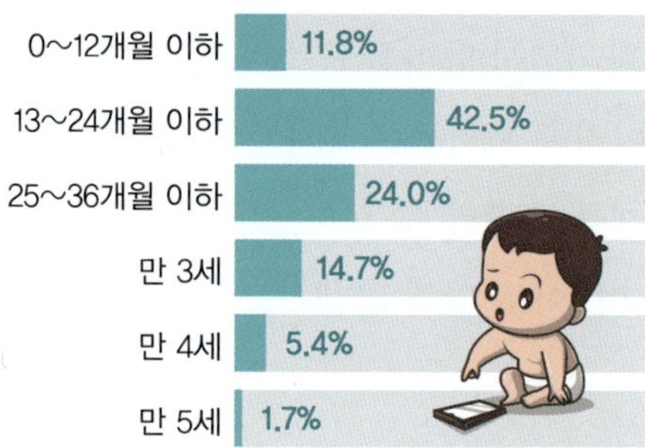

[그림 16-2] 디지털 기기의 첫 접촉 연령

출처: 연합뉴스(2023. 4. 16.).

- **신체 건강 문제**: 장시간 디지털 기기를 사용할 경우, 시력 저하, 자세 불량, 비만 등의 문제가 발생할 수 있다.
- **사회적 상호작용 감소**: 디지털 기기에 너무 많은 시간을 할애하면, 친구나 가족과의 상호작용 시간이 줄어들어 사회적 기술 발달에 부정적인 영향을 미칠 수 있다.
- **정서적 문제**: 과도한 디지털 기기 사용은 집중력 저하, 수면 장애, 불안감 증가 등 정서적 문제를 초래할 수 있다.

2) 균형 잡힌 디지털 기기 사용이 중요한 이유

유아의 건강한 발달을 위해 디지털 기기 사용의 균형을 맞추는 것이 중요하다. 디지털 기기는 유아들에게 유익한 학습 도구로 활용될 수 있지만, 과도한 사용은 신체적·정신적 건강에 부정적인 영향을 미칠 수 있다. 따라서 유아들이 디지털 기기를 적절하게 사용하고, 다양한 활동을 통해 균형 잡힌 생활을 유지할 수 있도록 지도하는 것이 필요하다. 균형 잡힌 디지털 기기 사용은 유아들의 전인적 발달을 돕고, 건강한 라이프 스타일을 유지하는 데 중요한 역할을 한다.

이와 같은 도입 부분을 통해 예비 유아교사들은 유아들에게 디지털 기기 사용의 균형 잡기의 중요성을 이해시키고, 이를 실천할 수 있는 방법을 교육하는 데 필요한 기초를 다질 수 있다. 디지털 기기 사용의 균형 잡기는 유아들의 건강한 발달을 위해 필수적인 요소이

며, 예비교사로서의 역할과 책임을 강조하게 된다.

디지털 기기 사용의 균형을 맞추는 것은 유아들의 건강과 전반적인 발달을 지원하는 데 매우 중요하다. 예비 유아교사들은 유아들에게 디지털 기기 사용 시간을 적절히 관리하고, 다양한 활동과 균형을 맞추는 방법을 가르쳐야 한다. 이러한 교육은 유아들이 건강한 디지털 라이프 스타일을 유지하며, 디지털 환경에서의 올바른 행동을 실천할 수 있도록 돕는 데 중요한 역할을 한다. 이를 통해 유아들은 디지털 기기를 효율적으로 사용하면서도 신체적 · 정신적 건강을 유지할 수 있는 능력을 기르게 될 것이다.

이 장에서 다루는 내용을 통해 예비 유아교사들은 유아들에게 디지털 기기 사용의 균형 잡기의 중요성을 강조하고, 이를 실천할 수 있는 방법을 제시함으로써, 유아들이 건강하고 행복한 디지털 생활을 영위할 수 있도록 지원할 수 있을 것이다.

2. 심층학습

디지털 기기 사용 시간 관리는 유아들의 건강한 발달을 위해 매우 중요하다. 유아들이 디지털 기기를 적절하게 사용할 수 있도록 하기 위해서는 명확한 시간 관리 전략이 필요하다. 이러한 전략은 유아들이 디지털 기기의 유용성을 누리면서도 과도한 사용으로 인한 부작용을 예방하는 데 도움을 준다. 다음으로, 유아의 디지털 기기 사용 시간을 효과적으로 관리하고, 균형 잡힌 활동을 유지할 수 있는 방법을 제시한다.

1) 디지털 기기 사용 시간 관리 방법

유아들의 디지털 기기 사용 시간을 효과적으로 관리하기 위해 다음과 같은 방법을 실천할 수 있다.

- **시간제한 설정**: 유아의 디지털 기기 사용 시간을 명확히 정하고, 그에 맞게 일정을 조절한다. 예를 들어, 하루에 최대 1시간 정도로 제한한다.
- **타이머 사용**: 타이머를 사용하여 디지털 기기 사용 시간을 모니터링하고, 시간이 되면 자동으로 알림을 주는 시스템을 활용한다.

- **일정표 작성**: 유아와 함께 주간 일정표를 작성하여 디지털 기기 사용 시간을 포함한 다양한 활동을 계획한다. 이를 통해 유아가 자신의 일정을 시각적으로 이해하고 따라갈 수 있도록 돕는다.
- **보상 시스템 도입**: 유아가 정해진 시간 내에 디지털 기기 사용을 마칠 경우, 작은 보상을 제공하여 긍정적인 강화 효과를 준다.

[그림 16-3] 디지털 기기 사용 관리

2) 유아의 디지털 기기 사용 시간을 효과적으로 관리하는 방법

- **규칙적인 시간 배정**: 유아가 디지털 기기를 사용할 수 있는 시간을 규칙적으로 배정하고, 부모나 교사가 일관되게 이를 관리한다. 예를 들어, 학습 후 30분, 저녁 식사 후 30분 등 일정한 시간에만 사용하도록 한다.
- **기기의 접근 제한**: 유아가 디지털 기기를 무분별하게 사용하지 않도록 기기의 접근을 제한한다. 필요할 때만 부모나 교사가 기기를 제공하고, 사용 후에는 다시 회수한다.
- **활동 전환 유도**: 디지털 기기를 사용한 후에는 신체 활동이나 창의적인 놀이 등 비디지털 활동으로 전환하도록 유도한다. 이는 유아의 전반적인 발달을 돕는 데 중요하다.

3) 활동의 균형 잡기

디지털 활동과 비디지털 활동의 균형을 맞추는 것은 유아의 전인적 발달을 위해 매우 중요하다. 다음은 디지털 활동과 비디지털 활동의 균형을 맞추는 방법이다.

- **다양한 활동 제공**: 유아가 다양한 활동을 경험할 수 있도록 디지털 활동과 비디지털 활동을 혼합하여 제공한다. 예를 들어, 학습 앱 사용 후에는 블록 놀이, 그림 그리기, 운동 등을 한다.
- **일상생활에 비디지털 활동 통합**: 유아의 일상생활 속에 비디지털 활동을 자연스럽게 통합한다. 예를 들어, 가족과 함께 산책하기, 요리 도우미 역할 맡기기 등이다.
- **창의적인 놀이 장려**: 유아가 창의적인 놀이를 즐길 수 있도록 다양한 놀이 도구와 재료를 제공한다. 이는 유아의 창의력과 문제해결 능력을 향상시키는 데 도움이 된다.

4) 다양한 비디지털 활동 예시 제공

유아들이 균형 잡힌 생활을 유지하려면 디지털 기기 사용 외에도 다양한 비디지털 활동을 경험하는 것이 중요하다. 다음은 유아들이 참여할 수 있는 여러 비디지털 활동의 예시이다.

- **야외 활동**: 공원에서 놀기, 자전거 타기, 자연 탐험 등
- **신체 활동**: 실내 운동, 체조, 춤추기 등
- **창의 놀이**: 그림 그리기, 만들기, 블록 쌓기 등
- **사회적 활동**: 친구와의 놀이, 가족과의 대화 및 게임 등

디지털 기기 사용의 균형을 맞추는 것은 유아들의 건강과 전반적인 발달을 지원하는 데 매우 중요하다. 예비 유아교사들은 유아들에게 디지털 기기 사용 시간을 적절히 관리하고, 다양한 활동과 균형을 맞추는 방법을 가르쳐야 한다. 이러한 교육은 유아들이 건강한 디지털 라이프 스타일을 유지하며, 디지털 환경에서의 올바른 행동을 실천할 수 있도록 돕는 데 중요한 역할을 한다.

이를 통해 유아들은 디지털 기기를 효율적으로 사용하면서도 신체적 · 정신적 건강을 유지할 수 있는 능력을 기르게 될 것이다. 이 장에서 다룬 내용을 통해 예비 유아교사들은 유아들에게 디지털 기기 사용의 균형 잡기의 중요성을 강조하고, 이를 실천할 수 있는 방법을 제시함으로써, 유아들이 건강하고 행복한 디지털 생활을 영위할 수 있도록 지원할 수 있을 것이다.

3. 균형 잡힌 디지털 기기 사용의 실천 사례

디지털 기기의 보급과 함께 유아들이 디지털 기기를 사용하는 시간이 늘어나고 있다. 이는 유아들의 학습과 놀이에 긍정적인 영향을 줄 수 있지만, 과도한 사용은 신체적 · 정서적 · 사회적 발달에 부정적인 영향을 미칠 수 있다. 따라서 디지털 기기 사용과 비디지털 활동의 균형을 맞추는 것이 중요하다. 균형 잡힌 디지털 기기 사용을 통해 유아들이 건강하고 행복한 삶을 영위할 수 있도록 돕기 위해 다양한 사례를 분석하고 교육 활동을 제안하고자 한다.

사례 1 하루에 30분씩 디지털 기기를 사용하는 유아

- **상황 설명**: 이 유아는 하루에 30분만 디지털 기기를 사용하고, 나머지 시간에는 책 읽기, 야외 놀이, 가족과의 대화 등 다양한 비디지털 활동을 한다.
- **분석 결과**: 이 유아는 디지털 기기 사용과 비디지털 활동의 균형을 유지함으로써 신체적 · 정서적 발달이 긍정적으로 진행되고 있다. 다양한 활동을 통해 창의력과 사회적 기술을 향상시키고 있다.

사례 2 특정 시간대에만 디지털 기기를 사용하는 유아

- **상황 설명**: 이 유아는 특정 시간대에만 디지털 기기를 사용하고, 그 외 시간에는 신체 활동과 창의 놀이를 즐긴다.
- **분석 결과**: 디지털 기기 사용 시간과 비디지털 활동 시간을 명확히 구분하여 건강한 라이프 스타일을 유지하고 있다. 이는 규칙적인 생활 패턴을 형성하고, 다양한 활동을 통해 전인적 발달을 촉진한다.

사례 3 주말에만 디지털 기기를 사용하는 유아

- **상황 설명**: 이 유아는 평일에는 학교와 학습 활동에 집중하고, 주말에만 디지털 기기를 사용하여 놀이와 학습을 병행한다.
- **분석 결과**: 주말에만 디지털 기기를 사용함으로써 학습과 놀이의 균형을 유지하고, 평일에는 집중력을 높이며, 주말에는 즐거움을 찾는 균형 잡힌 생활을 영위하고 있다.

사례 4 가족과 함께 디지털 기기를 사용하는 유아

- **상황 설명**: 이 유아는 부모와 함께 디지털 기기를 사용하여 교육용 콘텐츠를 시청하거나, 가족 게임을 즐기며 디지털 기기를 활용한다.
- **분석 결과**: 가족과 함께 디지털 기기를 사용함으로써 가족 간의 유대감을 강화하고, 교육적 콘텐츠를 통해 학습 효과를 높이며, 건강한 디지털 사용 습관을 형성하고 있다.

디지털 기기 사용의 균형을 맞추는 것은 유아들의 건강한 발달을 지원하는 데 매우 중요하다. 예비 유아교사들은 유아들에게 디지털 기기 사용 시간을 적절히 관리하고, 다양한 활동과 균형을 맞추는 방법을 가르쳐야 한다. 이러한 교육은 유아들이 건강한 디지털 라이프스타일을 유지하며, 디지털 환경에서의 올바른 행동을 실천할 수 있도록 돕는 데 중요한 역할을 한다.

4. 제안하는 균형 잡힌 디지털 기기 사용 교육 활동

디지털 시대에 유아들이 디지털 기기를 올바르고 균형 있게 사용하는 방법을 교육하는 것은 매우 중요하다. 디지털 기기는 교육과 오락에 유용한 도구가 될 수 있지만, 과도한 사용은 신체적 · 정서적 · 사회적 발달에 부정적인 영향을 미칠 수 있다. 따라서 유아들이 디지털 기기를 적절히 사용하고 다양한 비디지털 활동과 균형을 맞추는 방법을 배우는 것은 필수적이다. 이를 위해 유아들이 직접 참여할 수 있는 다양한 교육 활동을 제공하는 것이 필요하다. 이러한 활동들은 유아들이 건강한 디지털 사용 습관을 형성하고, 전반적인 발달을 도모하는 데 중점을 두고 있다. 다음으로 제안하는 균형 잡힌 디지털 기기 사용 교육 활동들을 통해 유아들은 디지털 기기를 책임감 있게 사용하고, 비디지털 활동과 균형을 맞출 수 있는 능력을 기르게 될 것이다.

[그림 16-4] 건강한 디지털 라이프

활동 1 주간 활동 계획표 만들기

유아들과 함께 주간 활동 계획표를 작성하고, 디지털 기기 사용 시간과 비디지털 활동 시간을 균형 있게 배정하는 활동이다.

- **활동 내용**: 교사와 유아들이 함께 일주일 동안의 활동 계획을 세운다. 디지털 기기 사용 시간뿐만 아니라 책 읽기, 운동, 창의 놀이 등 다양한 비디지털 활동도 포함한다.
- **활동 목표**: 유아들이 스스로 시간 관리를 배우고, 다양한 활동을 통해 균형 잡힌 생활을 유지할 수 있도록 돕는다.
- **기대 효과**: 유아들이 시간 관리의 중요성을 이해하고, 일과 놀이의 균형을 맞추는 능력을 기르게 된다.

활동 2 신체 활동 챌린지

유아들과 함께 신체 활동 챌린지를 진행하는 활동이다.

- **활동 내용**: 매일 일정 시간 동안 운동을 하거나, 야외 활동을 하는 챌린지를 제안한다. 예를 들어, 매일 30분씩 걷기, 뛰기, 자전거 타기 등을 포함할 수 있다.
- **활동 목표**: 유아들이 신체 활동을 통해 건강을 유지하고, 디지털 기기 사용 시간을 줄일 수 있도록 돕는다.
- **기대 효과**: 유아들이 신체 활동을 통해 에너지를 발산하고, 건강한 생활 습관을 형성하게 된다.

활동 3 창의 놀이 시간

매주 정해진 시간에 창의 놀이 시간을 가지며, 유아들이 디지털 기기 없이 놀이에 집중할 수 있도록 하는 활동이다.

- **활동 내용**: 그림 그리기, 만들기, 블록 쌓기 등 다양한 창의 놀이를 제공한다. 유아들이 자신만의 창의적인 작품을 만들 수 있도록 도와준다.
- **활동 목표**: 유아들이 창의력을 발휘하고, 문제해결 능력을 키우며, 다양한 놀이를 통해

사회적 기술을 향상시킨다.

- **기대 효과**: 유아들이 창의적 사고와 문제해결 능력을 개발하고, 디지털 기기 없이도 즐거운 시간을 보낼 수 있게 된다.

활동 4 가족 활동 시간

가족과 함께하는 활동 시간을 정기적으로 가지며, 유아들이 디지털 기기 사용 외에 다양한 활동을 경험할 수 있도록 하는 활동이다.

- **활동 내용**: 가족과 함께하는 산책, 요리, 보드게임 등 다양한 활동을 계획하고 실행한다. 가족 간의 대화와 협동을 통해 유대감을 강화한다.
- **활동 목표**: 유아들이 가족과의 유대감을 형성하고, 다양한 사회적 경험을 통해 전인적 발달을 도모한다.
- **기대 효과**: 유아들이 가족과의 시간을 통해 안정감을 느끼고, 다양한 활동을 통해 사회적 기술을 향상시킬 수 있게 된다.

디지털 기기 사용의 균형을 맞추는 것은 유아들의 건강한 발달을 위해 매우 중요하다. 예비 유아교사들은 유아들에게 디지털 기기 사용 시간을 적절히 관리하고, 다양한 비디지털 활동과 균형을 맞추는 방법을 가르쳐야 한다. 이러한 교육 활동은 유아들이 건강한 라이프스타일을 유지하며, 디지털 환경에서의 올바른 행동을 실천할 수 있도록 돕는다.

주간 활동 계획표 만들기, 신체 활동 챌린지, 창의 놀이 시간, 가족 활동 시간 등의 활동을 통해 유아들은 디지털 기기를 적절히 사용하고, 다양한 활동을 통해 전인적 발달을 도모할 수 있게 된다. 예비 유아교사들은 이러한 교육 활동을 통해 유아들에게 균형 잡힌 디지털 기기 사용의 중요성을 강조하고, 이를 실천할 수 있는 방법을 제시함으로써, 유아들이 건강하고 행복한 삶을 영위할 수 있도록 지원할 수 있을 것이다.

요약 및 결론

디지털 기기의 사용이 일상화된 현대 사회에서 유아들이 디지털 기기를 균형 있게 사용하는 방법을 배우는 것은 그들의 건강한 발달과 전인적 성장을 위해 필수적이다. 디지털 기기는 교육과 놀이에서 유용한 도구가 될 수 있지만, 과도한 사용은 신체적 · 정서적 · 사회적 문제를 초래할 수 있다. 유아들이 디지털 기기를 적절히 사용하고 다양한 비디지털 활동을 통해 균형 잡힌 생활을 유지할 수 있도록 지도하는 것은 매우 중요하다. 이를 통해 유아들은 디지털 환경에서 안전하게 성장하고, 건강한 생활 습관을 형성할 수 있다.

1. 디지털 기기 사용의 균형 잡기의 중요성

유아들이 디지털 기기를 적절하게 사용하고 다양한 활동을 통해 균형 잡힌 생활을 유지하는 것은 그들의 전반적인 발달에 긍정적인 영향을 미친다. 과도한 디지털 기기 사용은 시력 저하, 비만, 사회적 상호작용 감소, 정서적 문제 등을 초래할 수 있다. 따라서 유아들이 디지털 기기를 사용하는 시간을 제한하고, 신체 활동, 창의 놀이, 사회적 활동 등 비디지털 활동과 균형을 맞추는 것이 중요하다. 이를 통해 유아들은 디지털 기기의 장점을 최대한 활용하면서도, 건강한 생활 습관을 형성하고 유지할 수 있다. 균형 잡힌 디지털 기기 사용은 유아들의 신체적 · 정서적 · 사회적 발달을 돕는 데 중요한 역할을 한다.

2. 예비 유아교사로서의 역할과 책임

예비 유아교사들은 유아들이 디지털 기기 사용의 균형을 맞출 수 있도록 돕는 중요한 역할을 맡고 있다. 이를 위해 예비 유아교사들은 디지털 기기 사용 시간 관리 방법과 다양한 비디지털 활동을 유아들에게 교육하고, 이를 실천할 수 있도록 도와야 한다. 예비 유아교사들은 유아들이 디지털 기기를 안전하게 사용하고, 다양한 비디지털 활동을 통해 전인적 발달을 도모할 수 있도록 지속적으로 지도해야 한다. 또한 부모와 협력하여 유아들의 디지털 기기 사용을 관리하는 데 기여함으로써, 유아들이 건강한 디지털 라이프스타일을 유지할 수 있도록 돕는 것이 중요하다. 예비 유아교사로서의 책임은 유아들이 디지털 환경에서 안전하고 건강하게 성장할 수 있도록 하는 데 핵심적인 역할을 한다.

디지털 기기 사용의 균형을 맞추는 것은 유아들의 건강한 발달과 전인적 성장을 위해 필수적이다. 예비 유아교사들은 유아들에게 디지털 기기 사용 시간을 적절히 관리하고, 다양한 비디지털 활동과 균형을 맞추는 방법을 가르쳐야 한다. 이를 통해 유아들은 건강한 라이프스타일을 유지하며, 디지털 환경에서의 올바른 행동을 실천할 수 있다.

디지털 기기 사용 시간 관리 방법, 신체 활동 챌린지, 창의 놀이 시간, 가족 활동 시간 등의

교육 활동을 통해 유아들은 디지털 기기를 적절히 사용하고, 다양한 활동을 통해 전인적 발달을 도모할 수 있게 된다. 예비 유아교사들은 이러한 교육 활동을 통해 유아들에게 균형 잡힌 디지털 기기 사용의 중요성을 강조하고, 이를 실천할 수 있는 방법을 제시함으로써, 유아들이 건강하고 행복한 삶을 영위할 수 있도록 지원할 수 있을 것이다.

디지털 시대에서 유아들이 올바르고 균형 있게 디지털 기기를 사용하는 것은 그들의 전반적인 발달과 안전을 위해 매우 중요하다. 예비 유아교사들은 이러한 교육의 중요성을 인식하고, 유아들이 건강한 디지털 시민으로 성장할 수 있도록 지속적으로 노력해야 할 것이다.

토론을 위한 질문

디지털 기기의 사용이 유아들의 일상에 깊숙이 자리 잡은 현대 사회에서 유아들이 디지털 기기를 균형 있게 사용하는 방법을 배우는 것은 매우 중요하다. 디지털 기기는 교육과 놀이에 유용한 도구가 될 수 있지만, 과도한 사용은 신체적 · 정서적 · 사회적 문제를 초래할 수 있다. 따라서 유아들이 디지털 기기를 적절하게 사용하고, 다양한 활동을 통해 균형 잡힌 생활을 유지할 수 있도록 지도하는 것이 필수적이다. 예비 유아교사들은 유아들에게 이러한 교육을 효과적으로 전달하기 위해 다양한 방법을 모색해야 한다. 다음의 토론 질문들은 유아 교육에서 디지털 기기 사용의 균형 잡기의 중요성을 강조하고, 효과적인 교육 방법을 탐구하는 데 도움이 될 것이다.

유아의 디지털 기기 사용을 균형 있게 관리하기 위해 가장 중요한 것은 무엇인가와 관련하여 다음과 같은 질문들을 해 볼 수 있다.

1. 유아들이 디지털 기기 사용 시간을 균형 있게 관리하기 위해 필요한 핵심 요소는 무엇인가?

- 준비사항: 디지털 기기 사용 시간의 적절한 관리 방법과 그 중요성에 대해 이해하고 이를 설명할 수 있는 자료를 준비한다. 유아들의 일상적인 디지털 기기 사용 상황을 고려하여 구체적인 예를 들어 설명한다.
- 요령: 교육 목표를 명확히 설정하고, 그 목표를 달성하기 위한 구체적인 방법을 논의한다. 유아들이 쉽게 이해하고 실천할 수 있는 실질적인 예시를 제공한다.

2. 유아들이 디지털 기기 사용 시간과 비디지털 활동 시간을 균형 있게 맞추도록 돕는 방법은 무엇인가?

- 준비사항: 유아들이 디지털 기기 사용 시간과 비디지털 활동 시간을 균형 있게 맞추는 데 도움이 되는 다양한 활동과 자료를 조사한다.
- 요령: 유아들에게 비디지털 활동의 중요성을 설명하고, 이를 실천할 수 있는 구체적인 방법을 논의한다. 예를 들어, 신체 활동, 창의 놀이, 사회적 활동 등을 포함한 교육 활동을 제안한다.

3. 유아들이 스스로 디지털 기기 사용 시간을 관리할 수 있도록 자율성을 길러 주는 교육 방법은 무엇인가?

- 준비사항: 유아들이 스스로 디지털 기기 사용 시간을 관리할 수 있도록 자율성을 길러 주는 다양한 교육 전략을 조사한다.
- 요령: 유아들에게 자율성의 중요성을 설명하고, 이를 실천할 수 있는 구체적인 방법을 논의한다. 예를 들어, 타이머 사용, 일정표 작성, 보상 시스템 도입 등을 통한 자율성 교육 방법을 제안한다.

[그림 16-5] 비디지털 활동

건강한 디지털 라이프 스타일을 유아에게 교육하는 방법과 관련하여 다음과 같은 질문을 생각해 볼 수 있다.

1. 유아들이 건강한 디지털 라이프 스타일을 유지하기 위해 필요한 교육 내용과 활동은 무엇인가?

- 준비사항: 유아들이 건강한 디지털 라이프 스타일을 유지하기 위해 필요한 교육 내용과 활동을 조사하고 준비한다.
- 요령: 유아들에게 건강한 디지털 라이프 스타일의 중요성을 설명하고, 이를 실천할 수 있는 구체적인 방법을 논의한다. 예를 들어, 디지털 기기 사용 시간제한, 비디지털 활동의 중요성 강조 등을 포함한 교육 활동을 제안한다.

2. 부모와 교사가 협력하여 유아들에게 건강한 디지털 라이프 스타일을 교육할 때 효과적인 접근 방법은 무엇인가?

- 준비사항: 부모와 교사가 협력하여 유아교육을 진행한 성공 사례를 조사하고, 이를 바탕으로 효과적인 교육 방법을 준비한다.
- 요령: 부모와 교사가 협력하여 유아들에게 건강한 디지털 라이프 스타일을 교육할 수 있는 방법을 논의한다. 예를 들어, 가정과 학교에서 일관된 교육 목표와 방법을 설정하고, 유아들이 일관된 지침을 받을 수 있도록 협력한다.

3. 유아들이 디지털 기기 사용과 다양한 비디지털 활동을 통해 균형 잡힌 생활을 실천하도록 하는 교육 전략은 무엇인가?

- 준비사항: 유아들이 디지털 기기 사용과 비디지털 활동을 균형 있게 실천할 수 있도록 돕는 다양한 교육 전략을 조사한다.
- 요령: 유아들에게 균형 잡힌 생활의 중요성을 설명하고, 이를 실천할 수 있는 구체적인 방법을 논의한다. 예를 들어, 주간 활동 계획표 작성, 신체 활동 챌린지, 창의 놀이 시간 등을 통한 교육 전략을 제안한다.

이와 같은 토론 질문을 통해 예비 유아교사들은 디지털 기기 사용의 균형 잡기의 중요성을 다시 한번 상기하고, 유아들에게 효과적인 교육을 제공할 수 있는 방법을 탐구할 수 있을 것이다. 디지털 기기 사용의 균형 잡기는 유아들이 디지털 환경에서 안전하고 건강하게 성장할 수 있도록 하는 데 중요한 역할을 하며, 예비 유아교사로서의 역할과 책임을 더욱 강조하게 된다. 이러한 토론을 통해 예비 유아교사들은 유아들이 책임감 있고 윤리적인 디지털 시민으로 성장할 수 있도록 교육하는 데 필요한 지식과 전략을 확립할 수 있을 것이다.

토론을 준비할 때는 각 주제에 대한 심도 있는 자료 조사와 실질적인 사례 분석이 중요하며, 토론 중에는 구체적이고 실행 가능한 방법을 중심으로 논의하는 것이 효과적이다. 이를 통해 예비 유아교사들은 유아들이 디지털 환경에서 안전하고 윤리적으로 상호작용할 수 있도록 교육하는 데 필요한 지식과 전략을 확립할 수 있을 것이다.

참고문헌

연합뉴스(2023. 4. 16.). 걸음마도 못 뗐는데…“유아 12%, 돌 이전 디지털기기 처음 접해”. https://www.yna.co.kr/view/AKR20230414130800530

찾아보기

인명

내용

백영균(Youngkyun Baek)

미국 조지아주립대학교(Ph.D.)
전 한국교육개발원책임연구원, 한국교원대학교 교수
현 미국 보이시주립대학교 교수

〈주요 저서〉

미래의 학습자를 위한 디지털 교육(학지사, 2024)
Game-Based Learning: Theory, Strategies and Performance Outcomes(Eds., Nova Science Publishers, 2017)

〈주요 논문〉

Applying design thinking to educational robotics: A thematic literature review(2024)
Increasing elementary students' computational thinking skills using a multifaceted robotics-based intervention(2022)

손혜숙(Shon, Hye Sook)

중앙대학교 일반대학원 유아교육학전공 졸업(문학박사)
Arizona State University, College of Education, Early Childhood Education(Research Scholar)
현 경인여자대학교 유아교육학과 교수

〈주요 저서〉

아동문학교육(개정판, 공저, 양성원, 2021)
개정 누리과정에 기초한 유아중심 놀이지도(공저, 정민사, 2020)
영유아교육기관 현장실습(공저, 파워북, 2018)
유아발달(공저, 정민사, 2015)
영아발달(공저, 정민사, 2014)
유아교육개론(공저, 정민사, 2014)
아동발달론(공저, 양서원, 2012)
유치원 교사를 위한 교직실무(공저, 파란마음, 2010)
유아교육백서(공저, 양서원, 2007)

〈주요 논문〉

보육교사의 관심사가 직무만족도에 미치는 영향(2020)
성격유형에 따른 예비유아교사의 실습불안(2010)
실습유형에 따른 예비유아교사의 자아효능감(2007)
교사의 동화 제시방법이 유아의 창의성에 미치는 영향(2007)
신문에 게재된 영유아 교육·보육 관련 법규 및 정책에 대한 기사 분석(2006)
동화의 정독적 반복 들려주기와 다독적 한번 들려주기에 따른 유아의 흥미도와 이야기 구조화(2004)
중다애착 유형에 따른 유아의 자아개념과 성차(2003)

박소영(Park So-Young)

단국대학교 일반대학원 특수교육전공 졸업(교육학 박사)
전 한국구화학교 및 국립한국경진학교 교사, 국립특수교육원 교육연구사
현 국립한국교통대학교 유아특수교육학과 교수

〈주요 저서〉

특수교육과정 초등 3-4학년군 국어 교과용 도서 편찬(연구 및 집필)(국립특수교육원, 2023-2024)
2019 개정누리과정 운영지원자료 총 8권(교육부 · 국립특수교육원, 2020)
연령별 장애영아 교육활동 자료집 총 12권(교육부 · 국립특수교육원, 2019)
아하! 통합교육: 행복한 교실을 위한 통합교육 교재(공저, 학지사, 2014)
특수아를 위한 활동하며 배우는 성교육(공저, 학지사, 2013)
아하! 통합학급: 모든 이를 위한 통합교육의 실제(공저, 학지사 2012)
아하! 통합학급 문제행동: 현장 교사가 쓴 통합교육을 위한 문제행동 지침서(공저, 학지사, 2011)

〈주요 논문〉

학교와 가정 연계 텔레코칭을 통한 기능 기반 다요소 중재가 자폐성장애 아동의 방해행동에 미치는 영향(2025)
전국 특수학급 과밀 배치 현황 분석을 통한 한국 통합교육 정책과 특수교육법 개정 방안(2023)
유치원교사의 놀이성이 놀이지원역량에 미치는 영향에서 대인관계지능의 매개효과(2022)
2019 개정 누리과정 기반 유아특수교사 놀이지원 실행역량 모형의 구성 타당성 검증(2021)
유아특수교사가 인식하는 놀이지원 역량의 중요도-실행도 분석(IPA) 및 영향 변인 분석(2021)
유아특수교사와 유아교사의 놀이지원 역량 차이 탐색과 영향을 미치는 변인 분석(2021)

문선영(Seonyoung Moon)

국립강릉원주대학교 대학원 유아교육과(문학박사)
전 문경대학교 유아교육과 교수
현 문경대학교 지역개발연구소(유아교육) 특임교수

〈주요 저서〉

유아교사를 위한 아동문학교육(공저, 학지사, 2025)
유아음악교육(공저, 학지사, 2023)

〈주요 논문〉

기후변화에 대한 예비유아교사의 주관적 태도 분석(2023)
유아 성인지 감수성 그림책 분석(2023)
2019 개정 누리과정에 나타난 유아동작교육에 대한 교사인식 및 운영 실태(2022)
생활 그림책을 활용한 가정연계 놀이가 만 1세반 영아의 기본생활습관 형성에 미치는 효과(2022)
층간소음을 다룬 그림책에 나타난 갈등 구조 분석(2022)

유아교사를 위한 디지털 교육

Digital Education for Early Childhood Teachers

2026년 2월 20일 1판 1쇄 인쇄
2026년 2월 25일 1판 1쇄 발행

지은이 • 백영균 · 손혜숙 · 박소영 · 문선영
펴낸이 • 김진환
펴낸곳 • (주) 학지사

04031 서울특별시 마포구 양화로 15길 20 마인드월드빌딩
대표전화 • 02)330-5114 팩스 • 02)324-2345
등록번호 • 제313-2006-000265호

홈페이지 • http://www.hakjisa.co.kr
인스타그램 • https://www.instagram.com/hakjisabook

ISBN 978-89-997-3656-8 93370

정가 27,000원

저자와의 협약으로 인지는 생략합니다.
파본은 구입처에서 교환해 드립니다.